손에 잡히는

엑셀 활용

홍 현 술 지음

도서출판 동화기술

머리말

정보화 사회에서의 컴퓨터 활용 능력의 중요성은 다시 언급할 필요조차 없지만, 이 같은 트랜드 속에서 흔한 일중의 하나가 많은 사람들이 학교와 직장에서 엑셀 프로그램을 사용하고 있다는 것입니다. 하지만 엑셀이 업무 활용성이 높은 반면에 어렵게 느껴지는 프로그램이기도 합니다.

이 책은 엑셀의 기능과 활용 방법들을 쉽게 배울 수 있도록 구성하였습니다. 즉, 엑셀을 처음 공부하는 분이나 엑셀을 접한 경험이 있다 해도 초보자 수준의 독자를 위한 엑셀의 기본서입니다. 이 책은 엑셀 2010에 기반 하여 구성하였습니다. 엑셀 2010은 이전 버전보다 기능이 훨씬 강화되었고 사용자 인터페이스도 훨씬 더 쉬워졌기 때문에 과거에 비해 배우기가 용이합니다.

이 책의 내용은 각 장 마다 다음과 같이 구성되어 있습니다.

첫 번째 단계는 [학습 목표] 제시 단계로서 해당 부분에서 반드시 습득해야할 기능들을 학습목표로 제시하고, 각 장에 대한 개요를 설명하고 있습니다.

두 번째 단계는 [준비 학습] 단계로 각 장에서 알아야 할 명칭, 기능, 설명 등 기초적이고 중심이 되는 내용을 정확하고 간결한 문장으로 설명하고 있습니다.

세 번째 단계는 [실습] 단계입니다. 단순히 기능만을 습득하는 것이 아니고 엑셀 사용자들이 실제 업무에 부합되도록 실습 따라 하기를 준비했습니다. 실습 진행과정은 학습할 기능들을 시작 단계부터 구체적이고 자세하게 초보자들도 쉽게 따라할 수 있도록 그림과 설명문을 단계적으로 제시하고 있습니다. 실습 문제를 충실히 따라하다 보면 어떤 상황에서 활용할 수 있는지, 또는 사용자의 실제적인 업무에서 어떻게 각 기능들을 적용해야 할지를 알게 됩니다.

네 번째 단계는 [실력점검] 단계입니다. 해당 장에서 학습했던 내용들을 마무리하고 스스로의 실력을 평가 및 향상시켜 볼 수 있는 실력 점검 문제를 마련했습니다.

이 책을 내기까지 협조해 주신 분들께 고마움을 전하고, 특히 도서 출판 동화 기술 관계자 여러분들 모두에게 감사의 인사를 드립니다. 또한 이 책을 선택해 주신 독자분들께도 감사를 드리며 이 책을 공부함으로써 엑셀에 대한 기능 이해와 업무 활용에 효과적인 지침서가 되기를 바랍니다.

저자 홍 현 술

차례

참고 사항 **실습 따라하기에 필요한 준비/완성 파일 다운로드**

이 책에 수록된 실습 내용을 따라하시거나 또는 실력점검 문제 풀기를 위하여 도서출판 동화기술의 홈페이지(http://www.donghwapub.co.kr) 자료실에 준비 파일과 완성된 문서 파일이 보관되어 있으니 내려 받아 학습에 참고하시기 바랍니다.

Introduction to EXCEL 2010

CHAPTER 01

엑셀 시작과 행/열 및 시트 편집하기

많은 양의 데이터와 수치를 계산하고 관리하는데 편리한 도구로 스프레트시트 프로그램이 있습니다. 엑셀은 그 중 하나의 프로그램입니다. 엑셀을 구동시키면 일정한 크기의 사각형 모양의 무수한 셀들로 구성된 워크시트가 펼쳐집니다. 이번 장에서는 엑셀을 구동 시킨 후 나타나는 화면 구성을 살펴보고 간단한 데이터를 입력하며 저장하는 방법을 알아보겠습니다. 그리고 셀이 연결되어 있는 행/열과 모든 셀 전체를 나타내는 시트를 다루는 방법도 살펴보겠습니다.

학습 목표

- 엑셀을 실행하고 프로그램 초기 화면의 구성요소를 구분할 수 있습니다.
- 엑셀의 기본 문서를 작성하고 저장할 수 있습니다.
- 셀을 선택하고 데이터를 수정할 수 있습니다.
- 행/열의 삽입/삭제, 크기 변경, 숨기기/숨기기 취소를 할 수 있습니다.
- 시트의 이름 변경, 색 채우기, 이동/복사, 삽입/삭제를 할 수 있습니다.

실습 구성

실습 1-1 엑셀 실행하고 문서 작성하기

실습 1-2 문서 열기하고 행/열과 시트 편집하기

실력 점검 문제

준비 학습

1. 엑셀 화면의 기본 구성과 실행

(1) 기본 화면 구성

엑셀을 실행하면 처음 화면이 아이콘 및 도구, 메뉴 등 여러 가지 요소들로 구성됩니다.

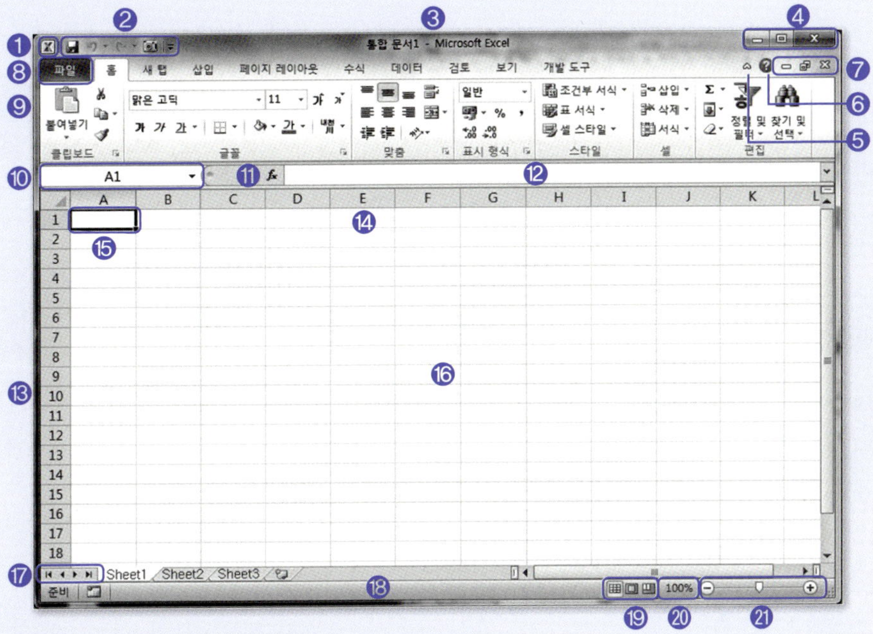

❶ 창 조절 메뉴 : [창 조절 메뉴]를 클릭하면 엑셀 창을 조절할 수 있는 메뉴[이전 크기로(R), 이동(M), 크기 조정(S), 최소화(N), 최대화(X), 닫기(C)]가 나타나고 더블클릭하면 엑셀이 종료됩니다.

❷ 빠른 실행 도구 모음 : 기본적으로 [저장], [실행 취소], [다시 실행] 아이콘 등이 제공되며, [빠른 실행 도구 모음 사용자 지정]을 클릭하여 사용자가 자주 사용하는 아이콘, [열기], [새로 만들기] 등을 빠른 실행 도구 모음에 추가 및 제거할 수 있습니다.

❸ 제목 표시줄 : 현재 작업 중인 엑셀 문서의 파일 이름과 프로그램 이름(Microsoft Excel)이 나타납니다. 저장하지 않은 문서는 기본적으로 통합 문서1, 통합 문서2, ... 순으로 나타나며, 엑셀 문서를 저장하면 저장된 파일 이름이 표시됩니다.

❹ 엑셀 창 조절 단추 : [최소화/최대화], [화면 복원], [닫기] 등의 단추로 엑셀 창을 조절하거나 엑셀 프로그램을 종료할 수 있습니다.

❺ 리본 메뉴 최소화/리본 메뉴 확장 단추 : [리본 메뉴 최소화]를 클릭하면 리본 메뉴가 탭만 표시되고 [리본 메뉴 확장]으로 변경되며, [리본 메뉴 확장]을 클릭하면 리본 메뉴의 탭과 그룹이 모두 표시되고 [리본 메뉴 최소화]로 변경됩니다. 엑셀 작업 화면을 좀더 넓게 사용하려면 [리본 메뉴 최소화] 단추를 누르면 됩니다.

❻ 도움말 단추 : 엑셀을 이용하다가 궁금한 기능이 생기거나 문제가 발행했을 때 클릭하여 Microsoft Excel 도움말을 찾아볼 수 있고 [Excel 도움말] 창이 나타납니다.

❼ 문서 창 조절 단추 : 현재 작업하고 있는 문서 창을 조절하거나 문서를 닫을 수 있는 단추입니다.

❽ 파일 탭 : [파일] 탭을 클릭하면 엑셀 창이 아닌 다른 화면이 나타나는데, 이 화면을 '백스테이지(Backstage)'라 합니다. '백스테이지'는 엑셀 문서의 숨겨진 메타데이터와 개인 정보 등을 표시합니다. 포함된 메뉴에는 [저장], [다른 이름으로 저장], [열기], [닫기], [정보], [최근에 사용한 항목], [새로 만들기], [인쇄], [저장/보내기], [도움말], [옵션], [끝내기] 등이 있습니다.

또한 [파일] 탭의 [옵션] 메뉴를 클릭하면 [Excel 옵션] 대화상자가 나타나고 [일반], [수식], [언어 교정], [저장], [언어], [고급], [리본 사용자 지정], [빠른 실행 도구 모음], [추가 기능], [보안 센터] 등의 내용을 설정할 수 있습니다.

❾ 리본 메뉴 : 엑셀 문서를 작성할 때 필요한 다양한 기능들을 모아 두는 곳으로, 각 탭을 클릭하면 관련 기능을 실행할 수 있는 명령 단추들을 그룹별로 분류하여 정리되어 있습니다. 예를 들면, [홈]탭은 [클립보드], [글꼴], [맞춤], [표시 형식], [스타일], [셀], [편집] 등의 그룹으로 분류되어 있고 각 그룹 안에 다양한 기능의 명령 아이콘들이 포함되어 있습니다. 또한 일부 그룹의 오른쪽 구석 [추가 옵션] 단추를 클릭하면 각 그룹에 해당하는 대화상자가 나타나고 여기에서 각 그룹에 표시된 명령 이외의 추가 옵션을 지정할 수 있습니다.

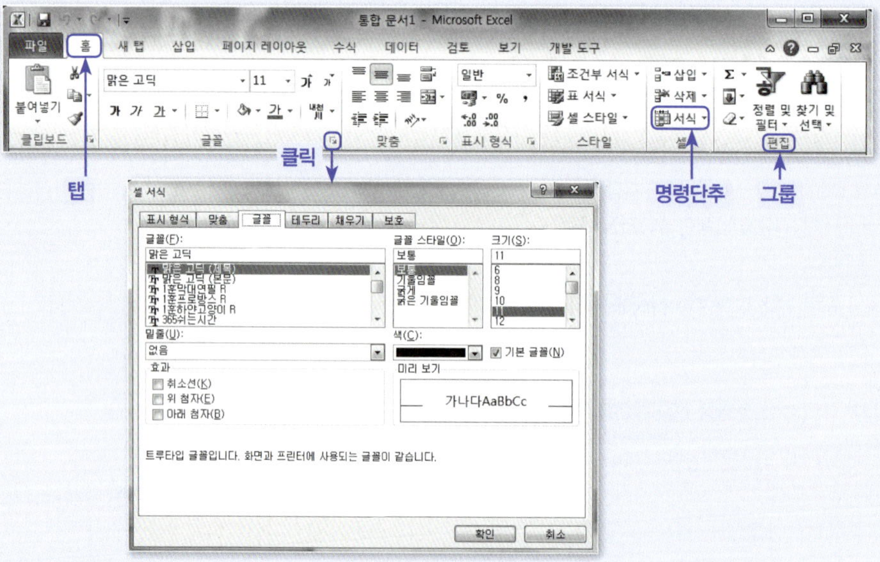

❿ 이름 상자 : 선택한 셀의 주소나 WordArt, 클립아트, 그림, 도형 등의 개체 이름을 표시합니다. 이름 상자를 사용하여 특정 셀의 이름을 정의할 수 있습니다.

⓫ 함수 삽입 기호 : 클릭하면 함수를 입력할 수 있는 [함수 마법사] 대화상자가 표시됩니다.

⓬ 수식 입력줄 : 현재 선택된 셀에 입력된 내용을 표시하며, 수식이나 데이터를 입력할 수도 있습니다.

⑬ 행 머리글 : 행을 나타내는 숫자가 표시됩니다. 행은 가로 방향으로 1,048,576개의(1부터 ~ 1,048,576까지) 행이 있습니다.

⑭ 열 머리글 : A부터 Z까지, 그 다음에 계속해서 AA부터 AZ까지 ... 이런식으로 계속 알파벳으로 이름을 붙여서 16,384개의(A부터 ~ XFD까지) 열이 있습니다.

⑮ 셀 : 각 네모 칸이 하나의 셀입니다. 셀의 위치(주소)는 열과 행이 교차하면서 생긴 영역입니다. 예를 들면, B열의 3행에 위치한 셀을 [B3] 셀이라 부릅니다. 셀을 선택하면 셀의 테두리가 굵게 표시되어 선택하지 않은 셀과 구분되는데 이를 셀 포인터라 합니다.

⑯ 워크시트 : 셀들로 구성된 공간으로 문서 작업을 하는 곳입니다.

⑰ 시트 탭 : 여러 개의 워크시트를 사용할 수 있도록 하며 시트 이름이 표시됩니다. 시트탭을 사용하여 시트 삽입, 시트 삭제, 시트 이름 바꾸기, 탭에 색 지정하기 등을 할 수 있습니다.

⑱ 상태 표시줄 : 준비, 입력, 편집 등의 현재 작업 상태가 표시되는 곳입니다.

⑲ 보기 바로 가기 : 워크시트를 표시하는 방식을 나타내는 단추입니다. [기본], [페이지 레이아웃], [페이지 나누기 미리보기]로 구성되어 있습니다.

⑳ 확대/축소 비율 : 워크시트 화면의 확대/축소 비율이 퍼센트(%)로 표시됩니다. 100% [확대/축소]를 클릭하면 시트 화면의 확대/축소를 지정할 수 있는 [확대/축소] 대화상자가 표시됩니다.

㉑ 확대/축소 단추 슬라이더 : [축소] 단추나 [확대] 단추를 클릭하거나 중간에 슬라이더를 드래그 하여 시트 화면의 배율을 지정할 수도 있습니다.

(2) 엑셀 실행하기

[시작]-[모든 프로그램]-[Microsoft Office]-[Microsoft Office Excel 2010]을 클릭합니다.

(3) 엑셀 문서 저장하기 및 다른 이름으로 문서 저장하기

엑셀 문서를 저장하려면, [파일] 탭-[저장] 메뉴를 클릭하고, [다른 이름으로 저장] 대화상자가 나타나면 문서를 저장할 위치를 확인하고 [파일 이름]을 입력한 후 [저장] 단추를 클릭합니다. 엑셀 2010에서 문서를 저장하면 확장자가 'xlsx'인 통합문서로 저장됩니다.

또한, 기존 문서의 내용을 보존한 상태에서 다른 파일 이름으로 문서를 하나 더 만들려면 [파일] 탭-[다른 이름으로 저장]을 클릭하여 저장합니다.

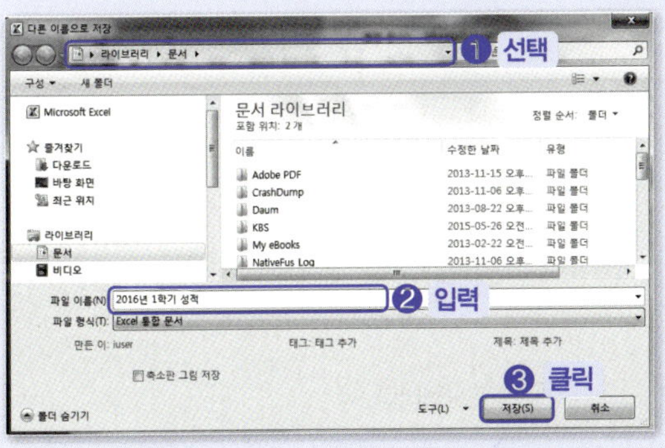

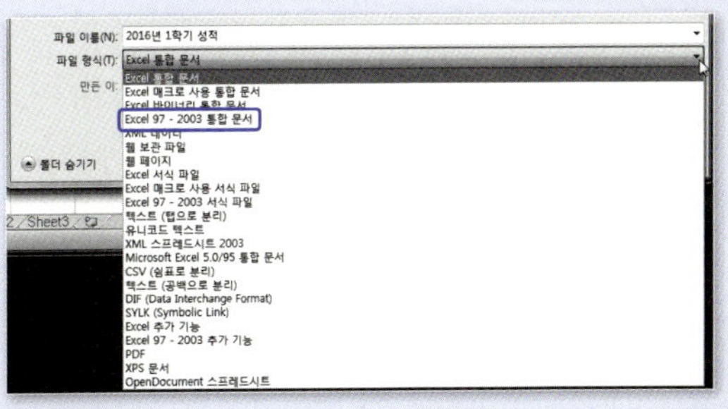

그리고 파일 형식을 변경하여 문서를 저장하려면 [다른 이름으로 저장] 대화상자에서 [파일 형식]의 목록 단추를 누르고 원하는 파일 형식을 선택한 후 저장을 하면 됩니다. 만약, [파일 형식]을 'Excel 97-2003 통합 문서'로 선택하면 확장자가 'xls'인 통합 문서로 저장하여 엑셀 97~엑셀 2003 버전에서도 문서를 열수 있습니다.

(4) 엑셀 종료하기

[파일] 탭-[끝내기] 메뉴를 클릭하거나, 엑셀 창 조절 단추에서 x [닫기] 단추를 클릭합니다.

(5) 문서 열기와 새로운 문서 만들기

기존의 엑셀 문서를 열기 하려면, [파일] 탭-[열기]를 클릭하고 [열기] 대화상자를 표시합니다. [열기] 대화상자에서 지정된 위치의 파일을 선택한 다음 [열기] 단추를 클릭합니다.

[파일] 탭-[새로 만들기]-[새 통합 문서]-[만들기]를 클릭하면 기존 문서를 그대로 둔 상태에서 새로운 문서를 만들 수 있습니다.

2. 데이터 수정 및 행/열 편집

(1) 글쇠를 사용하여 셀 포인터 이동하기

❶ [←] [→] [↑] [↓] : 왼쪽, 오른쪽, 위쪽, 아래쪽으로 한 셀씩 이동시킵니다.

❷ [Tab] : 오른쪽으로 한 셀씩 이동시킵니다.

❸ [Shift]+[Tab] : 왼쪽으로 한 셀씩 이동시킵니다.

❹ [Enter] : 아래쪽으로 한 셀씩 이동시킵니다.

❺ [Shift]+[Enter] : 위쪽으로 한 셀씩 이동시킵니다.

❻ [Ctrl]+[Home] : [A1] 셀로 이동시킵니다.

❼ [Ctrl]+[End] : 문서의 마지막 행, 마지막 열에 있는 셀로 이동시킵니다.

(2) 데이터 수정하기

❶ 셀을 더블클릭하여 해당 셀에서 수정합니다.

❷ 셀을 선택한 후 수식 입력줄을 클릭하여 수식 입력줄에서 수정합니다.

❸ 셀을 선택한 후 [F2]를 눌러 해당 셀에서 수정합니다.

(3) 셀 선택하기

❶ 하나의 셀 선택 : 셀을 클릭합니다.

❷ 연속적인 셀 선택 : 셀 범위를 드래그하거나 첫 번째 셀을 선택한 후 [Shift]를 누른 상태에서 마지막 셀을 선택합니다.

❸ 비연속적인 셀 선택 : 셀을 선택한 후 [Ctrl]을 누른 상태에서 다른 셀을 선택합니다.

❹ 모든 셀 선택 : 첫 번째 열과 첫 번째 행의 시작부분 [모두 선택] 단추를 클릭하거나 [Ctrl]+[A]를 누릅니다.

(4) 행/열 선택하기

❶ 하나의 행/열 선택 : 행/열 머리글을 클릭합니다.

❷ 연속적인 행/열 선택 : 행/열 머리글을 드래그하거나 첫 번째 행/열 머리글을 선택한 후 [Shift]를 누른 상태에서 마지막 행/열 머리글을 선택합니다.

❸ 비연속적인 행/열 선택 : 행/열 머리글을 선택한 후 [Ctrl]을 누른 상태에서 다른 행/열 머리글을 선택합니다.

(5) 행 높이 변경 및 열 너비 변경하기

❶ 행/열을 선택한 후 [홈] 탭-[셀] 그룹-[서식]에서 행 높이 또는 열 너비를 변경합니다.

❷ 행/열 머리글의 경계선을 드래그 합니다. 경계선으로 마우스 포인터를 가져가면 마우스 포인터가 또는 모양으로 변경됩니다.

❸ 행/열 머리글을 선택한 후 [홈] 탭-[셀] 그룹-[서식]에서 [행 높이 자동 맞춤] 또는 [열 너비 자동 맞춤]을 클릭하거나, 행 머리글/열 머리글의 경계선을 더블클릭합니다. 경계선을 더블클릭하면 행 높이나 열 너비가 데이터에 맞게 변경됩니다.

(6) 행/열 셀의 삽입 및 삭제하기

❶ 행/열 삽입 : 행/열 머리글을 선택한 후 [홈] 탭-[셀] 그룹-[삽입]을 클릭합니다. 행/열을 삽입하면 기존 행/열이 뒤로 밀리면서 새로운 행/열이 삽입됩니다.

❷ 행/열 삭제 : 행/열 머리글을 선택한 후 [홈] 탭-[셀] 그룹-[삭제]를 클릭합니다. 행/열을 삭제하면 기존 행/열이 앞으로 당겨지면서 선택한 행/열이 삭제됩니다.

❸ 셀 삽입 : 셀을 선택한 후 [홈] 탭-[셀] 그룹-[삽입]을 클릭합니다. 셀 삽입은 기존의 셀을 오른쪽으로 밀거나, 아래로 밀어서 새로운 셀이 삽입되도록 합니다.

❹ 셀 삭제 : 셀을 선택한 후 [홈] 탭-[셀] 그룹-[삭제]를 클릭합니다. 셀이 삭제되면 삭제된 셀 위치에 기존의 셀이 왼쪽으로 밀리거나 위로 밀려서 삭제된 셀 위치를 채우게 됩니다.

(7) 행/열의 숨기기 및 숨기기 취소

❶ 행/열 숨기기 : 숨기려는 행/열의 머리글을 선택한 후 [홈] 탭-[셀] 그룹-[서식]-[숨기기 및 숨기기 취소]-[행/열 숨기기]를 클릭합니다. 또는 행/열 머리글을 선택 한 후 [홈] 탭-[셀] 그룹-[서식]에서 [행 높이]/[열 너비]를 클릭하고 [행 높이]/[열 너비] 대화상자에 '0'을 입력한 후 [확인] 단추를 클릭합니다.

❷ 행/열 숨기기 취소하기 : 숨겨진 행/열 머리글 경계선으로 마우스 포인터를 가져가서 마우스 포인터 모양이 또는 로 변경되었을 때 아래쪽 또는 오른쪽으로 드래그 합니다. 또는 숨겨진 행/열 머리글을 선택한 후 [홈] 탭-[셀] 그룹-[서식]-[숨기기 및 숨기기 취소]-[행/열 숨기기 취소]를 클릭합니다.

3. 시트 편집

(1) 시트 선택하기

❶ 하나의 시트 선택 : 시트 탭을 클릭합니다.

❷ 연속적인 시트 선택 : 시트 탭에서 첫 번째 시트를 선택한 후 [Shift]를 누른 상태에서 마지막 시트를 선택합니다.

❸ 비연속적인 시트 선택 : 시트 탭에서 첫 번째 시트를 선택한 후 [Ctrl]을 누른 상태에서 다른 시트를 선택합니다.

(2) 시트 이름 바꾸기와 시트 탭에 색 채우기

❶ 시트 이름 바꾸기 : 시트 탭에서 시트를 선택 한 후 [홈] 탭-[셀] 그룹-[서식]-[시트 구성]-[이름 바꾸기]를 클릭하거나, 시트 탭에서 시트를 더블클릭하여 시트의 이름을 바꿉니다.

❷ 시트 탭에 색 채우기 : 시트 탭에서 시트를 선택한 후 [홈] 탭-[셀] 그룹-[서식]-[시트 구성]-[탭 색]을 클릭하고 색 목록에서 원하는 색을 선택합니다.

(3) 시트 이동/복사 하기

❶ 시트 이동 : 시트 탭에서 시트를 선택한 후 [홈] 탭-[셀] 그룹-[서식]-[시트 구성]-[시트 이동/복사]를 클릭합니다. [이동/복사] 대화상자에서 이동할 위치를 지정하고 [확인] 단추를 클릭합니다. 또 다른 시트 이동 방법은 시트 탭에서 시트를 드래그 합니다. 시트가 이동될 위치는 ▼으로 표시됩니다.

❷ 시트의 복사 : 시트 탭에서 시트를 선택하고 [홈] 탭-[셀] 그룹-[서식]-[시트 구성]-[시트 이동/복사]를 클릭한 후 [이동/복사] 대화상자에서 [복사본 만들기]에 체크표시를 하여 선택합니다. 또 다른 방법은 시트 탭에서 [Ctrl]을 누른 상태에서 시트를 드래그 합니다. 시트가 복사될 위치는 ▼으로 표시됩니다.

(4) 시트의 삽입/삭제 하기

❶ 시트 삽입 : 시트 탭에서 시트를 선택하고 [홈] 탭-[셀] 그룹-[삽입]-[시트 삽입]을 클릭합니다. 또는 시트 탭의 맨 끝 부분 워크시트 삽입 단추를 클릭합니다. 새로운 시트는 선택한 시트의 앞에 삽입됩니다.

❷ 시트 삭제 : 시트 탭에서 시트를 선택하고 [홈] 탭-[셀] 그룹-[삭제]-[시트 삭제]를 클릭합니다. 만약 데이터가 있는 시트를 삭제하면 '삭제하려는 시트에 데이터가 있습니다.'라는 내용의 경고 메시지가 나타납니다.

실습

1-1 엑셀 실행하고 문서 작성하기

01. 컴퓨터 바탕 화면의 왼쪽 하단에서 [시작] 단추-[프로그램]-[Microsoft Office]-[Microsoft Excel 2010]을 클릭하여 실행합니다.

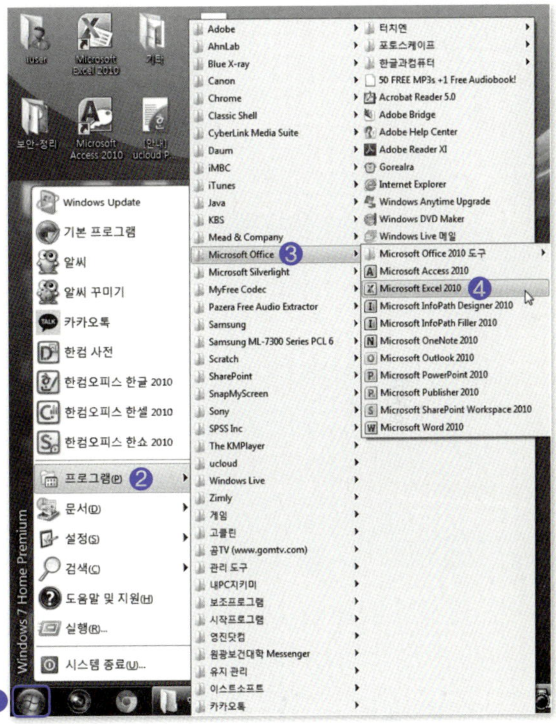

02. 엑셀 화면이 나타나면 [B2]셀을 클릭하여 선택합니다.

[B2]셀에 '2016년도 1학기 성적'을 입력한 후 [Enter]를 눌러 셀 포인터를 [B3]셀로 이동시킵니다.

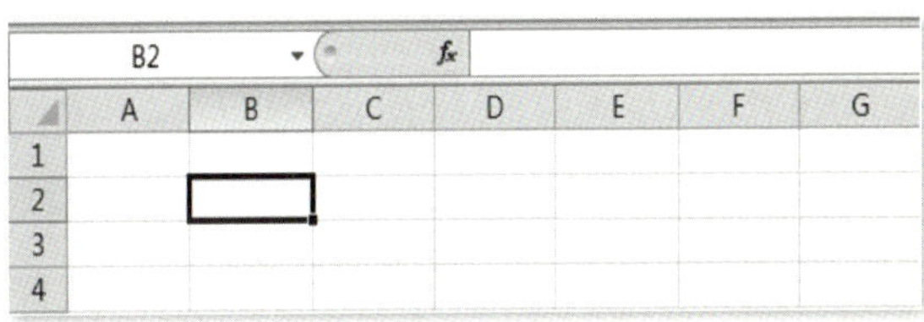

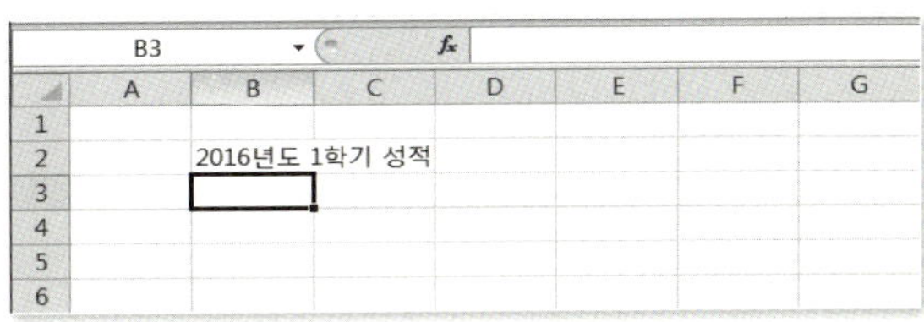

03. [B3]셀에 '이름'을 입력한 후 [→] 방향키를 눌러 셀 포인터를 [C3]셀로 이동시키고 '학과'를 입력합니다.

계속해서 [→] 방향키 누르기와 글자 입력을 반복해 가며 오른쪽 아래 그림과 같이 데이터 'Excel'과 'PowerPoint'를 입력합니다.

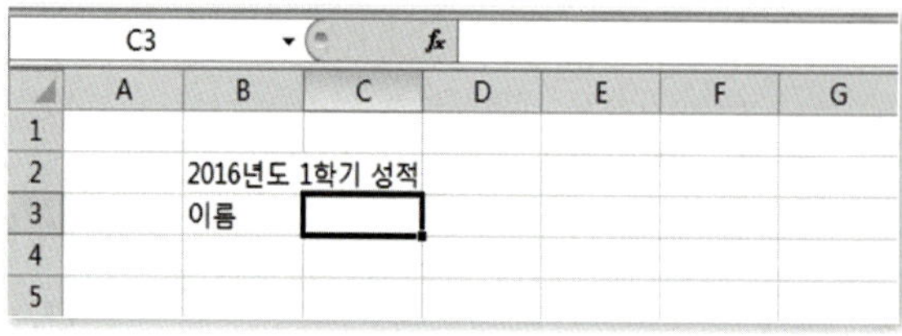

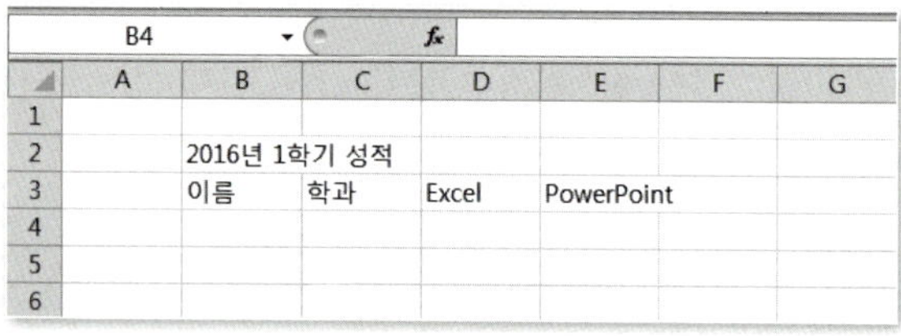

04. 같은 방법으로 [B4]셀부터 [E8]셀까지 오른쪽 그림과 같이 데이터를 입력합니다. ([B4:E8])

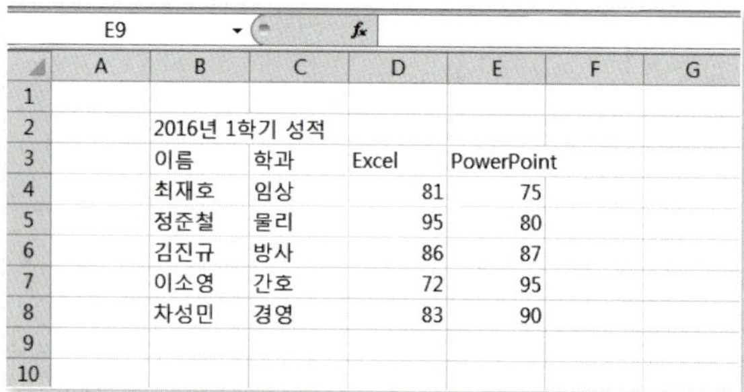

05. 작성된 문서를 저장하기 위해서 [파일] 탭-[저장]을 클릭합니다.

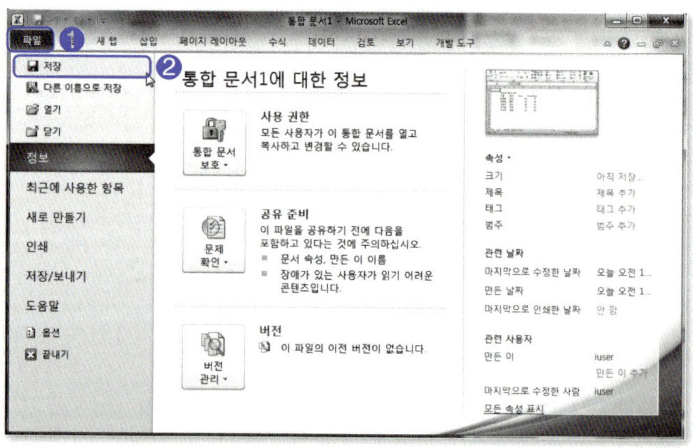

06. [다른 이름으로 저장] 대화상자가 나타나면 문서를 저장할 위치를 지정하고 파일이름(2016년 1학기 성적)을 입력한 다음 [저장] 단추를 클릭합니다.

그러면 제목 표시줄에 '2016년 1학기 성적 – Microsoft Excel'로 문서의 저장된 파일 이름이 표시됩니다.

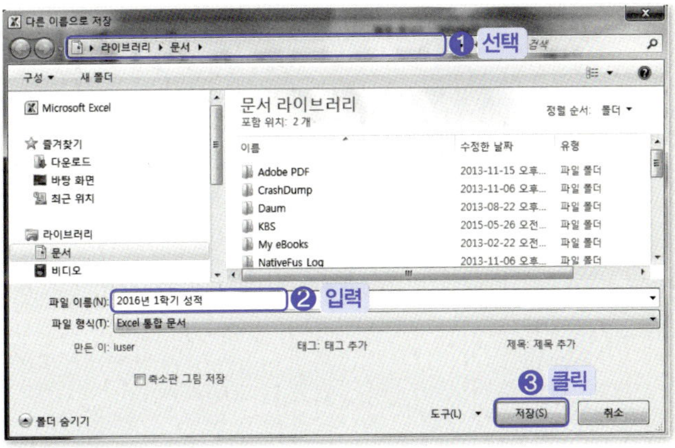

07. 엑셀 작업을 종료하기 위해서 [파일] 탭-[끝내기]를 클릭합니다.

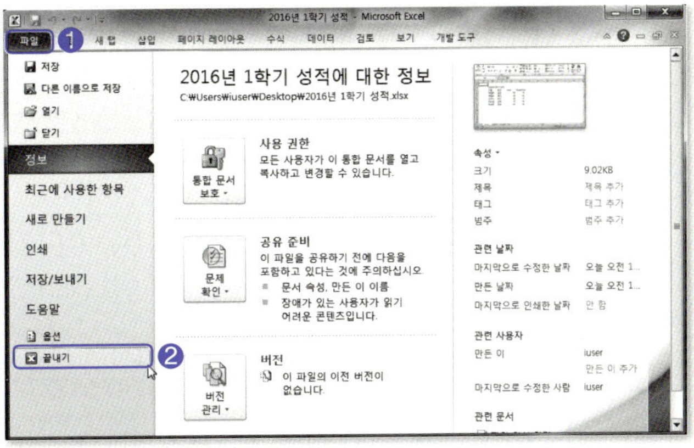

실습

1-2 문서 열기하고 행/열과 시트 편집하기

01. 엑셀을 실행하고 이전에 작성했던 문서를 가져오기 위해서 [파일] 탭-[열기]를 클릭합니다.

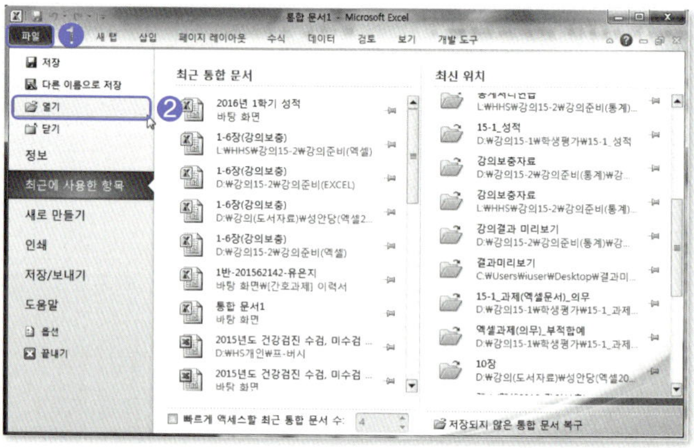

02. [열기] 대화상자에서 문서가 저장되어 있는 위치를 파악하고 원하는 문서(2016년 1학기 성적)를 선택한 후 [열기] 단추를 클릭합니다.

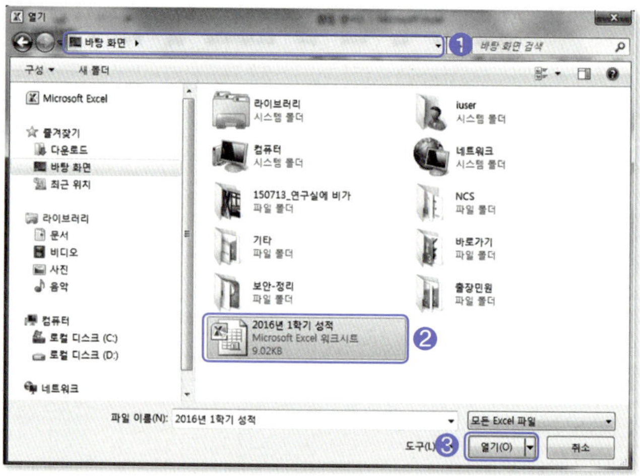

참고 기존의 문서를 열기 하는 또 다른 방법은 [파일] 탭–[최근에 사용한 항목]을 클릭 한 후 [최근 통합 문서] 목록에서 열기 할 문서를 클릭합니다.

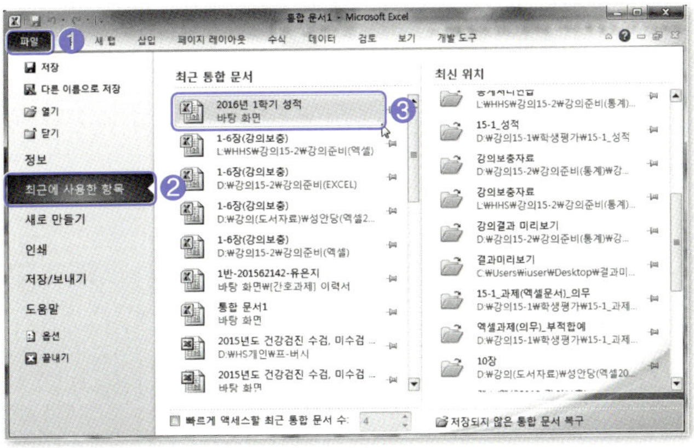

03. [E열] 앞에 열을 삽입하기 위해서 [E열] 머리글을 클릭하고 리본 메뉴에서 [홈] 탭–[셀] 그룹–[삽입] 목록의 [시트 열 삽입]을 클릭합니다.

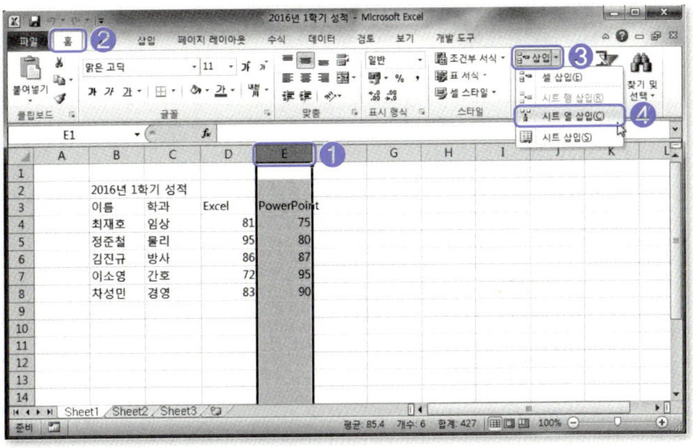

04. 삽입된 [E열]의 [E3:E8]셀에 다음과 같이 '기초통계'와 숫자 데이터를 입력합니다.

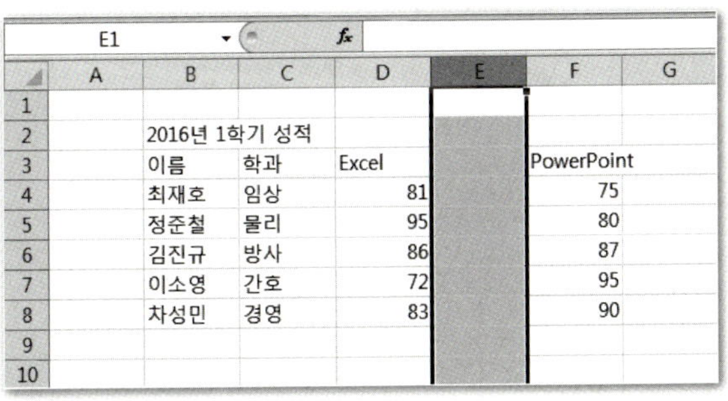

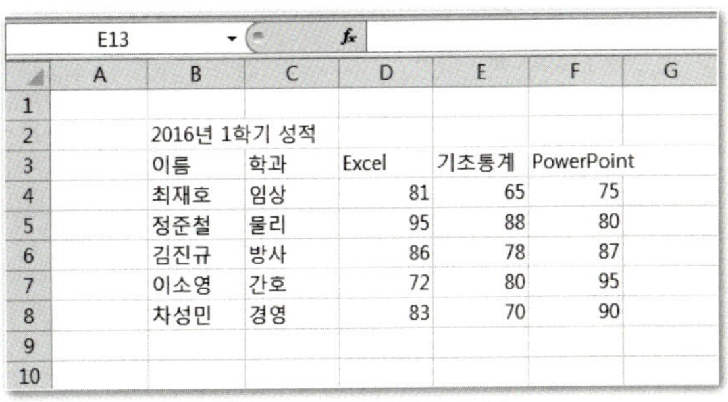

05. [7행] 앞에 행을 삽입하기 위해서 [7행] 머리글을 클릭하고 리본 메뉴에서 [홈] 탭–[셀] 그룹–[삽입] 목록의 [시트 행 삽입]을 클릭합니다.

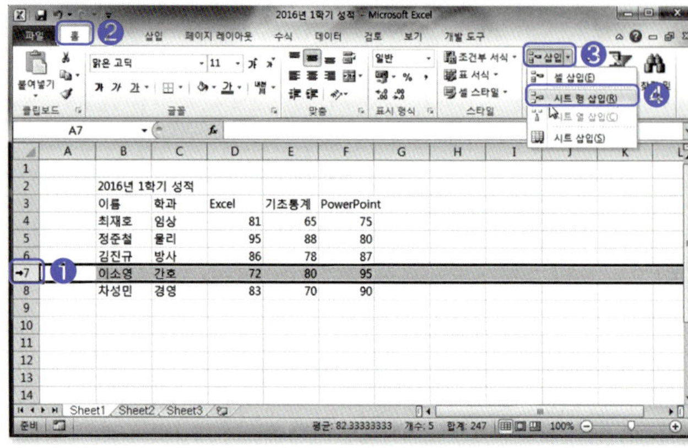

06. 삽입된 [7행]의 [B7:F7]셀에 다음과 같이 데이터를 입력합니다.(윤대중, 영상, 95, 90, 93)

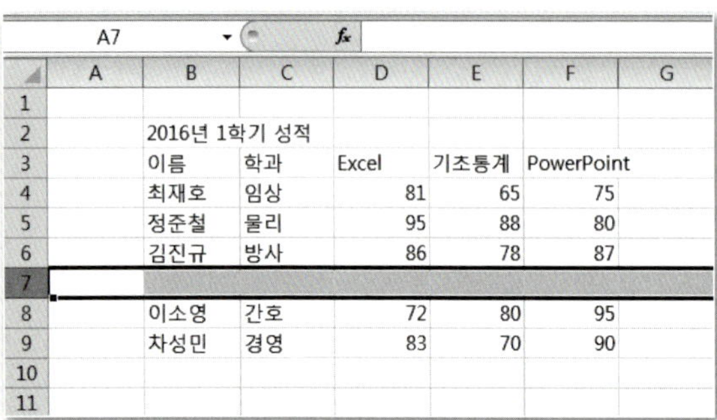

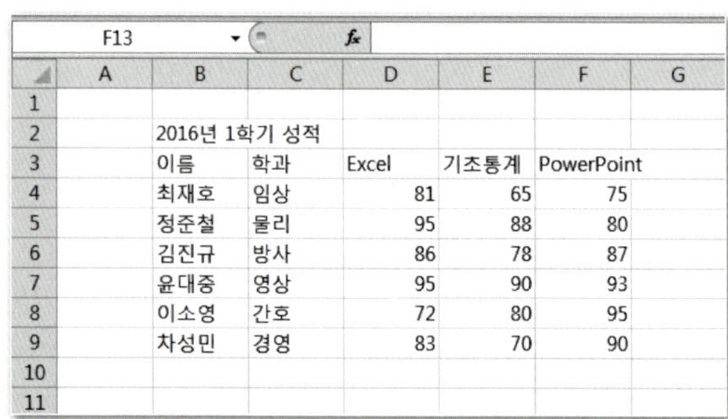

07. 데이터가 추가된 문서를 다른 이름으로 저장하기 위해서 [파일] 탭–[다른 이름으로 저장]을 클릭합니다.

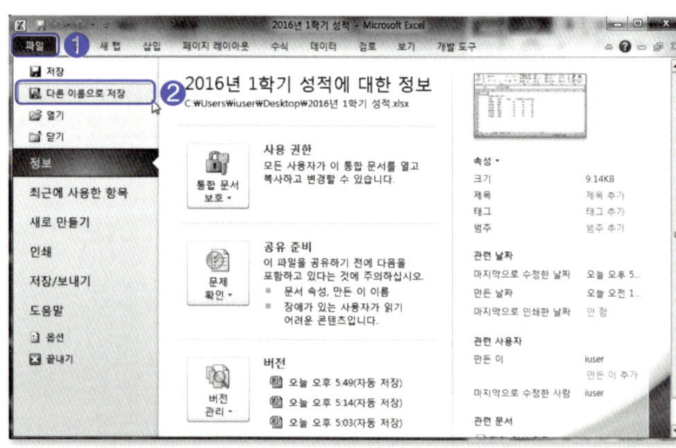

08. [다른 이름으로 저장] 대화상자에서 저장 위치를 지정하고 [파일 이름]을 '2016년 1학기 성적-2'라 입력 한 후 [저장] 단추를 클릭합니다.

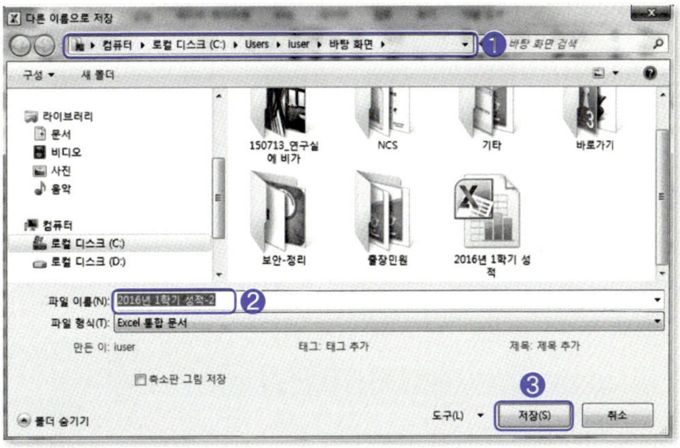

09. 시트의 이름을 바꾸기 위해서 시트탭에서 [Sheet1] 시트를 선택하고 [홈] 탭-[셀] 그룹-[서식] 목록 단추를 클릭한 후 [시트 이름 바꾸기]를 클릭합니다.

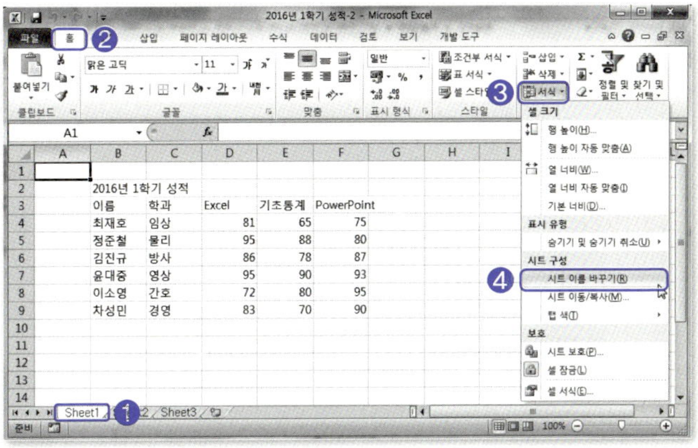

10. [Sheet1] 시트에 '1학기-성적'을 입력합니다.

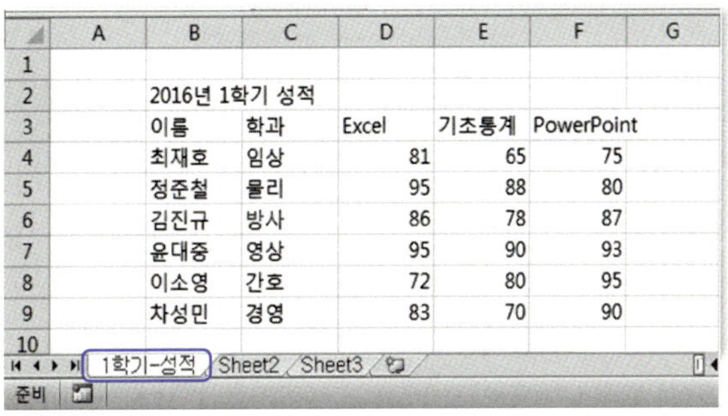

11. 시트를 복사하기 위해서 시트 [1학기-성적]을 선택한 후 [홈] 탭-[셀] 그룹에서 [서식] 목록을 클릭한 후 [시트 이동/복사]를 클릭합니다.

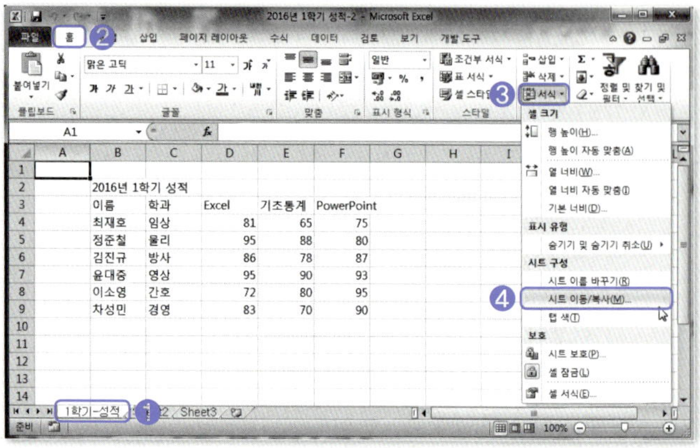

12. [이동/복사] 대화상자가 나타나면 [다음 시트의 앞에]에서 [Sheet3]을 클릭하여 지정하고 [복사본 만들기]에 체크 표시를 한 다음 [확인] 단추를 클릭합니다.

그러면 다음 오른쪽 그림과 같이 복사된 시트가 [Sheet3] 앞에 [1학기-성적 (2)]로 표시됩니다.

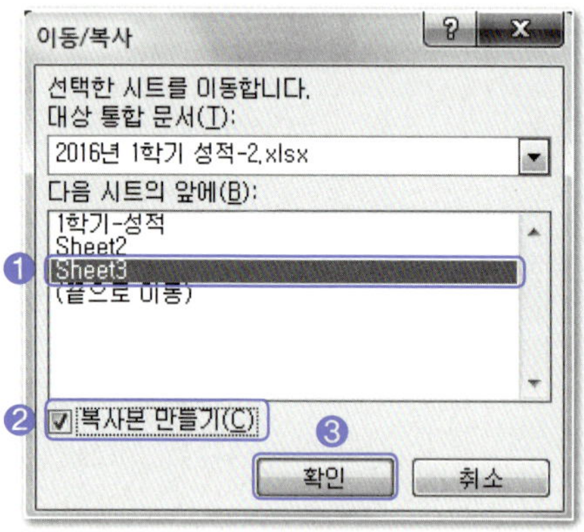

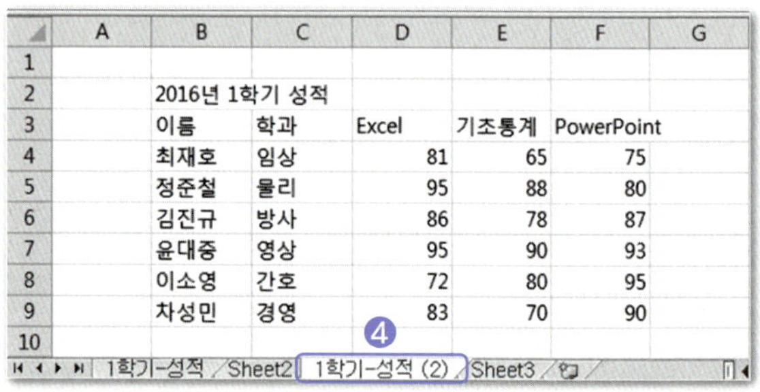

13. 시트를 삭제하기 위해서 시트 탭에서 [1학기-성적 (2)] 시트를 선택하고 [홈] 탭-[셀] 그룹-[삭제]의 목록 단추를 클릭한 후 [시트 삭제]를 클릭합니다.

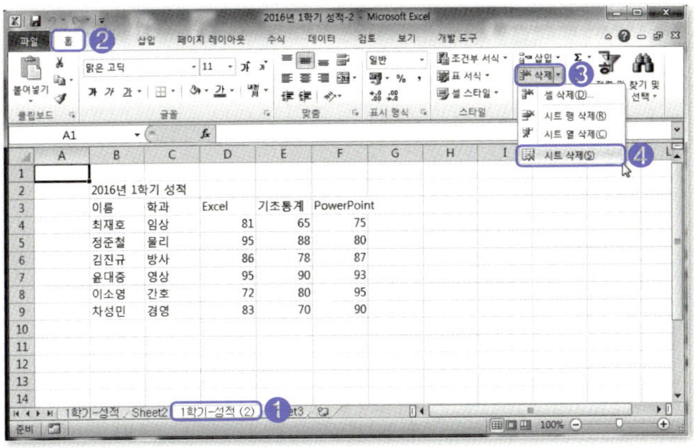

그러면 시트 안에 데이터가 입력된 상태이기 때문에 오른쪽 아래 그림과 같이 '삭제하려는 시트에 데이터가 있습니다. 데이터를 영구히 삭제하려면 [삭제]를 누르십시오.'라는 메시지가 나타납니다. 확실하게 시트를 삭제하려면 [삭제] 단추를 클릭합니다.

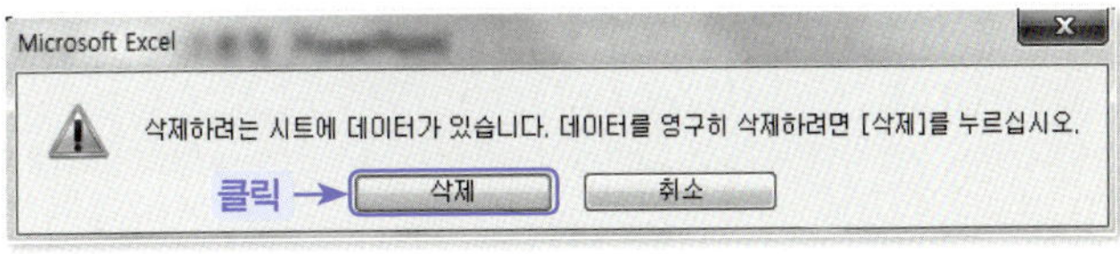

만약 시트 안에 데이터가 없는 시트를 삭제한다면 위와 같은 메시지는 나타나지 않습니다.

14. 완성한 문서를 [저장] 단추를 눌러 저장하고, [파일] 탭-[끝내기]를 클릭하거나 또는 화면 오른쪽 상단에 [닫기] 단추를 클릭하여 작업을 종료합니다.

실력 점검 문제

[문제 1-1] 아래 조건에 따라 다음과 같은 문서를 Sheet1에 작성하고 '제품 판매 현황'으로 저장하시오.

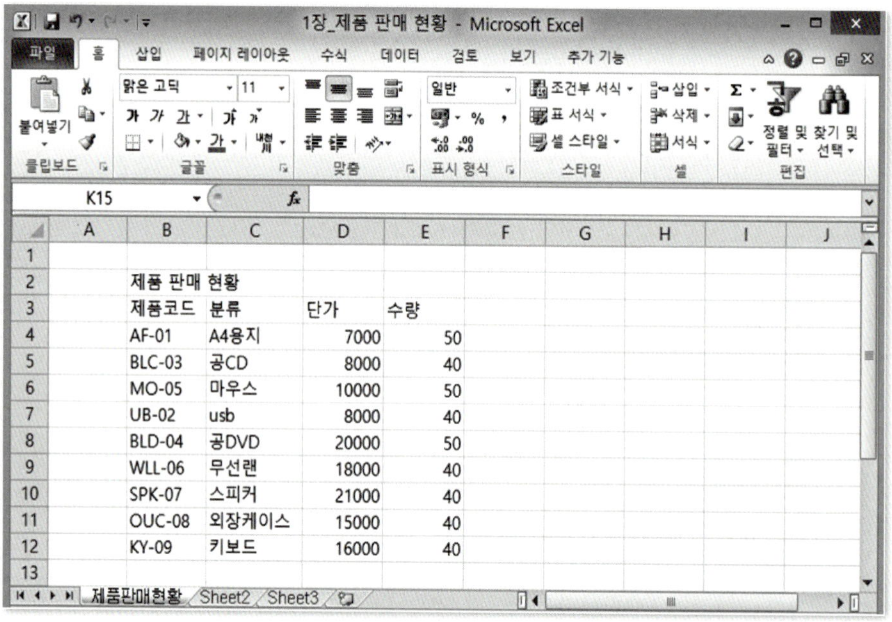

[작성 조건]

- **저장 위치 및 파일 형식 : 라이브러리\문서, Excel 통합 문서**
- **시트 이름 변경 및 시트 색 채우기 : '제품판매현황', 표준색-빨강**

[문제 1-2] 아래 조건에 따라 다음과 같은 문서를 Sheet1에 작성하고 '2015 컴활 성적표'로 저장하시오.

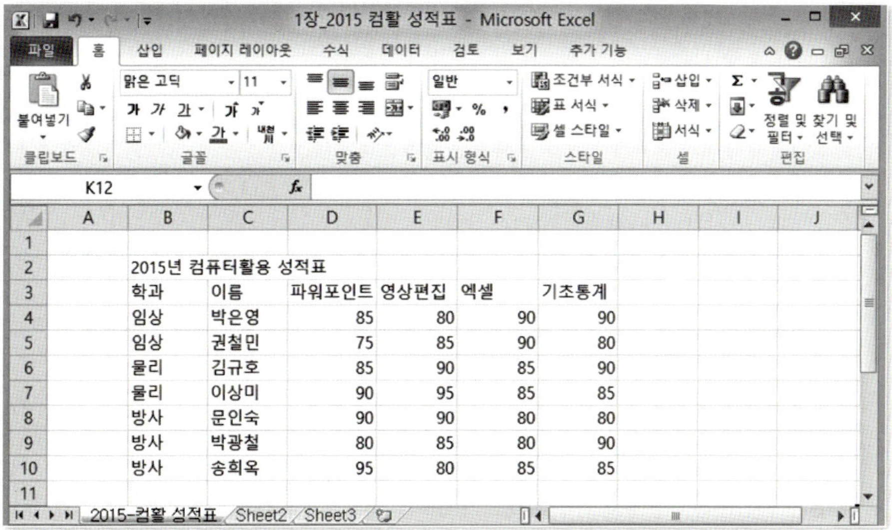

	A	B	C	D	E	F	G
1							
2		2015년 컴퓨터활용 성적표					
3		학과	이름	파워포인트	영상편집	엑셀	기초통계
4		임상	박은영	85	80	90	90
5		임상	권철민	75	85	90	80
6		물리	김규호	85	90	85	90
7		물리	이상미	90	95	85	85
8		방사	문인숙	90	90	80	80
9		방사	박광철	80	85	80	90
10		방사	송희옥	95	80	85	85

[작성 조건]

- **저장 위치 및 파일 형식 : 바탕화면, Excel 통합 문서**
- **시트 이름 변경 및 시트 색 채우기 : '2015-컴활 성적표', 표준색-진한파랑**

Introduction to EXCEL 2010

CHAPTER 02

데이터 입력과 데이터 자동 채우기

엑셀 문서 작성에서 첫 시작은 셀을 클릭하고 데이터를 입력하는 것입니다. 엑셀에서 입력할 수 있는 데이터는 숫자, 텍스트, 날짜, 시간, 기호, 한자, 특수 문자 등 다양합니다. 날짜와 시간은 특수 기호가 부가되어야 입력이 가능하고 기호나 한자 등도 입력하는 방법이 다릅니다. 이번 장에서는 다양한 형태의 데이터를 입력해 봅니다. 또한 특별한 경우 반복적인 데이터를 자동 채우기 할 수 있는 채우기 핸들 다루는 방법을 살펴보겠습니다.

학습 목표

- 문서에 숫자와 텍스트, 날짜와 시간을 입력할 수 있습니다.
- 문서에 기호 및 한자 그리고 특수 문자를 입력할 수 있습니다.
- 채우기 핸들을 이용하여 같은 데이터 또는 1씩 증가되는 데이터를 자동 채우기 할 수 있습니다.
- 채우기 핸들을 이용하여 추세가 반영된 연속적인 데이터나 사용자가 지정한 목록을 반복적으로 자동 채우기 할 수 있습니다.

실습 구성

실습 2-1 텍스트, 날짜, 시간, 한자, 특수 기호로 구성된 문서 작성하기

실습 2-2 연속 데이터 자동 채우기와 사용자 지정 목록 데이터 입력하기

실력 점검 문제

준비 학습

1. 숫자, 텍스트, 특수 문자 입력

(1) 숫자와 텍스트 입력하기

❶ 원하는 셀을 클릭하여 선택 한 후 숫자나 텍스트를 입력합니다. 입력한 후 [Enter]를 누르면 아래 셀로 이동하고 [Tab]이나 [→]를 누르면 오른쪽 셀로 이동합니다. 숫자는 셀의 오른쪽 맞춤으로 표시되고, 텍스트는 셀의 왼쪽 맞춤으로 표시됩니다.

❷ 텍스트를 입력할 때 같은 셀에 줄을 바꾸어 데이터를 계속 입력하려면 [Alt]+[Enter]를 누르거나, [홈] 탭-[맞춤] 그룹-[텍스트 줄 바꿈]을 클릭합니다.

❸ 학번이나 전화번호처럼 모양은 숫자이지만 계산할 필요가 없는 데이터는 입력하기 전에 [홈] 탭-[표시 형식] 그룹-[표시 형식] 목록단추를 누르고 [텍스트]를 선택하여 텍스트 형식으로 입력할 수 있습니다.

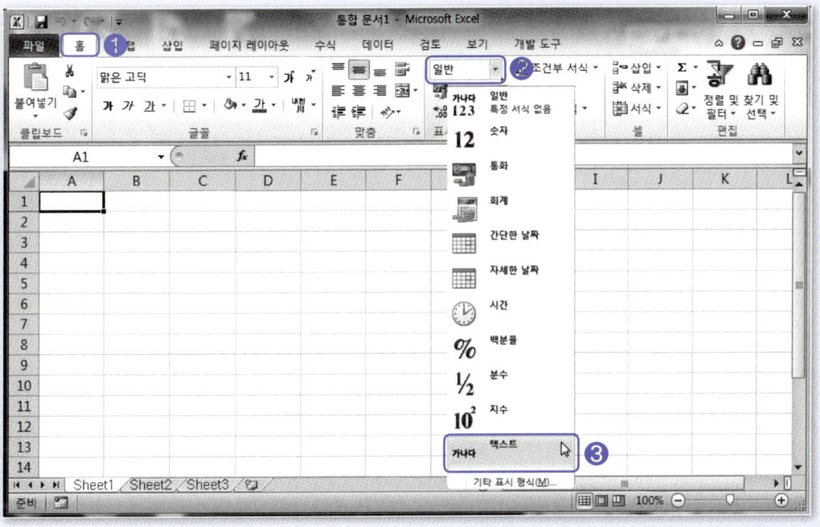

❹ 소수 이하를 표시하는 숫자를 입력하면 해당 셀의 표시형식에 따라 때로는 반올림 값이 표시될 수 있지만 실제 계산에서는 원래 입력한 값이 사용됩니다. 소수 이하 자리수 조정은 입력된 데이터를 선택하고 [홈] 탭-[표시 형식] 그룹-[자릿수 늘림] 또는 [자릿수 줄임]을 클릭하여 조정할 수 있습니다.

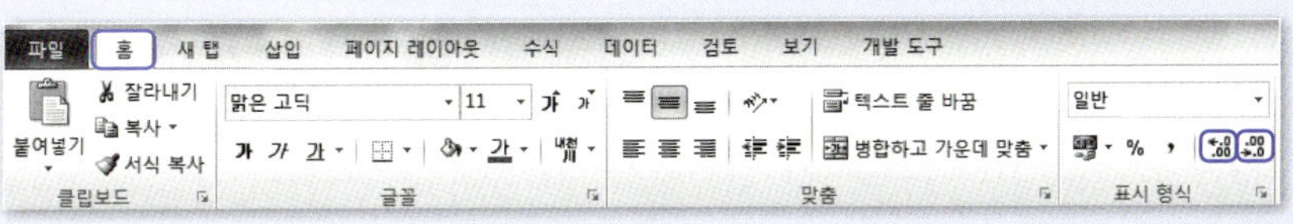

(2) 날짜와 시간 입력하기

❶ 셀을 선택한 후 날짜를 입력할 수 있습니다. 날짜를 입력할 때는 슬래시(/) 또는 하이픈(-)을 사용해서 년, 월, 일을 '2015/9/22' 또는 '2015-9-22'와 같이 입력합니다.

❷ '9/22' 또는 '9-22'처럼 월, 일만 입력할 수도 있습니다. 이 때는 입력하는 당시 연도로 처리됩니다.

❸ 만약 '9월 22일'처럼 날짜를 입력하면 엑셀은 이를 텍스트 데이터로 인식해서 날짜 관련 작업을 하기 어렵게 되므로 반드시 슬래시나 하이픈을 사용하여 입력해야 합니다.

❹ 시간을 입력할 때는 콜론(:)을 사용합니다. 예를 들면 '11:21' 또는 '18:35:25'처럼 시, 분 또는 시, 분, 초를 입력합니다.

❺ 시간을 12시간 방식으로 입력하려면 공백과 'a', 'p'를 사용하여 오전 오후를 구분합니다. 예를 들면 '11:24 a', 또는 '11:24 p'와 같이 입력합니다.

(3) 한자, 기호, 특수 문자 입력하기

❶ 한자는 먼저 한글을 입력하여 글자를 선택한 후 [검토] 탭-[언어] 그룹-[한글/한자 변환]을 클릭하고 [한글/한자 변환] 대화상자가 표시되면 원하는 한자를 선택하여 변환합니다. 또는 키보드의 [한자] 글쇠를 눌러 원하는 한자를 선택하기도 합니다.

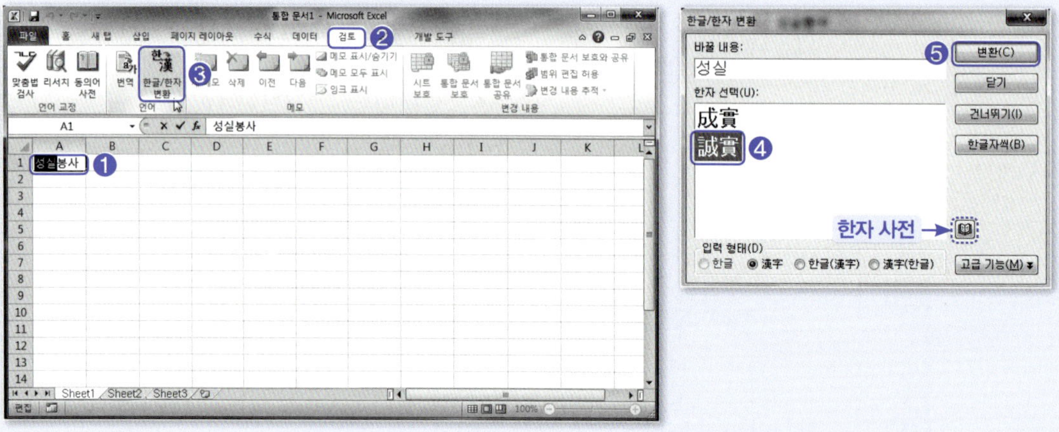

❷ [한글/한자 변환] 대화상자에서 [한자 사전] 단추를 클릭하면 한자의 음, 뜻, 획수 등을 확인할 수 있는 [한자 사전] 대화상자가 표시됩니다.

❸ 키보드로는 입력할 수 없는 기호나 특수 문자는 [삽입] 탭-[기호] 그룹-[기호]를 클릭하여 입력합니다.

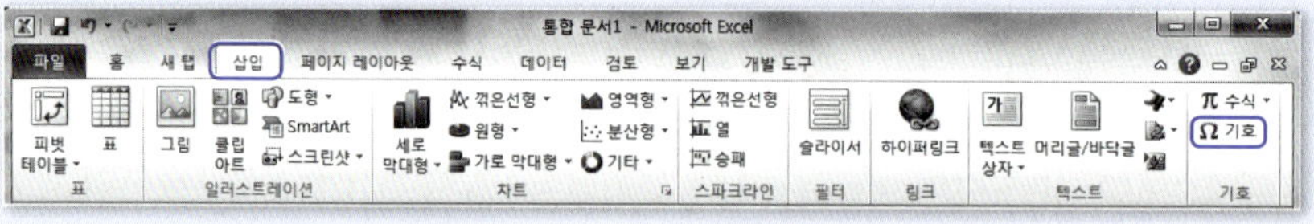

❹ [기호] 대화상자의 [기호] 탭에서 하위 집합 목록 단추를 클릭해서 원하는 글꼴과 그것의 하위 집합을 찾고 수학 기호, 도형 문자, 괄호 문자 등 다양한 기호를 선택한 후 [삽입]을 클릭합니다.

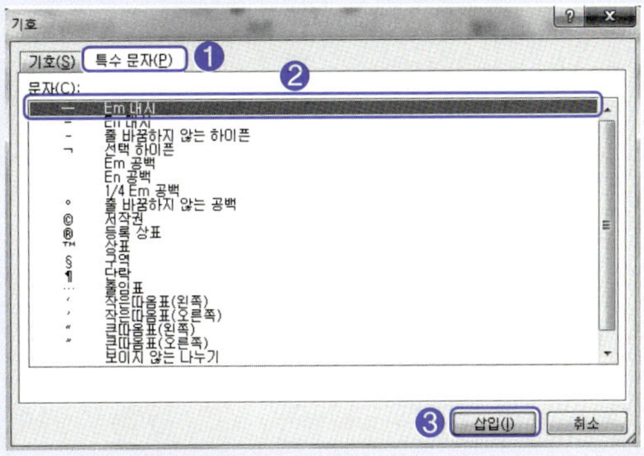

❺ 특수 문자를 사용하려면 [특수 문자] 탭을 클릭한 후 원하는 특수 문자를 목록에서 찾아 선택하고 [삽입]을 클릭합니다.

❻ 한글 자음(ㄱ~ㅎ)과 [한자] 글쇠를 눌러 특수 문자를 입력하는 방법도 있습니다. 한글 자음을 입력한 후 바로 [한자] 글쇠를 누르면 다음과 같이 기호 목록이 표시됩니다. 여기에서 원하는 기호를 클릭합니다.

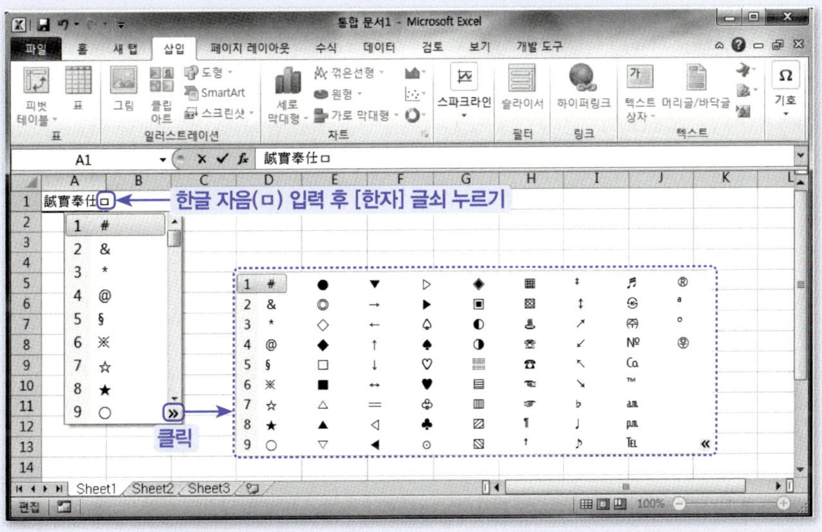

❼ 한글 자음별로 입력할 수 있는 기호는 다음과 같이 분류되어 있습니다.

자음	기호	등록된 기호	자음	기호	등록된 기호
ㄱ	기술 기호	! ‘ , … ‖ ＼	ㅊ	분수, 첨자	½ ¾ ^{1} ^{n} $_{2}$ $_{4}$
ㄴ	괄호 기호	《 》【 】『 』{ }	ㅋ	한글 현대 자모	ㄱ ㄾ ㄷ ㅘ ㅝ ㅞ
ㄷ	수학 기호	± ≠ ≤ ♀ ∫ ∋	ㅌ	한글 고어 자모	ㅨ ㅧ ㅫ ㅭ ㅸ ㆇ ㆊ
ㄹ	단위 기호	㎉ ㎐ ㎢ ㎲ ㎾ Ω	ㅍ	로마 문자	A G V h m p q
ㅁ	도형/일반 기호	● ▫ ▲ ♡ ♣ ☜	ㅎ	그리스 문자	Γ Θ Π α β λ π σ
ㅂ	괘선 그리기	┬ ┘ ╋ ┴ ╋ ┼	ㄲ	발음 기호	Æ Ħ Ø Ŋ æ ß η
ㅅ	원/괄호 한글	㉧ ㉬ ㈃ ㈋ ㈍	ㄸ	일본 히라가나	あ が な ぴ ね れ
ㅇ	원/괄호 영문, 숫자	ⓕ ⓨ ③ ⒭ ⒂	ㅃ	일본 가타카나	カ ザ ラ ヂ ヅ ポ
ㅈ	숫자, 로마 숫자	4 9 ⅶ Ⅸ ┌	ㅆ	러시아 문자	Б Д Ж Й Ю Я ф

2. 자동 채우기 데이터 입력

(1) 자동 완성 데이터 입력하기

셀 데이터에 직접 입력할 때 같은 열에 처음 몇 자가 일치하는 값이 있으면 자동으로 일치하는 값이 셀에 표시됩니다. 자동 완성된 데이터를 그냥 사용하려면 [Enter]를 누르고, 사용하지 않으려면 원하는 값을 계속 입력합니다.

(2) 자동 채우기 순서

[홈] 탭-[편집] 그룹-[채우기]를 클릭하거나 채우기 핸들을 사용하면 자동 채우기로 데이터를 입력할 수 있습니다. 채우기 핸들은 셀 포인터 오른쪽 아래에 있는 정사각형(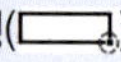)을 말합니다. 자동 채우기 순서는 다음과 같습니다.

❶ 복사할 셀을 클릭하여 데이터를 선택합니다.

❷ 셀 오른쪽 아래 있는 채우기 핸들에 마우스 포인터를 일치시키고 원하는 셀까지 드래그 합니다.

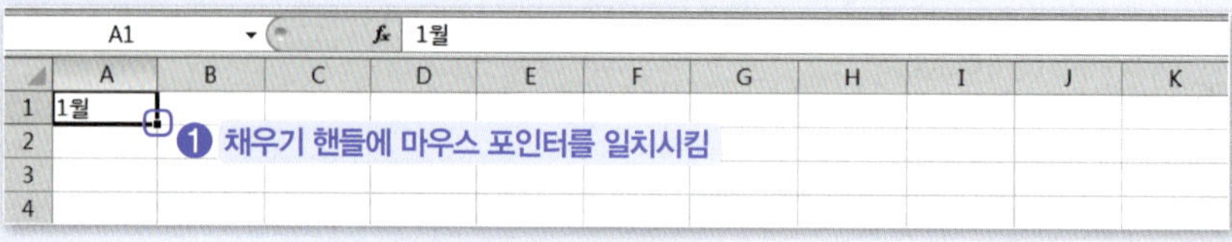

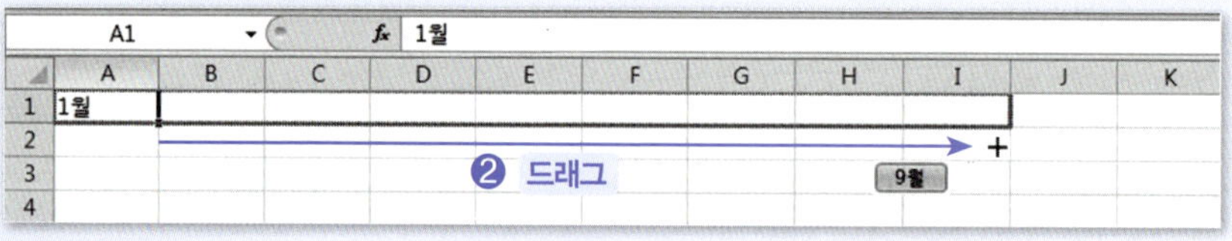

❸ 채우기 핸들을 사용하면 마지막 셀 오른쪽 아래에 [자동 채우기 옵션]이 나타납니다. 필요하면 자동 채우기 옵션을 클릭해서 원하는 옵션을 선택합니다. 자동 채우기 옵션은 복사된 셀의 값에 따라 선택할 수 있는 옵션이 달라집니다.

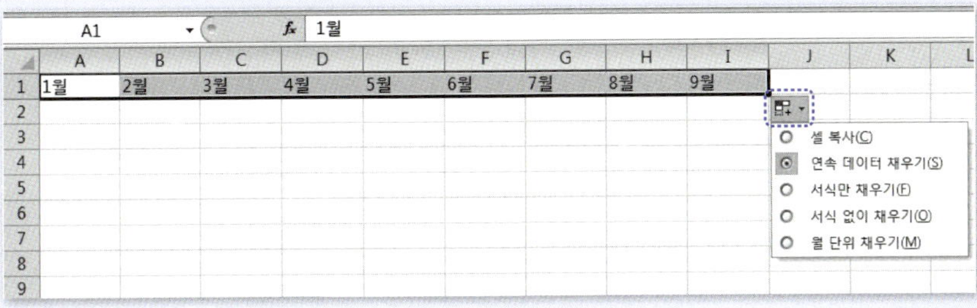

(3) 자동 채우기 옵션 내용

❶ 셀 복사 : 복사된 셀의 값을 그대로 채웁니다.

❷ 연속 데이터 채우기 : 복사된 셀의 값을 규칙적으로 변경시켜서 채웁니다.

❸ 서식만 채우기 : 복사된 셀의 서식(글꼴이나 색, 효과)만 채웁니다.

❹ 서식 없이 채우기 : 복사된 셀의 서식을 제외하고 값으로만 채웁니다.

❺ 일/평일/월/연 단위 채우기 : 복사된 셀의 값이 날짜 형식일 때 증가되는 값의 크기를 지정할 수 있습니다. 평일 단위란 주말을 제외한 월요일부터 금요일까지를 말합니다.

(4) 데이터에 따른 자동 채우기 결과

❶ 문자 : 같은 문자가 입력됩니다.

❷ 숫자 : 채우기 핸들을 드래그하면 같은 숫자가 입력되고, [Ctrl]을 누른 상태에서 채우기 핸들을 드래그하면 1씩 증가한 숫자가 입력됩니다.

❸ 문자와 숫자 조합 : 채우기 핸들을 드래그하면 같은 문자와 1씩 증가한 숫자가 입력되고, [Ctrl]을 누른 상태에서 채우기 핸들을 드래그하면 같은 문자와 같은 숫자가 입력됩니다.

❹ 날짜 : 채우기 핸들을 드래그하면 1일씩 증가한 날짜가 입력되고, [Ctrl]을 누른 상태에서 채우기 핸들을 드래그하면 같은 날짜가 입력됩니다.

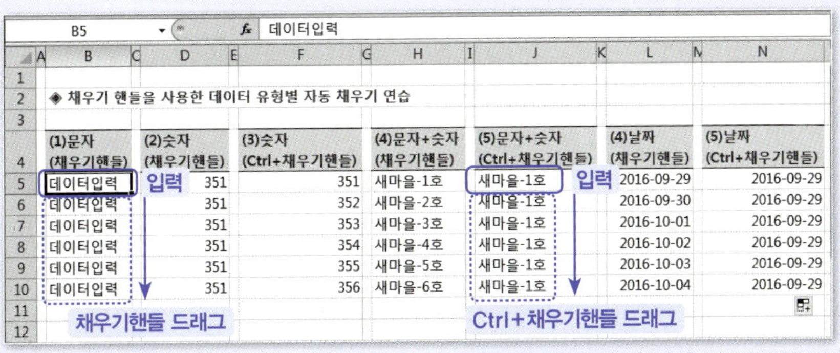

3. 연속 데이터 입력

(1) 추세가 반영된 연속 데이터 입력

추세가 반영된 연속 데이터를 입력하려면 처음 값과 두 번째 값을 두 셀에 입력한 다음 두 셀을 모두 선택해서 채우기 핸들을 드래그 합니다.

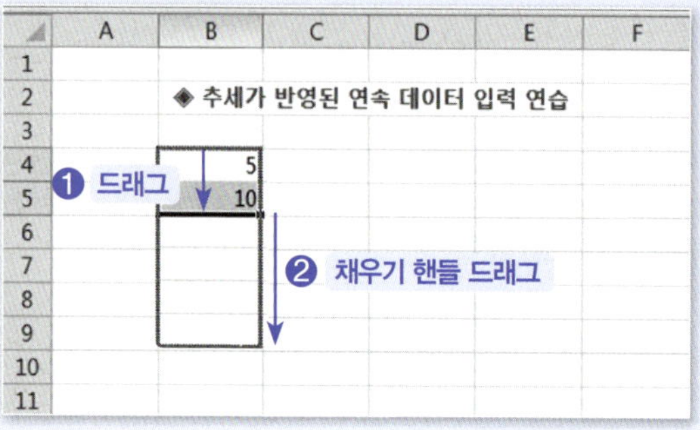

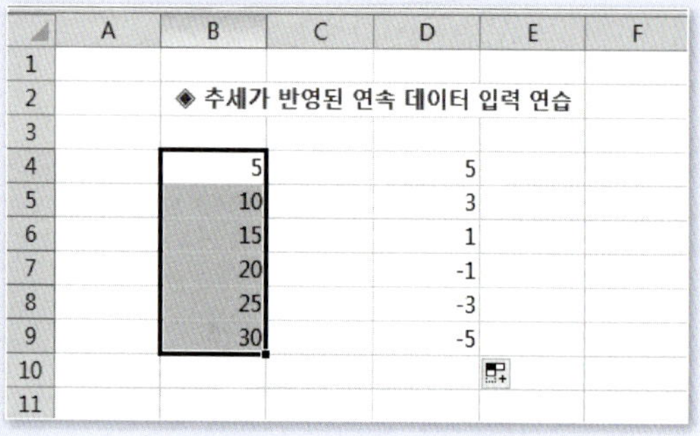

(2) 사용자 지정 목록의 데이터 입력

사용자가 지정한 연속 데이터 목록을 작성하려면 다음과 같은 절차를 진행합니다.

❶ [파일] 탭-[옵션]-[Excel 옵션] 대화상자-[고급]-[사용자 지정 목록 편집]을 클릭합니다. 그러면 [사용자 지정 목록] 대화상자가 표시되는데 여기에는 엑셀에서 기본적으로 제공하는 연속 데이터 목록을 볼 수 있습니다.

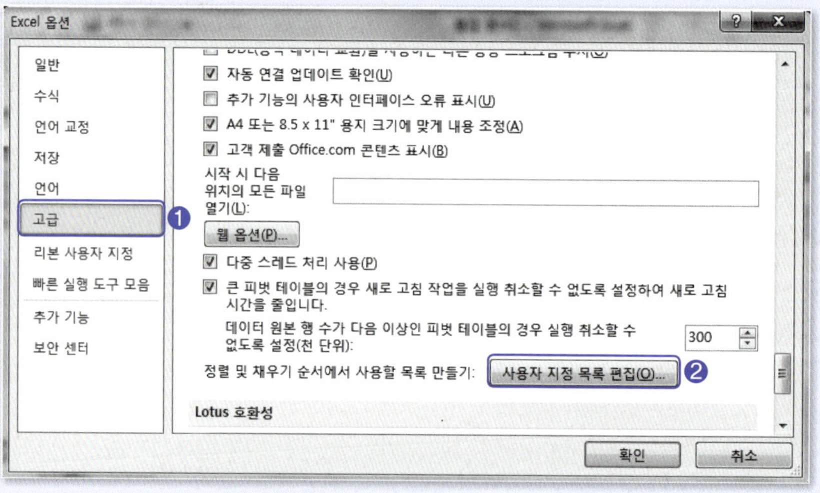

❷ [사용자 지정 목록] 대화상자에서 [사용자 지정 목록]-[새 목록] 클릭한 후 [목록 항목]에 사용자가 원하는 연속 데이터를 하나씩 입력합니다. 연속 항목은 [Enter]를 누르거나 쉼표(,)로 구분하여 입력합니다.

연속 데이터 항목을 입력하고 [추가] 단추를 클릭하면 [목록 항목]은 열 방향으로 정렬되어 표시되고 [사용자 지정 목록]란의 맨 끝에 추가된 내용이 표시됩니다. [사용자 지정 목록] 대화상자를 닫기 위해 [확인]을 클릭합니다.

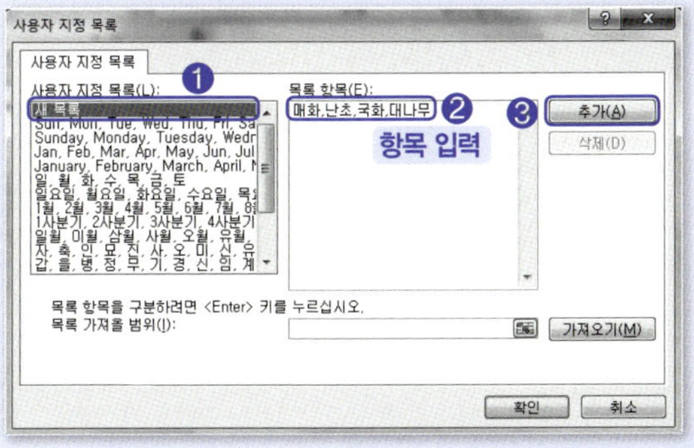

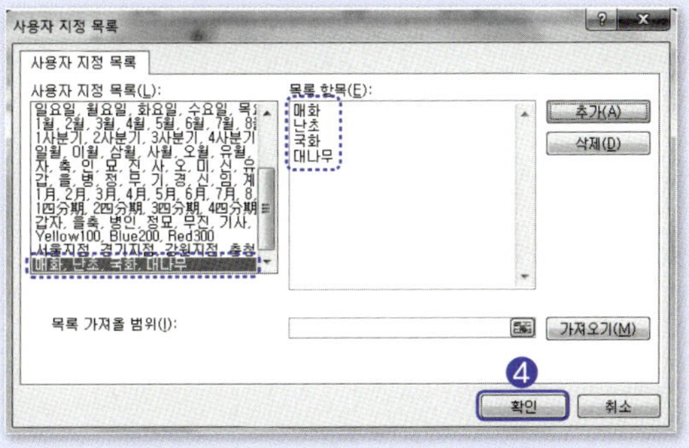

사용자 지정 목록은 자신만의 목록을 추가하거나 반대로 추가된 목록을 [삭제]할 수 있습니다. 추가된 연속 데이터 목록을 삭제하려면 [사용자 지정 목록]에서 해당 목록을 선택한 후 [삭제]를 클릭합니다.

❸ [Excel 옵션] 대화상자가 다시 나타나면 [Excel 옵션] 대화상자의 [확인] 단추를 클릭합니다.

❹ 사용자 지정 목록의 데이터를 연속 입력하기 위해서 시트에 '매화'를 입력하고 입력된 데이터를 선택한 후 채우기 핸들을 드래그 합니다.

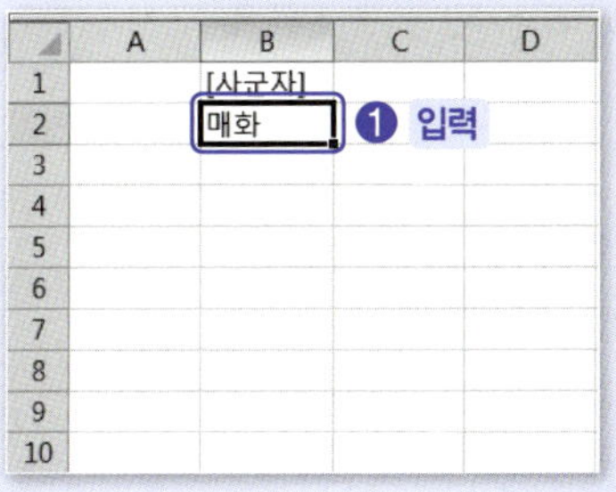

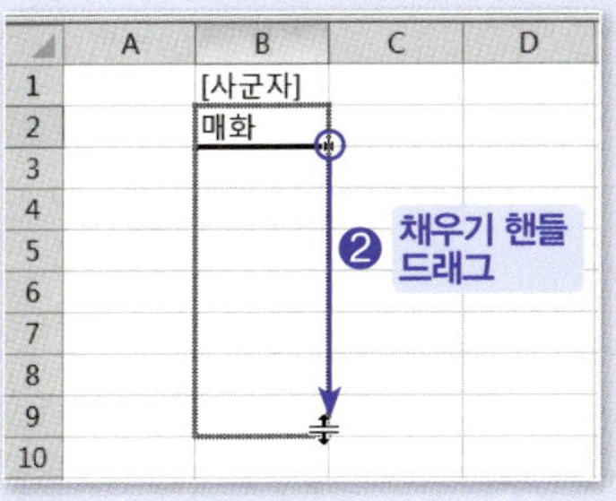

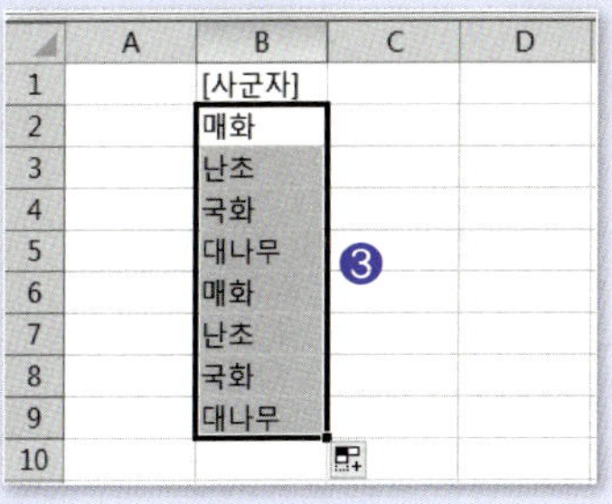

실습

Introduction to EXCEL 2010

2-1 텍스트, 날짜, 시간, 한자, 특수 기호로 구성된 문서 작성하기

오른쪽 그림과 같이 다양한 유형의 데이터를 입력하여 '건강검진 수검/미수검 명단'을 완성하시오.

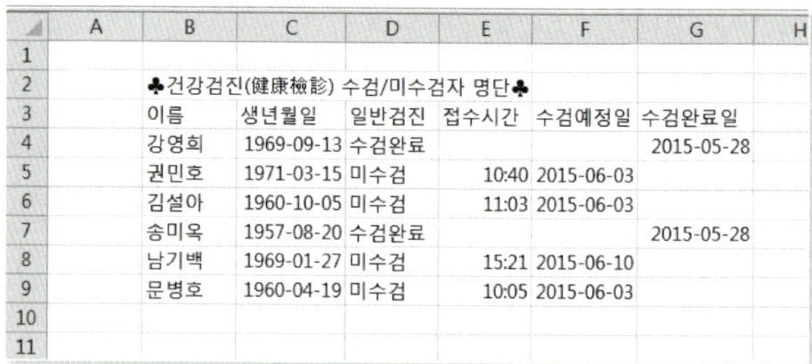

01. [Sheet1]의 [B2]셀에 '건강검진(건강검진) 수검/미수검자 명단'을 입력합니다.

계속해서 [B3]셀 부터 [G3]셀까지 글 머리(이름, 생년월일, 일반검진, 접수시간, 수검예정일, 수검완료일)와 [B4:B9]셀 범위에 이름 데이터를 입력합니다.

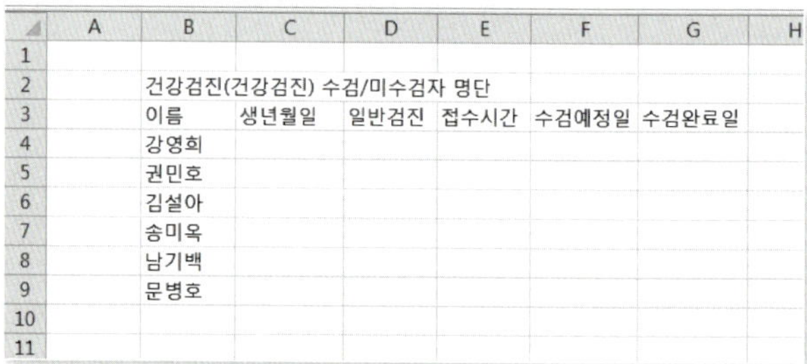

02. 한자를 입력하기 위해 [B2]셀을 더블 클릭한 후 괄호 안에 '건강검진'을 드래그하여 선택한 다음 [검토] 탭-[언어] 그룹-[한글/한자 변환]을 클릭합니다.

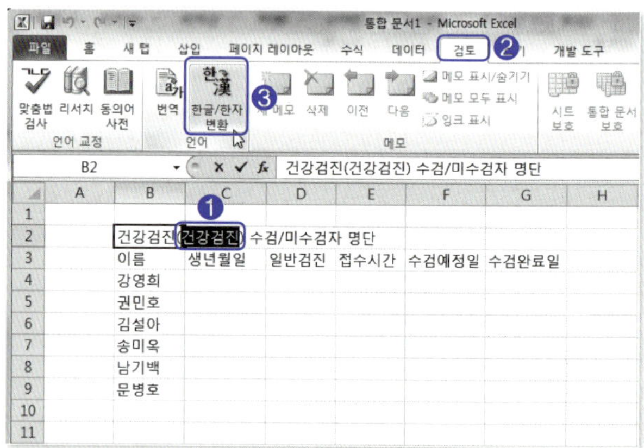

03. [한글/한자 변환] 대화상자가 나타나면 [한자 선택]의 한자(健康檢診)와 [입력 형태]-[漢字]를 선택한 후 [변환] 단추를 클릭합니다.

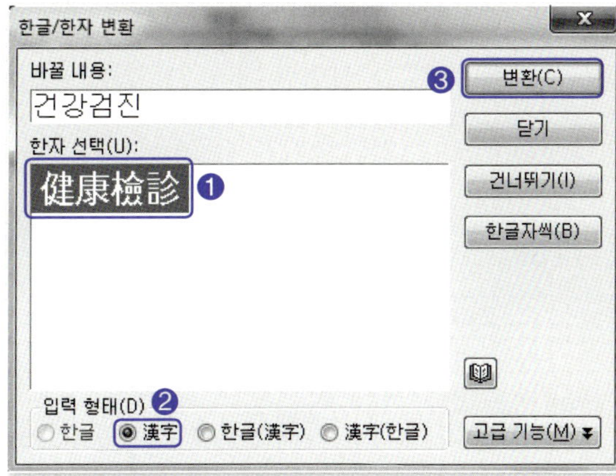

04. 오른쪽 그림과 같이 한글이 한자로 변환됩니다.

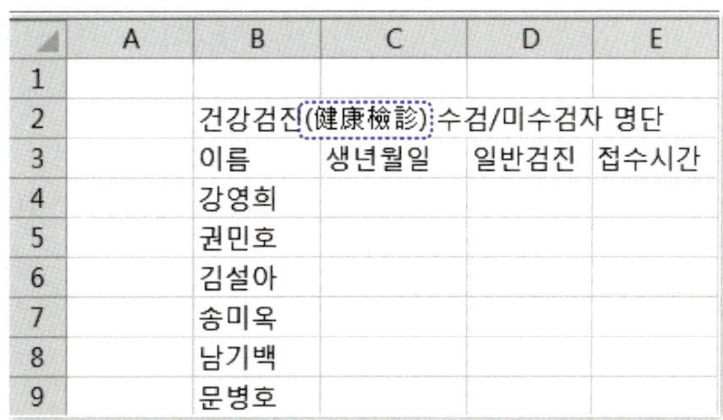

05. 기호를 입력하기 위해 [B2]셀을 더블클릭한 후 커서를 '건강' 앞에 위치시킨 다음 [삽입] 탭-[기호] 그룹-[기호]를 클릭합니다.

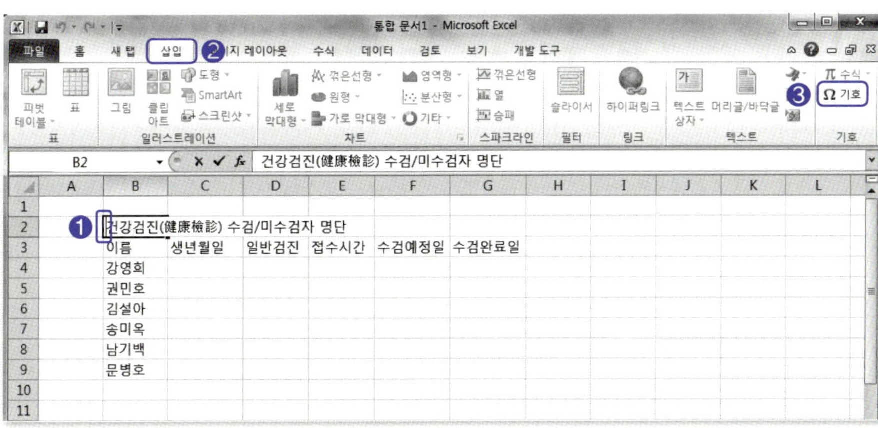

06. [기호] 대화상자가 나타나면 [기호] 탭에서 [글꼴]-'맑은 고딕', [하위 집합]-'기타 기호'를 지정한 후 '♣' 기호를 선택한 다음 [삽입] 단추를 클릭하여 시트에 '♣' 기호가 삽입되면 [닫기] 단추를 클릭합니다.

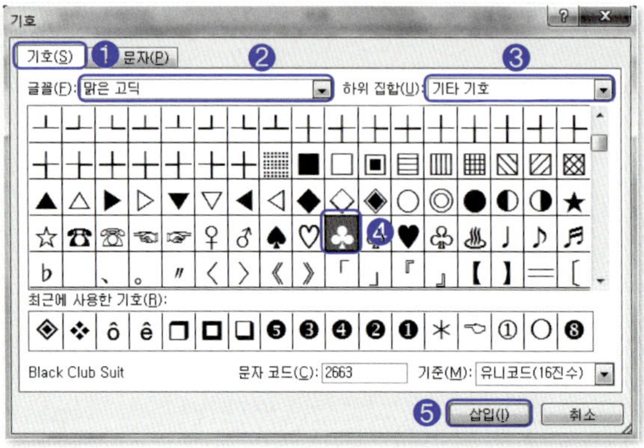

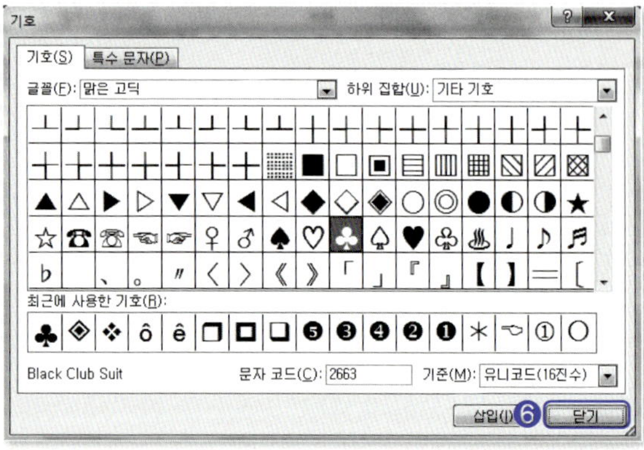

07. [B2]셀의 텍스트 데이터 맨 끝에도 '♣' 기호를 삽입하기 위해 [B2]셀을 더블클릭한 후 커서를 '명단' 뒤에 위치시킨 다음 [삽입] 탭-[기호] 그룹-[기호]를 클릭합니다. [기호] 대화상자가 나타나면 이전과 같은 방법으로 '♣' 기호를 삽입한 후 [닫기] 단추를 클릭합니다.

그러면 오른쪽 그림과 같이 [B2]셀에 삽입된 기호가 표시됩니다.

	A	B	C	D	E	F
1						
2		♣건강검진(健康檢診) 수검/미수검자 명단♣				
3		이름	생년월일	일반검진	접수시간	수검예정일
4		강영희				
5		권민호				
6		김설아				
7		송미옥				
8		남기백				
9		문병호				
10						

08. '일반검진'란에 데이터를 입력합니다.[D4:D9]

	A	B	C	D	E	F
1						
2		♣건강검진(健康檢診) 수검/미수검자 명단♣				
3		이름	생년월일	일반검진	접수시간	수검예정일
4		강영희		수검완료		
5		권민호		미수검		
6		김설아		미수검		
7		송미옥		수검완료		
8		남기백		미수검		
9		문병호		미수검		
10						

09. '생년월일', '수검예정일' '수검완료일'에 날짜 데이터를 입력합니다.[C4:C9], [F5:F6], [F8:F9], [G4], [G7]

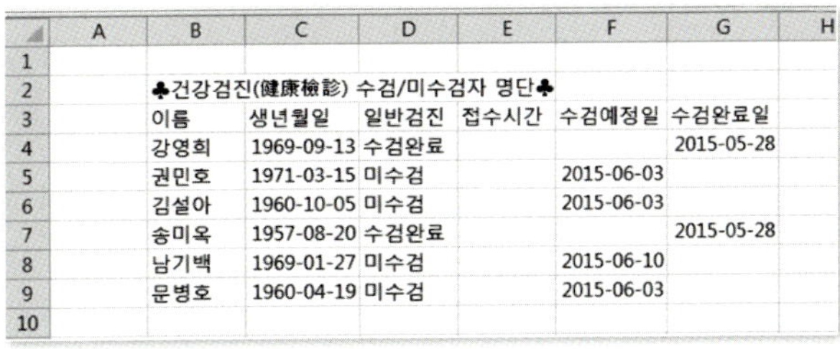

	A	B	C	D	E	F	G	H
1								
2		♣건강검진(健康檢診) 수검/미수검자 명단♣						
3		이름	생년월일	일반검진	접수시간	수검예정일	수검완료일	
4		강영희	1969-09-13	수검완료			2015-05-28	
5		권민호	1971-03-15	미수검		2015-06-03		
6		김설아	1960-10-05	미수검		2015-06-03		
7		송미옥	1957-08-20	수검완료			2015-05-28	
8		남기백	1969-01-27	미수검		2015-06-10		
9		문병호	1960-04-19	미수검		2015-06-03		
10								

10. '접수시간'에 시간 데이터를 입력합니다. [E5:E6], [E8:E9]

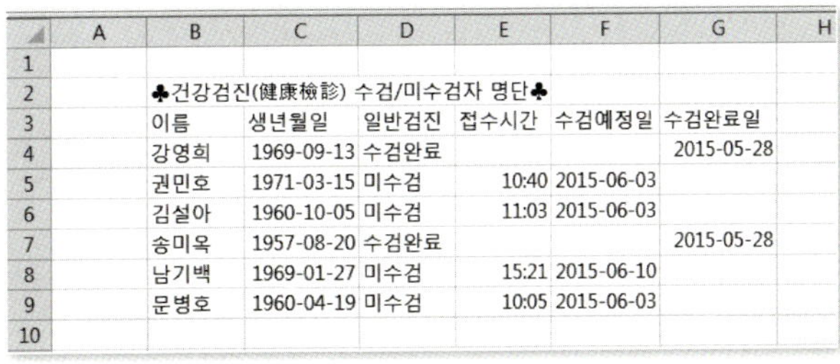

	A	B	C	D	E	F	G	H
1								
2		♣건강검진(健康檢診) 수검/미수검자 명단♣						
3		이름	생년월일	일반검진	접수시간	수검예정일	수검완료일	
4		강영희	1969-09-13	수검완료			2015-05-28	
5		권민호	1971-03-15	미수검	10:40	2015-06-03		
6		김설아	1960-10-05	미수검	11:03	2015-06-03		
7		송미옥	1957-08-20	수검완료			2015-05-28	
8		남기백	1969-01-27	미수검	15:21	2015-06-10		
9		문병호	1960-04-19	미수검	10:05	2015-06-03		
10								

11. 모든 데이터 입력이 완료되면 작성된 문서를 저장하기 위해 [파일] 탭–[저장]을 클릭합니다.

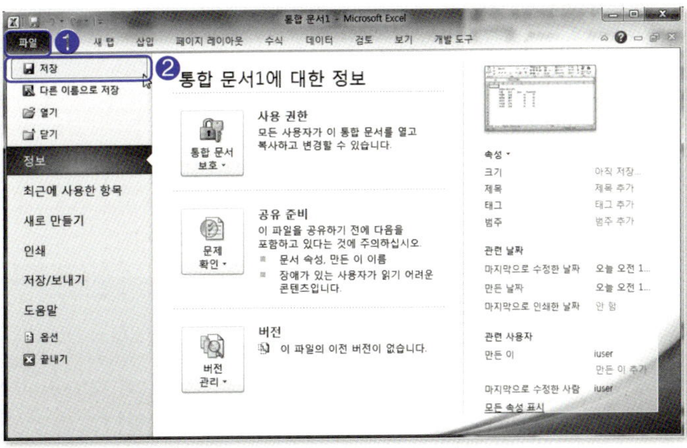

12. [다른 이름으로 저장] 대화상자가 나타나면 문서를 저장할 위치를 지정하고 파일 이름(건강검진 수검자 명단)을 입력한 다음 [저장] 단추를 클릭합니다.

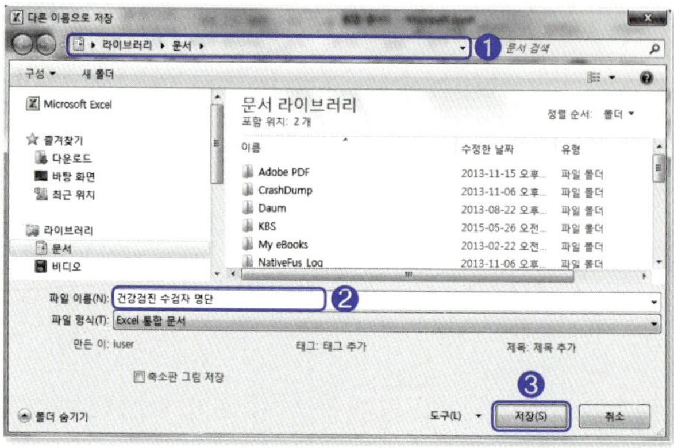

13. 엑셀 작업을 종료하기 위해 [파일] 탭-[끝내기]를 클릭하거나 또는 화면 오른쪽 상단에 [닫기] 단추를 클릭하여 작업을 종료합니다.

실습 **2-2**

연속 데이터 자동 채우기와 사용자 지정 목록 데이터 입력하기

데이터의 연속 자동 채우기 등을 이용하여 오른쪽 그림과 같은 문서 '건강 주제별 세미나 발표 계획표'를 완성하시오.

	A	B	C	D	E	F	G	H
1								
2		건강 주제별 세미나 발표 계획표						
3		순번	반-번호	발표자	발표일자	발표주제		
4		1	5반-11	김나리	2015-11-11	흡연		
5		2	5반-12	유형종	2015-11-12	스트레스		
6		3	5반-13	박상숙	2015-11-13	비만		
7		4	5반-14	정석훈	2015-11-16	흡연		
8		5	5반-15	강수호	2015-11-17	스트레스		
9		6	5반-16	이미옥	2015-11-18	비만		
10								
11								

01. [Sheet1]시트의 [B2]셀을 클릭하고 '건강 주제별 세미나 발표 계획표'를 입력합니다.

계속해서 [B3]셀 부터 [F3]셀까지 글머리(순번, 반-번호, 발표자, 발표일자, 발표주제)와 데이터를 입력합니다.

	A	B	C	D	E	F	G	H
1								
2		건강 주제별 세미나 발표 계획표						
3		순번	반-번호	발표자	발표일자	발표주제		
4		1	5반-11	김나리	2015-11-11			
5				유형종				
6				박상숙				
7				정석훈				
8				강수호				
9				이미옥				
10								
11								

02. 순번을 입력하기 위해 [B4:B9]셀을 선택한 후 [홈] 탭-[편집] 그룹-[채우기] 목록 단추-[계열]을 클릭합니다.

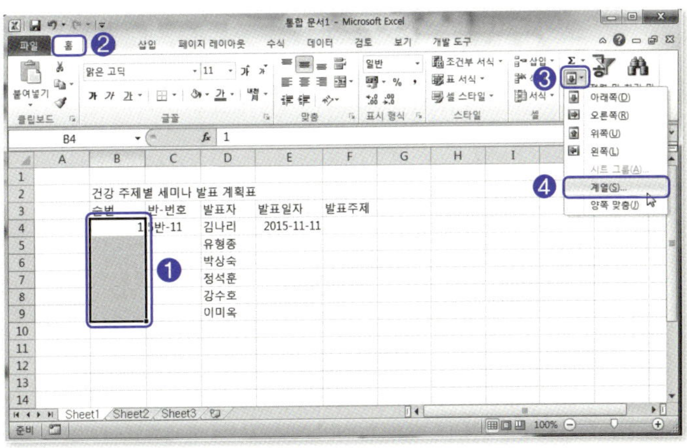

03. [연속 데이터] 대화상자가 나타나면 [방향]-[열], [유형]-[선형]을 선택한 후, [단계 값]에 '1'을 입력하고 [확인] 단추를 클릭합니다.

참고로 [유형]에서 [선형]을 선택하면 단계 값을 더한 값이 입력되고, [급수]를 선택하면 단계 값을 곱한 값이 입력됩니다.

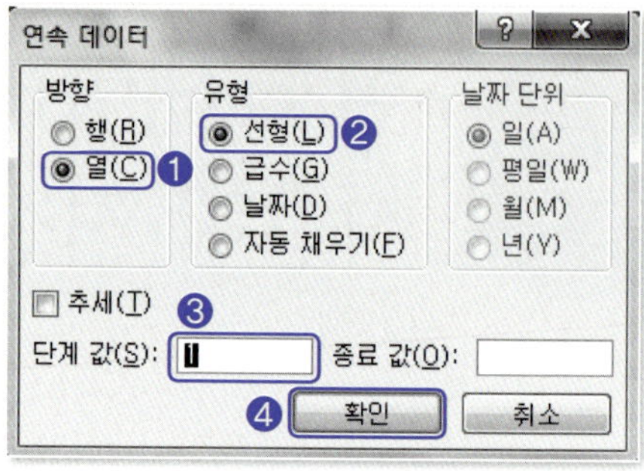

04. 결과는 오른쪽 그림과 같이 1씩 증가한 순번이 입력됩니다.

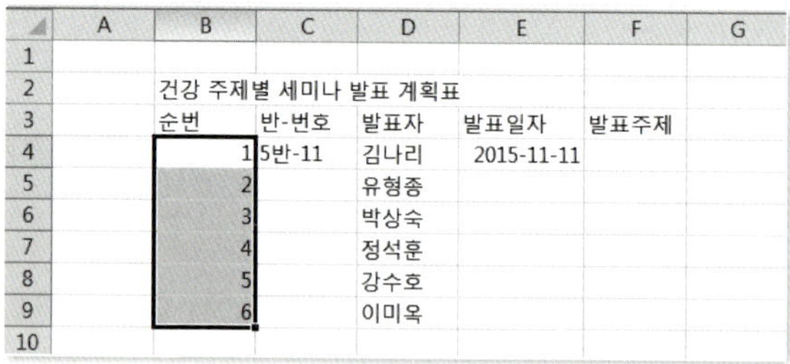

참고 순번을 입력하기 위한 또 다른 방법으로 처음 '1'이 입력된 [B4] 셀을 선택하고 [Ctrl]을 누른 상태에서 채우기 핸들을 아래로 드래그해도 1씩 증가한 숫자가 입력됩니다.

05. 반-번호를 입력하기 위해 [C4]셀을 선택한 후 [C9]까지 채우기 핸들을 드래그합니다. 그러면 다음의 오른쪽 그림과 같이 끝 숫자가 1씩 증가한 반-번호가 입력됩니다.

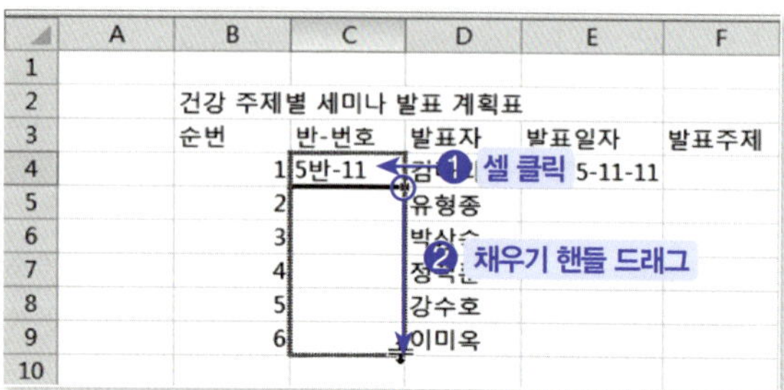

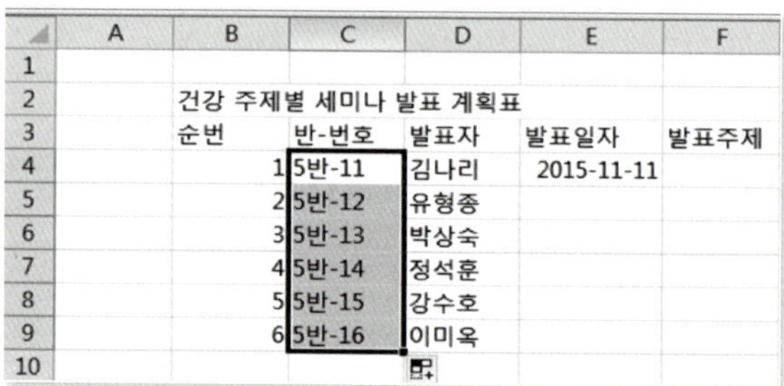

06. 발표일자를 입력하기 위해 [E4]셀을 선택한 후 채우기 핸들을 [E9]셀까지 드래그합니다. 그런 다음 [자동 채우기 옵션]의 목록단추를 클릭한 후 [평일 단위 채우기]를 클릭합니다.

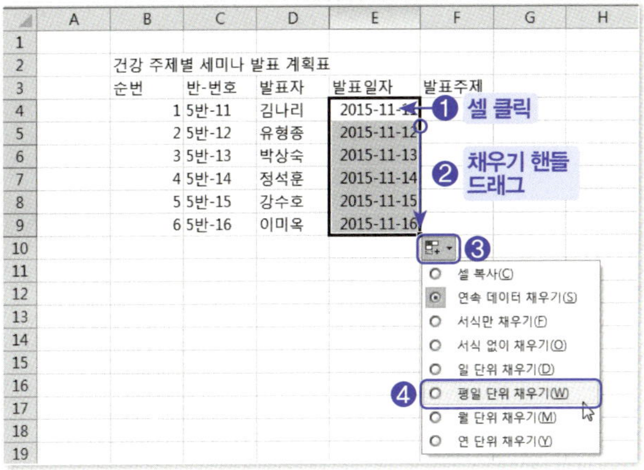

07. 그러면 오른쪽 그림과 같이 토요일과 일요일을 제외하고 1일씩 증가한 날짜가 입력됩니다.

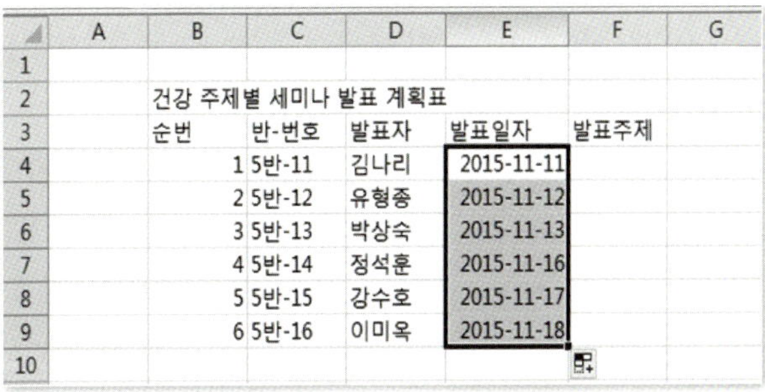

08. 발표주제를 사용자가 지정한 목록으로 자동 채우기 하려면 먼저 사용자 지정 목록에 목록 항목을 등록해야 합니다.

[파일]탭-[옵션]을 클릭합니다.

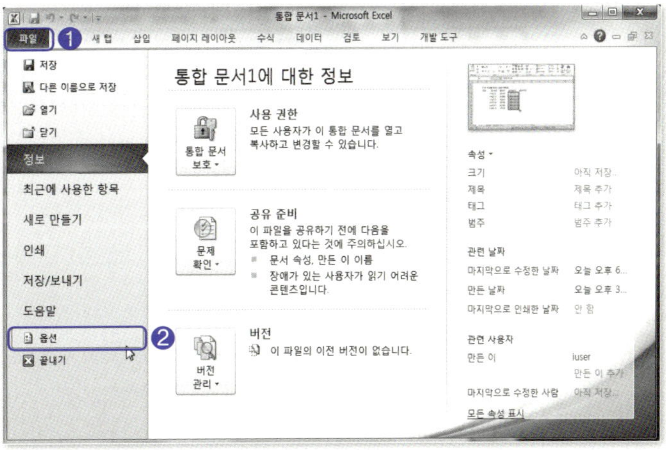

09. [Excel 옵션] 대화상자가 표시되면 [고급]에서 스크롤 바를 아래로 이동시켜 창의 오른쪽 아래에 있는 [사용자 지정 목록 편집] 단추를 클릭합니다.

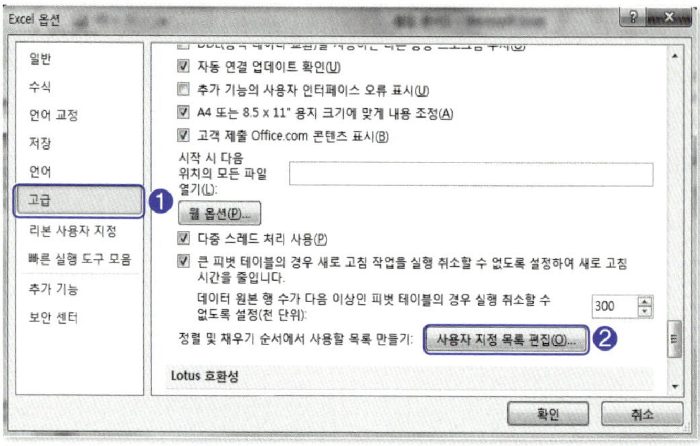

10. [사용자 지정 목록] 대화상자가 나타나면 [목록 항목]에 '흡연, 스트레스, 비만'을 입력한 후 [추가] 단추를 클릭하여 목록 항목이 사용자 지정 목록에 등록되면 [확인] 단추를 클릭합니다.

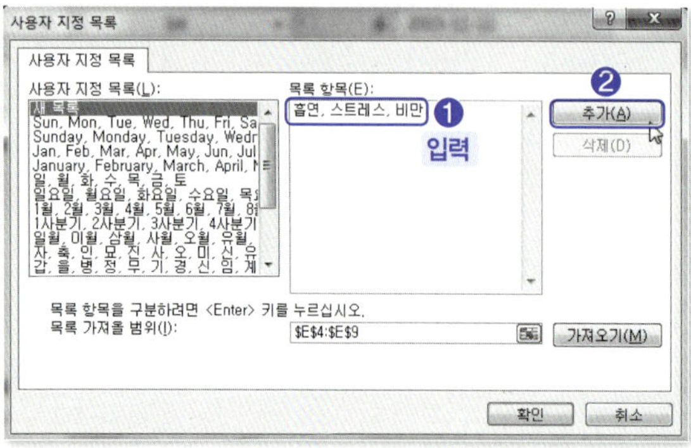

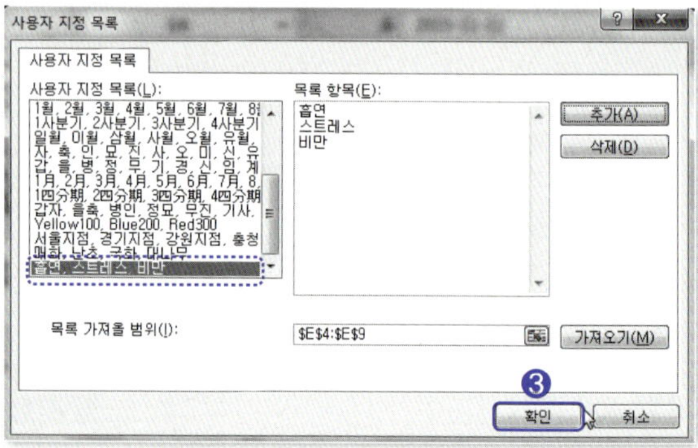

목록 항목의 각 항목은 [Enter]를 누르거나 쉼표(,)로 구분하여 입력합니다.

11. [Excel 옵션] 대화상자가 다시 표시되면 [확인] 단추를 클릭합니다.

12. 발표주제를 입력하기 위해 시트의 [F4]셀을 선택하고 '흡연'을 입력한 후 채우기 핸들을 [F9]셀까지 드래그 합니다.

13. 오른쪽 그림과 같이 사용자가 지정한 목록에 맞는 발표주제가 순차적으로 자동 입력됩니다.

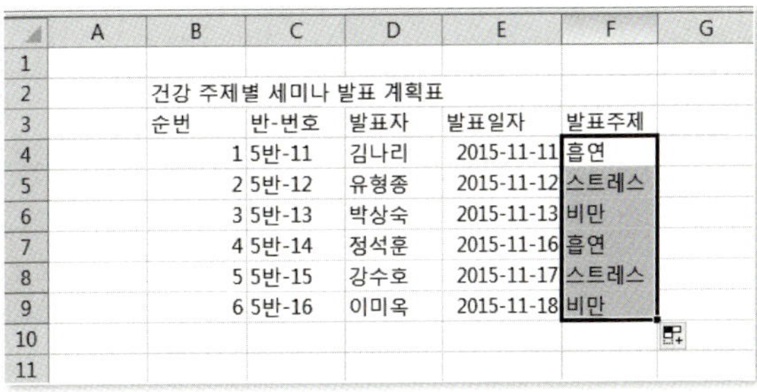

14. 작성된 문서를 저장하기 위해 [파일] 탭-[저장]을 클릭하고, [다른 이름으로 저장] 대화상자가 나타나면 문서 저장할 위치를 지정한 후, 파일이름(주제별 세미나 발표 계획표)을 입력한 다음 [저장] 단추를 클릭합니다.

15. 엑셀 작업을 종료하기 위해 [파일] 탭-[끝내기]를 클릭하거나, 또는 화면 오른쪽 상단에 [닫기] 단추를 클릭하여 작업을 종료합니다.

실력 점검 문제

[문제 2-1] 아래 조건에 따라 다음과 같은 문서를 작성하시오.

	A	B	C	D	E	F	G
1							
2		◐건강(健康) 마사지 센터 12월 예약 현황(豫約 現況)◑					
3							
4		회원이름	회원등급	예약날짜	등록시간		
5		김영희	Gold	2015-12-07	10:30		
6		박명숙	Silver	2015-12-08	11:00		
7		길은정	VIP	2015-12-08	13:30		
8		탁연희	Gold	2015-12-09	10:00		
9		정경화	VIP	2015-12-10	18:00		
10		이수미	Silver	2015-12-10	11:00		
11							

[작성 조건]

- 열 너비 : A열(1), D열(12)
- 행 높이 : 1행(10), 3행(10)
- [B2]셀 : 특수 기호 및 한자 삽입

[문제 2-2] 다음의 왼쪽 문서를 작성한 다음 아래 조건에 따라 채우기 핸들을 사용하여 순서, 월별, 입고량, 출고량, 담당부서를 입력하시오.

	A	B	C	D	E	F	G
1							
2		금강실업 월별(전기분) 입출고 계획					
3							
4		순서	월별	입고량	출고량	담당부서	
5		1	1월	200	190	영업1부	
6				220	200		
7							
8							
9							
10							
11							

	A	B	C	D	E	F	G
1							
2		금강실업 월별(전기분) 입출고 계획					
3							
4		순서	월별	입고량	출고량	담당부서	
5		1	1월	200	190	영업1부	
6		2	2월	220	200	영업2부	
7		3	3월	240	210	영업1부	
8		4	4월	260	220	영업2부	
9		5	5월	280	230	영업1부	
10		6	6월	300	240	영업2부	
11							

[작성 조건]

- **열 너비 : A열(1)**
- **행 높이 : 1행(10), 3행(10)**
- **사용자 지정 목록 등록 : 부서(영업1부, 영업2부)를 사용자 지정 목록에 등록한 후 채우기 핸들을 사용하여 데이터 자동 입력**

Introduction to **EXCEL 2010**

CHAPTER 03

셀 서식 지정, 셀 스타일 적용과 표 서식 지정하기

데이터가 입력된 셀에 서식을 지정해 주면 그냥 데이터만 보여주는 것보다 시각적으로 효과를 주는 문서로 작성이 가능합니다. 셀 서식을 지정하는 방법에는 글꼴, 맞춤, 테두리, 표시 형식 등 다양하게 관련되어 있습니다. 셀 서식은 한 가지만 지정할 수도 있고 여러 가지를 복합적으로 지정할 수도 있습니다. 잘 지정된 셀 서식은 다른 셀에도 반복적으로 활용할 수 있어서 편리합니다. 이렇게 다양하고 복합적인 형태의 셀 서식을 잘 구성하여 만들어 놓은 틀이 셀 스타일이고, 이러한 셀 스타일의 규모를 더 크게 한 것이 표 서식입니다. 엑셀에서 제공되는 셀 스타일이나 표 스타일을 이용하면 표 형태를 갖춘 문서를 빠르고 쉽게 작성할 수 있습니다.

학습 목표

- 데이터에 글꼴서식과 맞춤 서식을 지정할 수 있습니다.
- 다양한 유형(숫자, 화폐, 날짜, 시간, 백분율, 텍스트 등)의 데이터마다 적합한 표시 형식을 지정할 수 있습니다.
- 숫자와 날짜와 시간 데이터에 사용자 지정형식을 지정할 수 있습니다.
- 셀 서식을 복사, 삭제, 그리고 자동 채우기에 적용할 수 있습니다.
- 셀 스타일과 표 스타일을 지정할 수 있습니다.
- 표에서 정렬과 필터링 작업을 할 수 있습니다.

실습 구성

실습 3-1 셀 서식과 표시 형식을 지정한 판매일지 작성하기

실습 3-2 셀 스타일과 표 서식을 지정한 시간표 작성하기

실력 점검 문제

1. 홈 탭의 데이터 서식 지정

데이터 서식 지정과 관련되는 리본 메뉴는 [홈] 탭에서 [글꼴] 그룹, [맞춤] 그룹, [표시 형식] 그룹 등에 포함되어 있습니다.

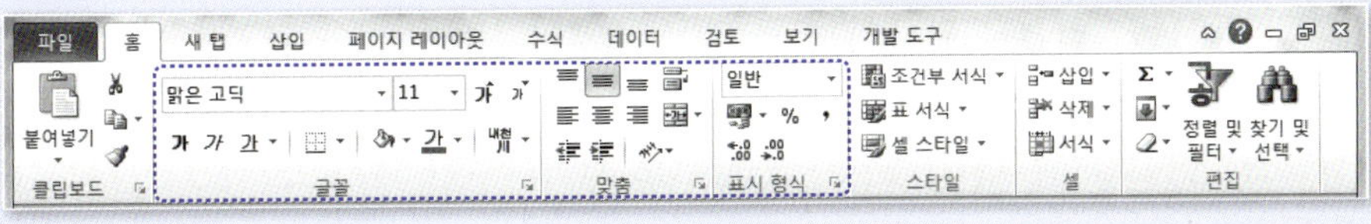

(1) [홈] 탭-[글꼴] 그룹

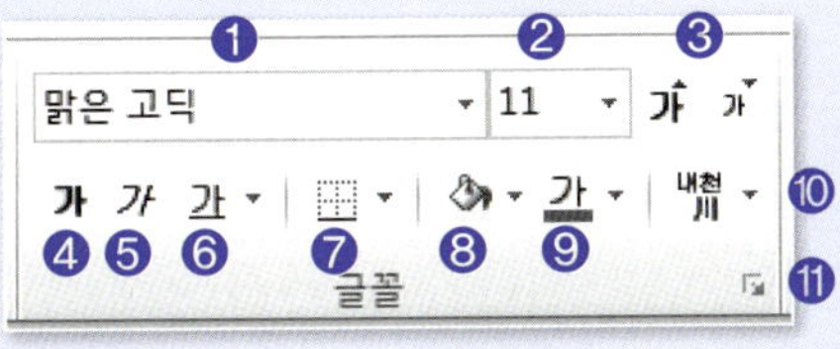

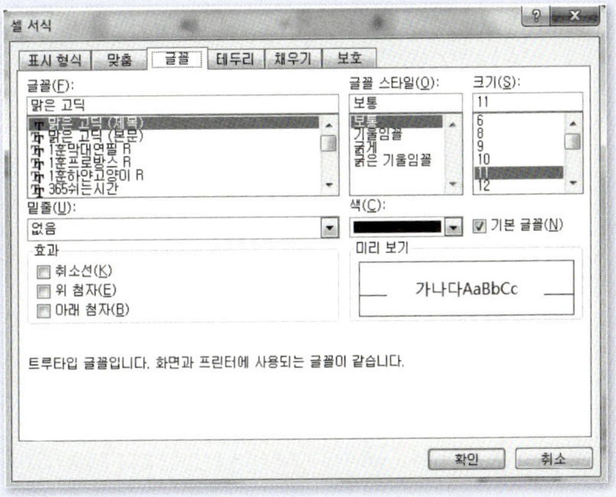

❶ 글꼴 : 글꼴의 모양을 선택합니다.

❷ 글꼴 크기 : 글꼴의 크기를 선택하거나 입력합니다.

❸ 글꼴 크기 크게/작게 : 글꼴의 크기를 크게 또는 작게 합니다.

❹ 굵게 : 텍스트를 진하게 표시합니다.

❺ 기울임꼴 : 텍스트를 기울여서 표시합니다.

❻ 밑줄 : 텍스트 아래에 밑줄이나 이중 밑줄을 표시합니다.

❼ 테두리 : 셀의 테두리에 선을 그립니다.

❽ 채우기 색 : 셀에 채우기 색을 지정합니다.

❾ 글꼴 색 : 텍스트에 색을 지정합니다.

❿ 윗주 필드 표시/숨기기 : 윗주 필드를 표시하거나 숨깁니다. 윗주 필드 목록 단추를 클릭하면 윗주를 편집하거나 설정할 수 있습니다.

⑪ 추가 옵션 단추 : 클릭하면 위의 오른쪽 그림과 같이 [셀 서식] 대화상자의 [글꼴] 탭이 나타나며, [글꼴] 그룹에 표시된 명령 이외의 추가 옵션을 지정할 수 있습니다.

[글꼴] 그룹의 추가 옵션 단추를 클릭하여 표시되는 [셀 서식] 대화상자의 [테두리] 탭과 [채우기] 탭의 구성은 다음과 같습니다.

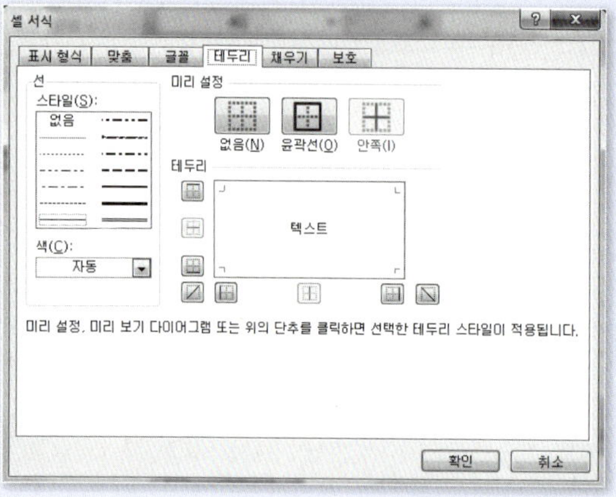

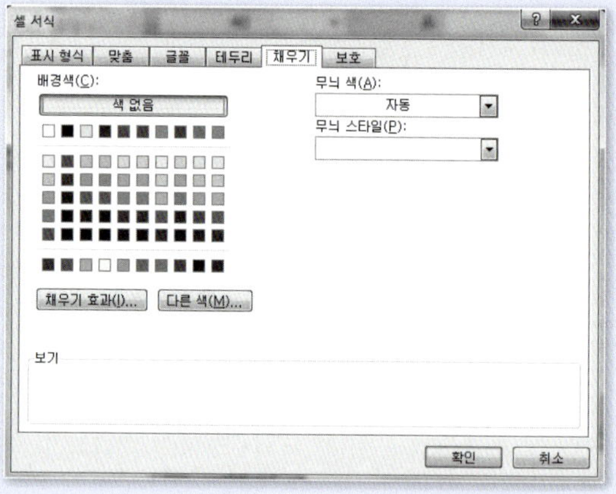

(2) [홈] 탭-[맞춤] 그룹

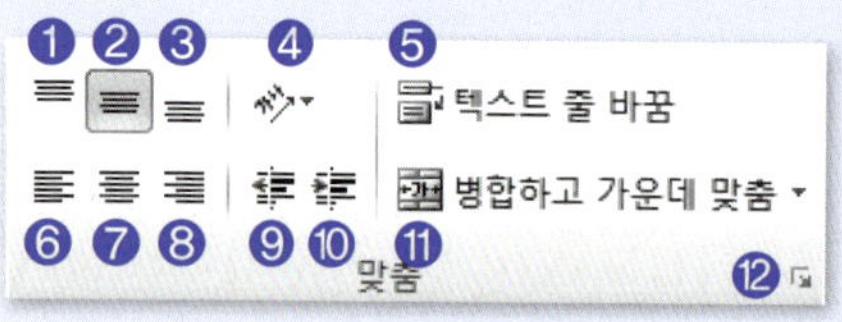

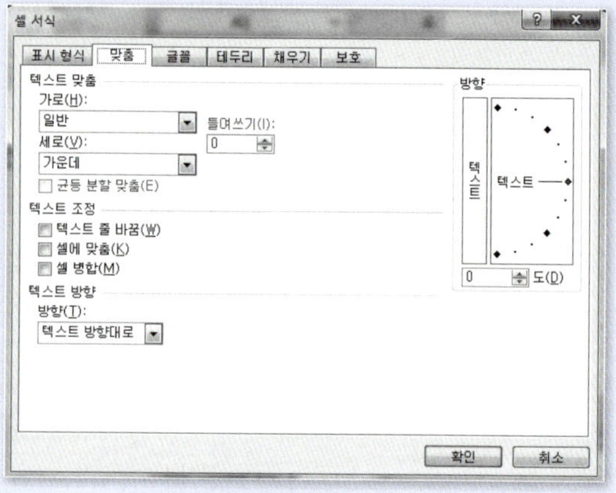

❶ 위쪽 맞춤 : 셀의 위쪽에 텍스트를 표시합니다.

❷ 가운데 맞춤 : 세로 방향으로 셀의 가운데에 텍스트를 표시합니다.

❸ 아래쪽 맞춤 : 셀의 아래쪽에 텍스트를 표시합니다.

❹ 방향 : 텍스트를 회전시키거나 세로쓰기를 합니다.

❺ 텍스트 줄 바꿈 : 셀에서 텍스트를 여러 줄로 표시합니다.

❻ 텍스트 왼쪽 맞춤 : 텍스트를 셀의 왼쪽에 표시합니다.

❼ 가운데 맞춤 : 텍스트를 가로 방향으로 셀의 가운데에 표시합니다.

❽ 텍스트 오른쪽 맞춤 : 텍스트를 셀의 오른쪽에 표시합니다.

❾ 내어쓰기 : 셀의 왼쪽 테두리와 텍스트 사이의 여백을 줄입니다.

❿ 들여쓰기 : 셀의 왼쪽 테두리와 텍스트 사이의 여백을 늘립니다.

⓫ 병합하고 가운데 맞춤 : 여러 셀을 하나의 셀로 병합하고 가로 방향으로 병합된 셀의 가운데에 텍스트를 표시합니다. [병합하고 가운데 맞춤] 목록 단추를 클릭하면 [병합하고 가운데 맞춤], [전체 병합], [셀 병합], [셀 분할] 등 세부 항목이 있습니다.

⓬ 추가 옵션 단추 : 클릭하면 위의 오른쪽 그림과 같이 [셀 서식] 대화상자의 [맞춤] 탭이 나타나며, [맞춤] 그룹에 표시된 명령 이외의 추가 옵션을 지정할 수 있습니다.

(3) [홈] 탭-[표시 형식] 그룹

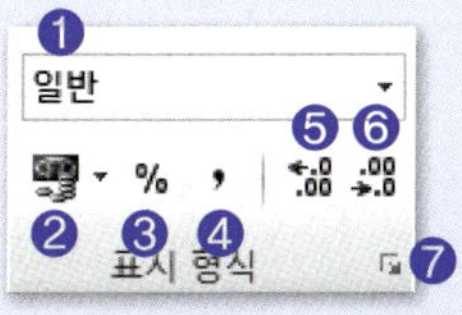

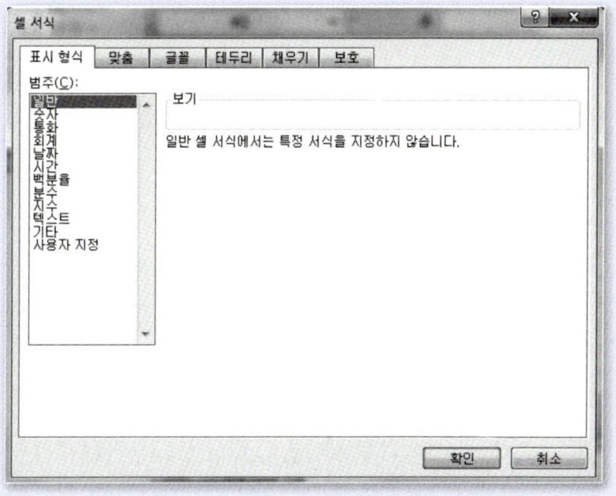

❶ 표시 형식 : 셀에 값이 표시되는 방법을 지정합니다. 표시 형식에는 숫자, 회계, 날짜/시간, 텍스트 등 다양한 범주가 있습니다.

❷ 회계 표시 형식 : 선택한 셀에 다른 통화 형식을 지정합니다.

❸ 백분율 스타일 : 셀 값에 100을 곱한 값을 백분율 기호(%)와 함께 표시합니다.

❹ 쉼표 스타일 : 1000 단위 구분 기호(,)를 사용하여 셀 값을 표시합니다.

❺ 자릿수 늘림 : 소수 자릿수를 늘려 셀 값을 자세히 표시합니다.

❻ 자릿수 줄임 : 소수 자릿수를 줄여 셀 값을 간단히 표시합니다.

❼ 추가 옵션 단추 : 클릭하면 위의 오른쪽 그림과 같이 [셀 서식] 대화상자의 [표시 형식] 탭이 나타나며, [표시 형식] 그룹에 표시된 명령 이외의 추가 옵션을 지정할 수 있습니다.

2. 표시 형식의 범주

범주	설명
일반	표시 형식을 지정하지 않습니다.
숫자	천 단위 구분 기호(,)와 소수 자릿수, 음수인 경우 어떻게 표시할 것인지 설정합니다.
통화	통화 기호와 소수 자릿수, 음수인 경우 어떻게 표시할 것인지 설정합니다.
회계	통화 기호와 소수 자릿수를 설정합니다.
날짜	많이 쓰이는 날짜 표시 형식 중에서 선택합니다.
시간	많이 쓰이는 시간 표시 형식 중에서 선택합니다.
백분율	백분율 표시와 소수 자릿수를 설정합니다.
분수	분수 형태로 표시합니다.
지수	지수 형태로 표시합니다.
텍스트	입력한 그대로 표시하며, 숫자를 텍스트로 처리할 때도 사용합니다.
기타	전화번호나 주민등록번호처럼 자주 쓰이는 표시 형식으로 선택합니다.
사용자 지정	미리 만들어져 있는 사용자 지정 표시 형식으로 표시하거나 사용자가 직접 만들어서 사용합니다.

통화 표시 형식과 회계 표시 형식은 다음과 같이 표시가 다릅니다.

	데이터	회계 표시 형식	통화 표시 형식
①	68	$ 68	$68
②	0	$ –	$0

❶ 회계 표시 형식은 셀의 왼쪽에 통화 기호(₩, $, ￥, £, € 등)가 표시되고, 통화 표시 형식은 숫자 앞에 통화 기호가 표시됩니다.

❷ 셀 값이 '0'인 경우, 회계 표시 형식은 '–'가 표시되고, 통화 표시 형식은 '0'이 표시됩니다.

3. 사용자 지정 표시 형식

(1) 사용자 지정 표시 형식의 추가 및 삭제

[셀 서식] 대화상자의 [표시 형식] 탭에서 범주를 '사용자 지정'으로 지정하면 직접 표시 형식을 지정하여 숫자, 날짜, 시간 등을 원하는 형식으로 표시할 수 있습니다.

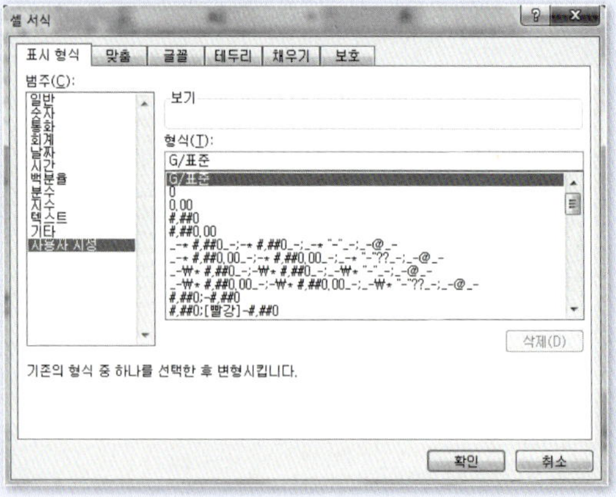

❶ [홈] 탭–[표시 형식] 그룹–[추가 옵션] 단추를 클릭하여 [셀 서식] 대화상자를 표시합니다.

❷ [셀 서식] 대화상자의 [표시 형식] 탭에서 [사용자 지정]을 클릭합니다.

❸ [형식]에서 이미 있는 표시 형식 값을 삭제하거나 또는

'G/표준'을 지우고 원하는 표시 형식을 직접 입력한 후 [확인]을 클릭합니다. 다시 [셀 서식] 대화상자를 열어 [사용자 지정]을 확인하면 목록의 맨 마지막에 새 사용자 지정 형식이 추가되어 있습니다.

❹ 사용자 지정 형식을 삭제하려면 [사용자 지정] 목록에서 삭제할 항목을 선택한 후 [삭제]를 클릭합니다. 여기서는 사용자가 직접 추가한 형식만 삭제할 수 있습니다.

(2) 사용자 지정 표시 형식의 숫자 서식 기호

서식 코드	설명
#	• 숫자를 대신하며 콤마(,) 또는 소수점(.)과 결합하여 사용되는 기호. 유효하지 않은 0을 표시하지 않음. (②, ⑤)
0	• 숫자를 대신하는 기호. 유효하지 않은 0을 표시함. (①, ③, ④)
,	• 천 단위 구분 기호(,) 표시. (②, ⑩) • '#,' 으로 설정하면 1000을 1로 표시하면서 000이 생략됨. (⑪)
@	• 문자를 대신하는 기호. 특정 텍스트 문자를 입력한 텍스트와 함께 표시하려면 @ 기호에 붙여서 큰 따옴표에 특정 텍스트 표시(예: @"귀하") (⑫)

양수 서식;음수 서식;0;텍스트 서식	예: [검정]#,##0.00;[빨강](#,##0.00);0.00;"판매액"@

사용자 표시 형식은 위에 표시 예와 같이 세미콜론(;)으로 구분하여 최대 네 부분까지 지정할 수 있으며 각 부분에 지정한 형식은 순서대로 양수, 음수, 0, 텍스트 일 때 사용됩니다. 색상 조건은 대괄호([])로 묶어야 하며 큰따옴표("")로 묶은 내용은 그대로 표시됩니다. (⑥, ⑦, ⑧, ⑨)

색 지정은 [검정], [녹색], [흰색], [파랑], [자홍], [노랑], [녹청], [빨강] 등 8가지만 사용됩니다.

	데이터	사용자 지정형식	결과
①	7575.75	#.##0	7575.750
②	7575.75	#,###	7,576
③	0	0.0	0.0
④	59.59	0.0	59.6
⑤	18.18	###.###	18.18
⑥	1204.7	#,###.##;(#,###.#0);0.0;"판매금"@"원정"	1,204.7
⑦	-1204.7	#,###.##;(#,###.#0);0.0;"판매금"@"원정"	(1,204.70)
⑧	0	#,###.##;(#,###.#0);0.0;"판매금"@"원정"	0.0
⑨	일천이백사	#,###.##;(#,###.#0);0.0;"판매금"@"원정"	판매금일천이백사원정
⑩	98765	#,###	98,765
⑪	98765	#,	99
⑫	기쁨가득	@"주유소"	기쁨가득주유소

(3) 사용자 지정 표시 형식의 날짜 서식 기호

서식 코드	설명	서식 코드	설명
yy	년도를 2자리로 표시 (15)	d	일을 1자리로 표시 (1~31)
yyyy	년도를 4자리로 표시 (2015)	dd	일을 2자리로 표시 (01~31)
m	월을 1자리로 표시 (1~12)	ddd	요일을 Mon~Sun으로 표시
mm	월을 2자리로 표시 (01~12)	dddd	요일을 Monday~Sunday로 표시
mmm	월을 3자리로 표시 (Jan~Dec)	aaa	요일을 월~일 로 표시
mmmm	월을 January~December로 표시	aaaa	요일을 월요일~일요일 로 표시

사용자 지정 형식		yyyy“년” mm“월” dd“일” (aaaa)	
데이터	2015-10-13	결 과	2015년 10월 13일 (화요일)

(4) 사용자 지정 표시 형식의 시간 서식 기호

서식 코드	설명	서식 코드	설명
h	시간을 1자리로 표시 (5)	s	초를 1자리로 표시 (4)
hh	시간을 2자리로 표시 (05)	ss	초를 2자리로 표시 (04)
[h],[hh]	경과된 시간을 시간으로 표시	[s],[ss]	경과된 시간을 초로 표시
m	분을 1자리로 표시 (9)	AM/PM,	12시간 단위로 시간을 표시하고 입력한 글자로 오전/오후를 표시
mm	분을 2자리로 표시 (09)	am/pm,	
[m],[mm]	경과된 시간을 분으로 표시	A/P, a/p	

사용자 지정 형식		h"시" mm"분" ss"초" (AM/PM)	
데이터	18:5:48	결 과	6시 05분 48초 (PM)

4. 셀 서식 작업

(1) 셀 서식 복사와 지우기

서식 복사는 서식만 복사되고 데이터가 복사되지 않은 기능입니다. 서식 복사 기능을 이용하면 한 셀에 적용된 서식을 다른 셀에도 편리하게 적용할 수 있습니다.

- **한 개의 셀에 서식 복사**

① 복사를 원하는 셀을 선택하고, [홈] 탭-[클립보드] 그룹-[서식 복사]를 한번 클릭합니다.

② 마우스 포인터 옆에 붓 모양( )의 서식 복사 아이콘이 표시됩니다.

③ 서식을 적용할 셀이나 셀 범위를 선택하면 서식이 적용되고 복사 아이콘은 사라집니다.

■ **여러 개의 셀에 서식 복사**

① 복사를 원하는 셀을 선택하고, [홈] 탭-[클립보드] 그룹-[서식 복사]를 더블 클릭합니다.

② 서식을 적용할 셀이나 셀 범위를 선택합니다. 서식 복사는 적용할 셀을 누를 때마다 계속 적용됩니다.

③ 서식 복사 작업을 중단하기 위해 [Esc]를 누르면 서식 복사 아이콘이 사라집니다.

■ **서식 지우기**

① 서식을 지우려는 셀이나 셀 범위를 선택합니다.

② [홈] 탭-[편집] 그룹-[지우기]-[서식 지우기]를 클릭합니다.

③ 적용된 서식만 지워지고 데이터는 표시됩니다.

(2) 자동 채우기에서 셀 서식 적용

어떤 셀을 선택하고 채우기 핸들을 이용하여 자동 채우기를 하면 기본적으로 셀의 데이터 뿐만 아니라 셀에 적용된 서식도 복사됩니다. 하지만 때로는 원래 셀의 데이터만 필요하고 서식은 필요하지 않는 경우가 있습니다. 이럴 경우에는 자동 채우기를 한 후 오른쪽 아래에 표시되는 자동 채우기 옵션을 클릭하여 원하는 메뉴를 선택합니다.

참고 자동 채우기 옵션

❶ 셀 복사 : 셀의 데이터와 셀 서식 모두를 자동 채우기 합니다.
❷ 서식만 채우기 : 데이터를 제외한 셀 서식만 자동 채우기 합니다.
❸ 서식 없이 채우기 : 셀 서식은 적용되지 않고 셀의 데이터만 자동 채우기 합니다.

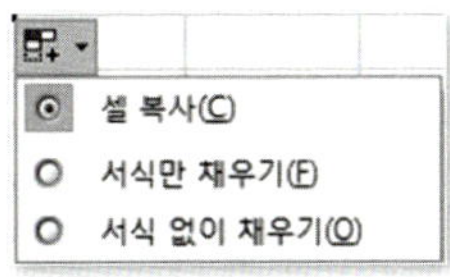

(3) 셀 스타일 적용

셀 스타일은 글꼴, 테두리, 채우기, 맞춤 등 셀에 여러 가지 서식이 적용된 상태를 미리 준비해 놓은 것으로, 원하는 셀 스타일을 선택하면 다양한 서식을 한 번에 편리하게 적용할 수 있습니다. [홈] 탭-[스타일] 그룹-[셀 스타일]을 클릭하면 다음과 같은 셀 스타일 집합이 표시됩니다.

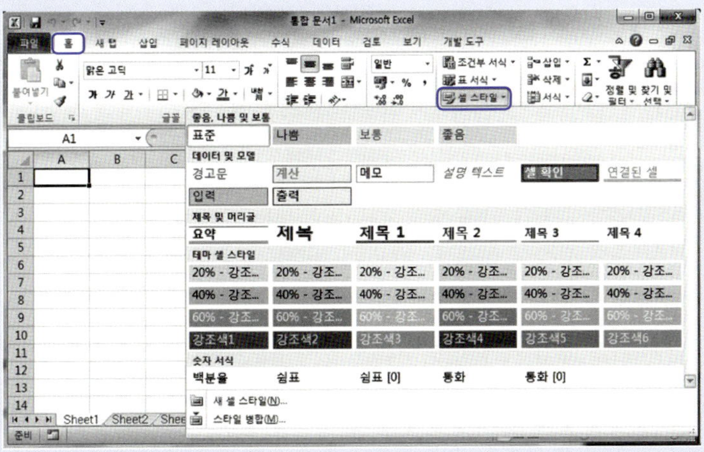

셀 스타일을 적용하려면 다음과 같이 합니다.

❶ 셀 스타일을 적용할 셀이나 셀 범위를 선택합니다.

❷ [홈] 탭-[스타일] 그룹-[셀 스타일]을 클릭합니다.

❸ 원하는 셀 스타일을 선택하면 해당 스타일의 서식이 셀에 적용됩니다.

적용된 셀 스타일을 제거하려면 셀 스타일 집합 [좋음, 나쁨, 보통]에서 [표준]을 클릭합니다.

5. 표 서식 작업

(1) 표 서식 지정과 표 삽입

표 서식은 데이터를 표로 변환한 후 표 스타일을 적용하는 기능입니다. 표 서식을 이용하면 셀 범위에 있는 데이터들을 표 단위로 쉽게 서식(글꼴 서식, 테두리 서식, 채우기 서식 등)을 적용할 수 있고, 표 기능에 포함되어 있는 정렬, 필터, 요약 등 기능을 이용하여 데이터 다루기가 편리합니다. [홈] 탭-[스타일] 그룹-[표 서식]을 클릭하면 다음과 같이 다양한 모양의 표 스타일 집합이 표시됩니다.

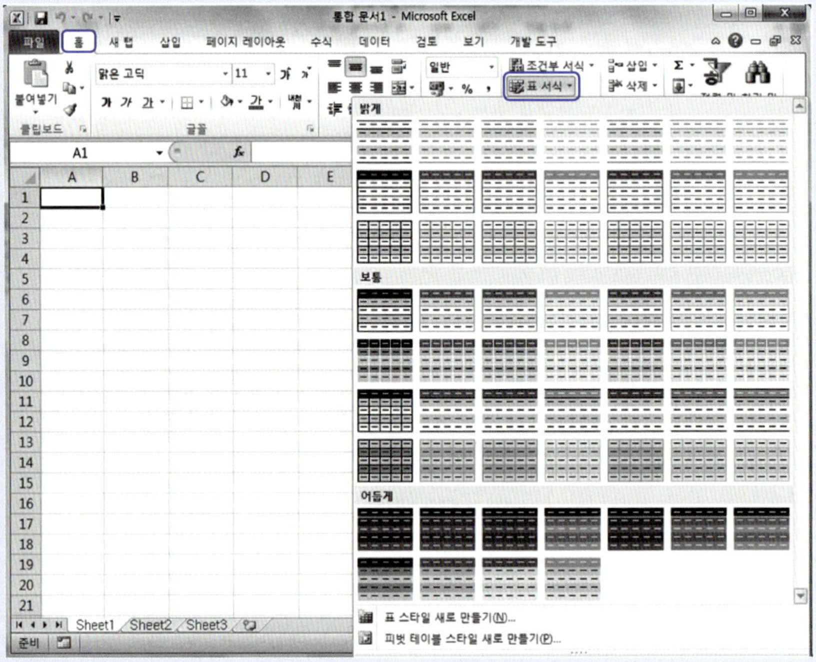

❶ 표로 사용할 셀의 범위를 선택합니다.

❷ [홈] 탭-[스타일] 그룹-[표 서식]을 클릭한 후 원하는 표 스타일을 선택합니다.

❸ [표 서식] 대화상자가 나타나면 표에 사용될 데이터 범위를 확인한 후, 선택한 셀 범위의 첫 행에 필드 이름이 입

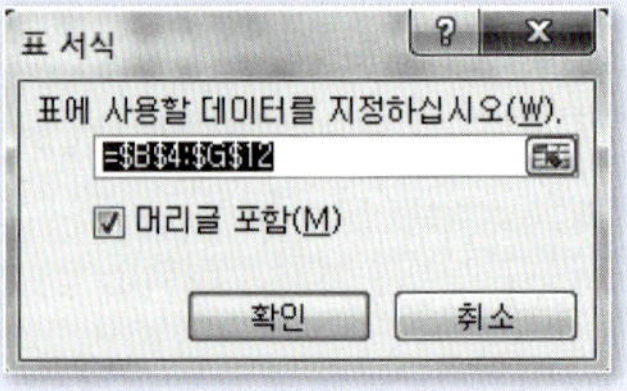

력되어 있으면 [머리글 포함]란에 체크 표시를 하고 [확인] 단추를 클릭합니다.

❹ 표가 삽입되면 오른쪽 그림과 같이 표 서식이 지정되며, 머리글 행에 [필터 목록] 단추가 표시됩니다.

❺ 또한 [표 도구/디자인] 상황 탭이 리본 메뉴에 표시됩니다.

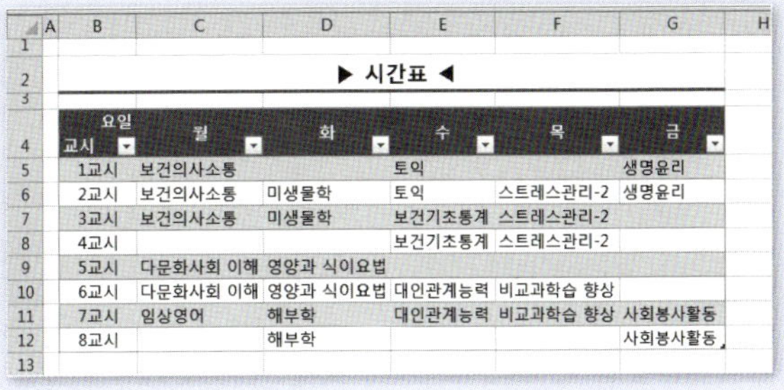

(2) [표 도구/디자인] 탭의 구성

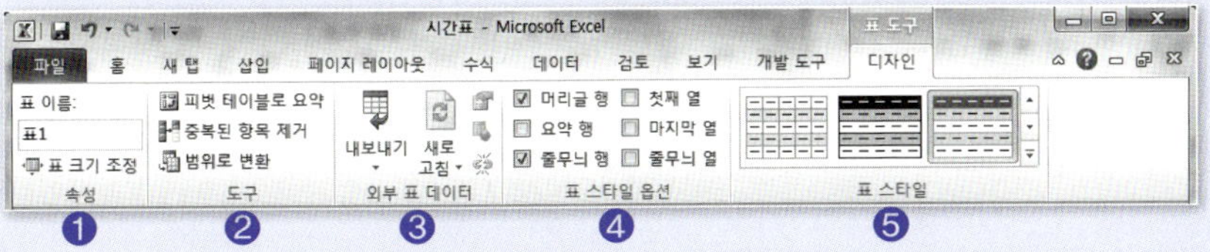

❶ [속성] 그룹 : 표에 이름을 지정하고 표에 사용할 셀 범위를 조정합니다.

❷ [도구] 그룹 :

- 피벗 테이블로 요약 : 피벗 테이블을 사용하여 데이터를 요약합니다.
- 중복된 항목 제거 : 표 데이터 중에 중복된 값이 있다면 제거됩니다.
- 범위로 변환 : 표를 제거하고 표 데이터와 서식을 일반 셀 범위로 변환합니다.

❸ [외부 표 데이터] 그룹 : Microsoft Windows SharePoint Services 사이트에 액세스할 수 있고 작성 권한이 있는 경우 이 사이트를 사용하여 다른 사용자와 표를 공유할 수 있습니다. 즉, 다른 사용자가 표 데이터를 보고, 편집하고, 업데이트할 수 있도록 SharePoint 목록으로 표를 내보낼 수 있습니다.

❹ [표 스타일 옵션] 그룹 :

- 머리글 행 : 정렬이나 필터를 사용할 수 있고 필드 이름을 표시하는 머리글 행 표시 여부를 지정합니다.
- 요약 행 : 표 맨 밑에 다양한 데이터 집계를 표시할 수 있는 요약 행 표시 여부를 지정합니다.
- 첫째 열, 마지막 열 : 해당 열만 특별한 서식을 적용합니다.
- 줄무늬 행, 줄무늬 열 : 행이나 열에 데이터를 더 쉽게 구분할 수 있도록 음영이 교차 반복하는 줄무늬가 적용됩니다.

❺ [표 스타일] 그룹 : 미리 정의된 표 스타일을 선택하여 표에 적용합니다.

(3) 표에 행/열 삽입과 표의 정상범위 변환

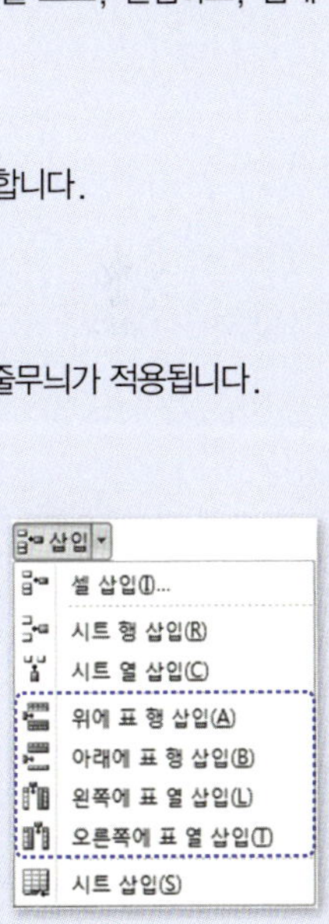

표의 맨 아래 행 밑에 새 행을 추가하려면 마지막 행의 마지막 셀에서 [Tab]을 누릅니다. 요약 행이 있을 경우에는 요약 행의 바로 위행의 마지막 셀에서 [Tab]을 누릅니다.

표 안쪽에 행이나 열을 삽입하려면 표 안의 셀을 클릭한 후 [홈] 탭–[셀] 그룹–[삽입]의 목록 단추를 누르고 표시되는 메뉴에서 오른쪽 그림의 네 가지인 표 행/열 삽입 중에서 하나를 선택합니다.

표 서식을 지정하면 행/열은 삽입하거나 삭제할 수 있지만 셀을 삽입하거나 삭제할 수 없으며 셀 병합도 할 수 없습니다. 표 기능은 사용하지 않고 표 스타일만 원하는 경우에는 표 데이터를 일반 데이터로 변환시켜야 하며 따라서 표를 정상 범위로 변환해야 합니다.

표를 정상 범위로 변환하려면 표의 임의의 셀을 선택한 후 [표 도구/디자인] 탭-[도구] 그룹-[범위로 변환]을 클릭합니다.

(4) 표에서 정렬과 필터링 작업

표 서식을 지정하면 머리글 행에 [필터 목록] 단추가 표시됩니다. [필터 목록] 단추를 클릭하면 자동 필터를 사용했을 때와 같은 메뉴가 표시되는데 이 메뉴를 사용하여 데이터를 일정한 순서에 따라 정렬하거나, 데이터 중에서 원하는 데이터만 표시하는 필터링 작업을 할 수 있습니다.

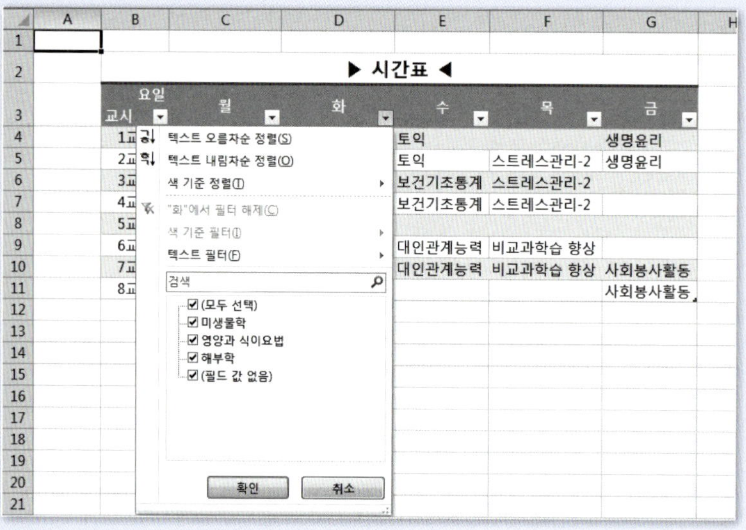

실습 3-1 셀 서식과 표시 형식을 지정한 판매일지 작성하기

셀 서식을 적용하여 오른쪽 그림과 같은 '판매일지' 문서를 완성하시오.

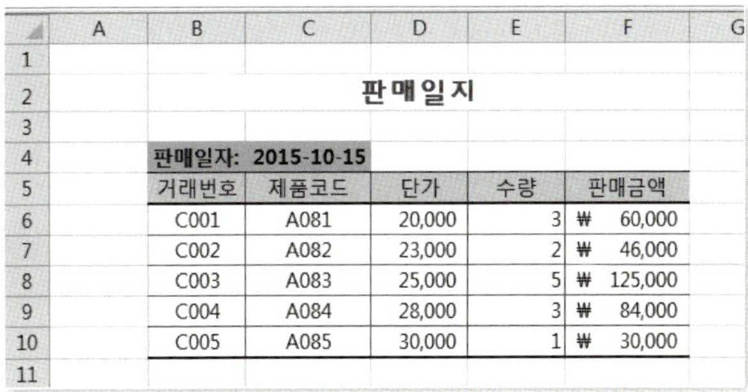

	A	B	C	D	E	F
1						
2		판매일지				
3						
4		판매일자:	2015-10-15			
5		거래번호	제품코드	단가	수량	판매금액
6		C001	A081	20,000	3	₩ 60,000
7		C002	A082	23,000	2	₩ 46,000
8		C003	A083	25,000	5	₩ 125,000
9		C004	A084	28,000	3	₩ 84,000
10		C005	A085	30,000	1	₩ 30,000
11						

01. [Sheet1]에 오른쪽 그림과 같은 문서를 작성합니다.

- C열, F열 너비 : (11)

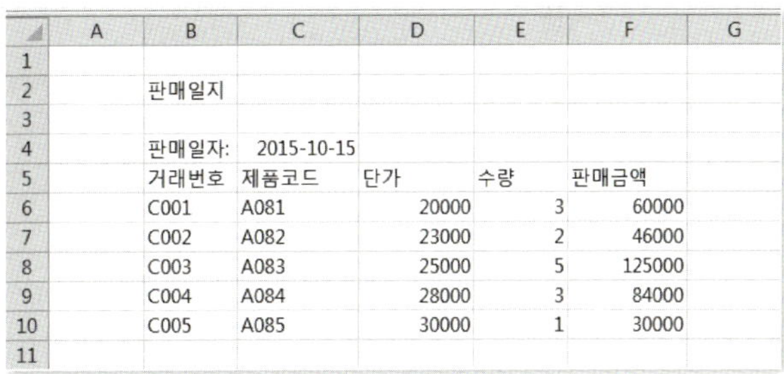

	A	B	C	D	E	F
1						
2		판매일지				
3						
4		판매일자:	2015-10-15			
5		거래번호	제품코드	단가	수량	판매금액
6		C001	A081	20000	3	60000
7		C002	A082	23000	2	46000
8		C003	A083	25000	5	125000
9		C004	A084	28000	3	84000
10		C005	A085	30000	1	30000
11						

02. 제목에 글꼴 서식을 지정하기 위해 [B2]셀을 선택한 후 [홈] 탭-[글꼴] 그룹에서 다음과 같이 지정합니다.

- 글꼴 : HY강B
- 굵기 : 굵게
- 크기 : 16
- 글꼴 색 : 표준색(파랑)

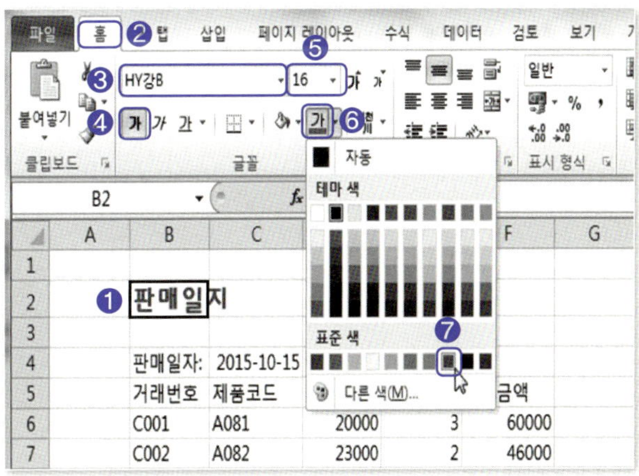

03. 판매일자에 글꼴 서식을 지정하기 위해 [B4:C4] 범위를 선택한 후 [홈] 탭–[글꼴] 그룹에서 다음과 같이 지정합니다.

- 굵기 : 굵게
- 채우기 색 : 표준색(연한 녹색)

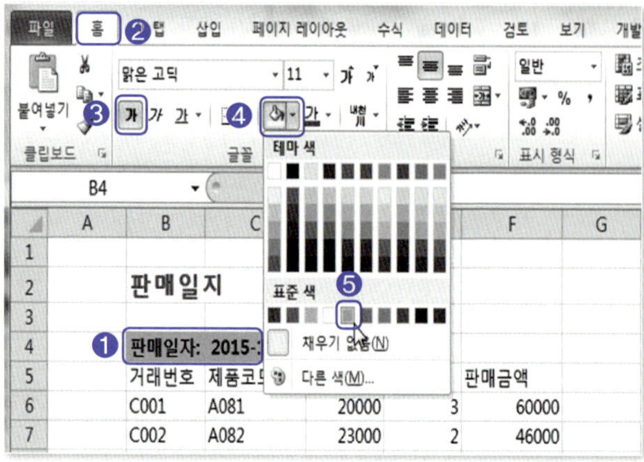

04. 제목에 맞춤 서식 지정을 위해 [B2:F2] 범위를 선택한 후 [홈] 탭–[맞춤] 그룹–[병합하고 가운데 맞춤]을 클릭합니다.

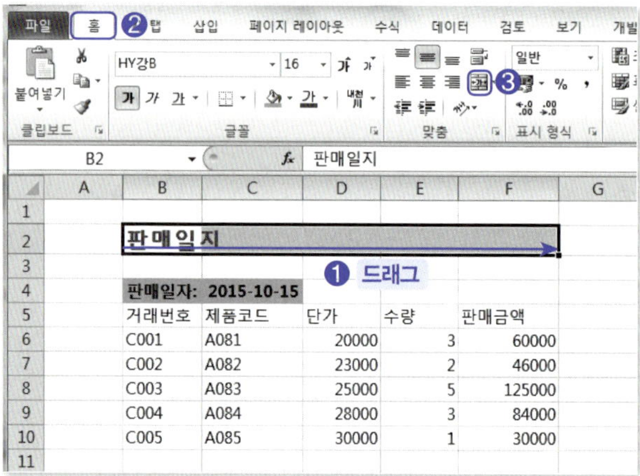

05. 머리글과 거래번호, 제품코드를 셀 가운데에 표시하기 위해 [Ctrl]키를 이용하여 [B5:F5]와 [B6:C10] 범위를 모두 선택한 후 [홈] 탭–[맞춤] 그룹–[가운데 맞춤]을 클릭합니다.

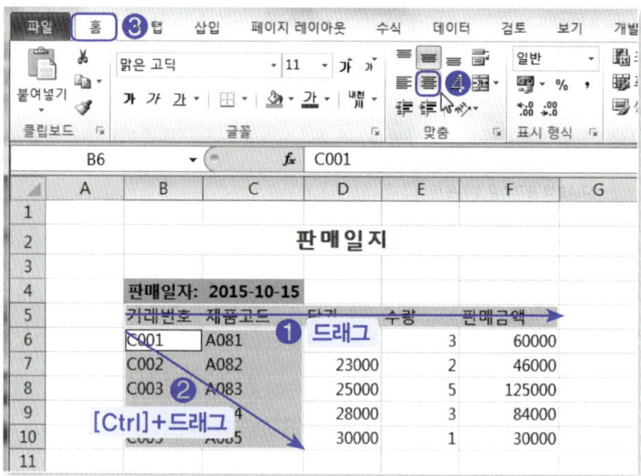

06. 단가에 쉼표 스타일을 지정하기 위해 [D6:D10] 범위를 선택하고 [홈] 탭-[표시 형식] 그룹-[쉼표 스타일]을 클릭합니다.

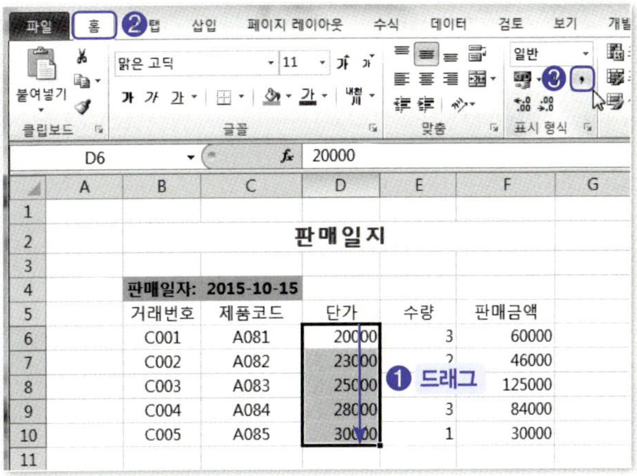

07. 판매금액에 화폐기호를 표시하고 세 자리마다 쉼표를 삽입하기 위해 [F6:F10] 범위를 선택하고 [홈] 탭-[표시 형식] 그룹-[표시 형식] 목록 단추를 클릭하고 [회계]를 선택합니다.

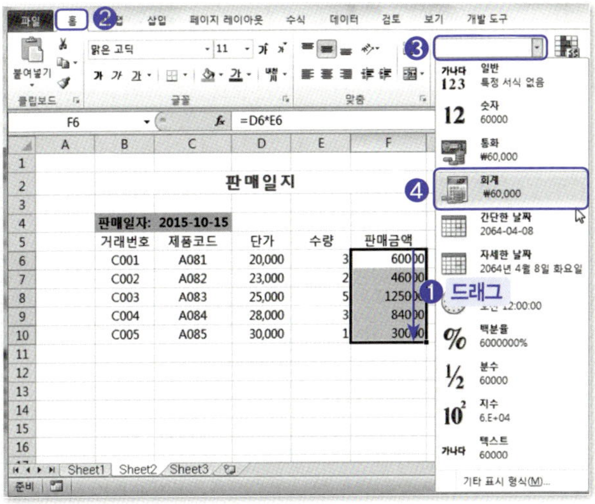

08. 테두리 서식을 지정하기 위해 [B5:F10] 범위를 선택하고 [홈] 탭-[글꼴] 그룹의 [추가 옵션]단추를 클릭합니다.

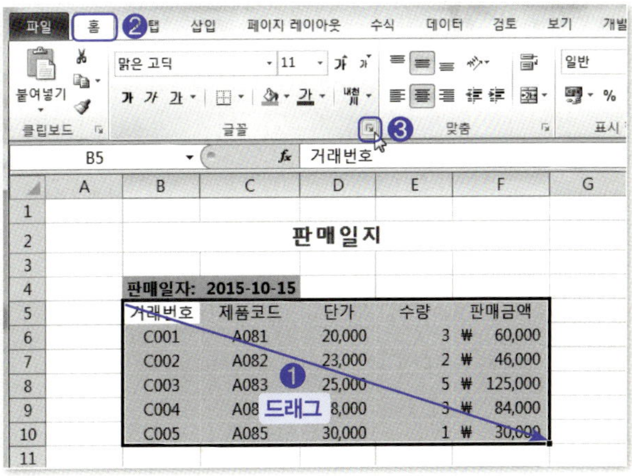

09. [셀 서식] 대화상자가 나타나면 [테두리] 탭을 선택하고 다음과 같이 지정한 다음 [확인] 단추를 클릭합니다.

- 선 스타일 : 가는 실선
- 선 색 : 표준색(파랑)
- 미리 설정 : 안쪽

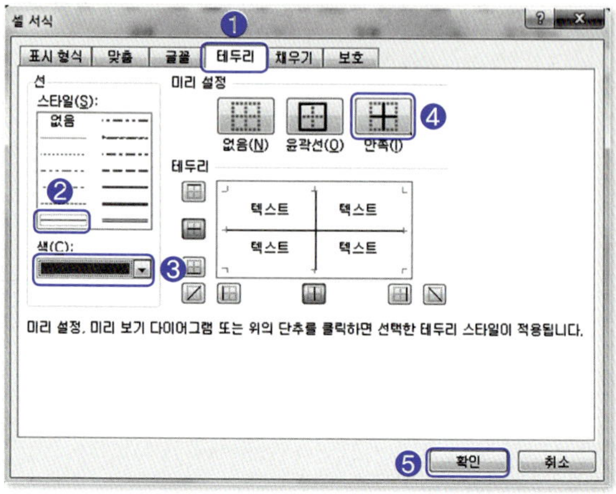

10. 문서의 머리글 행과 맨 마지막 행의 아래쪽 선을 굵게 표시하기 위하여 [B5:F5] 범위를 선택하고 다음 왼쪽 그림과 같이 [홈] 탭-[글꼴] 그룹-[테두리] 목록에서 [위쪽/굵은 아래쪽 테두리]를 클릭합니다.

같은 방법으로 [B10:F10] 범위를 선택한 후 다음 오른쪽 그림과 같이 [홈] 탭-[글꼴] 그룹-[테두리] 목록에서 [굵은 아래쪽 테두리]를 클릭합니다.

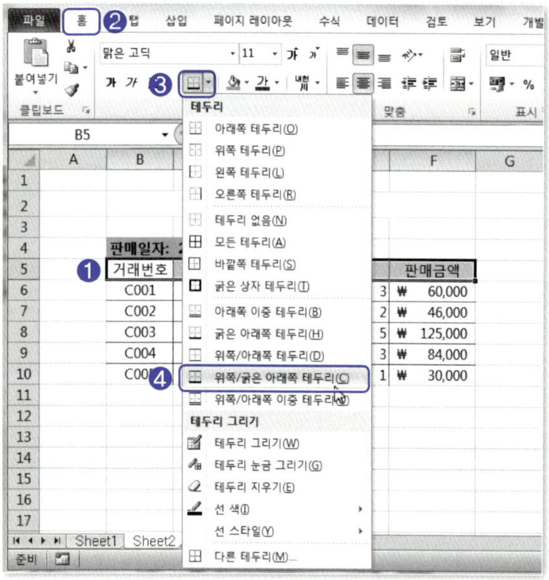

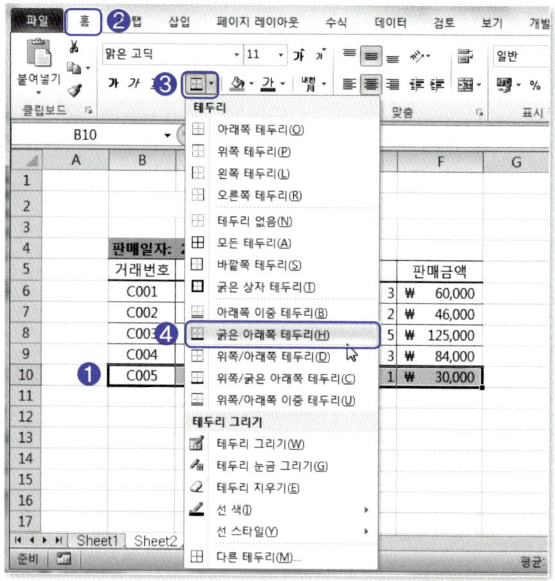

11. 문서의 머리글에 채우기 색을 지정하기 위해 [B5:F5] 범위를 선택하고 다음 왼쪽 그림과 같이 [홈] 탭–[글꼴] 그룹–[채우기] 목록에서 테마색(진한 파랑, 텍스트 2, 80% 더 밝게)을 선택합니다. 결과 문서는 다음 오른쪽 그림과 같습니다.

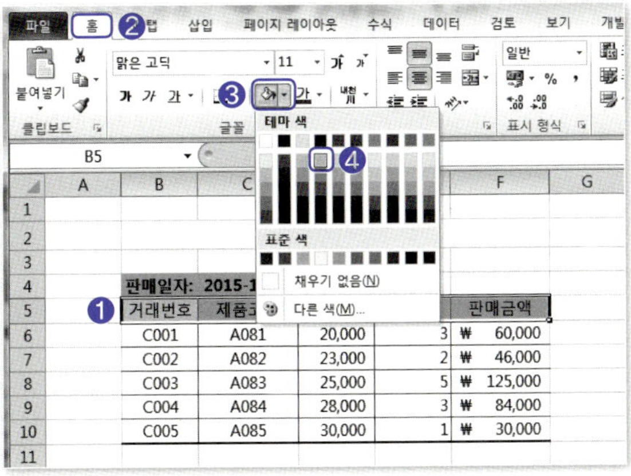

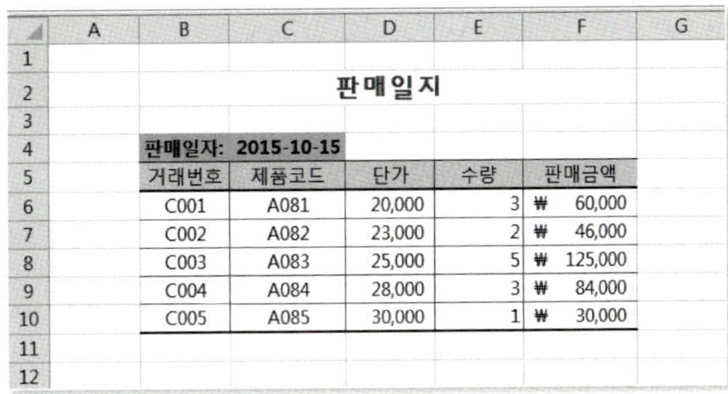

12. 완성한 문서를 [저장] 단추를 눌러 '판매일지' 이름으로 저장하고, [파일] 탭–[끝내기]를 클릭하거나 또는 화면 오른쪽 상단에 [닫기] 단추를 클릭하여 작업을 종료합니다.

실습 **3-2**

셀 스타일과 표 서식을 지정한 시간표 작성하기

셀 스타일과 표 서식을 적용하여 오른쪽 그림과 같은 '2015년 2학기 시간표'를 완성하시오.

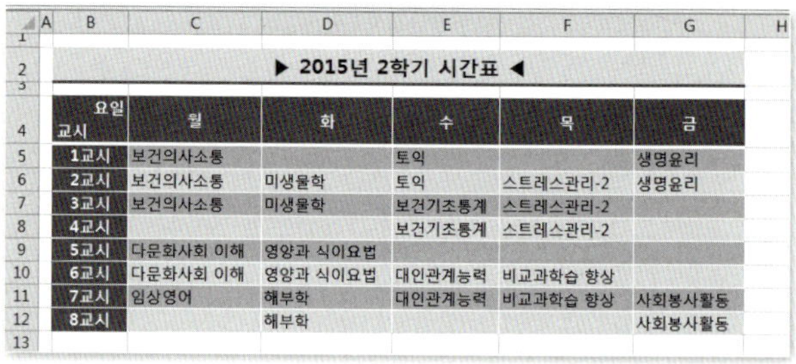

▶ 2015년 2학기 시간표 ◀

요일 / 교시	월	화	수	목	금
1교시	보건의사소통		토익		생명윤리
2교시	보건의사소통	미생물학	토익	스트레스관리-2	생명윤리
3교시	보건의사소통	미생물학	보건기초통계	스트레스관리-2	
4교시			보건기초통계	스트레스관리-2	
5교시	다문화사회 이해	영양과 식이요법			
6교시	다문화사회 이해	영양과 식이요법	대인관계능력	비교과학습 향상	
7교시	임상영어	해부학	대인관계능력	비교과학습 향상	사회봉사활동
8교시		해부학			사회봉사활동

01. [Sheet1]에 다음 서식을 지정하여 문서를 작성합니다.

- 열 너비 : A열(1)
- 행 높이 : 1행, 3행(10)
- [B2:G2] 범위 : 병합하고 가운데 맞춤
- 각 요일별 열 너비 : 과목명 길이에 맞도록 적당하게 조절

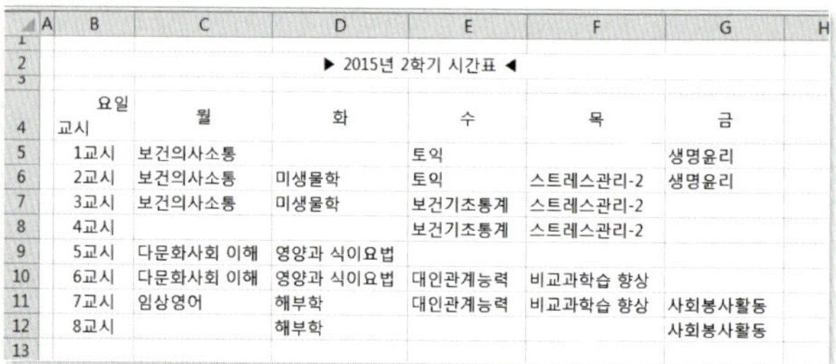

▶ 2015년 2학기 시간표 ◀

요일 / 교시	월	화	수	목	금
1교시	보건의사소통		토익		생명윤리
2교시	보건의사소통	미생물학	토익	스트레스관리-2	생명윤리
3교시	보건의사소통	미생물학	보건기초통계	스트레스관리-2	
4교시			보건기초통계	스트레스관리-2	
5교시	다문화사회 이해	영양과 식이요법			
6교시	다문화사회 이해	영양과 식이요법	대인관계능력	비교과학습 향상	
7교시	임상영어	해부학	대인관계능력	비교과학습 향상	사회봉사활동
8교시		해부학			사회봉사활동

02. 셀 스타일을 지정하기 위해 [B2]셀을 선택한 후 [홈] 탭 – [스타일] 그룹–[셀 스타일] 목록 단추를 클릭하고 다음 스타일을 지정합니다.

- 제목 및 머리글 : 제목 1
- 테마 셀 스타일 : 20%–강조색1

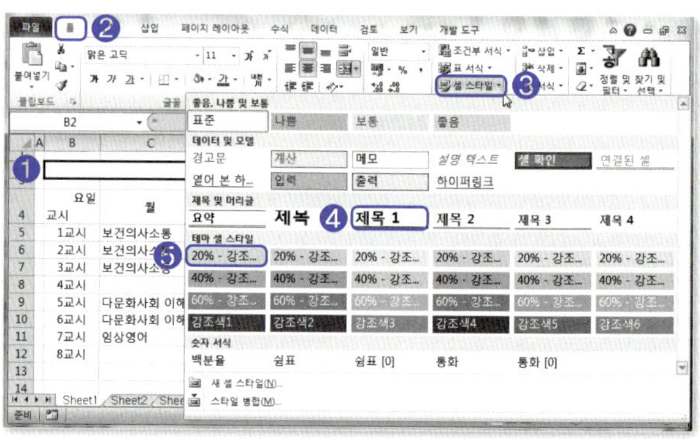

03. 표 서식을 지정하기 위해 [B4:G12] 범위를 선택한 후 [홈] 탭-[스타일] 그룹-[표 서식] 목록 단추를 클릭하고 [보통]에서 [표 스타일 보통 2]를 클릭합니다.

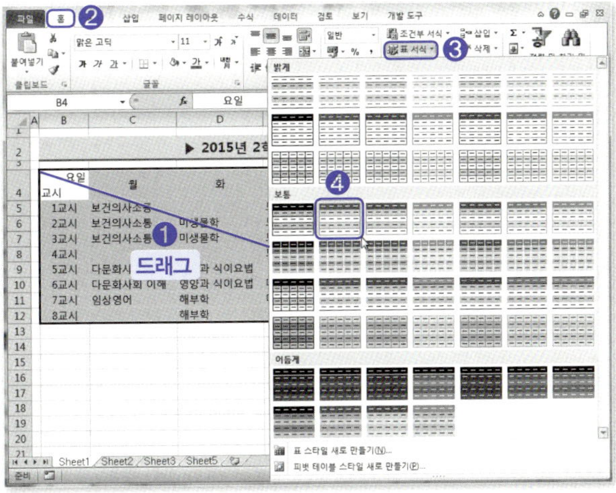

04. [표 서식] 대화상자가 나타나면 다음의 왼쪽 그림과 같이 표 서식 지정 범위와 머리글을 확인하고 [확인] 단추를 클릭합니다. 그러면 다음의 오른쪽 그림과 같이 표 서식이 지정됩니다.

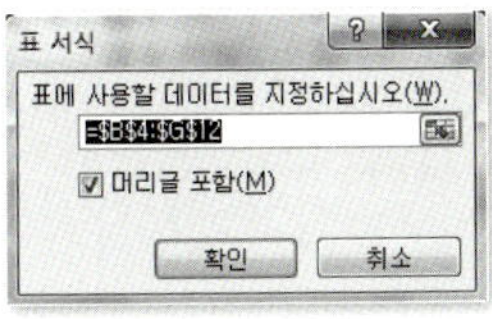

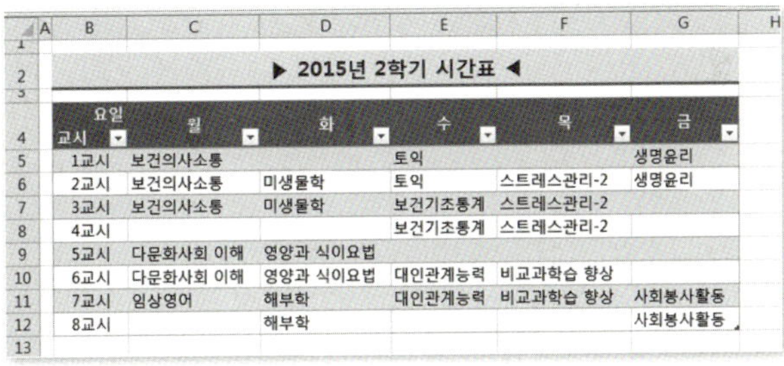

05. 표 스타일을 수정하기 위해 표의 임의의 셀 [B4]를 선택한 후 [표 도구/디자인] 탭-[표 스타일 옵션] 그룹-[첫째 열]을 체크 표시 합니다.

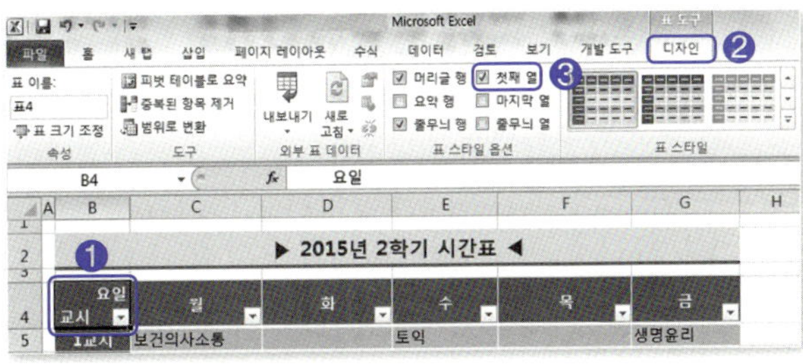

06. 완성된 문서의 첫 번째 열은 오른쪽 그림과 같이 수정됩니다.

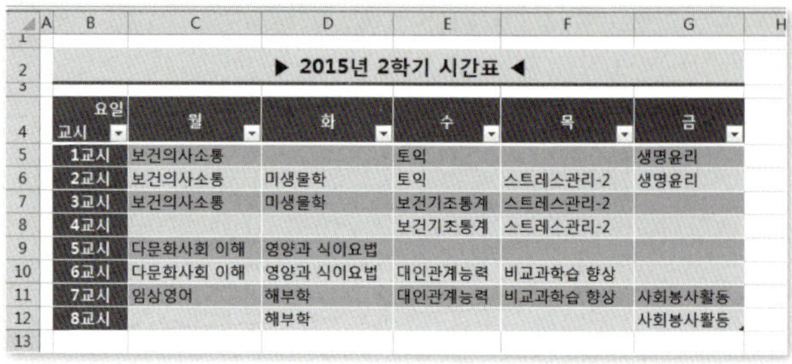

07. 표 서식이 지정이 되면 셀 삽입이나 셀 병합 등이 불가능하므로 표를 정상 범위로 변환하기 위해 [B4]셀을 선택한 후 [표 도구/디자인] 탭-[도구] 그룹-[범위로 변환]을 클릭합니다.

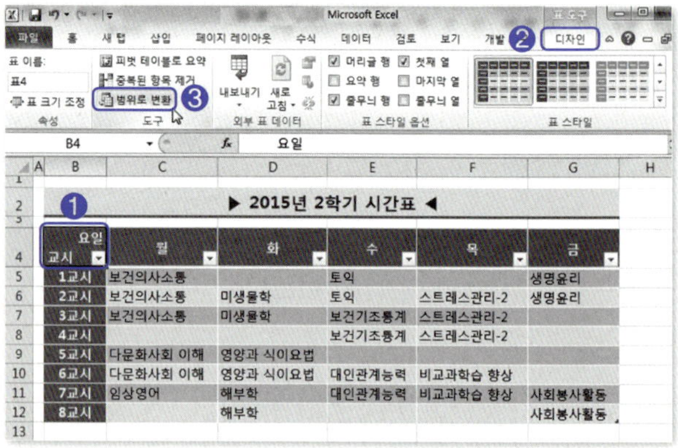

08. '표를 정상 범위로 변환하시겠습니까?'라는 메시지 상자가 나타나면 다음의 왼쪽 그림과 같이 [예]를 클릭합니다. 그러면 다음의 오른쪽 그림과 같이 [필터 목록] 단추는 사라지고 표가 정상 범위로 변환됩니다.

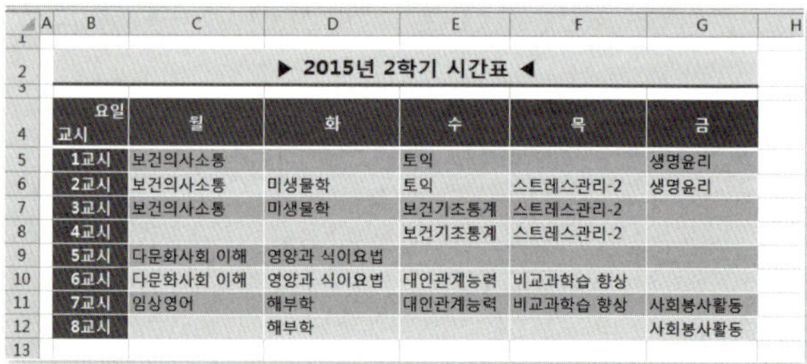

09. 완성한 문서를 [저장] 단추를 눌러 '2015-2학기 시간표'란 이름으로 저장하고, [파일] 탭-[끝내기]를 클릭하거나, 또는 화면 오른쪽 상단에 [닫기] 단추를 클릭하여 작업을 종료합니다.

실력 점검 문제

[문제 3-1] 아래 조건에 따라 다음과 같이 글꼴 서식, 맞춤 서식, 표시 형식 등이 지정된 문서를 작성하시오.

	A	B	C	D	E	F
1						
2		방과후 학습 프로그램				
3						
4		지도교사	프로그램	인원	지원금액	
5		김만석	국어	30명	₩ 1,200,000	
6		박진환	수학	25명	₩ 1,500,000	
7		이수철	로봇공학	20명	₩ 2,000,000	
8		김영희	중국어	30명	₩ 1,500,000	
9						
10						

[작성 조건]

- 열 너비 : A열(1), B/C열(11), E열(13)
- 행 높이 : 1행(10), 3행(10)
- [B2]셀 : 글꼴(HY수평선B), 글꼴 크기(22), 글꼴 색(표준색-진한 빨강)
- [B4:E4]셀 : 글꼴(HY나무M), 글꼴 크기(14)
- [B2:E2]셀 : 병합하고 가운데 맞춤
- [B4:E4]셀/[B5:C8]셀 : 가운데 맞춤
- [B4:E4]셀 : 위쪽/굵은 아래쪽 테두리
- [B8:E8]셀 : 아래쪽 테두리
- [C4:C8]셀/[E4:E8]셀 : 채우기 색(테마색-주황, 강조 6, 60% 더 밝게)
- [D5:D8]셀 : 기타표시형식-범주(사용자 지정), 형식(#0"명")
- [E5:E8]셀 : 표시형식-회계

[문제 3-2] 준비파일('실력점검_3-2-준비.xlsx')을 열기한 후 아래 조건에 따라 다음의 오른쪽 문서와 같이 셀 스타일과 표 서식이 적용된 문서를 작성하시오.

	A	B	C	D	E	F	G
1							
2		우리마트 야채 일일 판매 현황					
3							
4		분류	상품명	단위	단가	판매량	판매금액
5		야채	애호박	1개	1280	56	71680
6		야채	시금치	300g	980	41	40180
7		야채	청오이	4개	2480	39	96720
8		야채	흙당근	1kg	1480	30	44400
9		야채	팽이버섯	5봉	980	45	44100
10		야채	브로커리	1송이	980	45	44100
11		야채	깻잎	4봉	980	50	49000
12							

〈준비 파일〉

	A	B	C	D	E	F	G	H
1								
2		우리마트 야채 일일 판매 현황						
3								
4		분류	상품명	단위	단가	판매량	판매금액	
5		야채	애호박	1개	1,280	56	71,680	
6		야채	시금치	300g	980	41	40,180	
7		야채	청오이	4개	2,480	39	96,720	
8		야채	흙당근	1kg	1,480	30	44,400	
9		야채	팽이버섯	5봉	980	45	44,100	
10		야채	브로커리	1송이	980	45	44,100	
11		야채	깻잎	4봉	980	50	49,000	
12								

〈완성 문서〉

[작성 조건]

- **열 너비 : A열(1), G열(10)**
- **[B2:G2]셀 : 병합하고 가운데 맞춤**
- **[B2]셀 : 셀 스타일(제목 2) 적용**
- **[B4:G4]셀/[B5:D11]셀 : 가운데 맞춤**
- **[E5:E11]/[G5:G11]셀 : 쉼표 스타일(,) 표시**
- **[B4:G11]셀 : 표 서식(표 스타일 보통 19) 지정 후 표를 정상범위로 변환**

Memo

Introduction to **EXCEL 2010**

CHAPTER

04

수식 계산과 참조의 활용

엑셀의 주요 사용 목적은 수식의 계산이라 할 수 있습니다. 엑셀의 수식은 등호(=)로 시작하여 숫자 또는 셀 주소와 연산자 등으로 표시됩니다. 입력한 수식은 수식 입력줄에 표시되고 셀에는 계산된 결과 값이 표시됩니다. 수식에서 숫자를 직접 입력하지 않고 숫자가 들어있는 셀 주소를 사용하는 것을 참조라 합니다. 이번 장에서는 수식의 구성 요소와 수식 작성하기, 참조의 유형과 참조를 사용한 수식 작성 등을 살펴보겠습니다.

학습 목표

- 수식의 구성 요소를 알고 기본 수식을 작성할 수 있습니다.
- 연산자의 종류와 기능을 알고 각 연산자를 표기한 계산식을 작성할 수 있으며, 복수의 연산자가 결합된 수식의 연산 우선순위를 처리할 수 있습니다.
- 잘못된 수식 처리에서 발생하는 오류값을 이해하고 오류값 발생시 해결할 수 있습니다.
- 수식의 이동, 복사 기능을 이용하여 작성된 수식을 다른 셀에서 다시 사용할 수 있습니다.
- 참조의 유형과 차이, 표시 방법을 알고 수식에 적합한 참조를 사용할 수 있습니다.

실습 구성

실습 4-1 수식을 입력하여 지점별 재고현황 작성하기

실습 4-2 수식을 입력하여 제품 코드별 판매현황 작성하기

실력 점검 문제

준비 학습

엑셀에서 수식이란 워크시트에 값을 계산하는 것으로 계산의 처리 규칙을 입력합니다. 수식은 다음과 같이 5가지의 요소 등으로 구성됩니다.

1. 수식의 구성

```
=   SUM(A, B2:C6)   -   D3   *   E1   +   10
①        ②          ③   ④   ③   ④   ③   ⑤
```

❶ 등호 : 엑셀에서 수식을 입력하려면 반드시 등호를 먼저 입력해야 합니다.

❷ 함수 : 수식을 손쉽게 입력할 수 있도록 미리 정해진 규칙에 따라 계산된 결과 값을 표시하도록 지시하는 수식 체계입니다.

❸ 연산자 : 계산의 종류를 나타내는 기호입니다. 연산자는 산술 연산자, 비교 연산자, 텍스트 연결 연산자, 참조 연산자 등이 있습니다.

❹ 참조 : 다른 셀이나 셀 범위의 값을 가져다가 사용할 수 있도록 셀 주소를 사용합니다.

❺ 상수 : 수식에 직접 입력하는 날짜, 숫자, 텍스트 등의 값입니다.

2. 연산자의 종류

(1) 산술 연산자

사칙 연산 등 기본적인 계산을 하는 연산자입니다.

데이터	[A1] : 100, [B1] : 20

연산자	기능	수식	결과 값	연산자	기능	수식	결과 값
+	더하기	=A1+B1	120	−	음수	=−B1	−20
−	빼기	=A1−B1	80	%	백분율	=A1%	1
*	곱하기	=A1*B1	2000	^	거듭제곱	=B1^2	400
/	나누기	=A1/B1	5				

(2) 비교 연산자

두 값을 비교하여 참이면 논리값 TRUE를 구하고, 거짓이면 논리값 FALSE를 구하는 연산자입니다.

데이터	[A1] : 90, [B1] : 100

연산자	기능	수식	결과 값	연산자	기능	수식	결과 값
=	같다	=A1=B1	FALSE	>=	크거나 같다(이상)	=A1>=B1	FALSE
>	크다(초과)	=A1>B1	FALSE	<=	작거나 같다(이하)	=A1<=B1	TRUE
<	작다(미만)	=A1<B1	TRUE	<>	같지 않다	=A1<>B1	TRUE

(3) 텍스트 연결 연산자

텍스트와 텍스트를 연결하는 연산자입니다.

데이터	[A1] : "엑셀", [B1] : "과 ", [C1] : "통계"

연산자	기능	수식	결과 값
&	두 텍스트 값을 연결	=A1&B1&C1	엑셀과 통계

(4) 참조 연산자

선택한 셀을 결합하여 참조하는 연산자입니다.

연산자	기능
:	선택한 두 셀 사이의 모든 셀(두 셀 포함)을 참조하는 범위 연산자
,	선택한 여러 셀 범위를 모두 참조하는 논리합 연산자(=통합 연산자)
공백	선택한 여러 셀 범위에서 교차하여 겹쳐진 셀만 참조하는 논리곱 연산자

	A	B	C	D	F	G
1	[데이터]				수식	결과 값
2	15	10	5	14	=SUM(B2:D3)	35
3	4	3	2	1	=SUM(A2,B3:B4,C4:C5)	42
4	6	7	8	16	=SUM(A3:D4 B2:C5)	20
5	13	12	9	11		

(5) 연산자 우선순위

하나의 수식에서 여러 연산자를 사용하는 경우에는 다음과 같은 순서대로 연산이 수행됩니다.

순위	연산자 유형	연산 기호 및 우선 순위
1	괄호	( )
2	참조 연산자	: ➡ 공백 ➡ ,
3	음수	–
4	산술 연산자	% ➡ ^ ➡ *,/ ➡ +,–
5	텍스트 연결 연산자	&
6	비교 연산자	=,〈,〉,〈=,〉=,〈〉

3. 수식의 오류값

엑셀은 수식에서 오류가 발생하면 다음과 같은 오류값을 표시하여 어떤 오류가 발생하였는지 알려줍니다.

오류값	설명
#DIV/0!	숫자를 0 또는 값이 없는 빈 셀로 나눈 경우에 표시됩니다.
#N/A	수식에서 지정한 위치에 값이 없거나 함수 인수에 문제가 있는 경우에 표시됩니다.
#NAME?	이름 또는 함수의 철자가 틀렸거나, 텍스트 값에 ""를 안했거나, 참조 연산자를 잘못 사용한 경우에 표시됩니다.
#NULL!	참조 연산자 공백을 사용했을 때 교차하지 않는 셀 범위를 사용한 경우에 표시됩니다.
#NUM!	수식이나 함수에 지정한 숫자가 잘못된 경우에 표시됩니다.
#REF!	참조된 셀이 옮겨졌거나 삭제된 셀을 참조한 경우에 표시됩니다.
#VALUE!	수식이나 함수에 사용한 값의 형식이 잘못되거나 연산자에 문제가 있는 경우에 표시됩니다.
######	열 너비가 좁아서 내용이 모두 표시되지 못하거나 음수인 날짜/시간이 입력된 경우에 표시됩니다.

4. 수식 이동과 복사

(1) 수식 이동

수식을 잘라내기([홈] 탭–[클립보드] 그룹–[잘라내기]) 한 후, 붙여넣기([홈] 탭–[클립보드] 그룹–[붙여넣기])를 하여 수식이 이동한 경우에는 수식 안의 셀 참조가 변경되지 않습니다.

(2) 수식 복사

수식을 복사하기([홈] 탭–[클립보드] 그룹–[복사]) 한 후, 붙여넣기([홈] 탭–[클립보드] 그룹–[붙여넣기])를 하여 수식이 복사한 경우에는 수식 안의 셀 참조가 참조 유형에 따라 변경될 수 있습니다.

(3) 채우기 핸들을 이용한 수식 복사

❶ 수식이 입력된 셀을 클릭합니다.

❷ 채우기 핸들을 인접한 셀에 드래그 하여 복사하려는 셀이나 셀 범위를 채웁니다.

❸ 결과 값은 참조 유형에 따라 수식 참조가 변경되면서 셀에 값이 표시됩니다.

5. 참조의 사용

(1) 참조의 표시

수식에서 다른 셀이나 셀 범위에 있는 값을 사용할 수 있게 하는 참조는 대상에 따라 다음과 같이 작성할 수 있습니다.

참조 대상	참조 표시
A열 5행의 셀	A5
B열 1행부터 10행까지의 셀	B1:B10
5행의 C열부터 G열까지의 셀	C5:G5
5행에 있는 모든 셀	5:5
1행부터 8행까지 모든 셀	1:8
E열의 모든 셀	E:E
A열부터 D열까지 모든 셀	A:D
A열 1행부터 F열 5행까지 모든 셀	A1:F5
B열 2행의 셀과 C열 4행의 셀	B2,C4

(2) 참조의 유형과 차이

참조의 유형은 상대 참조, 절대 참조, 혼합 참조, 3차원 참조, 외부 참조가 있습니다.

상대 참조는 'A2'처럼 셀 주소의 행과 열 앞에 '$'기호가 없지만 절대 참조는 '$A$2'처럼 행과 열 앞에 '$'기호가 있습니다. 또한 혼합 참조는 'A$2' 또는 '$A2'처럼 행 앞에 '$'기호가 있거나 열 앞에 '$'기호가 있습니다.

상대 참조가 포함된 수식을 복사하면 참조하는 행과 열이 상대적으로 변경되고, 절대 참조가 포함된 수식을 복사하면 변경되지 않습니다. 혼합 참조가 포함된 수식을 복사하면 행과 열 중에서 '$'기호가 없는 행/열은 상대적으로 변경되고 '$'기호가 있는 행/열은 변경되지 않습니다.

(3) 상대 참조, 절대 참조, 혼합 참조의 수식 복사

다음은 상대 참조, 절대 참조, 혼합 참조가 포함된 수식을 복사한 예입니다. 왼쪽 그림은 채우기 핸들을 드래그 하여 복사하는 과정을 표시하고, 오른쪽 그림은 수식 복사한 후 결과 값을 표시합니다.

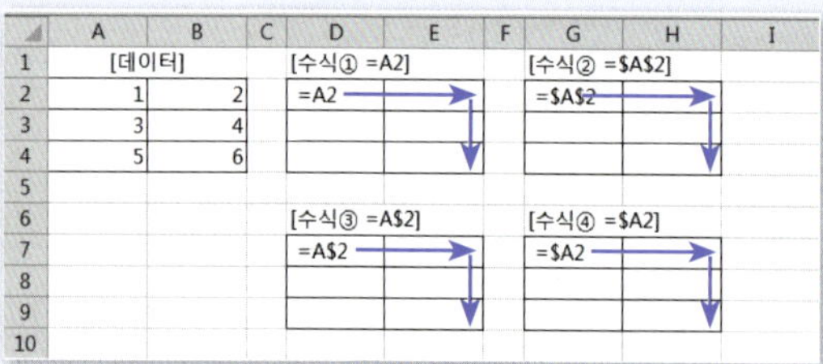

〈채우기 핸들을 이용한 수식 복사〉

〈수식 복사 후 결과 값〉

수식을 복사한 후의 결과 값이 표시된 셀들을 선택하고 [수식] 탭–[수식 분석] 그룹–[수식 표시]를 클릭하면 오른쪽 그림과 같이 각 셀마다 수식이 표시되어 수식복사의 변화된 결과를 확인할 수 있습니다.

	A	B	C	D	E	F	G	H
1	[데이터]			[수식① =A2]			[수식② =$A$2]	
2	1	2		=A2	=B2		=$A$2	=$A$2
3	3	4		=A3	=B3		=$A$2	=$A$2
4	5	6		=A4	=B4		=$A$2	=$A$2
5								
6				[수식③ =A$2]			[수식④ =$A2]	
7				=A$2	=B$2		=$A2	=$A2
8				=A$2	=B$2		=$A3	=$A3
9				=A$2	=B$2		=$A4	=$A4
10								

(4) 3차원 참조

다른 워크시트의 셀을 참조하는 것을 3차원 참조라고 합니다.

3차원 참조 표시는 "Sheet1!A1" 처럼 해당 워크시트의 이름과 "!" 기호를 사용해서 참조합니다. 워크시트의 이름에 공백이 있으면 "'1학기 성적'!A1"처럼 작은 따옴표(' ')를 사용합니다.

(5) 외부 참조

다른 통합 문서(엑셀 파일)의 셀을 참조하는 것을 외부 참조라 합니다.

참조하려는 다른 통합 문서가 열려 있는 경우 외부 참조 표시는 "[수검자명단.xlsx]Sheet1!A1"처럼 해당 통합 문서 이름과 대괄호([ ])를 사용해서 참조합니다.

반면 참조하려는 다른 통합 문서가 열려 있지 않는 경우 외부 참조 표시는 "'D:\강의\엑셀실습\[수검자명단.xlsx]Sheet1'!A1"처럼 전체 경로와 작은 따옴표(' ')를 사용해서 참조합니다.

(6) [F4]키를 이용한 셀 주소 입력

참조는 셀 주소를 입력한 후 [F4]를 누르면 [F4]를 누를 때마다 다음과 같은 순서로 변경됩니다.

상대참조		절대참조		혼합참조		혼합참조		상대참조
A1	➡ [F4] ➡	$A$1	➡ [F4] ➡	A$1	➡ [F4] ➡	$A1	➡ [F4] ➡	A1

실습

Introduction to EXCEL 2010

4-1 수식을 입력하여 지점별 재고현황 작성하기

준비 파일 '4장_지점별 재고현황'을 열고 오른쪽 그림과 같이 문서를 완성하시오.

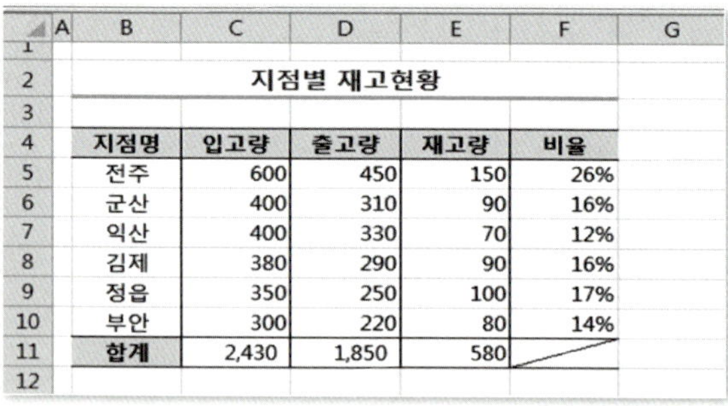

지점별 재고현황

지점명	입고량	출고량	재고량	비율
전주	600	450	150	26%
군산	400	310	90	16%
익산	400	330	70	12%
김제	380	290	90	16%
정읍	350	250	100	17%
부안	300	220	80	14%
합계	2,430	1,850	580	

01. 재고량을 구하기 위해 [E5]셀에 '=C5-D5'를 입력합니다.

참고 수식 입력에서 [C5], [D5]를 직접 입력하지 않고 해당 셀을 클릭하여도 입력할 수 있습니다.

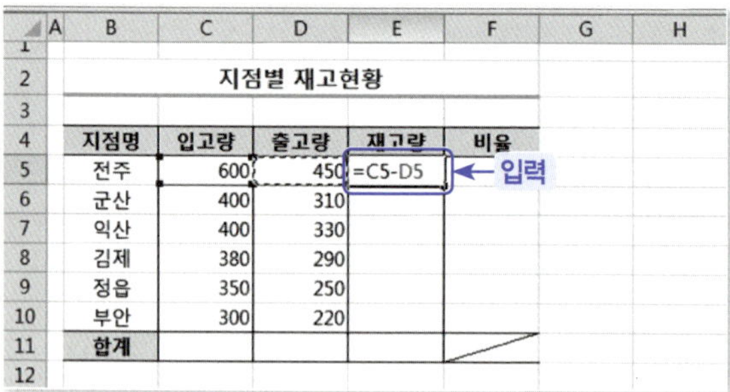

지점별 재고현황

지점명	입고량	출고량	재고량	비율
전주	600	450	=C5-D5	
군산	400	310		
익산	400	330		
김제	380	290		
정읍	350	250		
부안	300	220		
합계				

02. [E5]의 재고량이 구해지면 [E5]셀을 선택한 후 채우기 핸들을 [E10]셀까지 드래그하여 수식을 복사합니다.

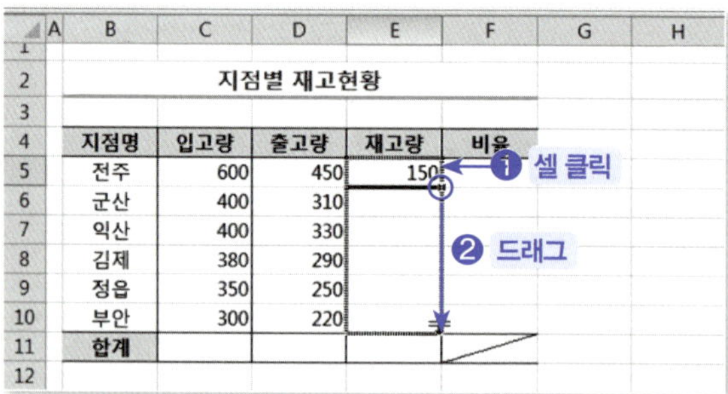

지점별 재고현황

지점명	입고량	출고량	재고량	비율
전주	600	450	150	
군산	400	310		
익산	400	330		
김제	380	290		
정읍	350	250		
부안	300	220		
합계				

03. 입고량 합계를 구하기 위해 [C11]셀에 '=C5+C6+C7+C8+C9+C10'을 입력합니다.

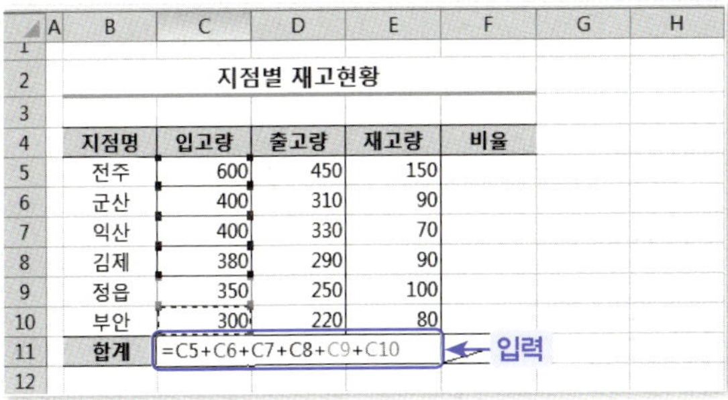

04. 출고량과 재고량의 합계도 구하기 위해 입고량 합계 결과 값 [C11]셀을 선택한 후 채우기 핸들을 [E9]셀까지 드래그하여 수식 복사를 합니다.

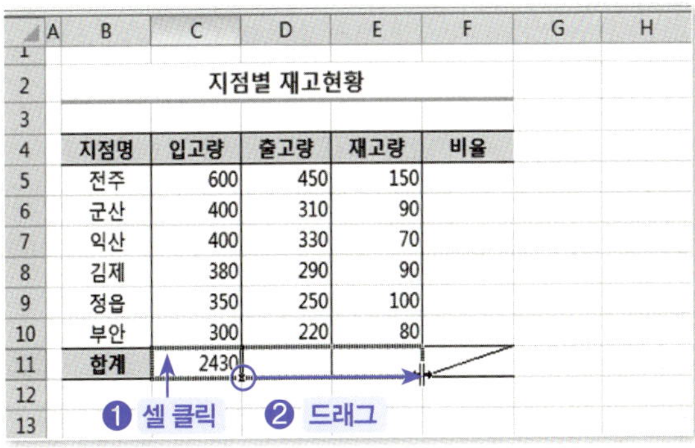

05. 재고량의 비율을 구하기 위해 [F5]셀에 '=E5/$E$11'을 입력합니다.

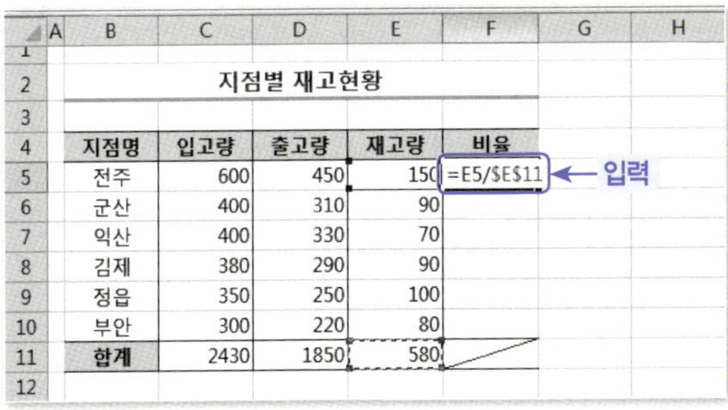

06. [F5]의 비율 값이 구해지면 [F5]셀을 선택한 후 채우기 핸들을 [F10]까지 드래그하여 수식을 복사합니다.

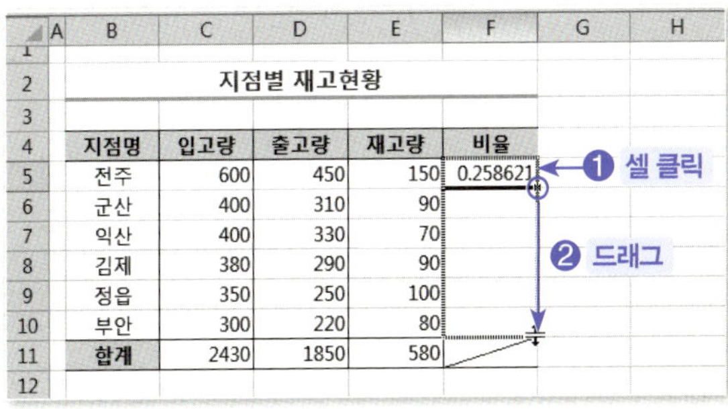

07. 구해진 비율을 백분율로 표시하기 위해 [F5:F10]셀을 모두 선택한 후 [홈] 탭-[표시 형식] 그룹-[백분율 스타일]을 클릭합니다.

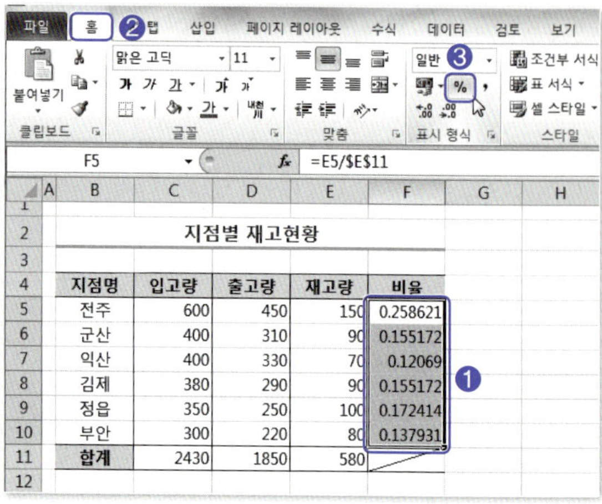

08. 천 단위 이상의 숫자에 세 자리 마다 콤마를 표시하기 위해 [C11:D11]셀을 모두 선택한 후 [홈] 탭-[표시 형식] 그룹-[쉼표 스타일]을 클릭합니다.

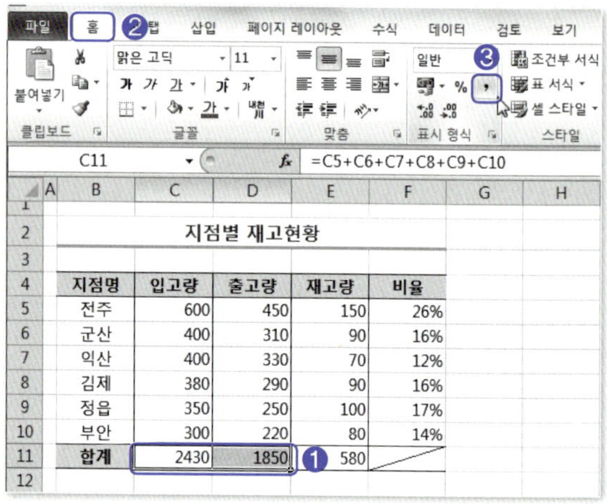

09. 오른쪽 그림과 같이 완성된 문서를 [저장] 단추를 눌러 저장하고, [파일] 탭-[끝내기]를 클릭하거나 또는 화면 오른쪽 상단에 [닫기] 단추를 클릭하여 작업을 종료합니다.

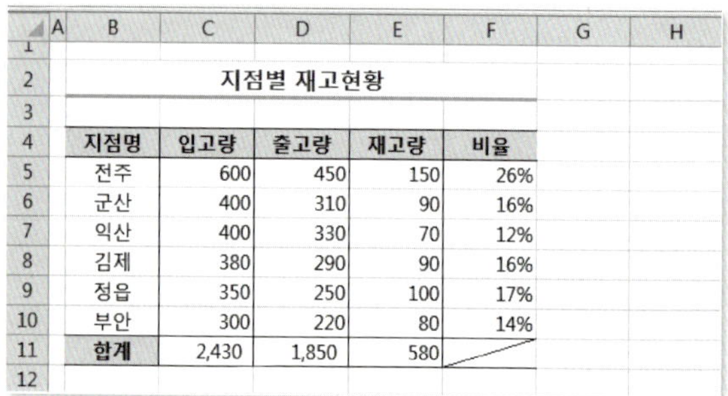

실습

4-2 수식을 입력하여 제품 코드별 판매현황 작성하기

준비 파일 '4장_제품 코드별 판매현황'을 열고 오른쪽 그림과 같이 문서를 완성하시오.

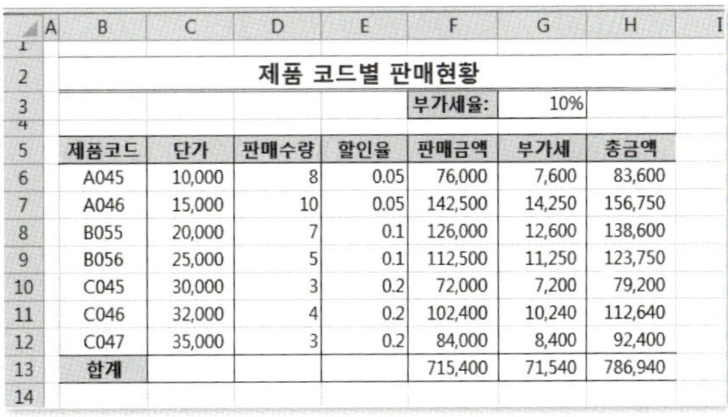

제품 코드별 판매현황

제품코드	단가	판매수량	할인율	판매금액	부가세	총금액
				부가세율:	10%	
A045	10,000	8	0.05	76,000	7,600	83,600
A046	15,000	10	0.05	142,500	14,250	156,750
B055	20,000	7	0.1	126,000	12,600	138,600
B056	25,000	5	0.1	112,500	11,250	123,750
C045	30,000	3	0.2	72,000	7,200	79,200
C046	32,000	4	0.2	102,400	10,240	112,640
C047	35,000	3	0.2	84,000	8,400	92,400
합계				715,400	71,540	786,940

01. 판매금액을 구하기 위해 [F6]셀에 '=C6*D6*(1−E6)'을 입력합니다.(단, 판매금액: 단가×판매수량×(1−할인율))

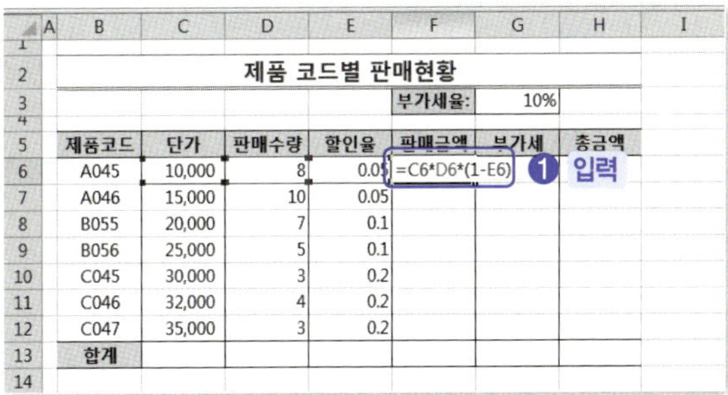

02. [F6]의 판매금액이 구해지면 [F6]셀을 선택한 후 채우기 핸들을 [F12]셀까지 드래그하여 수식을 복사합니다.

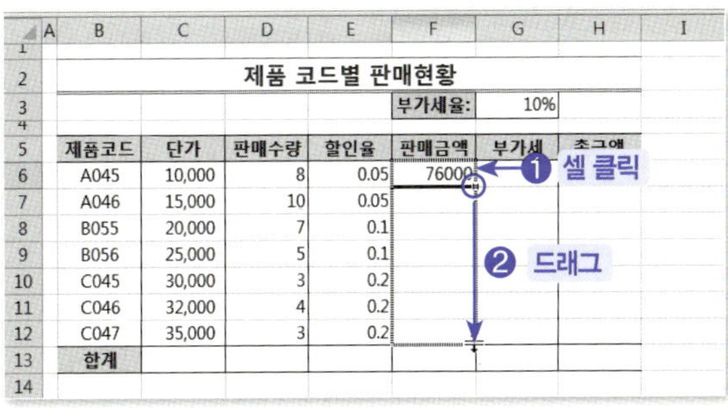

03. 부가세를 구하기 위해 [G6]셀에 '=F6*$G$3'을 입력합니다.(단, 부가세: 판매금액×부가세율)

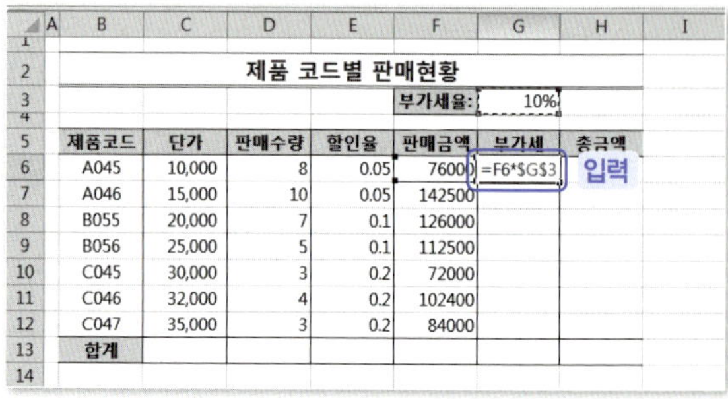

04. [G6]의 부가세가 구해지면 [G6]셀을 선택한 후 채우기 핸들을 [G12]셀까지 드래그하여 수식을 복사합니다.

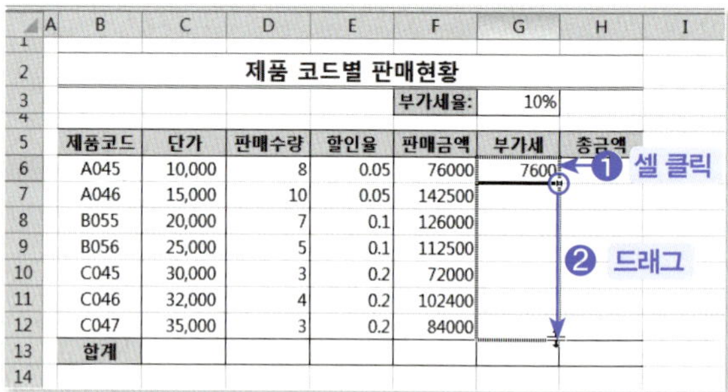

05. 총금액을 구하기 위해 [H6]셀에 '=F6+G6'을 입력합니다.(단, 총금액: 판매금액+부가세)

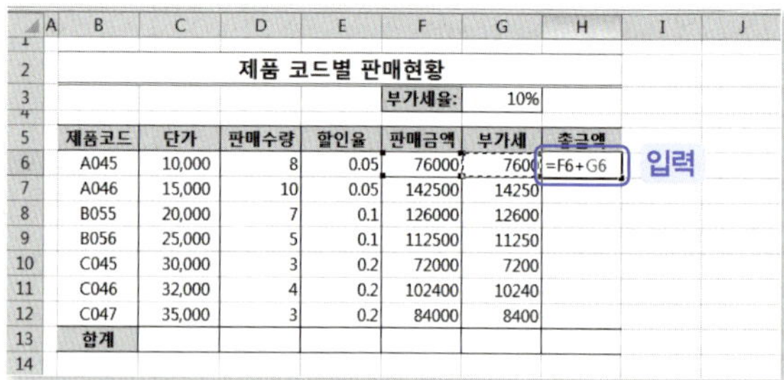

06. [H6]의 총금액이 구해지면 [H6]셀을 선택한 후 채우기 핸들을 [H12]셀까지 드래그하여 수식을 복사합니다.

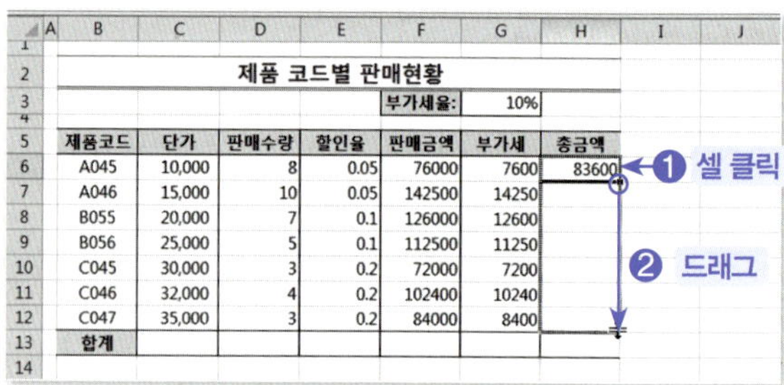

07. 판매금액의 합계를 구하기 위해 [F13]셀에 '=F6+F7+F8+F9+F10+F11+F12'를 입력합니다.

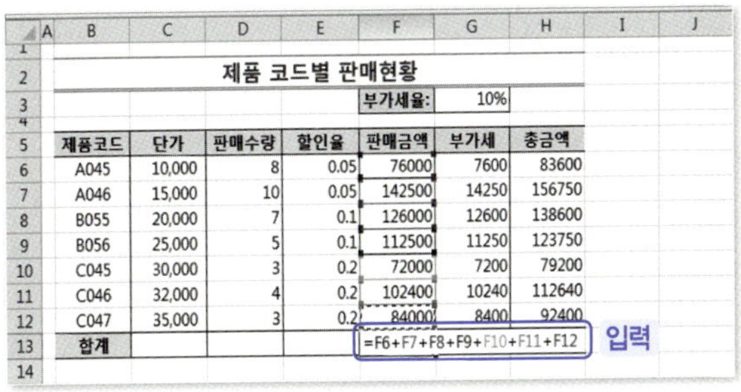

08. [F13]의 합계가 구해지면 [F13]셀을 선택한 후 채우기 핸들을 [H13]셀까지 드래그하여 수식을 복사합니다.

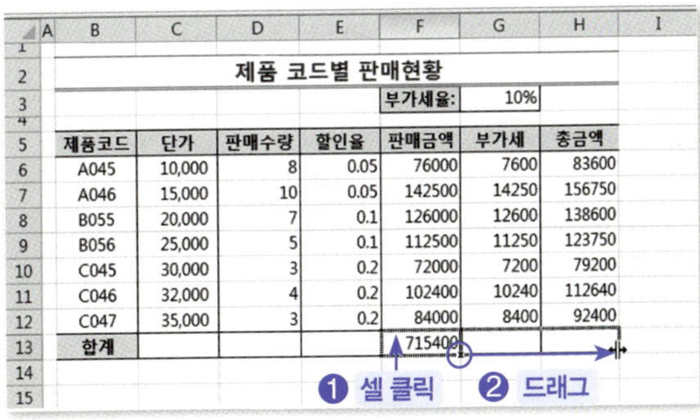

09. 천 단위 이상의 숫자에 세 자리 마다 콤마를 표시하기 위해 [F6:H13]셀을 모두 선택한 후 [홈] 탭–[표시 형식] 그룹–[쉼표 스타일]을 클릭합니다.

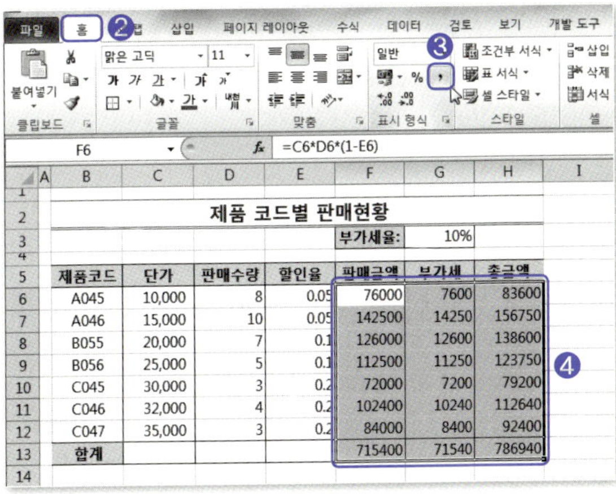

10. 오른쪽 그림과 같이 완성된 문서를 [저장] 단추를 눌러 저장하고, [파일] 탭–[끝내기]를 클릭하거나 또는 화면 오른쪽 상단에 [닫기] 단추를 클릭하여 작업을 종료합니다.

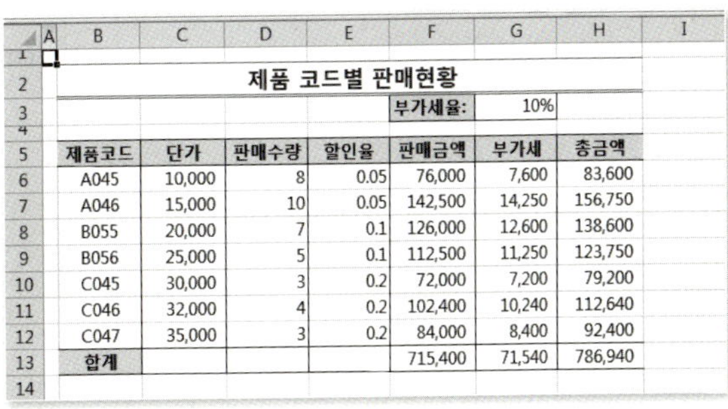

실력 점검 문제

[문제 4-1] 준비파일('실력점검_4-1-준비.xlsx')을 열기한 후 아래 조건에 따라 다음의 오른쪽 문서와 같이 판매금액과 비율 그리고 판매합계를 계산하시오.

우리마트 수산물 일일 판매 현황

분류	상품명	단위	단가	판매량	판매금액	비율
수산	생고등어	2마리	4,980	59		
수산	자반고등어	2손(4마리)	3,980	67		
수산	대하	23마리	12,800	38		
수산	제주갈치	3마리	12,800	52		
수산	오징어	2마리	3,980	63		
수산	생삼치	1마리	5,800	44		
				판매합계		

〈준비 파일〉

우리마트 수산물 일일 판매 현황

분류	상품명	단위	단가	판매량	판매금액	비율
수산	생고등어	2마리	4,980	59	293,820	13%
수산	자반고등어	2손(4마리)	3,980	67	266,660	12%
수산	대하	23마리	12,800	38	486,400	22%
수산	제주갈치	3마리	12,800	52	665,600	30%
수산	오징어	2마리	3,980	63	250,740	11%
수산	생삼치	1마리	5,800	44	255,200	12%
				판매합계	2,218,420	

〈완성 문서〉

[작성 조건]

- **판매금액[G5:G10] : 계산식=단가×판매량, 쉼표 스타일(,) 표시**
- **판매합계[G11] : 판매금액의 총 합계**
- **비율[H5:H10] : 계산식=판매금액/판매합계, 결과 값 끝에 '%' 단위 표시, 비율 계산식에서 판매합계[$G$11] 는 절대참조로 표시**

[문제 4-2] 준비파일('실력점검_4-2-준비.xlsx')을 열기한 후 아래 조건에 따라 다음의 오른쪽 문서와 같이 구입액과 합계를 계산하시오.

	A	B	C	D	E	F	G
1							
2		가공식품 구입 현황					
3							
4						할인율	10%
5		상품명	제조회사	단위	단가	수량	구입액
6		생칼국수	칠갑	400g	1,000	50	
7		교자만두	칠갑	1350g	4,000	30	
8		3분쇠고기카레/짜장	오뚜기	200g	800	50	
9		사골곰탕/육개장	오뚜기	350g	1,000	50	
10		진짬뽕	삼양	4+1입	5,000	30	
11		프란치카페	남양	50입	5,000	20	
12		런천미트/롯데햄	롯데	340g	2,000	50	
13						합계	
14							

〈준비 파일〉

	A	B	C	D	E	F	G
1							
2		가공식품 구입 현황					
3							
4						할인율	10%
5		상품명	제조회사	단위	단가	수량	구입액
6		생칼국수	칠갑	400g	1,000	50	45,000
7		교자만두	칠갑	1350g	4,000	30	108,000
8		3분쇠고기카레/짜장	오뚜기	200g	800	50	36,000
9		사골곰탕/육개장	오뚜기	350g	1,000	50	45,000
10		진짬뽕	삼양	4+1입	5,000	30	135,000
11		프란치카페	남양	50입	5,000	20	90,000
12		런천미트/롯데햄	롯데	340g	2,000	50	90,000
13						합계	549,000
14							

〈완성 문서〉

[작성 조건]

- **구입액[G6:G12] : 계산식=(단가×수량)-(단가×수량×할인율), 쉼표 스타일(,) 표시, 구입액 계산식에서 할인율[$G$4]은 절대참조로 표시**
- **합계[G13] : 구입액의 총 합계**

Introduction to EXCEL 2010

CHAPTER 05

자동합계와 함수의 활용

함수는 복잡하고 반복적인 계산 작업을 쉽고 간단하게 처리할 수 있도록 미리 프로그램으로 정의한 수식입니다. 엑셀에서 가장 많이 사용하는 함수에는 합계, 평균, 최대값, 최소값, 숫자 개수 등이 있는데 이들 함수는 [자동 합계] 단추를 클릭하여 쉽게 사용할 수 있습니다. 함수도 수식의 일부분이므로 수식과 마찬가지로 등호(=)로 시작합니다. 함수는 '인수'라는 특정 값을 사용하여 결과 값을 구합니다. 인수는 TODAY 함수처럼 인수가 필요 없는 함수도 있지만 대부분의 함수는 인수를 필요로 합니다.

학습 목표

- 합계, 평균, 최대값, 최소값, 숫자 개수 등을 [자동 합계] 단추를 클릭하여 계산할 수 있습니다.
- 함수의 구성 요소를 알고 함수 마법사를 이용하여 함수식을 입력할 수 있습니다.
- 함수 라이브러리 그룹의 그룹별 함수 묶음에서 원하는 함수를 불러올 수 있습니다.
- 자주 사용되는 논리 함수, 텍스트 함수, 날짜 및 시간 함수, 찾기/참조 함수, 수학/삼각 함수, 통계 함수 등의 함수 종류를 알 수 있습니다.
- 각 함수의 종류 안에 포함된 함수의 형식과 사용 방법을 알고 수식에 적용할 수 있습니다.

실습 구성

실습 5-1 자동합계를 이용한 평가점수표 작성하기

실습 5-2 논리 함수와 찾기/참조 함수를 이용한 사원평가 문서 작성하기

실습 5-3 주민번호와 텍스트 함수, 논리 함수, 날짜 함수를 이용한 개인 정보 입력하기

실력 점검 문제

준비 학습

1. 자동합계 목록과 계산

(1) 자동합계 목록

엑셀에서 가장 많이 사용하는 함수인 합계, 평균, 숫자 개수, 최대값, 최소값 등을 아이콘으로 준비해 놓은 것이 자동 합계 목록 단추입니다. 이것은 리본 메뉴의 [홈] 탭-[편집] 그룹이나 또는 [수식] 탭-[함수 라이브러리] 그룹에서 사용할 수 있습니다.

[Σ 자동 합계]를 클릭하면 합계만 구할 수 있지만 [자동 합계]의 [목록] 단추(Σ▾)를 클릭하면 다음과 같이 합계뿐만 아니라 평균, 숫자 개수, 최대값, 최소값도 구할 수 있습니다.

❶ 합계(SUM) : 해당 셀 범위에 있는 숫자의 합계 값을 구합니다.

❷ 평균(AVERAGE) : 해당 셀 범위에 있는 숫자의 평균 값을 구합니다.

❸ 숫자 개수(COUNT) : 해당 셀 범위에서 숫자 데이터가 포함된 셀의 개수를 구합니다. 빈 셀, 텍스트, 논리 값, 오류 값이 표시되는 셀은 제외됩니다.

❹ 최대값(MAX) : 해당 셀 범위에 있는 숫자의 가장 큰 값을 구합니다.

❺ 최소값(MIN) : 해당 셀 범위에 있는 숫자의 가장 작은 값을 구합니다.

(2) 자동합계 계산하기

❶ 합계를 표시할 셀을 선택한 후 [홈] 탭-[편집] 그룹-[자동 합계] 아이콘(Σ)을 클릭합니다.

❷ 해당 셀의 위쪽 혹은 왼쪽으로 인접한 숫자가 있는 셀들이 범위로 자동 설정되고 강조되어 표시됩니다. 강조된 셀들은 내적으로 합계를 구하는 수식이 자동으로 입력되어 있습니다.

❸ 만약 셀 범위가 원하는 범위와 다르면 마우스로 원하는 셀 범위를 직접 선택할 수 있습니다.

❹ 셀 범위가 바르게 지정되었으면 [Enter]를 눌러 입력을 마칩니다.

❺ 입력이 완료되면 해당 셀 범위의 합계가 표시됩니다.

❻ [자동 합계]에서 '합계' 이외의 '평균'이나 '최소값' 등의 다른 계산을 원한다면 아이콘 옆의 [목록] 단추(Σ▾)를 클릭하여 원하는 계산 유형을 선택하고 나머지 과정은 '합계' 과정과 같습니다.

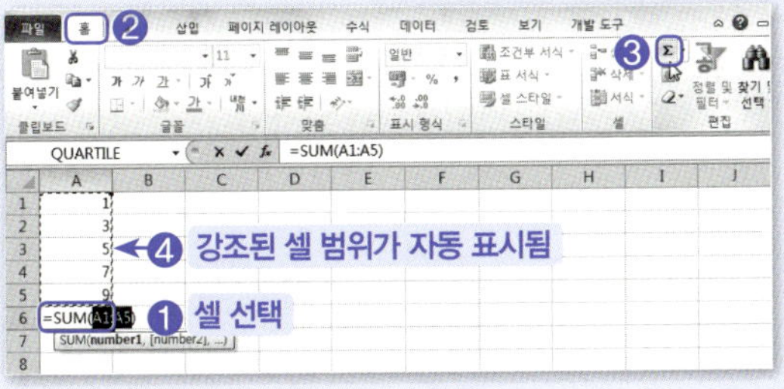

〈자동합계 : 합계 계산〉

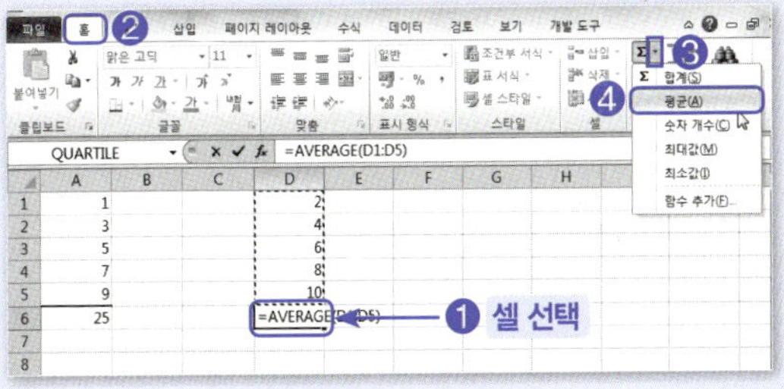

〈자동합계 : 평균 계산〉

2. 함수의 구성과 입력 방법

(1) 함수의 구성

함수는 복잡한 수식을 쉽게 계산할 수 있도록 미리 정의해 놓은 간편한 식입니다. 함수는 보통 한 개 이상의 값(인수)을 입력받아 계산을 수행하고 한 개 이상의 값을 반환합니다. 인수는 괄호 안에 표시하며 여러 개의 인수가 존재하는 경우에는 쉼표(,)로 구분합니다. 함수에는 TODAY()처럼 인수가 필요하지 않는 함수도 있습니다.

함수는 다음과 같이 등호, 함수이름, 괄호 안에 인수 등으로 구성됩니다.

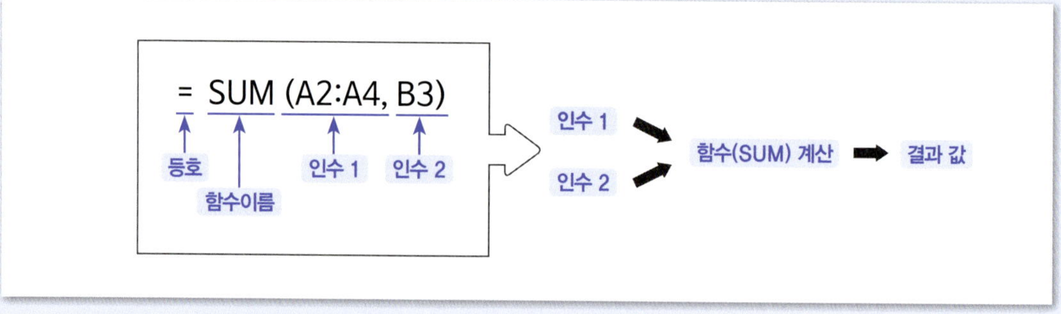

❶ 등호 : 함수식도 수식의 한 종류이기 때문에 수식에서 맨 처음에 등호가 필요합니다.

❷ 함수 이름 : 기능에 따라 다양한 종류의 함수가 있습니다.

❸ 괄호 : 함수 이름 다음에는 반드시 괄호가 표시되고, 괄호 안에 필요한 인수를 입력합니다.

❹ 인수 : 함수에서 계산에 사용하는 값입니다. 함수에 따라 다양한 인수를 사용합니다.

❺ 쉼표 : 함수가 하나 이상의 인수를 사용할 경우 쉼표로 구분합니다.

(2) 함수 마법사

[함수 마법사] 대화상자를 통해서 원하는 함수를 검색하거나 전체 함수 목록에서 선택할 수 있습니다. [함수 마법사] 대화상자를 표시하려면 다음의 세 가지 방법이 있습니다.

❶ [수식] 탭-[함수 라이브러리] 그룹-[함수 삽입]을 클릭합니다.

❷ [수식] 탭-[함수 라이브러리] 그룹-[자동 합계]의 [목록] 단추를 클릭한 후 [함수 추가]를 클릭합니다.

❸ 수식 입력줄에서 [함수 삽입] *fx* 단추를 클릭합니다.

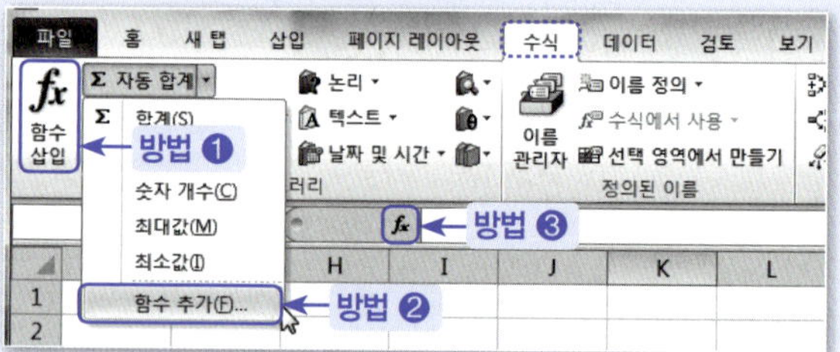

〈함수 마법사 표시방법〉

[함수 마법사] 대화상자가 표시되어 함수를 검색하고 인수를 입력하는 과정은 다음과 같습니다.

❶ 함수 검색 : 검색할 내용을 입력한 후 [검색] 단추를 클릭해서 함수를 검색할 수 있습니다.

❷ 범주 선택 : [범주 선택]에서 목록 단추를 클릭하여 함수의 범주를 표시하여 선택합니다.

❸ 함수 선택 : [함수 선택] 목록에서 원하는 함수를 선택한 후 [확인]을 클릭하면 [함수 인수] 대화상자가 나타납니다.

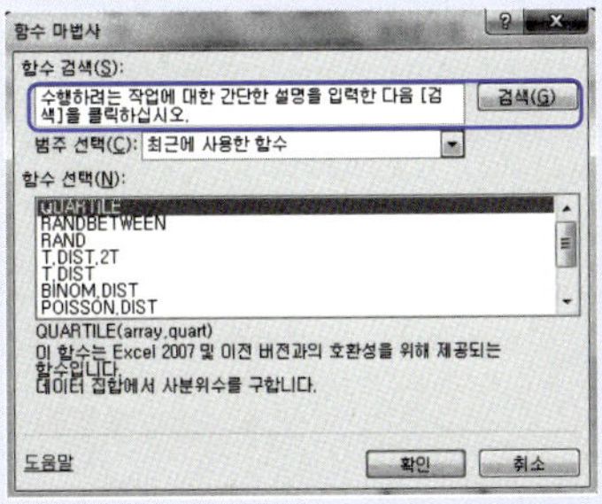

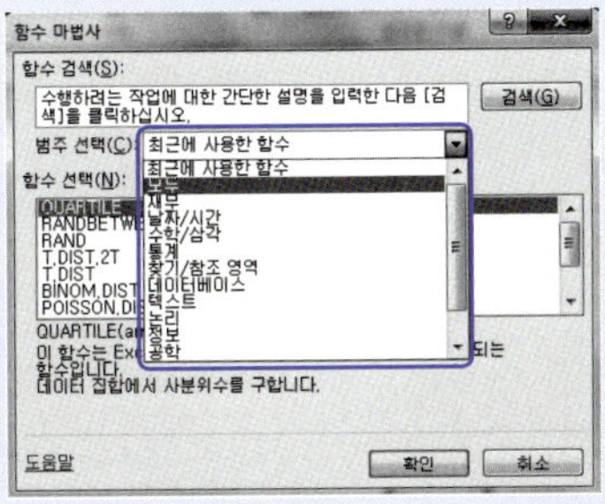

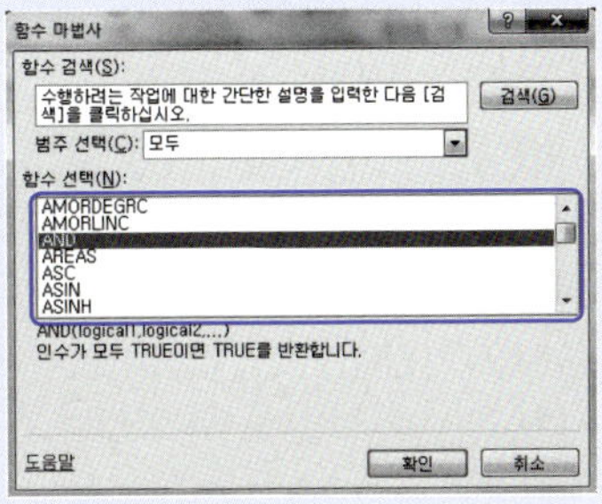

❹ 인수 설정 : [함수 인수] 대화상자에서 인수를 적절히 설정하고 [확인]을 클릭합니다.

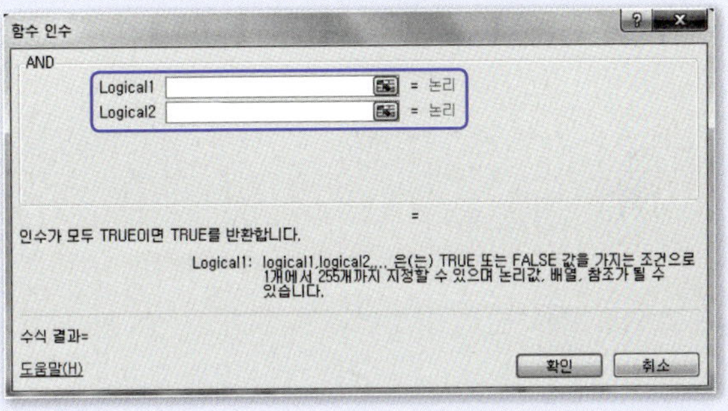

(3) 함수 라이브러리

대부분의 함수들이 함수 라이브러리에 그룹별로 분류되어 있으므로 선택해서 사용할 수 있습니다.

❶ 함수를 추가할 셀을 선택합니다.

❷ [수식] 탭-[함수 라이브러리] 그룹에 그룹별로 함수들이 정리되어 있습니다.

❸ 함수 그룹 이름 옆의 목록 단추를 클릭해서 그룹별로 함수 목록을 표시하고 목록에서 함수를 선택합니다.

❹ 함수를 선택하면 해당 함수 사용에 도움을 주는 [함수 인수] 대화상자가 표시됩니다. 그러면 인수를 적절히 설정하고 [확인]을 클릭합니다.

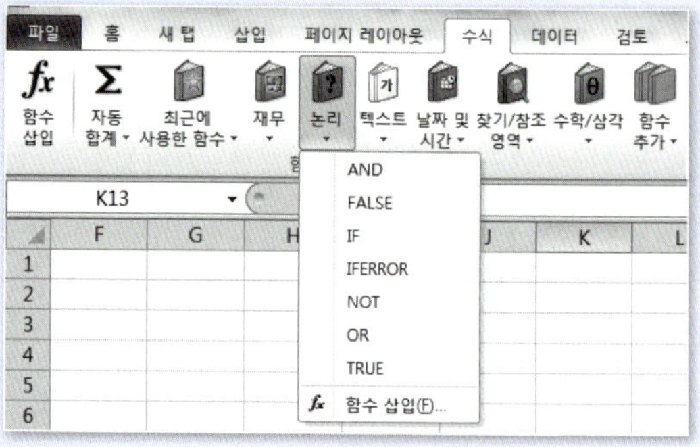

(4) 수식 자동 완성

셀에 등호를 입력한 후 함수 이름을 입력합니다. 입력한 함수 이름으로 시작하는 함수 목록이 나타나면 [Tab]을 누르거나 더블클릭을 합니다.

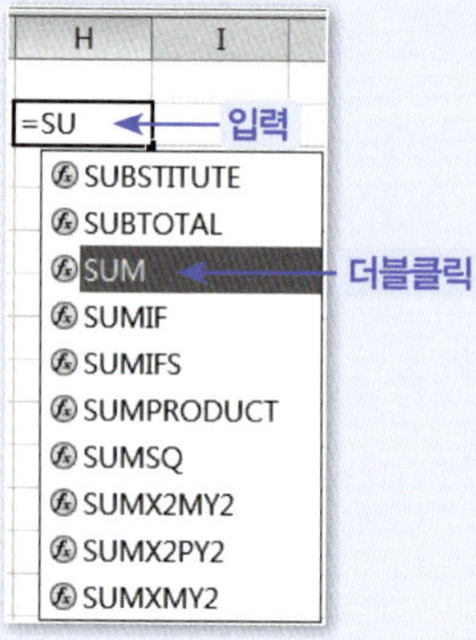

3. 조건식 사용

함수에서 복잡한 조건을 사용해야 하는 경우 다음을 참고하여 조건식을 작성합니다.

(1) 텍스트나 숫자 조건

❶ 숫자만 사용하는 조건은 ""로 묶지 않아도 되지만, 비교 연산자를 사용해야 하는 경우에는 ""로 묶어야 합니다.

❷ 텍스트를 사용하는 조건은 ""로 묶어야 합니다.

❸ 텍스트를 비교할 경우 대소문자를 구분하지 않습니다.

❹ 텍스트는 숫자 텍스트 〈 한글 텍스트 〈 영어 알파벳 순서로 커집니다.("1","2", ... "가","나", ... "A","B", ...)

❺ 텍스트 비교 예

(주어진 데이터) : 1월, 2월, 3월, 4월, 5월, 6월, 7월, 8월, 9월, 10월, 11월, 12월

조건식 예	조건에 맞는 데이터	설명
"〈3월"	1월, 2월, 10월, 11월, 12월	첫 글자가 "3"보다 작고, 두 번째 글자가 "월"보다 작은 텍스트 데이터
"〉11월"	1월, 2월, 3월, 4월, 5월, 6월, 7월, 8월, 9월, 12월	첫 글자가 "1"보다 크고, 두 번째 글자가 "1"보다 크고, 세 번째 글자가 "월"보다 큰 텍스트 데이터

(2) 와일드카드 기호를 사용한 텍스트 찾기

❶ 별표(*) : 임의의 여러 문자를 나타냅니다.

조건식 예	조건에 맞는 데이터
"김*"	김길동, 김철수, 김열, 김마리아, ...
"*국"	대한민국, 방송국, 미역국, 미국, ...

❷ 물음표(?) : 임의의 한 문자를 나타냅니다.

조건식 예	조건에 맞는 데이터
"이?숙"	이미숙, 이정숙, 이금숙, ...
"?영숙"	이영숙, 김영숙, 조영숙, 양영숙, ...
"박??"	박철순, 박미란, 박성호, ...

(3) 셀 참조 및 수식 사용

❶ 셀 참조나 수식은 조건에서 "" 밖에 놓고 & 연산자로 연결해 주어야 합니다.

❷ 셀 참조와 수식 예

조건식 예	설명
"<"&B3	B3셀의 값보다 작은 값을 찾음
">="&A1*0.8	A1셀의 값에 0.8을 곱한 것보다 크거나 같은 값을 찾음
"<B3"	"B3"이라는 텍스트 값보다 작은 값을 찾음

4. 자주 사용되는 함수의 종류

(1) 논리 함수

함수 형식	사용 방법	설명 / 결과 값
IF(조건식, 값1, 값2)	=IF(A2<=10,100,200)	조건식이 참이면 값1, 거짓이면 값2를 취함
	(단, [A2]셀 값 : 10)	100
IFERROR(수식, 오류값)	=IFERROR(10/하,"계산오류")	수식이 오류이면 오류값을, 수식이 오류가 아니면 수식의 결과 값을 표시
		계산오류 (수식계산이 불가능하기 때문에)
AND(논리식1, 논리식2, ...)	=AND(10>9, 5>2)	모든 논리식이 참일 경우에만 TRUE 표시
		TRUE (모두 참이기 때문에)
OR(논리식1, 논리식2, ...)	=OR(10<9, 5<2)	논리식 중에 하나라도 참이 있을 경우 TRUE를 표시
		FALSE (모두 거짓이기 때문에)

함수 형식	사용 방법	설명 / 결과 값
NOT(논리식)	=NOT(50>=20)	논리식이 참이면 FALSE, 거짓이면 TRUE를 표시
		FALSE (수식 50>=20의 논리 값이 참이므로)

(2) 텍스트 함수

함수 형식	사용 방법	설명 / 결과 값
LEFT(텍스트, 구할_문자수)	=LEFT("KOREA", 3)	왼쪽에서 문자열 추출
		KOR
RIGHT(텍스트, 구할_문자수)	=RIGHT("KOREA", 3)	오른쪽에서 문자열 추출
		REA
MID(텍스트, 시작위치, 문자수)	=MID("KOREA", 2, 3)	중간에서 문자열 추출
		ORE
LOWER(텍스트)	=LOWER("KOREA")	영문자를 소문자로 변환
		korea
UPPER(텍스트)	=UPPER("korea")	영문자를 대문자로 변환
		KOREA
PROPER(텍스트)	=PROPER("KOREA")	영문자의 첫 글자만 대문자로 변환
		Korea
LEN(텍스트)	=LEN("KOREA")	텍스트의 문자수를 구함
		5
REPT(텍스트, 반복_회수)	=REPT("텍스트-함수",2)	텍스트를 반복 회수만큼 반복한 문자를 구함
		텍스트-함수텍스트-함수
TRIM(텍스트)	=TRIM(" 텍스트 함수")	텍스트 사이에 있는 1자리의 공백 문자열(" ")을 제외한 모든 공백 문자열을 제거
		텍스트 함수
REPLACE(텍스트, 시작위치, 문자수, 변환문자)	=REPLACE("JUNE",3,2,"LY")	텍스트의 일부를 다른 문자로 변환
		JULY

(3) 날짜 및 시간 함수

함수 형식	사용 방법	설명 / 결과 값
YEAR(일련번호 또는 날짜_문자열)	=YEAR("2015/11/22")	일련번호에서 연도를 구함
		2015
MONTH(일련번호 또는 날짜_문자열)	=MONTH("2015/11/22")	일련번호에서 월을 구함
		11
DAY(일련번호 또는 날짜_문자열)	=DAY("2015/11/22")	일련번호에서 일을 구함
		22
HOUR(일련번호 또는 시간_문자열)	=HOUR("16:35:50")	일련번호에서 시를 구함
		16
MINUTE(일련번호 또는 시간_문자열)	=MINUTE("16:35:50")	일련번호에서 분을 구함
		35
SECOND(일련번호 또는 시간_문자열)	=SECOND("16:35:50")	일련번호에서 초를 구함
		50
TODAY()	=TODAY()	현재 시스템의 날짜를 표시
		(인수가 필요 없음)
NOW()	=NOW()	시스템의 현재 날짜와 시간을 표시 (인수가 필요 없음)
DATE(년, 월, 일)	=DATE(2015,12,1)	년, 월, 일을 조합하여 날짜를 구함
		2015-12-01
TIME(시, 분, 초)	=TIME(10,40,20)	시, 분, 초를 조합하여 시간을 구함
		10:40:20
WEEKDAY(일련번호 또는 문자열, Return_type) 〈Return_type〉 • 1 : 일요일을 1로 시작함 (생략시 기본설정) • 2 : 월요일을 1로 시작함 • 3 : 월요일을 0으로 시작함	=WEEKDAY ("2015-11-25",2)	일련번호의 요일을 나타내는 값을 구함
		3 (3은 수요일을 의미)

(4) 찾기/참조 함수

<table>
<tr><td>함수 형식</td><td colspan="3">HLOOKUP(검색값, 범위, 행_번호, [검색유형])
〈검색유형〉
• TRUE(=생략) : 일치하는 값이 없을 경우 검색값 미만의 최대 값을 검색
• FALSE(=0) : 검색 값과 정확하게 일치하는 값을 검색하고, 일치하는 값이 없을 경우 #N/A 에러 발생</td></tr>
<tr><td>설명</td><td colspan="3">범위의 첫 번째 행에서 검색 값을 검색한 후 찾으면 그 열의 행 번호에 위치하는 값을 구함</td></tr>
<tr><td>사용 방법</td><td>=HLOOKUP("SU",B2:E4,3,FALSE)
<table>
<tr><th></th><th>A</th><th>B</th><th>C</th><th>D</th><th>E</th></tr>
<tr><td>1</td><td colspan="5">〈진료코드표〉</td></tr>
<tr><td>2</td><td>진료코드</td><td>PE</td><td>IT</td><td>SU</td><td>NE</td></tr>
<tr><td>3</td><td>담당의사</td><td>김성아</td><td>최명희</td><td>김유선</td><td>안주희</td></tr>
<tr><td>4</td><td>진료과목</td><td>소아과</td><td>내과</td><td>외과</td><td>신경과</td></tr>
</table></td><td>결과 값</td><td>외과</td></tr>
<tr><td>함수 형식</td><td colspan="3">VLOOKUP(검색값, 범위, 열_번호, [검색유형])
〈검색유형〉
• TRUE(=생략) : 일치하는 값이 없을 경우 검색 값 미만의 최대 값을 검색
• FALSE(=0) : 검색 값과 정확하게 일치하는 값을 검색하고, 일치하는 값이 없을 경우 #N/A 에러 발생</td></tr>
<tr><td>설명</td><td colspan="3">범위의 첫 번째 열에서 검색 값을 검색한 후 찾으면 그 행의 열 번호에 위치하는 값을 구함</td></tr>
<tr><td>사용 방법</td><td>=VLOOKUP("B",A3:B7,2,FALSE)
<table>
<tr><th></th><th>A</th><th>B</th></tr>
<tr><td>1</td><td colspan="2">〈심사 등급표〉</td></tr>
<tr><td>2</td><td>심사 등급</td><td>평가 점수</td></tr>
<tr><td>3</td><td>A</td><td>50</td></tr>
<tr><td>4</td><td>B</td><td>40</td></tr>
<tr><td>5</td><td>C</td><td>30</td></tr>
<tr><td>6</td><td>D</td><td>20</td></tr>
<tr><td>7</td><td>E</td><td>10</td></tr>
</table></td><td>결과 값</td><td>40</td></tr>
<tr><td>함수 형식</td><td colspan="3">CHOOSE(인덱스_번호, 값1, 값2, ...)</td></tr>
<tr><td>설명</td><td colspan="3">값1, 값2, ...에서 인덱스 번호 위치에 있는 값을 구함</td></tr>
<tr><td>사용 방법</td><td>=CHOOSE(2,"책상","의자","쇼파")</td><td>결과 값</td><td>의자</td></tr>
<tr><td>함수 형식</td><td colspan="3">INDEX(범위, 행_번호, 열_번호, [참조영역_번호])</td></tr>
<tr><td>설명</td><td colspan="3">범위에서 (행_번호, 열_번호)에 위치하는 참조나 값을 구함</td></tr>
</table>

<table>
<tr><td>사용 방법</td><td>=INDEX({1,3,5,7 ; 2,4,6,8 ; 9,7,5,3},2,3)
(3행 × 4열의 배열 생성)
<table><tr><td>1</td><td>3</td><td>5</td><td>7</td></tr><tr><td>2</td><td>4</td><td>6</td><td>8</td></tr><tr><td>9</td><td>7</td><td>5</td><td>3</td></tr></table></td><td>결과 값</td><td>6
(2행 3열의 위치 값)</td></tr>
</table>

(5) 수학/삼각 함수

<table>
<tr><th>함수 형식</th><th>사용 방법</th><th>설명 / 결과 값</th></tr>
<tr><td rowspan="2">SUM(숫자1, 숫자2, ...)</td><td rowspan="2">=SUM(4,7,16,10)</td><td>인수들의 합을 구함</td></tr>
<tr><td>37</td></tr>
<tr><td rowspan="2">SUMIF(범위, 검색조건, 합계범위)</td><td rowspan="2">=SUMIF(A1:A5,">=20",B1:B5)
<table><tr><th></th><th>A</th><th>B</th></tr><tr><td>1</td><td>25</td><td>40</td></tr><tr><td>2</td><td>12</td><td>20</td></tr><tr><td>3</td><td>7</td><td>10</td></tr><tr><td>4</td><td>20</td><td>30</td></tr><tr><td>5</td><td>19</td><td>20</td></tr></table></td><td>범위에서 검색조건에 맞는 데이터가 있는 경우 합계범위의 대응하는 곳에 있는 데이터의 합계를 구함</td></tr>
<tr><td>70</td></tr>
<tr><td rowspan="2">ROUND(숫자, 자릿수)</td><td rowspan="2">① =ROUND(3.14156,4)
② =ROUND(3141.56,−2)</td><td>수를 지정한 자릿수로 반올림하여 구함</td></tr>
<tr><td>①3.1416, ②3100</td></tr>
<tr><td rowspan="2">ROUNDUP(숫자, 자릿수)</td><td rowspan="2">=ROUNDUP(3.14156,4)</td><td>수를 지정한 자릿수로 올림하여 구함</td></tr>
<tr><td>3.1416</td></tr>
<tr><td rowspan="2">ROUNDDOWN(숫자, 자릿수)</td><td rowspan="2">=ROUNDDOWN(3.14156,4)</td><td>수를 지정한 자릿수로 내림하여 구함</td></tr>
<tr><td>3.1415</td></tr>
<tr><td rowspan="2">ABS(숫자)</td><td rowspan="2">① =ABS(−7979)
② =ABS(7979)</td><td>수의 절대값을 구함. (절대값은 음수와 양수에서 +, −를 뗀 수)</td></tr>
<tr><td>①7979, ②7979</td></tr>
<tr><td rowspan="2">MOD(숫자, 나누는 수)</td><td rowspan="2">=MOD(15,4)</td><td>수를 나눗셈하여 나머지를 구함</td></tr>
<tr><td>3</td></tr>
<tr><td rowspan="2">INT(숫자)</td><td rowspan="2">① =INT(6.51413)
② =INT(−6.51413)</td><td>수를 넘지 않는 최대 정수를 구함</td></tr>
<tr><td>①6, ②−7</td></tr>
<tr><td rowspan="2">TRUNC(숫자, [자리수])</td><td rowspan="2">① =TRUNC(6.51413)
② =TRUNC(−6.51413)</td><td>소수점 아래를 버린 정수를 구함</td></tr>
<tr><td>①6, ②−6</td></tr>
</table>

(6) 통계 함수

<table>
<tr><th>함수 형식</th><th>사용 방법</th><th>설명 / 결과 값</th></tr>
<tr><td rowspan="2">AVERAGE(숫자1, 숫자2, ...)</td><td rowspan="2">① =AVERAGE(20,30,40,50)
② =AVERAGE(A1:A6)
③ =AVERAGE(B1:B6)
<table>
<tr><th></th><th>A</th><th>B</th></tr>
<tr><td>1</td><td>3</td><td>3</td></tr>
<tr><td>2</td><td>10</td><td>10</td></tr>
<tr><td>3</td><td>FALSE</td><td>FALSE</td></tr>
<tr><td>4</td><td>8</td><td>8</td></tr>
<tr><td>5</td><td>TRUE</td><td>TRUE</td></tr>
<tr><td>6</td><td></td><td>가나다</td></tr>
</table></td><td>숫자 데이터의 평균을 구함</td></tr>
<tr><td>①35, ②7, ③7</td></tr>
<tr><td rowspan="2">AVERAGEA(숫자1, 숫자2, ...)</td><td rowspan="2">① =AVERAGEA(A1:A6)
② =AVERAGEA(B1:B6)
<table>
<tr><th></th><th>A</th><th>B</th></tr>
<tr><td>1</td><td>3</td><td>3</td></tr>
<tr><td>2</td><td>10</td><td>10</td></tr>
<tr><td>3</td><td>FALSE</td><td>FALSE</td></tr>
<tr><td>4</td><td>8</td><td>8</td></tr>
<tr><td>5</td><td>TRUE</td><td>TRUE</td></tr>
<tr><td>6</td><td></td><td>가나다</td></tr>
</table></td><td>숫자, 문자열, 논리값도 포함한 평균을 구함</td></tr>
<tr><td>①4.4, ②3.666667</td></tr>
<tr><td rowspan="2">AVERAGEIF(범위, 조건, 평균범위)</td><td rowspan="2">=AVERAGEIF(A2:A5,"영업2부",C2:C5)
<table>
<tr><th></th><th>A</th><th>B</th><th>C</th></tr>
<tr><td>1</td><td>부서</td><td>품목</td><td>수량</td></tr>
<tr><td>2</td><td>영업1부</td><td>테블렛</td><td>70</td></tr>
<tr><td>3</td><td>영업2부</td><td>테블렛</td><td>50</td></tr>
<tr><td>4</td><td>영업1부</td><td>테블렛</td><td>30</td></tr>
<tr><td>5</td><td>영업2부</td><td>노트북</td><td>40</td></tr>
</table></td><td>범위에서 조건을 만족하는 값을 검색한 후 평균범위에서 대응하는 값의 평균을 구함</td></tr>
<tr><td>45</td></tr>
</table>

<table>
<tr><th>함수 형식</th><th>사용 방법</th><th>설명 / 결과 값</th></tr>
<tr><td rowspan="2">AVERAGEIFS(평균범위, 조건범위1, 조건1, 조건범위2, 조건2, ...)</td><td rowspan="2">=AVERAGEIFS(C2:C5,A2:A5,A2,B2:B5,B2)
<table>
<tr><th></th><th>A</th><th>B</th><th>C</th></tr>
<tr><td>1</td><td>부서</td><td>품목</td><td>수량</td></tr>
<tr><td>2</td><td>영업1부</td><td>테블렛</td><td>70</td></tr>
<tr><td>3</td><td>영업2부</td><td>테블렛</td><td>50</td></tr>
<tr><td>4</td><td>영업1부</td><td>테블렛</td><td>30</td></tr>
<tr><td>5</td><td>영업2부</td><td>노트북</td><td>40</td></tr>
</table></td><td>조건범위1에서 조건1을 만족하고, 조건범위2에서 조건2을 만족하는 값을 검색한 후 평균범위에서 대응하는 값의 평균을 구함</td></tr>
<tr><td>50</td></tr>
<tr><td rowspan="2">MAX(값1, 값2, ...)</td><td rowspan="2">=MAX(20,15,30)</td><td>인수에서 가장 큰 값을 구함</td></tr>
<tr><td>30</td></tr>
<tr><td rowspan="2">MIN(값1, 값2, ...)</td><td rowspan="2">=MIN(20,15,30)</td><td>인수에서 가장 작은 값을 구함</td></tr>
<tr><td>15</td></tr>
<tr><td rowspan="2">LARGE(범위, 순위)</td><td rowspan="2">=LARGE(B2:F2, 2)
<table>
<tr><th></th><th>A</th><th>B</th><th>C</th><th>D</th><th>E</th><th>F</th></tr>
<tr><td>1</td><td>사번</td><td>m1</td><td>m2</td><td>m3</td><td>m4</td><td>m5</td></tr>
<tr><td>2</td><td>초과
시간</td><td>16</td><td>19</td><td>24</td><td>20</td><td>17</td></tr>
</table></td><td>범위에서 순위번째 큰 값을 구함</td></tr>
<tr><td>20</td></tr>
<tr><td rowspan="2">SMALL(범위, 순위)</td><td rowspan="2">=SMALL(B2:F2, 3)
<table>
<tr><th></th><th>A</th><th>B</th><th>C</th><th>D</th><th>E</th><th>F</th></tr>
<tr><td>1</td><td>사번</td><td>m1</td><td>m2</td><td>m3</td><td>m4</td><td>m5</td></tr>
<tr><td>2</td><td>초과
시간</td><td>16</td><td>19</td><td>24</td><td>20</td><td>17</td></tr>
</table></td><td>범위에서 순위번째 작은 값을 구함</td></tr>
<tr><td>19</td></tr>
<tr><td rowspan="2">MEDIAN(값1, 값2, ...)</td><td rowspan="2">=MEDIAN(20,10,80,40,160)</td><td>인수의 목록에서 중간 값을 구함</td></tr>
<tr><td>40</td></tr>
<tr><td rowspan="2">MODE(값1, 값2, ...)</td><td rowspan="2">=MODE(10,20,30,30,20,20,40)</td><td>인수의 목록에서 가장 출현 빈도가 높은 수를 구함</td></tr>
<tr><td>20</td></tr>
</table>

<table>
<tr><th>함수 형식</th><th>사용 방법</th><th>설명 / 결과 값</th></tr>
<tr><td rowspan="2">RANK.EQ(숫자, 범위, 순위옵션)
〈옵션〉
• 0(생략) : 내림차순
• 1 : 오름차순</td><td rowspan="2">① =RANK.EQ(B2,B2:B5,0)
② =RANK.EQ(B2,B2:B5,1)<table><tr><th></th><th>A</th><th>B</th></tr><tr><td>1</td><td>판매부서</td><td>수량</td></tr><tr><td>2</td><td>영업1부</td><td>1200</td></tr><tr><td>3</td><td>영업2부</td><td>1500</td></tr><tr><td>4</td><td>영업3부</td><td>1200</td></tr><tr><td>5</td><td>영업4부</td><td>2000</td></tr></table></td><td>범위에서 숫자의 순위를 구함 (값이 같을 경우는 해당 순위 중 가장 높은 순위를 구함)</td></tr>
<tr><td>①3, ②1</td></tr>
<tr><td rowspan="2">RANK.AVG(숫자, 범위, 순위옵션)
〈옵션〉
• 0(생략) : 내림차순
• 1 : 오름차순</td><td rowspan="2">① =RANK.AVG(B2,B2:B5,0)
② =RANK.AVG(B2,B2:B5,1)<table><tr><th></th><th>A</th><th>B</th></tr><tr><td>1</td><td>판매부서</td><td>수량</td></tr><tr><td>2</td><td>영업1부</td><td>1200</td></tr><tr><td>3</td><td>영업2부</td><td>1500</td></tr><tr><td>4</td><td>영업3부</td><td>1200</td></tr><tr><td>5</td><td>영업4부</td><td>2000</td></tr></table></td><td>범위에서 숫자의 순위를 구함 (값이 같을 경우는 해당 순위의 평균을 구함)</td></tr>
<tr><td>①3.5, ②1.5</td></tr>
<tr><td rowspan="2">VAR.P(숫자1, 숫자2, ...)</td><td rowspan="2">=VAR.P(A1:J20)</td><td>전체 모집단의 분산을 구함 (인수는 255개까지 지정 가능)</td></tr>
<tr><td>[A1:J20] 영역의 모집단의 분산을 계산</td></tr>
<tr><td rowspan="2">VAR.S(숫자1, 숫자2, ...)</td><td rowspan="2">=VAR.S(A1:J5)</td><td>표본의 분산을 구함</td></tr>
<tr><td>[A1:J5] 영역의 표본의 분산을 계산</td></tr>
<tr><td rowspan="2">STDEV.P(숫자1, 숫자2, ...)</td><td rowspan="2">=STDEV.P(A1:J20)</td><td>전체 모집단의 표준편차를 구함 (인수는 255개까지 지정 가능)</td></tr>
<tr><td>[A1:J20] 영역의 모집단의 표준편차를 계산</td></tr>
<tr><td rowspan="2">STDEV.S(숫자1, 숫자2, ...)</td><td rowspan="2">=STDEV.S(A1:J5)</td><td>표본의 표준편차를 구함</td></tr>
<tr><td>[A1:J5] 영역의 표본의 표준편차를 계산</td></tr>
<tr><td rowspan="2">COUNT(값1, 값2, ...)</td><td rowspan="2">=COUNT(10,20,30,40)</td><td>숫자의 개수를 구함</td></tr>
<tr><td>4</td></tr>
</table>

<table>
<tr><th>함수 형식</th><th>사용 방법</th><th>설명 / 결과 값</th></tr>
<tr><td rowspan="2">COUNTA(값1, 값2, ...)</td><td rowspan="2">=COUNTA(A3:C6)
<table>
<tr><th></th><th>A</th><th>B</th><th>C</th></tr>
<tr><td>1</td><td colspan="3">〈연수 참석표〉</td></tr>
<tr><td>2</td><td>1일차</td><td>2일차</td><td>3일차</td></tr>
<tr><td>3</td><td>○</td><td>○</td><td></td></tr>
<tr><td>4</td><td></td><td>○</td><td>○</td></tr>
<tr><td>5</td><td>○</td><td></td><td>○</td></tr>
<tr><td>6</td><td>○</td><td>○</td><td>○</td></tr>
</table></td><td>인수목록에서 비어있지 않은 셀의 개수를 구함 (빈 값을 가진 셀을 제외)</td></tr>
<tr><td>9 (=출석일 계산)</td></tr>
<tr><td rowspan="2">COUNTBLANK(범위)</td><td rowspan="2">=COUNTBLANK(A3:C6)
<table>
<tr><th></th><th>A</th><th>B</th><th>C</th></tr>
<tr><td>1</td><td colspan="3">〈연수 참석표〉</td></tr>
<tr><td>2</td><td>1일차</td><td>2일차</td><td>3일차</td></tr>
<tr><td>3</td><td>○</td><td>○</td><td></td></tr>
<tr><td>4</td><td></td><td>○</td><td>○</td></tr>
<tr><td>5</td><td>○</td><td></td><td>○</td></tr>
<tr><td>6</td><td>○</td><td>○</td><td>○</td></tr>
</table></td><td>범위에서 비어있는 셀의 개수를 구함</td></tr>
<tr><td>3 (=결석일 계산)</td></tr>
<tr><td rowspan="2">COUNTIF(범위, 검색조건)</td><td rowspan="2">=COUNTIF(C2:C7,“>=85”)
<table>
<tr><th></th><th>A</th><th>B</th><th>C</th></tr>
<tr><td>1</td><td>이름</td><td>구분</td><td>근무점수</td></tr>
<tr><td>2</td><td>이근홍</td><td>정규직</td><td>80</td></tr>
<tr><td>3</td><td>김갑수</td><td>계약직</td><td>85</td></tr>
<tr><td>4</td><td>성길향</td><td>계약직</td><td>90</td></tr>
<tr><td>5</td><td>황춘식</td><td>정규직</td><td>75</td></tr>
<tr><td>6</td><td>박준태</td><td>계약직</td><td>88</td></tr>
<tr><td>7</td><td>정일국</td><td>정규직</td><td>78</td></tr>
</table></td><td>범위에서 조건에 맞는 개수를 구함</td></tr>
<tr><td>3</td></tr>
</table>

<table>
<tr><th>함수 형식</th><th>사용 방법</th><th>설명 / 결과 값</th></tr>
<tr><td rowspan="2">COUNTIFS(조건범위1, 조건1, 조건범위2, 조건2)</td><td rowspan="2">=COUNTIFS(B2:B7, "정규직",C2:C7,"<80")
<table>
<tr><th></th><th>A</th><th>B</th><th>C</th></tr>
<tr><td>1</td><td>이름</td><td>구분</td><td>근무점수</td></tr>
<tr><td>2</td><td>이근홍</td><td>정규직</td><td>80</td></tr>
<tr><td>3</td><td>김갑수</td><td>계약직</td><td>85</td></tr>
<tr><td>4</td><td>성길향</td><td>계약직</td><td>90</td></tr>
<tr><td>5</td><td>황춘식</td><td>정규직</td><td>75</td></tr>
<tr><td>6</td><td>박준태</td><td>계약직</td><td>88</td></tr>
<tr><td>7</td><td>정일국</td><td>정규직</td><td>78</td></tr>
</table></td><td>각각의 범위에서 각 조건에 맞는 개수를 구함</td></tr>
<tr><td>2</td></tr>
</table>

실습

5-1 자동합계를 이용한 평가점수표 작성하기

준비 파일 '5장_자기개발연수 평가점수'를 열고 오른쪽 그림과 같이 문서를 완성하시오.

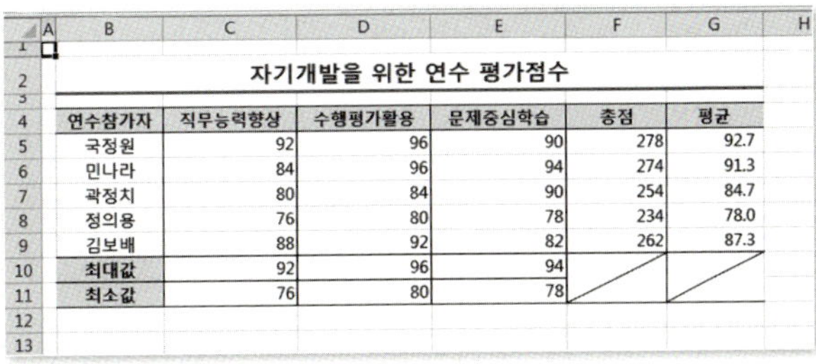

자기개발을 위한 연수 평가점수

연수참가자	직무능력향상	수행평가활용	문제중심학습	총점	평균
국정원	92	96	90	278	92.7
민나라	84	96	94	274	91.3
곽정치	80	84	90	254	84.7
정의용	76	80	78	234	78.0
김보배	88	92	82	262	87.3
최대값	92	96	94		
최소값	76	80	78		

01. 총점을 계산하기 위해 [F5]셀을 선택한 후 [홈] 탭–[편집] 그룹–[자동합계] 목록 단추–[합계]를 클릭합니다.

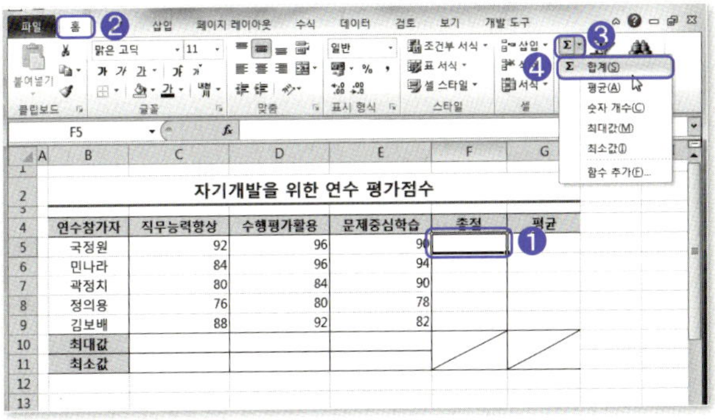

02. [F5]셀에 자동 입력된 함수식과 자동 지정된 범위[C5:E5]를 확인한 후 [Enter]를 누릅니다.

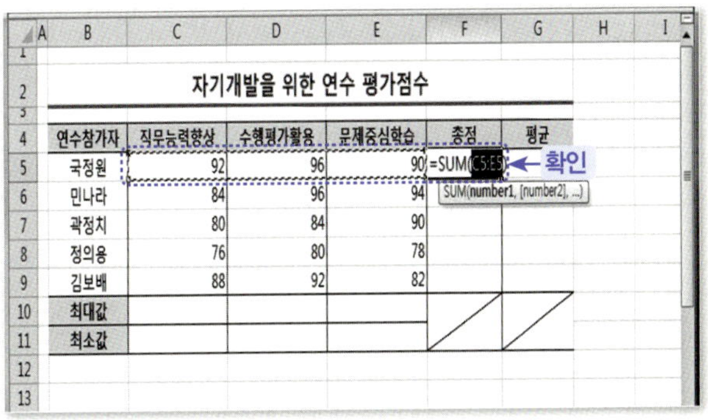

03. 나머지 총점도 계산하기 위해 [F5]셀을 클릭한 후 채우기 핸들을 [F9]까지 드래그하여 수식을 복사합니다.

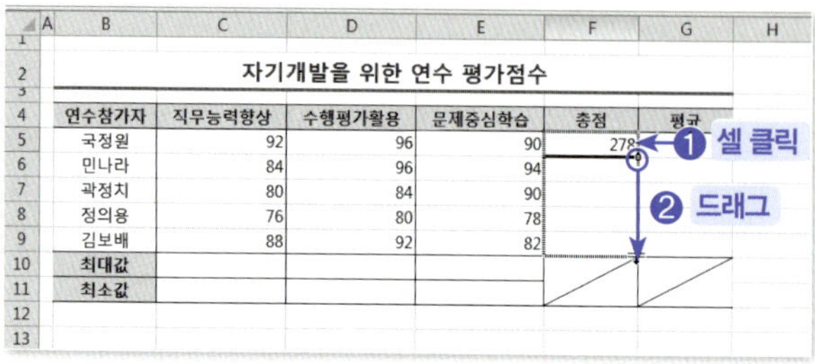

04. 평균을 계산하기 위해 [G5]셀을 선택한 후 [홈] 탭-[편집] 그룹-[자동합계] 목록 단추-[평균]을 클릭합니다.

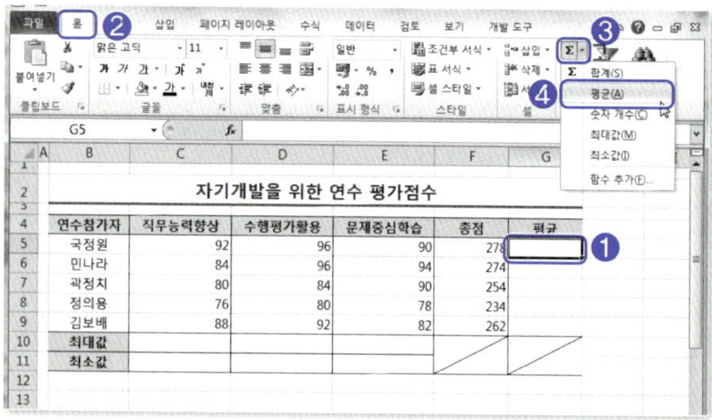

05. [G5]셀에 자동 입력된 함수식을 확인하고 자동 지정된 범위를 드래그하여 [C5:E5]로 바르게 지정한 후 [Enter]를 누릅니다.

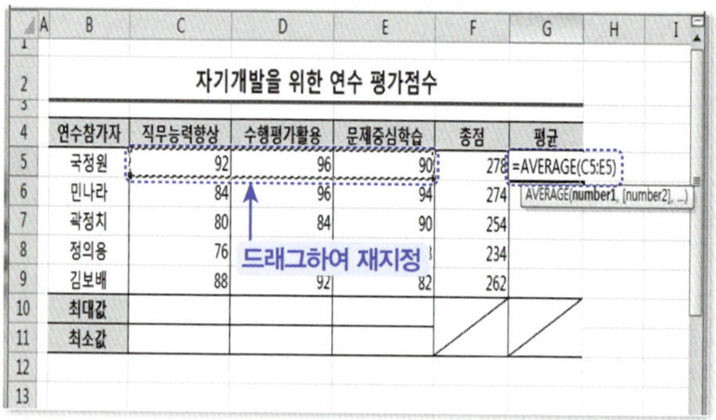

06. 나머지 평균도 계산하기 위해 [G5]셀을 클릭한 후 채우기 핸들을 [G9]까지 드래그하여 수식을 복사합니다.

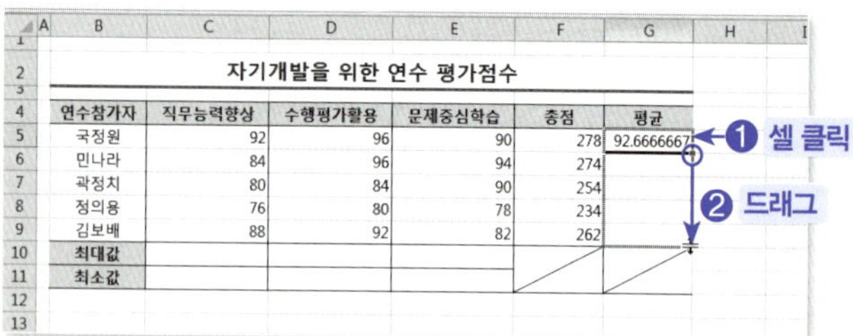

07. 직무능력향상의 최고 점수를 구하기 위해 [C10]셀을 선택한 후 [홈] 탭-[편집] 그룹-[자동합계] 목록단추-[최대값]을 클릭합니다.

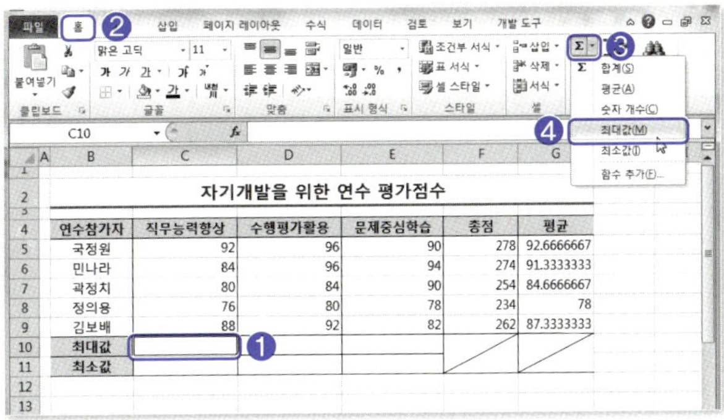

08. [C10]셀에 자동 입력된 함수식과 자동 지정된 범위[C5:C9]를 확인한 후 [Enter]를 누릅니다.

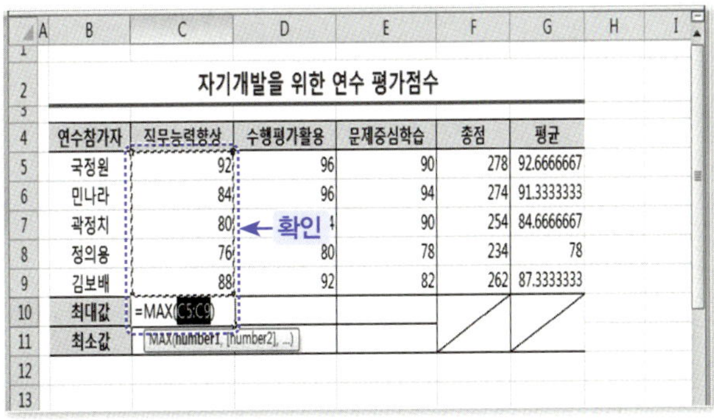

09. 수행평가활용과 문제중심학습의 각 최고 점수도 구하기 위해 [C10]셀을 클릭한 후 채우기 핸들을 [E10]까지 드래그하여 수식 복사합니다.

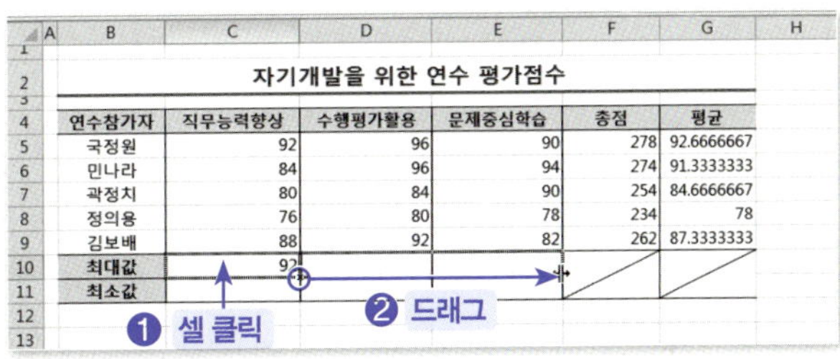

10. 직무능력향상의 최소 점수를 구하기 위해 [C11]셀을 선택한 후 [홈] 탭-[편집] 그룹-[자동합계] 목록단추-[최소값]을 클릭합니다.

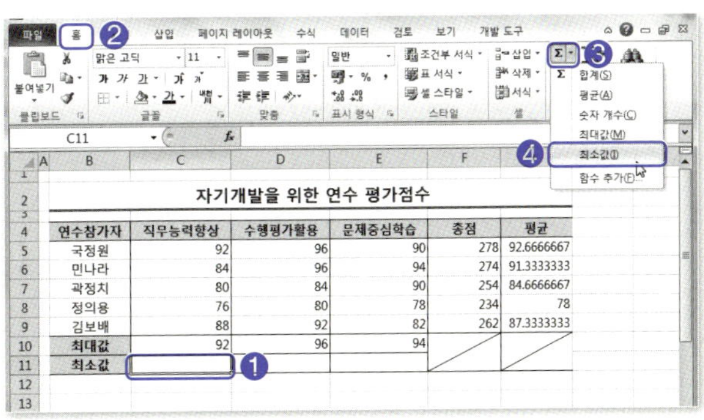

11. [C11]셀에 자동 입력된 함수식을 확인하고 자동 지정된 범위를 드래그하여 [C5:C9]로 바르게 지정한 후 [Enter]를 누릅니다.

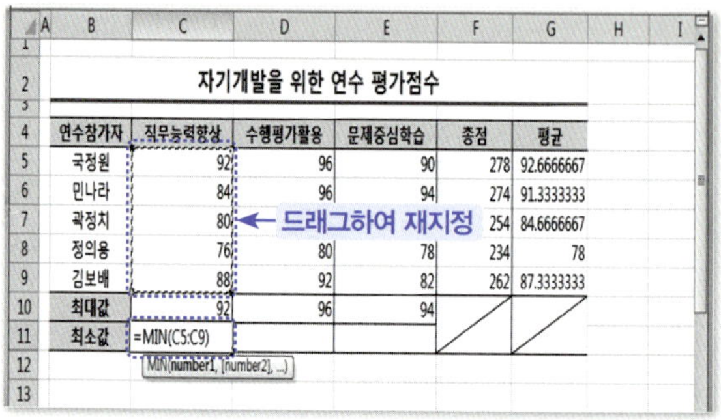

12. 수행평가활용과 문제중심학습의 각 최소 점수도 구하기 위해 [C11]셀을 클릭한 후 채우기 핸들을 [E11]까지 드래그하여 수식 복사합니다.

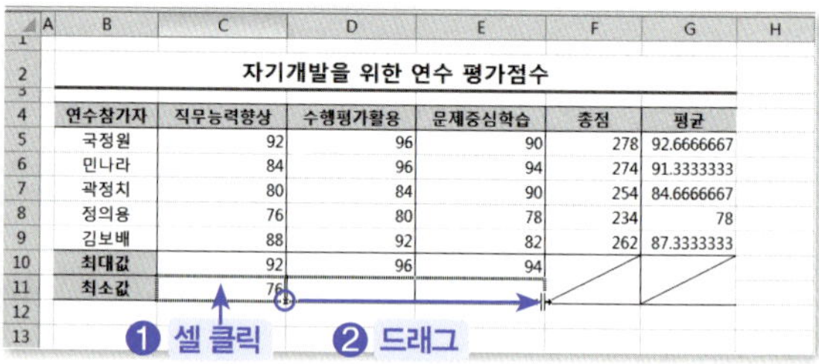

13. 평균값을 소수 첫 자리까지 표시하기 위해 [G5:G9] 셀 범위를 선택한 후 [홈] 탭–[표시 형식] 그룹의 [추가 옵션] 단추를 누르고 [셀 서식] 대화상자를 표시합니다.

[셀 서식] 대화상자의 [표시 형식] 탭–[숫자] 범주–[소수 자릿수]에 1을 지정한 후 [확인]을 클릭합니다.

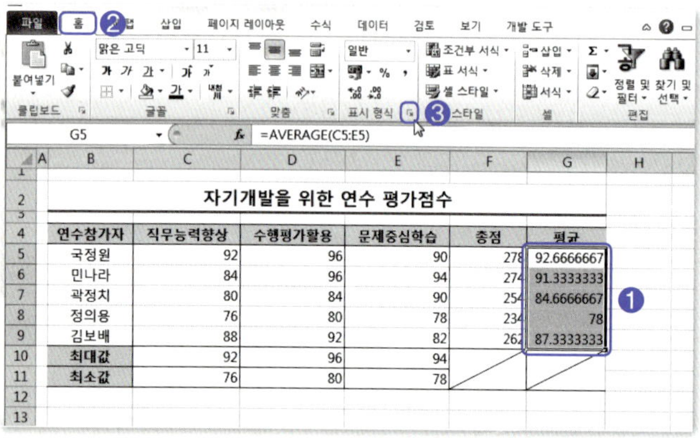

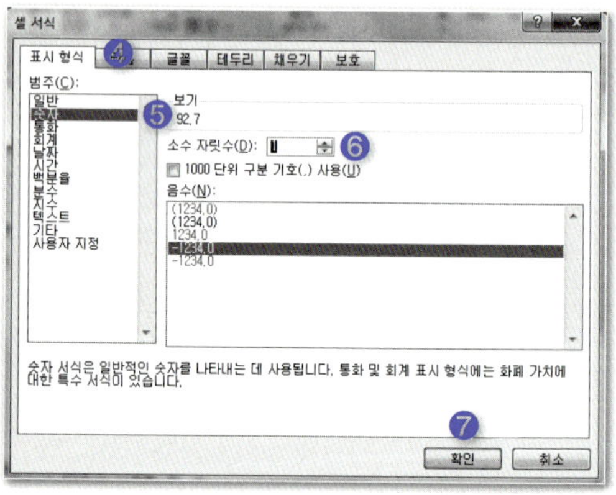

14. 오른쪽 그림과 같이 완성된 문서를 [저장] 단추를 눌러 저장하고, [파일] 탭-[끝내기]를 클릭하거나 또는 화면 오른쪽 상단에 [닫기] 단추를 클릭하여 작업을 종료합니다.

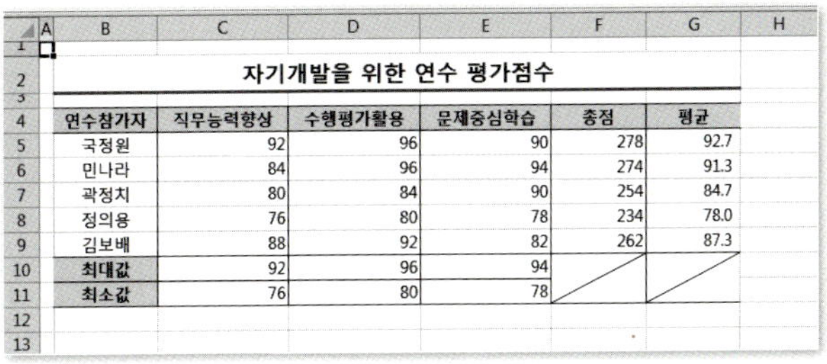

자기개발을 위한 연수 평가점수

연수참가자	직무능력향상	수행평가활용	문제중심학습	총점	평균
국정원	92	96	90	278	92.7
민나라	84	96	94	274	91.3
곽정치	80	84	90	254	84.7
정의용	76	80	78	234	78.0
김보배	88	92	82	262	87.3
최대값	92	96	94		
최소값	76	80	78		

실습

5-2 논리 함수와 찾기/참조 함수를 이용한 사원평가 문서 작성하기

준비 파일 '5장_사원평가와 승진 및 인사'를 열고 오른쪽 그림과 같이 문서를 완성하시오.

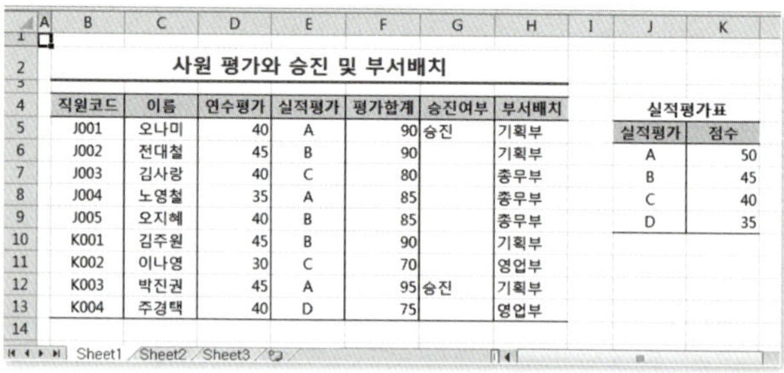

[조건]

- 평가합계 : '연수평가 + 실적평가' 점수 (VLOOKUP 함수)
- 승진여부 : 연수평가가 40 이상이고 실적평가가 'A'이면 "승진" 표시 (IF, AND 함수)
- 부서배치 : 평가합계 90점 이상이면 "기획부", 80점 이상이면 "총무부", 그 이외이면 "영업부"표시 (IF 함수)

01. 평가합계를 계산하기 위해 [F5]셀을 선택하고 '=D5+'를 입력한 후 [수식] 탭–[함수 라이브러리] 그룹–[찾기/참조 영역]–[VLOOKUP]을 클릭합니다.

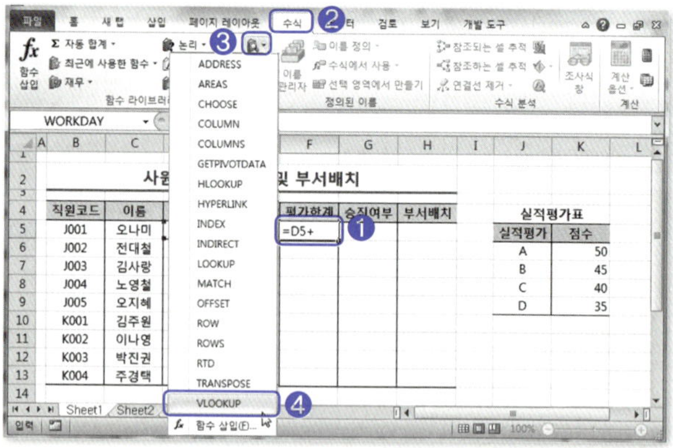

02. VLOOKUP 함수의 [함수 인수] 대화 상자에서 오른쪽 그림과 같이 입력하고 [확인] 단추를 클릭합니다.

- Lookup_value : E5
- Table_array : $J$6:$K$9
- Col_index_num : 2
- Range_lookup : FALSE

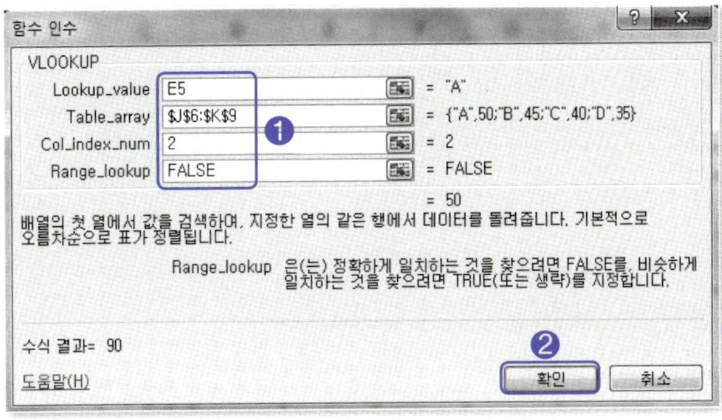

함수 인수의 입력이 완료되면 수식 입력 줄에는 '=D5+VLOOKUP(E5,$J$6:$K$9,2,FALSE)'의 함수식이 표시됩니다.

03. 그러면 [F5]셀에 수식의 계산 값 90이 표시됩니다. [F5]셀을 클릭하고 [F13]셀까지 채우기 핸들을 드래그하여 수식을 복사합니다.

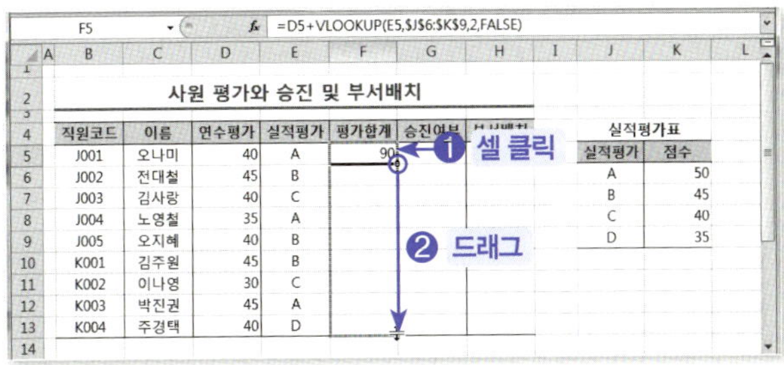

04. 승진여부를 계산하기 위해 [G5]셀을 선택한 후 [수식] 탭-[함수 라이브러리] 그룹-[논리]-[IF]를 클릭합니다.

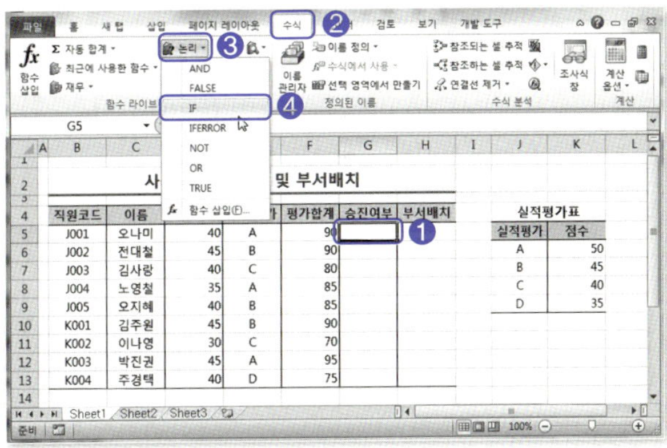

05. IF 함수의 [함수 인수] 대화상자가 나타나면 Logical_test의 입력 상자를 클릭하고, [이름 상자]의 [목록] 단추를 클릭한 다음 이름 상자 목록에서 [AND]를 선택합니다. 만약 목록에 AND가 없으면 [함수 추가]를 클릭하여 AND 함수를 추가합니다.

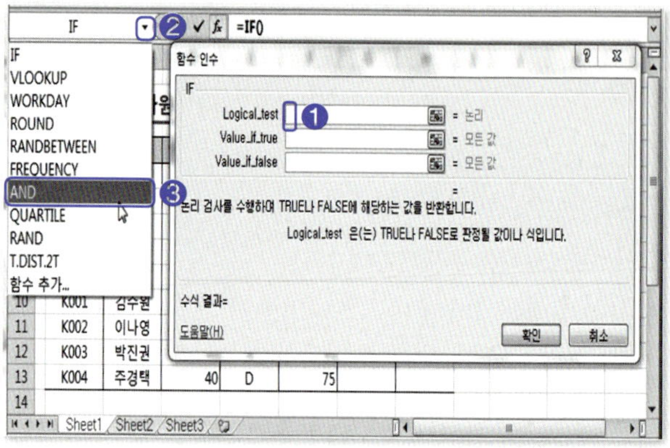

06. AND 함수의 [함수 인수] 대화상자가 나타나면 오른쪽 그림과 같이 입력한 후 수식 입력줄에서 IF를 클릭합니다.

- Logical1 : D5>=40
- Logical2 : E5="A"

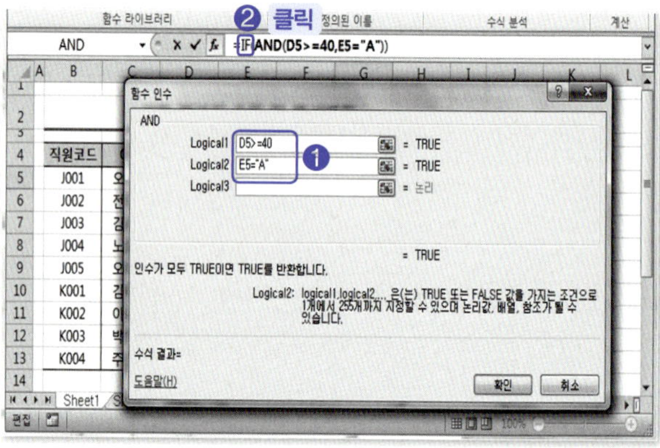

07. 그러면 IF 함수의 [함수 인수] 대화상자가 다시 나타나고, Logical_test 입력상자에는 'AND(D5〉=40,E5="A")'가 표시됩니다.

다시 논리 참일 때 값과 논리 거짓일 때 값을 오른쪽 그림과 같이 입력한 후 [확인] 단추를 클릭합니다.

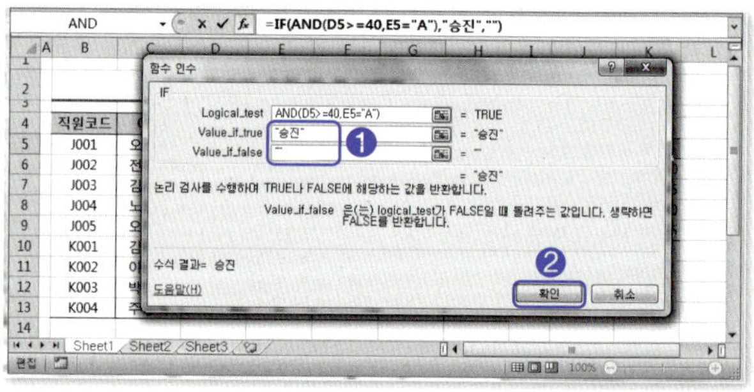

- Value_if_true : "승진"
- Value_if_false : ""

함수 인수의 입력이 완료되면 수식 입력 줄에는 '=IF(AND(D5〉=40,E5="A"),"승진","")'의 함수식이 표시됩니다.

08. 결과 값 [G5]셀을 클릭하고 [G13]셀까지 채우기 핸들을 드래그하여 수식을 복사합니다.

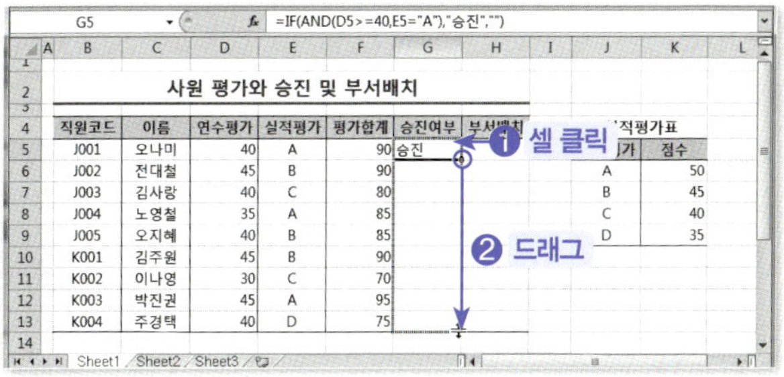

09. 부서배치를 계산하기 위해 [H5]셀을 선택한 후 [수식] 탭–[함수 라이브러리] 그룹–[논리]–[IF]를 클릭합니다.

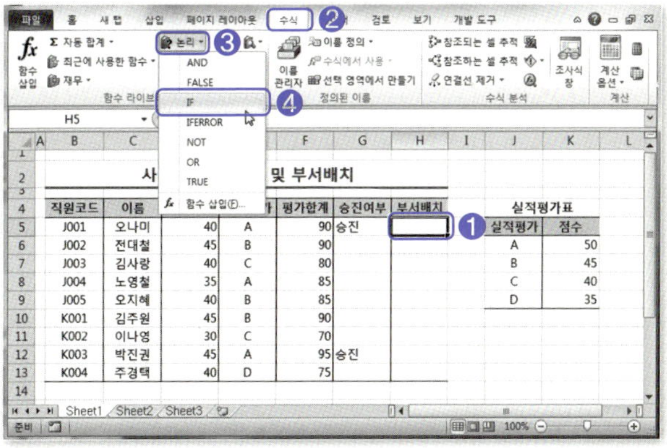

10. IF 함수의 [함수 인수] 대화상자가 나타나면 오른쪽 그림과 같이 입력한 후 Value_if_false에 커서를 두고 이름 상자에서 [IF]를 선택합니다.

- Logical_test : F5>=90
- Value_if_true : "기획부"

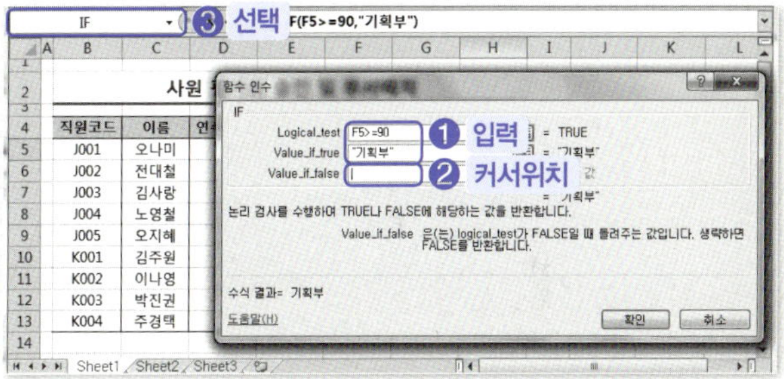

11. 새롭게 추가된 [함수 인수] 대화상자에서 오른쪽 그림과 같이 입력하고 [확인] 단추를 클릭합니다.

- Logical_test : F5〉=80
- Value_if_true : "총무부"
- Value_if_false : "영업부"

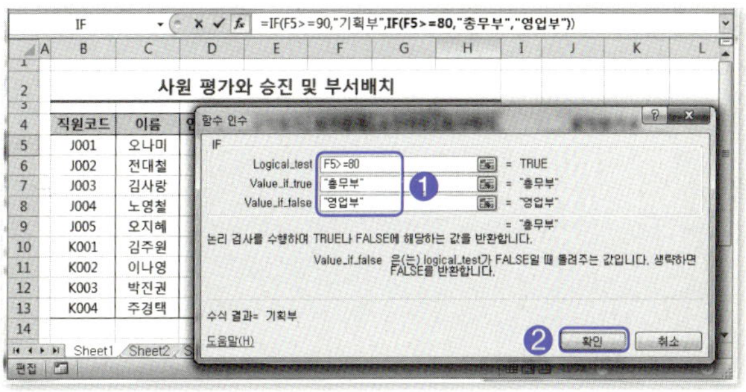

함수 인수의 입력이 완료되면 수식 입력 줄에는 '=IF(F5〉=90,"기획부",IF(F5〉=80,"총무부","영업부"))'의 함수식이 표시됩니다.

12. [H5]셀의 결과 값을 클릭하고 [H13]셀까지 채우기 핸들을 드래그하여 수식을 복사합니다.

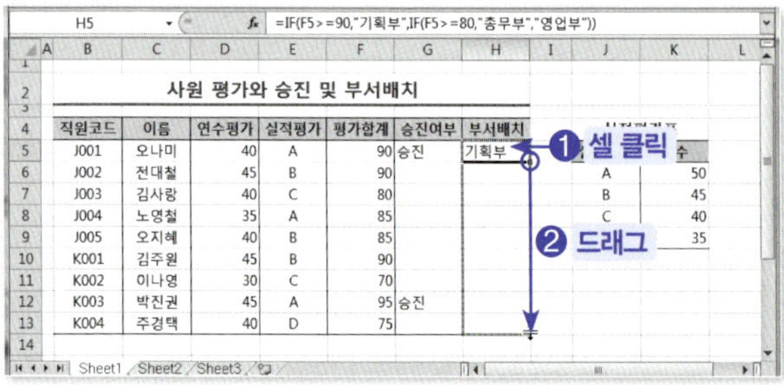

13. 오른쪽 그림과 같이 완성된 문서를 [저장] 단추를 눌러 저장하고, [파일] 탭-[끝내기]를 클릭하거나 또는 화면 오른쪽 상단에 [닫기] 단추를 클릭하여 작업을 종료합니다.

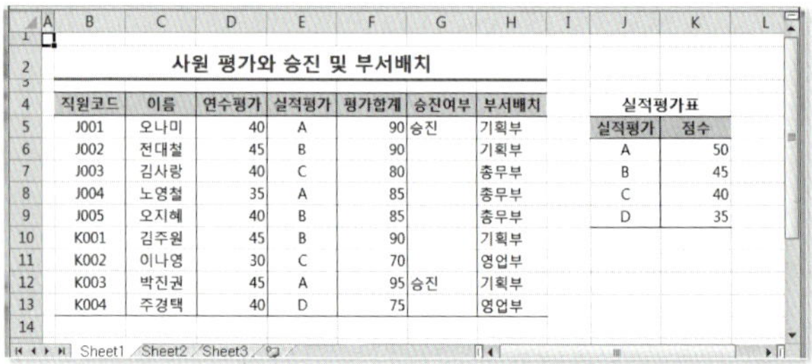

실습 5-3 주민번호와 텍스트 함수, 논리 함수, 날짜 함수를 이용한 개인 정보 입력하기

준비 파일 '5장_사원명단'를 열고 오른쪽 그림과 같이 주민등록번호를 이용하여 생년월일, 성별 나이, 보호주민번호를 입력하시오. 단, 처리 조건은 아래와 같습니다.

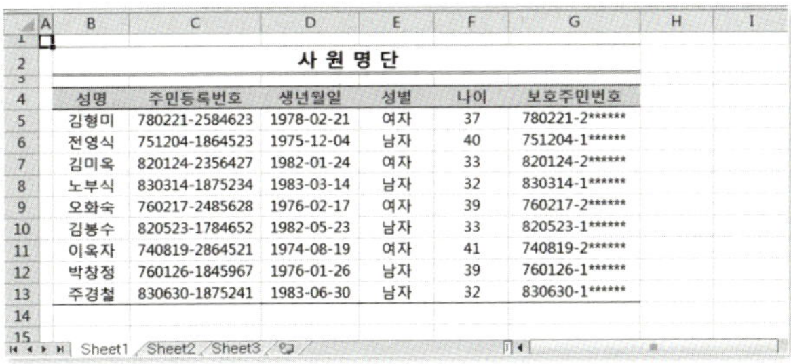

사 원 명 단

성명	주민등록번호	생년월일	성별	나이	보호주민번호
김형미	780221-2584623	1978-02-21	여자	37	780221-2******
전영식	751204-1864523	1975-12-04	남자	40	751204-1******
김미옥	820124-2356427	1982-01-24	여자	33	820124-2******
노부식	830314-1875234	1983-03-14	남자	32	830314-1******
오화숙	760217-2485628	1976-02-17	여자	39	760217-2******
김봉수	820523-1784652	1982-05-23	남자	33	820523-1******
이옥자	740819-2864521	1974-08-19	여자	41	740819-2******
박창정	760126-1845967	1976-01-26	남자	39	760126-1******
주경철	830630-1875241	1983-06-30	남자	32	830630-1******

[조건]

- 생년월일 : 주민등록번호의 왼쪽 6숫자를 이용하여 표시 〈예: 1978-02-21〉 (DATE, LEFT, MID 함수)
- 성별 : 주민등록번호의 하이픈(-) 다음의 첫 번째 숫자를 이용하여 표시 〈예: 여자〉 (IF, MID 함수)
- 나이 : '현재년도-주민등록번호의 왼쪽 2숫자'의 계산 결과 표시 (YEAR, TODAY, LEFT 함수)
- 보호주민번호 : 주민등록번호의 뒷자리 6숫자를 '******'로 표시 (REPLACE 함수)

01. 생년월일을 계산하기 위해 [D5]셀을 선택하고 오른쪽 그림과 같이 입력합니다.

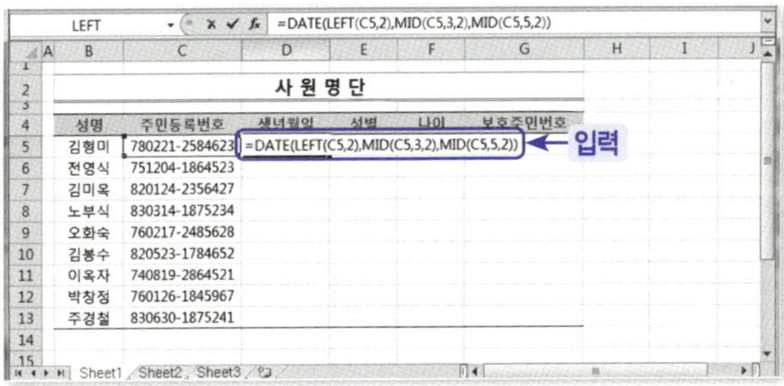

함수식 '=DATE(LEFT(C5,2),MID(C5,3,2),MID(C5,5,2))'에서

① LEFT(C5,2) : [C5]셀에서 왼쪽부터 2글자를 추출합니다.

② MID(C5,3,2) : [C5]셀에서 왼쪽부터 3번째 위치한 글자부터 2글자를 추출합니다.

③ MID(C5,5,2) : [C5]셀에서 왼쪽부터 5번째 위치한 글자부터 2글자를 추출합니다.

④ DATE(①,②,③) : ①,②,③ 구한 값을 년, 월, 일로 대입하여 날짜 형식으로 표시합니다.

02. 결과 값 [D5]셀을 클릭하고 [D13]셀까지 채우기 핸들을 드래그하여 수식을 복사합니다.

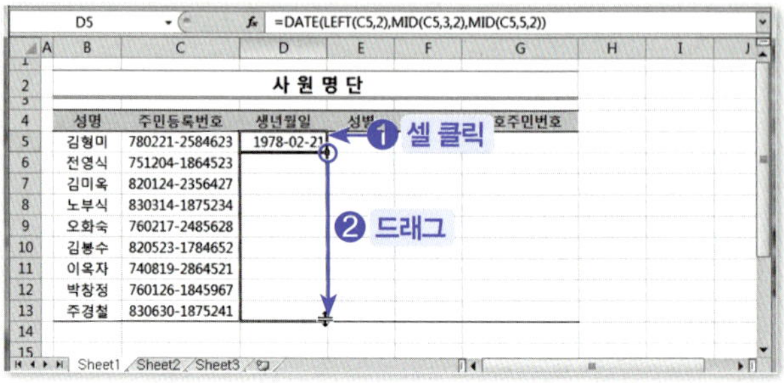

03. 성별을 표시하기 위해 [E5]셀을 선택하고 [수식] 탭-[함수 라이브러리] 그룹-[논리]-[IF]를 클릭합니다.

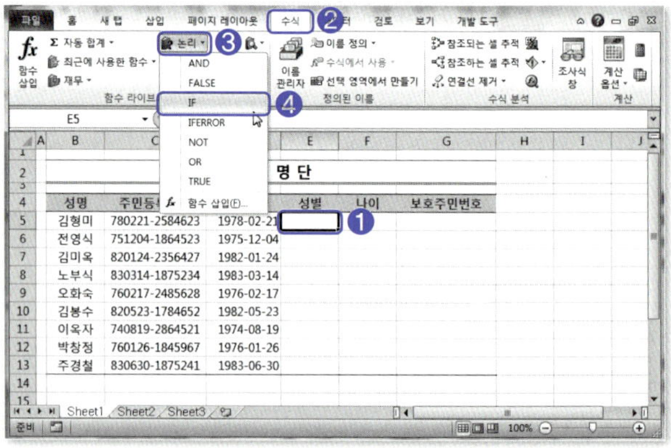

04. IF 함수의 [함수 인수] 대화상자에서 오른쪽 그림과 같이 입력하고 [확인] 단추를 클릭합니다.

- Logical_test : MID(C5,8,1)="1"
- Value_if_true : "남자"
- Value_if_false : "여자"

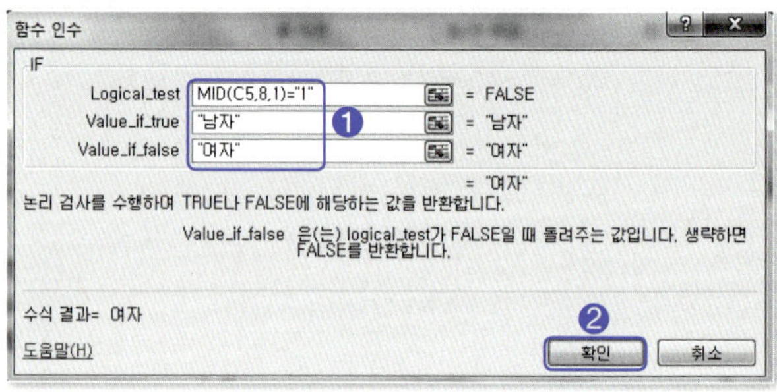

함수 인수의 입력이 완료되면 수식 입력 줄에는 '=IF(MID(C5,8,1)="1","남자","여자")'의 함수식이 표시됩니다.

05. 결과 값 [E5]셀을 클릭하고 [E13]셀까지 채우기 핸들을 드래그하여 수식을 복사합니다.

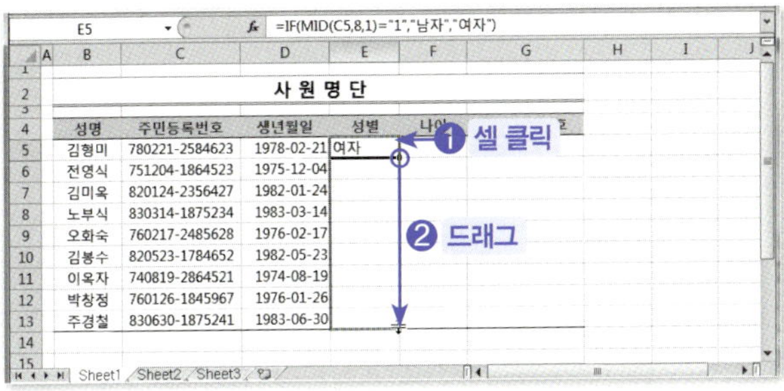

06. 나이를 계산하기 위해 [F5]셀을 선택하고 오른쪽 그림과 같이 입력합니다.

함수식 '= YEAR(TODAY())-LEFT(C5,2)-1900'은 오늘 날짜에서 현재의 연도를 구하여 [C5]셀의 주민등록번호에서 왼쪽부터 2글짜를 추출한 값을 뺀 후, 주민등록번호 앞에 생략된 1900을 빼서 나이를 계산합니다. 나이는 본 문서를 작성하는 연도에 따라 결과가 다를 수 있습니다.

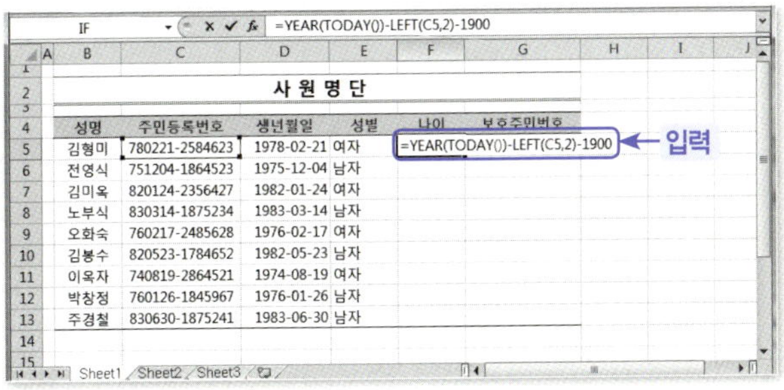

07. 결과 값 [F5]셀을 클릭하고 [F13]셀까지 채우기 핸들을 드래그하여 수식을 복사합니다.

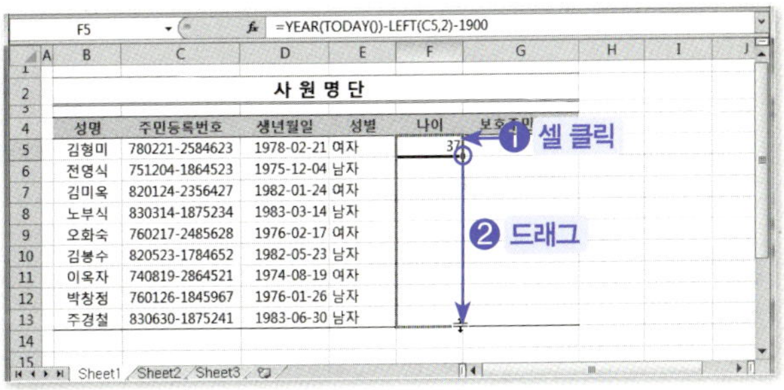

08. 주민등록번호의 뒷자리를 감추기 위해 [G5]셀을 선택한 후 [수식] 탭-[함수 라이브러리] 그룹-[텍스트]-[REPLACE]를 클릭합니다.

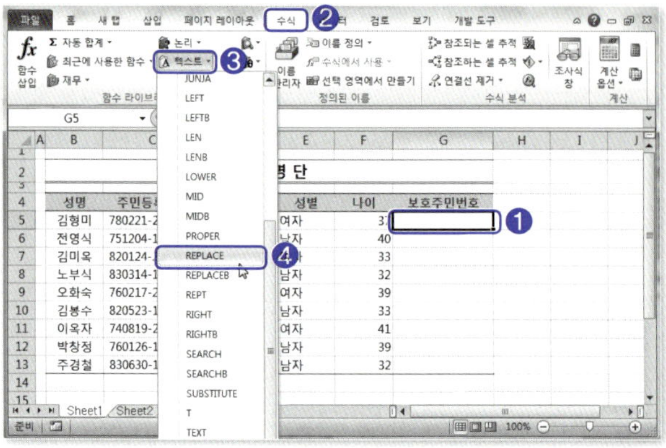

09. REPLACE 함수의 [함수 인수] 대화상자에서 오른쪽 그림과 같이 입력하고 [확인] 단추를 클릭합니다.

- Old_text : C5
- Start_num : 9
- Num_chars : 6
- New_text : "******"

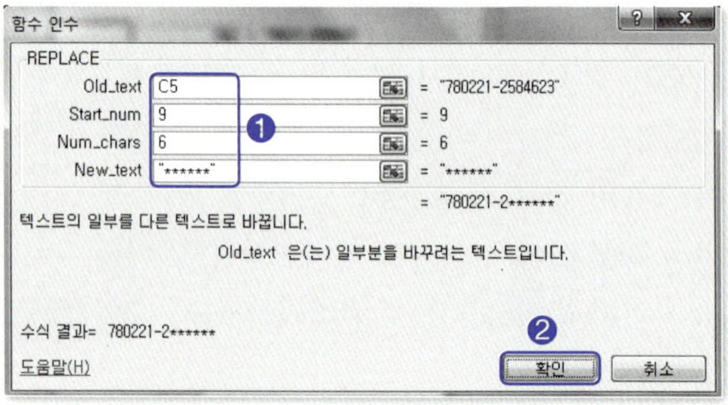

함수 인수의 입력이 완료되면 수식 입력 줄에는 '=REPLACE(C5,9,6,"******")'의 함수식이 표시되는데, [C5]셀의 9번째에 있는 문자부터 시작하여 6자리의 문자열을 '******'로 대체합니다.

10. 결과 값 [G5]셀을 클릭하고 [G13]셀까지 채우기 핸들을 드래그하여 수식을 복사합니다.

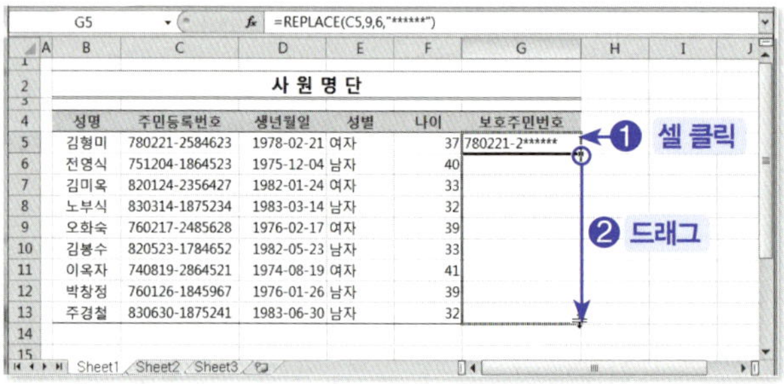

11. 생년월일, 성별, 나이, 보호주민번호의 가운데 맞춤을 위해 [D5:G13] 셀 범위를 선택하고 [홈] 탭-[맞춤] 그룹-[가운데 맞춤]을 클릭합니다.

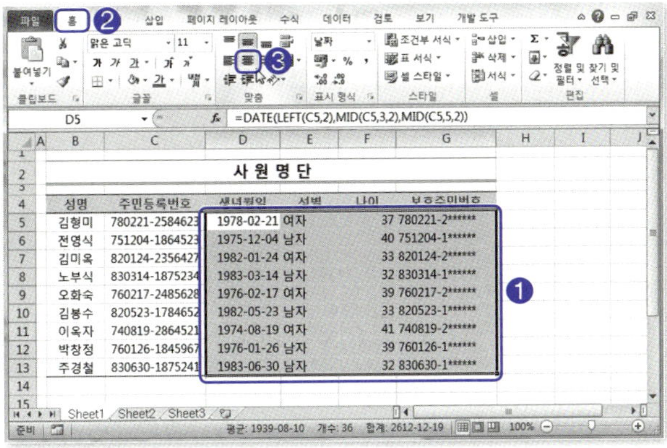

12. 오른쪽 그림과 같이 완성된 문서를 [저장] 단추를 눌러 저장하고, [파일] 탭-[끝내기]를 클릭하거나 또는 화면 오른쪽 상단에 [닫기] 단추를 클릭하여 작업을 종료합니다.

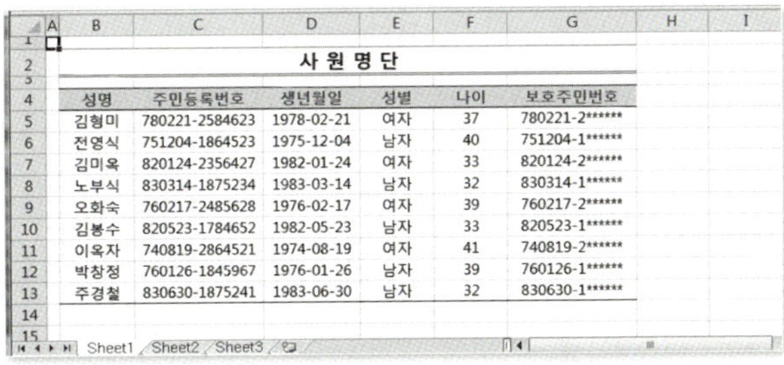

실력 점검 문제

[문제 5-1] 준비파일('실력점검_5-1-준비.xlsx')을 열기한 후 아래 조건에 따라 함수식을 이용하여 엑셀/기초통계 평균, Pass구분, 등급구분, 실무연수, 연수인원을 계산하여 다음의 오른쪽 문서와 같이 작성하시오.

컴퓨터활용 학습결과 분석

이름	엑셀	기초통계	추가점수	Pass구분	등급구분	실무연수
박말녀	80	70	5			
김균제	45	45				
오형순	80	75	2			
조환희	75	65				
이상수	70	80	7			
곽재희	80	60	3			
금산월	50	45	2			
박주안	80	70	8			
평균					연수인원	

〈준비 파일〉

컴퓨터활용 학습결과 분석

이름	엑셀	기초통계	추가점수	Pass구분	등급구분	실무연수
박말녀	80	70	5	Pass	우수	연수
김균제	45	45			노력	
오형순	80	75	2	Pass	우수	연수
조환희	75	65		보류	노력	연수
이상수	70	80	7	Pass	노력	연수
곽재희	80	60	3	보류	노력	연수
금산월	50	45	2		노력	
박주안	80	70	8	Pass	우수	연수
평균	70	63.75			연수인원	6명

〈완성 문서〉

[작성 조건]

- 평균[C14]/[D14] : 모든 엑셀 데이터의 평균 값[C14], 모든 기초통계 데이터의 평균 값[D14], 평균 계산은 [홈] 탭-[편집] 그룹의 자동합계 목록의 AVERAGE함수 사용
- Pass구분[F5:F12] : (엑셀+기초통계+추가점수)의 합이 150 이상이면 'Pass', 100 이상이면 '보류', 나머지는 빈칸으로 표시, 중복 IF함수와 SUM함수 사용
- 등급구분[G5:G12] : 엑셀이 80 이상이고 기초통계가 70 이상이면 '우수', 나머지는 '노력', IF함수와 AND함수 사용
- 실무연수[H5:H12] : 엑셀이 평균보다 크거나 또는 기초통계가 평균보다 크면 '연수', 나머지는 빈칸, IF함수와 OR함수 사용, 계산식에서 평균[$C$14]/[$D$14]은 절대참조로 표시
- 연수인원[H14] : 실무연수에서 '연수'가 표시된 셀의 개수를 표시, COUNTIF함수 사용, 결과 값 끝에 '명' 단위 표시(사용자 지정 형식: #"명")

[문제 5-2] 준비파일('실력점검_5-2-준비.xlsx')을 열기한 후 아래 조건에 따라 다음의 오른쪽 문서와 같이 매입액을 계산하시오.

우리마트 상품 매입현황

날짜	상품명	제조회사	수량	매입액
1/13	스위트콘	오뚜기	200	
1/13	에이스	해태	150	
1/13	초코파이	오리온	200	
1/13	미니웨하스	청우	300	
1/21	빠다코코넛	롯데	150	
1/21	울샴푸	애경	150	
1/21	스파크	애경	200	
1/21	스위트콘	오뚜기	100	
1/25	에이스	해태	200	
1/25	미니웨하스	청우	200	

<상품별 매입단가표>

상품명	매입단가
미니웨하스	1,000
빠다코코넛	1,450
스위트콘	990
스파크	5,900
에이스	2,400
울샴푸	2,980
초코파이	2,800

〈준비 파일〉

우리마트 상품 매입현황

날짜	상품명	제조회사	수량	매입액
1/13	스위트콘	오뚜기	200	198,000
1/13	에이스	해태	150	360,000
1/13	초코파이	오리온	200	560,000
1/13	미니웨하스	청우	300	300,000
1/21	빠다코코넛	롯데	150	217,500
1/21	울샴푸	애경	150	447,000
1/21	스파크	애경	200	1,180,000
1/21	스위트콘	오뚜기	100	99,000
1/25	에이스	해태	200	480,000
1/25	미니웨하스	청우	200	200,000

<상품별 매입단가표>

상품명	매입단가
미니웨하스	1,000
빠다코코넛	1,450
스위트콘	990
스파크	5,900
에이스	2,400
울샴푸	2,980
초코파이	2,800

〈완성 문서〉

[작성 조건]

- **매입액[F5:F14] : 계산식=수량×매입단가, 매입단가는 별표 '상품별 매입단가표'의 정보를 이용, 찾기/참조함수(VLOOKUP) 사용, 계산식에서 '상품별 매입단가표'[$H$5:$I$12]의 범위는 절대참조로 표시, 쉼표 스타일(,) 표시**

Introduction to **EXCEL 2010**

CHAPTER

06

차트 작성하기

엑셀 문서에서 숫자로 제시되는 데이터는 차트를 이용해서 시각적으로 표시하면 청중에게 좀 더 명확하게 핵심 내용을 전달할 수 있습니다. 차트 중에서 막대형 차트는 여러 종류의 데이터를 비교하는데 용이하고, 꺾은선 그래프는 일정 기간 동안의 추이를 표시하기에 용이하며, 원형 차트는 전체에 대한 각 항목의 비율을 표시하는데 용이할 수 있습니다.

학습 목표

- 문서에 차트 삽입과 삭제를 할 수 있습니다.
- 차트 유형과 구성 요소를 구분하고 데이터의 특성에 따라 차트 종류를 선택할 수 있습니다.
- 차트에 디자인과 레이아웃을 설정하고 스타일을 변경할 수 있습니다.

실습 구성

실습 6-1 성적표를 가로 막대형 차트로 작성하기

실습 6-2 차트 종류를 변경하여 혼합형 차트를 작성하고 보조 축 생성하기

실력 점검 문제

준비 학습

1. 차트의 구성 요소

차트는 숫자 데이터를 막대형이나 원형 등의 그래픽 형식으로 표시합니다. 엑셀에서의 차트는 다음과 같은 구성 요소를 가집니다.

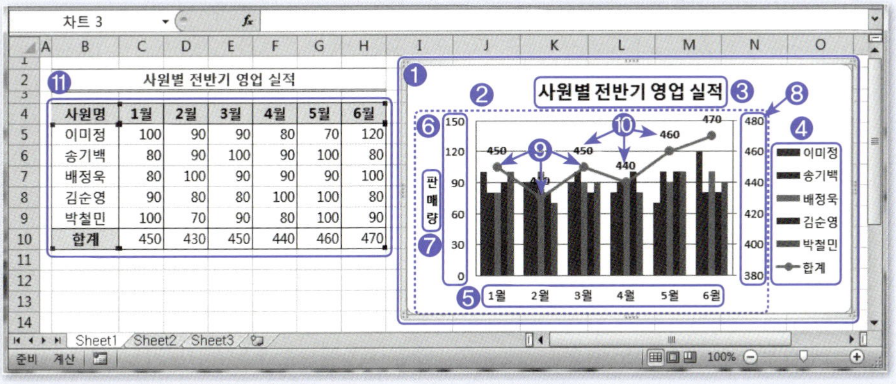

❶ 차트 영역 : 차트의 모든 요소를 포함하며, 차트 요소는 차트 영역, 그림 영역, 차트 제목, 범례 등이 포함됩니다.

❷ 그림 영역 : 실제 그래프가 그려지는 영역으로 가로/세로 축 및 축 제목 등이 포함됩니다.

❸ 차트 제목 : 차트의 제목입니다.

❹ 범례 : 데이터 계열을 구분하는 색과 이름을 표시합니다.

❺ 가로 축 : 데이터 계열의 이름을 표시하는 축입니다.

❻ 세로 축 : 데이터 계열의 값을 표시하는 축입니다.

❼ 세로 축 제목 : 세로축의 제목을 표시합니다.

❽ 보조 축 : 값의 차이가 많이 나는 데이터 계열의 값을 세로 축과 구분하여 표시하는 축입니다. 차트에서 여러 개의 계열을 사용할 때 계열 간 값의 차이가 많이 나는 경우에는 값이 작은 계열의 그래프를 확인하기가 쉽지 않습니다. 이 경우 값의 차이가 많이 나는 계열을 보조 축에 표시하면 두 계열을 한 차트에서 모두 확인할 수 있습니다.

❾ 데이터 계열 : 관련 데이터 요소의 집합으로 수치 데이터를 나타내는 가로 막대, 세로 막대, 꺾은선 등으로 표시합니다.

❿ 데이터 레이블 : 각 데이터 요소의 값을 차트에 직접 표시합니다.

⓫ 데이터 범위 : 차트에서 사용하는 데이터의 범위입니다.

2. 차트 삽입과 삭제

❶ 워크시트에 차트를 구성할 항목 이름이나 숫자 데이터를 입력합니다.

❷ 입력된 데이터의 셀 범위를 선택합니다.

❸ [삽입] 탭-[차트] 그룹에서 사용할 차트 종류를 클릭하고 나타나는 하위 종류에서 선택합니다.

❹ 현재 사용 중인 워크시트에 차트가 삽입되며, 필요에 따라 차트의 레이아웃이나 스타일을 변경할 수 있습니다.

차트를 삽입하는 과정을 그림으로 표시하면 다음과 같습니다.

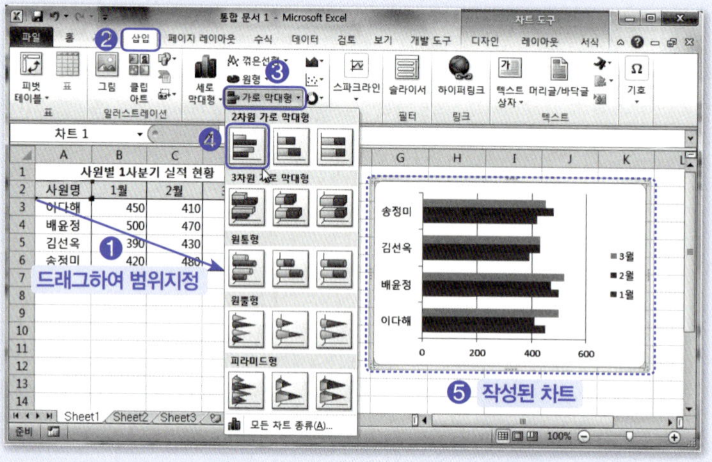

❶ 차트에 필요한 숫자 데이터를 입력한 후 차트 범위를 지정합니다. 범위는 연속된 범위뿐만 아니라 또는 떨어져 있는 범위도 지정할 수 있습니다.

❷-❸ 리본 메뉴의 [삽입]탭-[차트] 그룹에서 막대형 또는 꺾은선형 등의 차트 종류를 클릭합니다.

❹ 하위에 차트형 목록이 표시되면 원하는 모양 하나를 선택합니다.

❺ 현재 사용 중인 워크시트나 또는 다른 워크시트에 차트가 삽입됩니다.

차트를 삭제할 때는 차트를 선택한 후 [Delete]키를 눌러 삭제합니다.

3. 차트 리본 메뉴

작성된 차트를 마우스로 클릭하여 선택하면 차트 도구 리본 메뉴가 표시됩니다.

(1) [차트 도구/디자인] 탭의 구성

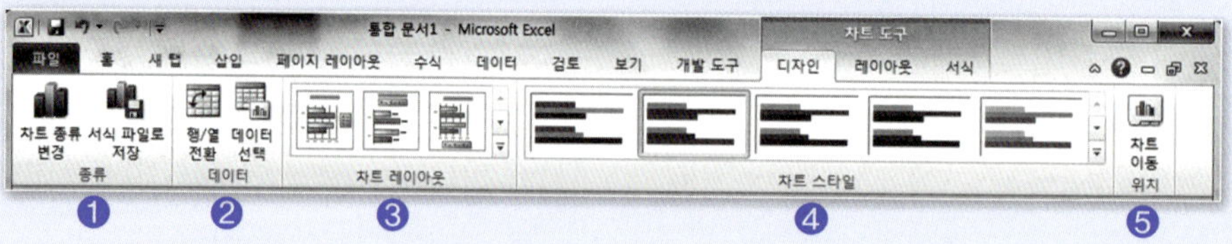

❶ [종류] 그룹 : 작성한 차트의 종류를 다른 종류로 변경하거나, 차트의 서식과 레이아웃을 서식 파일로 저장합니다.

❷ [데이터] 그룹 : 데이터의 행과 열을 바꾸거나 차트에 포함된 데이터의 범위를 변경하며, 차트를 구성하고 있는 데이터의 편집화면으로 이동하거나 차트를 새로 고칩니다.

❸ [차트 레이아웃] 그룹 : 차트 레이아웃의 자세히 단추(▾)를 클릭하여 차트의 전체 레이아웃을 변경할 수 있는 목록에서 선택합니다.

❹ [차트 스타일] 그룹 : 차트 스타일의 자세히 단추(▾)를 클릭하여 차트의 전체 표시 스타일을 선택할 수 있는 목록이 표시됩니다.

❺ [차트 이동 위치] 그룹 : 작성된 차트를 새로운 시트에 삽입하거나 또는 다른 워크시트에 삽입할 수 있습니다.

(2) [차트 도구/레이아웃] 탭의 구성

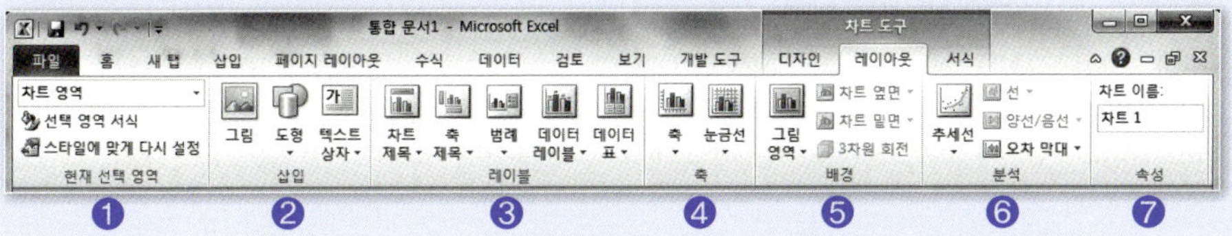

❶ [현재 선택 영역] 그룹 :

- 차트 영역 : 차트 요소를 선택합니다.
- 선택 영역 서식 : 선택한 서식과 관련된 대화상자를 표시합니다.
- 스타일에 맞게 다시 설정 : 사용자 지정 서식을 지우고 차트 전체 표시 스타일로 바꿉니다.

❷ [삽입] 그룹 : 그림 또는 기본으로 제공하는 도형을 삽입하거나 텍스트 상자를 입력합니다.

❸ [레이블] 그룹 :

- 차트 제목 : 차트 제목을 추가, 제거 또는 위치를 바꿉니다.
- 축 제목 : 가로/세로 축 제목을 추가, 제거 또는 제목의 방향을 바꿉니다.
- 범례 : 차트 범례를 추가, 제거 또는 위치를 바꿉니다.
- 데이터 레이블 : 데이터 레이블을 추가, 제거 또는 위치를 바꿉니다.
- 데이터 표 : 차트에 데이터 표를 추가합니다.

❹ [축] 그룹 :

- 축 : 각 축의 서식과 레이아웃을 변경합니다.
- 눈금선 : 차트 눈금선을 설정하거나 해제합니다.

❺ [배경] 그룹 :

- 그림 영역 : 그림 영역을 설정하거나 해제합니다.
- 차트 옆면 : 차트 옆면의 서식을 지정합니다.
- 차트 밑면 : 차트 밑면의 서식을 지정합니다.
- 3차원 회전 : 차트의 3차원 사정을 변경(X, Y, Z, 원근 값 등 지정)합니다.

⑥ [분석] 그룹 :

- 추세선 : 차트에 추세선을 추가합니다.
- 선 : 차트에 하강선이나 최고/최저값 연결선을 표현합니다.
- 양선/음선 : 차트에 양선/음선을 추가합니다.
- 오차 막대 : 차트에 오류 표시줄을 선택합니다.

⑦ [속성] 그룹 : 시트에서 개체 순서를 지정하거나 VBA 코드를 쓸 때 참조하도록 차트 이름을 지정합니다.

(3) [차트 도구/서식] 탭의 구성

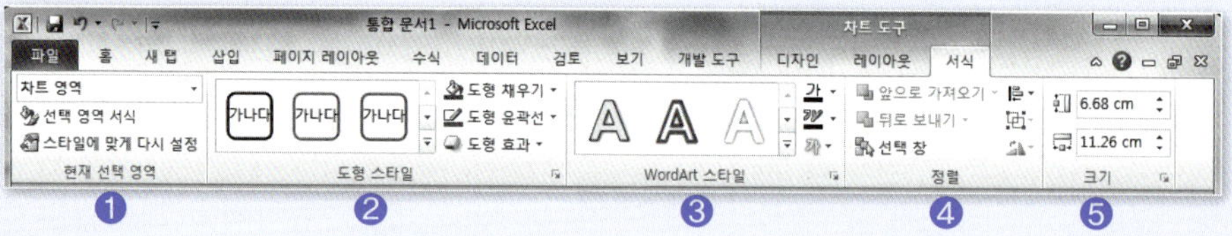

① [현재 선택 영역] 그룹 : 차트의 서식을 변경합니다. [스타일에 맞게 다시 설정]을 클릭하면 초기 설정된 차트 서식으로 변경합니다.

② [도형 스타일] 그룹 : 차트의 다양한 표시 스타일을 선택합니다. 도형의 색 채우기나 윤곽선 지정, 도형 효과를 적용할 수 있습니다.

③ [WordArt 스타일] 그룹 : 그룹 차트의 텍스트 표시 스타일을 변경합니다. 차트 텍스트의 색 채우기나 윤곽선, 텍스트 효과를 적용할 수 있습니다.

④ [정렬] 그룹 : 선택한 개체의 순서를 앞, 뒤로 정렬하고 개체 맞춤과 개체 그룹, 개체 회전을 할 수 있습니다.

⑤ [크기] 그룹 : 선택한 개체의 가로, 세로의 크기를 지정합니다.

4. 차트 종류

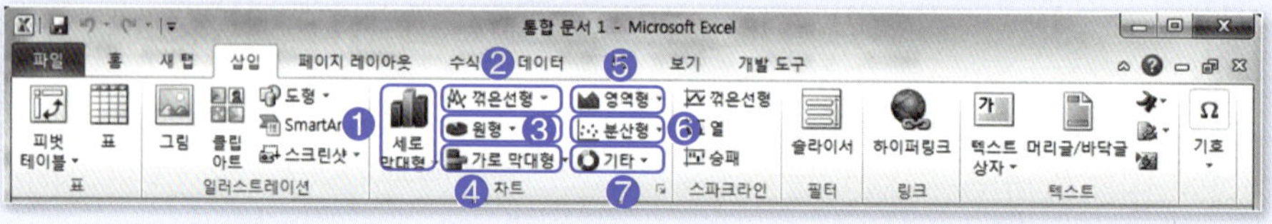

❶ 세로막대형

❷ 꺾은선형

❸ 원형

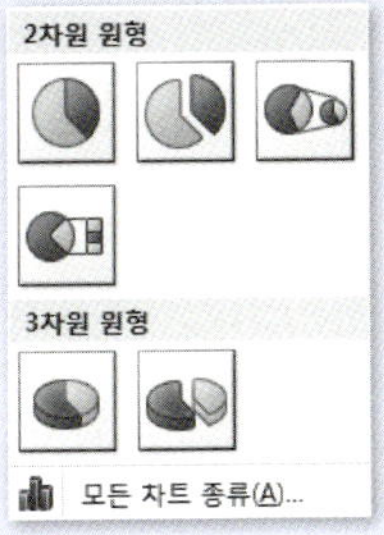

❹ 가로막대형

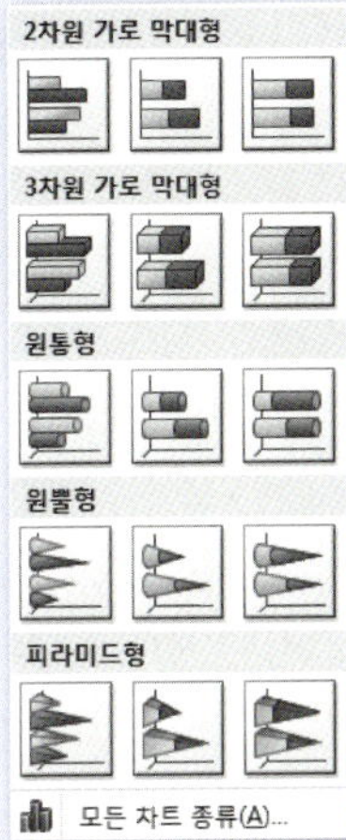

❺ 영역형

❻ 분산형

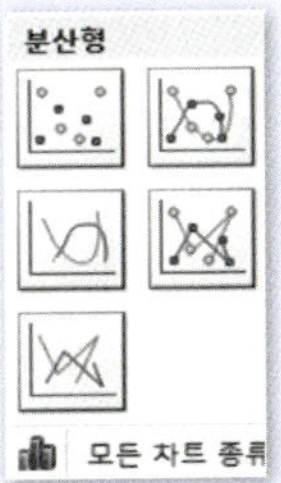

❼ 기타형

❶ 세로 막대형 : 시간의 경과에 따른 데이터 변동이나 비교를 세로 막대형으로 표시합니다.

❷ 꺾은선형 : 연속 데이터를 표시하거나 일정 간격에 따라 데이터의 추세를 표시합니다.

❸ 원형 : 단 한 개의 열이나 행에 있는 데이터(0보다 큰 경우)를 원형으로 나타내어 전체나 백분율로 표시합니다.

❹ 가로 막대형 : 시간의 경과에 따른 데이터 변동이나 비교를 가로 막대형 차트로 표시합니다.

❺ 영역형 : 시간에 따른 변동의 크기나 합계 값을 추세와 함께 표시합니다.

❻ 분산형 : 여러 데이터 계열에 있는 숫자 값 사이의 관계를 표시합니다.

❼ 주식형 : 주가 변동을 나타날 때 사용합니다.

❽ 표면형 : 두 데이터 집합 간의 최적 조합을 찾을 때 사용합니다.

❾ 도넛형 : 원형 차트와 비슷한 형태로 전체에 대한 각 부분 관계를 보여 주지만 데이터 계열을 2개 이상 보여줍니다.

❿ 거품형 : 거품의 크기로 데이터 값을 표현할 때 사용합니다.

⓫ 방사형 : 여러 데이터 계열의 집계 값을 비교할 때 사용합니다.

5. 차트 데이터의 범위 수정

차트에 사용하는 데이터의 범위를 수정하려면 [차트 도구/디자인] 탭-[데이터] 그룹-[데이터 선택]을 클릭하여 [데이터 원본 선택] 대화상자를 표시하고 수정합니다. [데이터 원본 선택] 대화상자에서는 다음과 같이 행/열 전환, 범례 항목 편집, 계열 편집 등 다양한 부분을 수정할 수 있습니다.

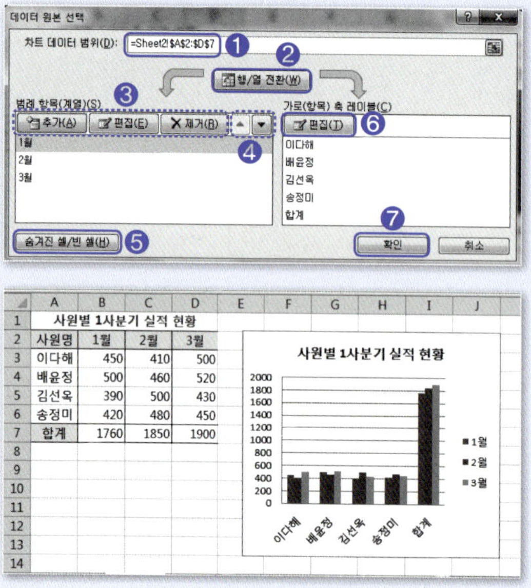

〈행/열 전환 전 차트 그림〉

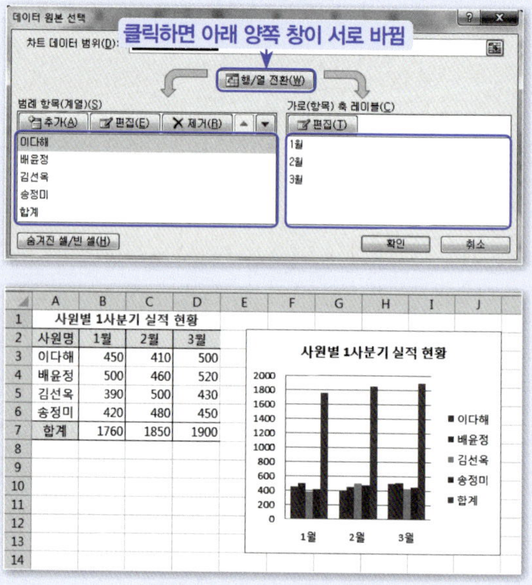

〈행/열 전환 후 차트 그림〉

❶ [차트 데이터 범위] : 차트에 사용하는 데이터 전체의 범위를 수정합니다.

❷ [행/열 전환] : 가로 축에 표시되는 데이터 계열과 세로 축에 표시되는 데이터 범례를 바꿀 수 있습니다. 위 그림에서 상단의 오른쪽 그림은 상단의 왼쪽 그림의 [행/열 전환] 단추를 클릭하여 범례 항목과 가로 축이 서로 바뀌진 상태이며, 하단의 각 그림들은 상단에서 지정된 차트 모양입니다.

❸ [범례 항목(계열)]에서 [추가],[편집],[제거] : 데이터 계열을 추가하거나 범위를 수정하거나 제거할 수 있습니다.

❹ [범례 항목(계열)]에서 [위/아래] 단추 : 데이터 계열이 범례에서 표시되는 순서를 바꿀 수 있습니다.

❺ [숨겨진 셀/빈 셀] : 데이터 범위에 숨겨지거나 빈 셀이 있을 경우 차트에서 어떻게 표시할지 옵션을 설정합니다.

❻ [가로(항목) 축 레이블]에서 [편집] : 가로(항목) 축 레이블의 범위를 다시 지정하여 수정할 수 있습니다.

❼ [확인] : 클릭하면 변경된 내용이 차트에 적용됩니다.

6. 혼합형 차트 작성하기

한 차트에 두 개의 차트 종류를 사용하는 것을 혼합형 차트라고 합니다. 혼합형 차트를 사용하려면 데이터 계열을 두 개 이상 사용해서 차트를 작성해야 합니다.

혼합형 차트 작성 순서는 다음과 같습니다.

❶ 두 개 이상의 데이터 계열을 사용해서 차트를 만듭니다.

❷ 차트의 그림 영역에서 다른 차트로 변경할 데이터 계열을 클릭하여 선택합니다.

❸ [차트 도구/디자인] 탭-[종류] 그룹-[차트 종류 변경]을 클릭하여 [차트 종류 변경] 대화상자가 표시되면 해당 데이터 계열에 적용할 새로운 차트 종류를 선택합니다.

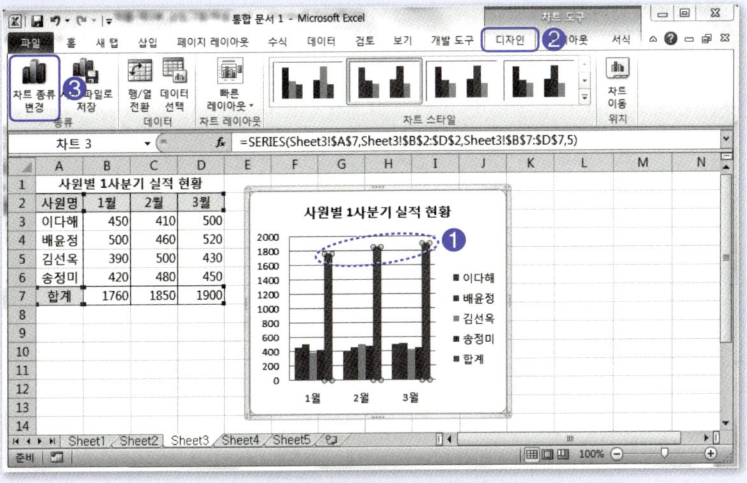

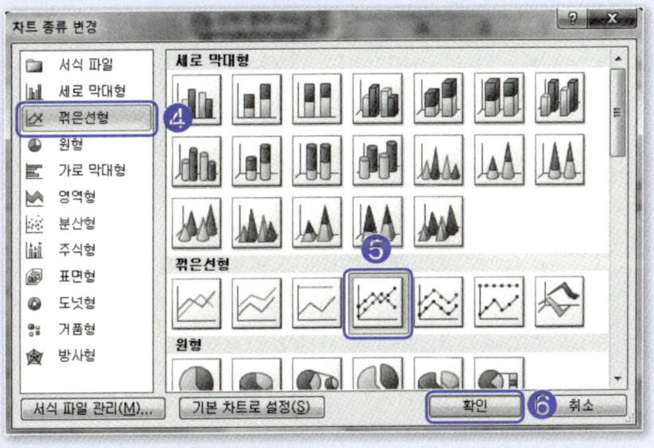

❹ 기존 계열과 차트 종류가 변경된 계열의 세로 축을 구분해 주기 위해, 변경된 데이터 계열이 선택된 상태에서 [차트 도구/레이아웃] 탭-[현재 선택 영역] 그룹-[선택 영역 서식]을 클릭합니다. [데이터 계열 서식] 대화상자가 표시되면 [계열 옵션]-[데이터 계열 지정]-[보조 축]-[확인]을 클릭합니다.

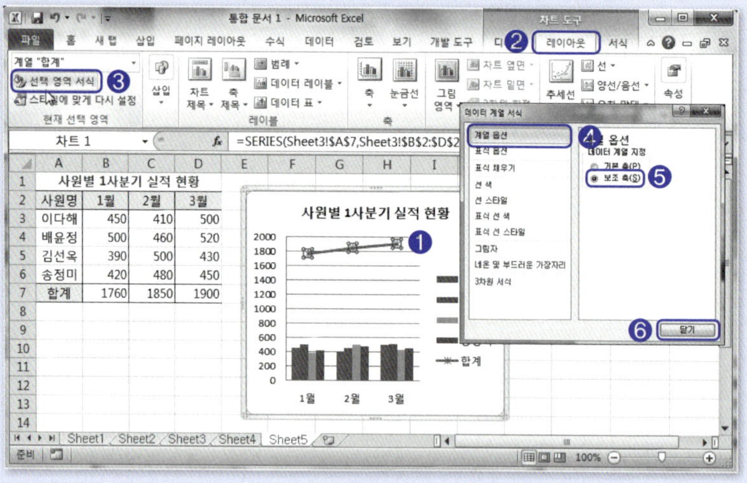

❺ 그러면 다음 그림과 같이 차트 그림 영역의 오른쪽에 보조 축이 표시됩니다. 차트의 왼쪽 세로 축은 원래 차트용 레이블이 표시되고 오른쪽 세로 축(보조 축)은 변경된 두 번째 차트용 레이블이 표시됩니다.

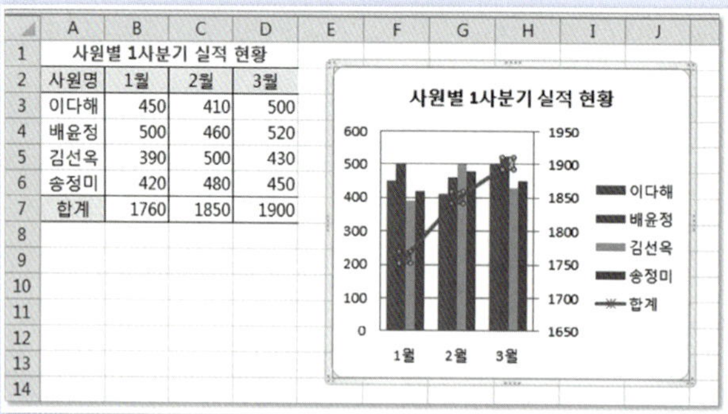

참고로 임의의 계열 전체 요소를 선택하려면 요소 한 개를 한번 클릭합니다. 그런데 임의의 계열에서 하나의 요소만을 선택하려면 계열 전체가 선택된 상태에서 해당 요소를 다시 한번 클릭합니다.

실습

6-1 성적표를 가로 막대형 차트로 작성하기

준비 파일 '6장_1학기 성적표'를 열고 오른쪽 그림과 같이 가로 막대 차트를 작성하시오.

단, 차트 제목을 표시하고, 중간고사와 기말고사 계열에서 최고점수 막대 끝에 데이터 레이블을 표시하며, 차트 영역에 오른쪽 그림과 같은 주황색을 채우시오.

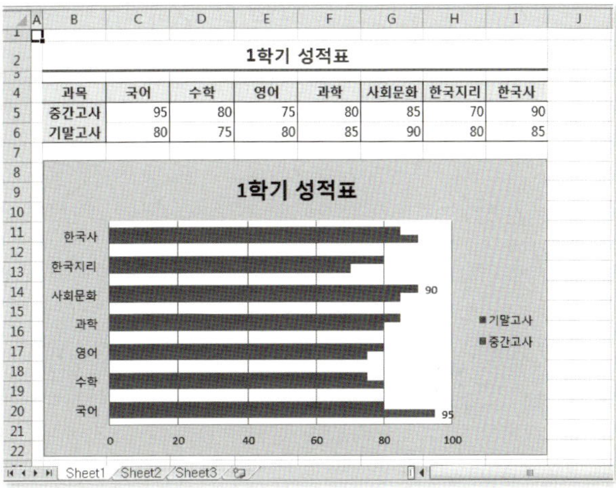

01. 차트를 삽입하기 위해 [B4:I6]셀의 범위를 지정한 후 [삽입] 탭-[차트] 그룹-[가로 막대형]-[2차원 가로 막대형]-[묶은 가로 막대형]을 클릭합니다.

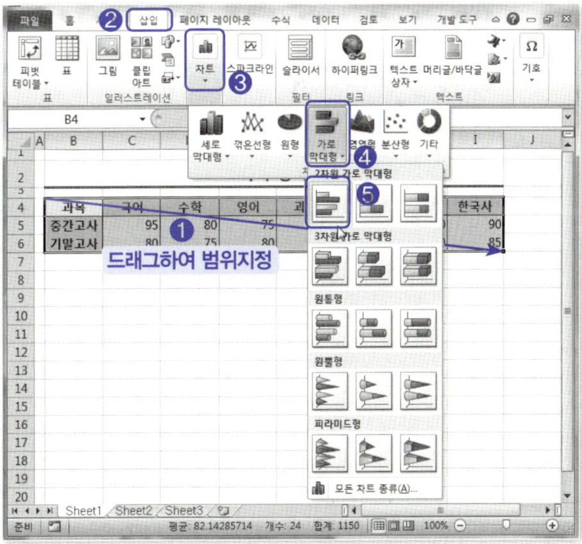

02. 차트가 삽입되면 차트를 선택한 후 마우스 포인터가 십자 화살표(✥)일 때 드래그하여 [B8]셀로 이동하고, 오른쪽 하단의 모서리에 마우스 포인터를 맞추어 양쪽 화살표(↘)일 때 드래그하여 [I22]셀까지 크기를 조절합니다.

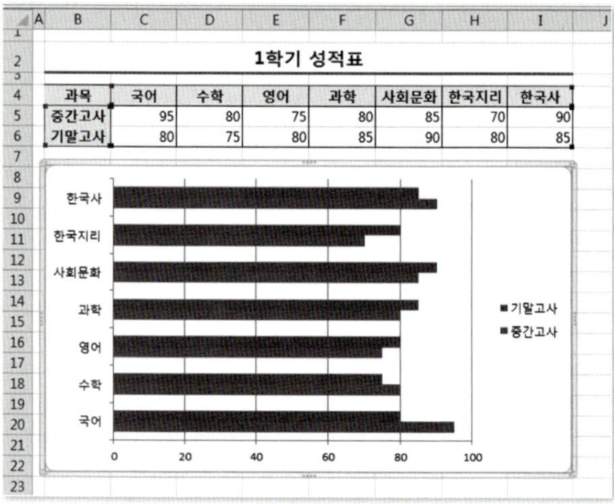

03. 차트의 제목을 표기하기 위해 차트를 선택한 후 [차트 도구/디자인] 탭-[차트 레이아웃] 그룹-[빠른 레이아웃]-[레이아웃1]을 클릭합니다. 차트 제목 란에 '1학기 성적표'를 입력합니다.

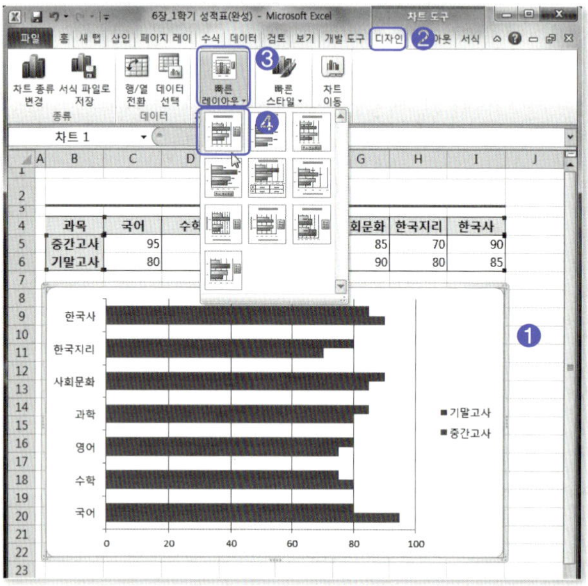

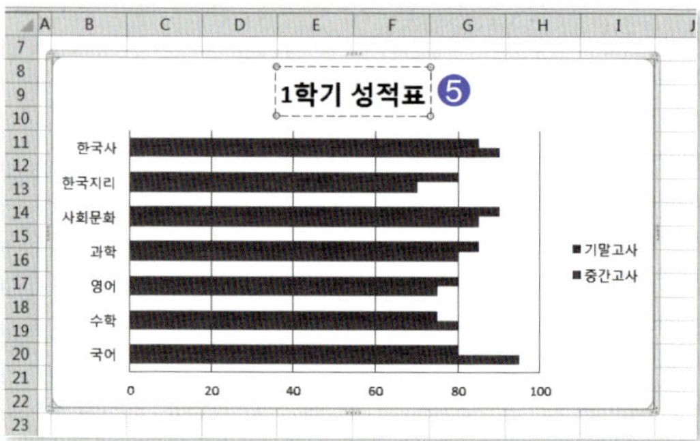

04. 각 계열의 최대 값 요소에 데이터 레이블을 표시하기 위해 '중간고사' 계열에서 '국어' 요소를 클릭하면 '중간고사' 전체가 선택됩니다. 다시 한번 '중간고사' 계열의 '국어' 요소를 클릭하여 하나의 요소만이 선택된 상태에서 [차트 도구/레이아웃] 탭-[레이블] 그룹-[데이터 레이블]-[바깥쪽 끝에]를 클릭합니다.

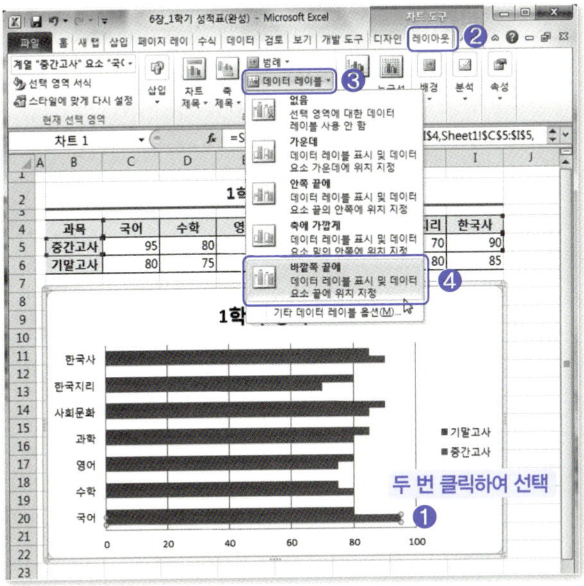

05. 같은 방법으로 '기말고사' 계열의 '사회문화' 요소에도 데이터 레이블을 표시합니다.

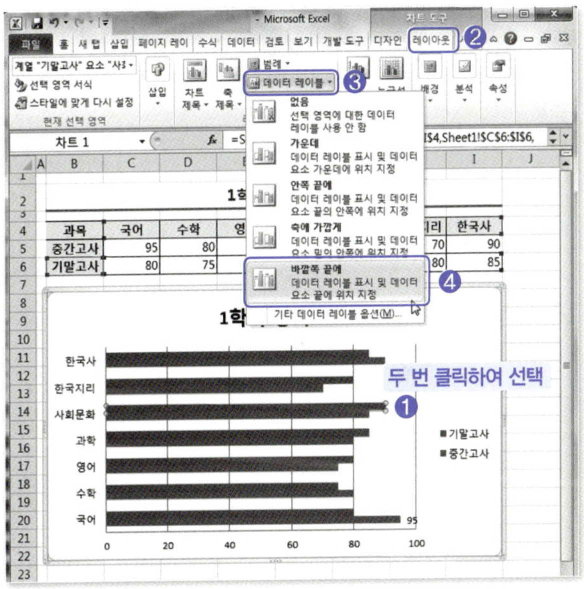

06. 차트 영역에 색을 채우기 위해 차트 영역을 선택한 후 [차트 도구/서식] 탭–[현재 선택 영역] 그룹–[선택 영역 서식]을 클릭합니다. [차트 영역 서식] 대화상자가 열리면 [채우기]–[단색 채우기]–[채우기 색]–[색] 목록에서 '주황, 강조6, 60% 더 밝게'를 선택한 후 [닫기]를 클릭합니다.

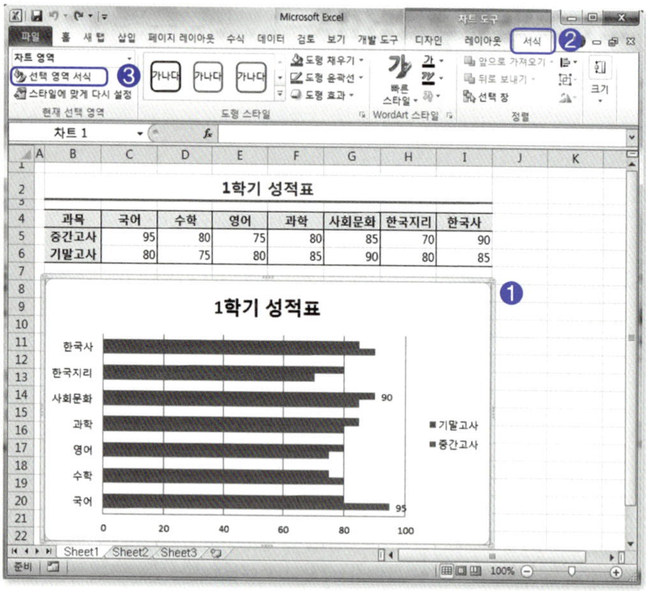

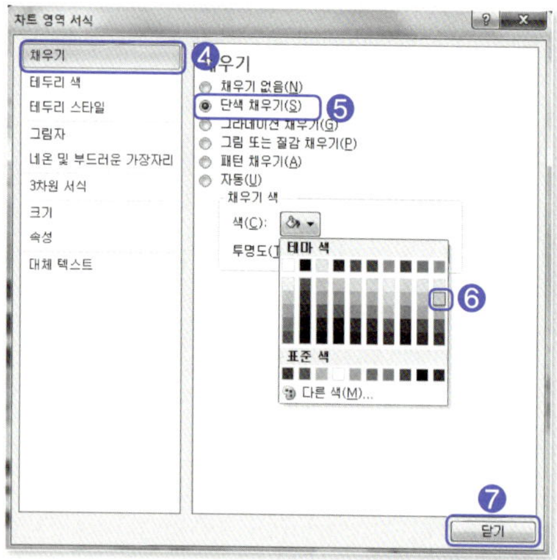

07. 오른쪽 그림과 같이 완성된 문서를 [저장] 단추를 눌러 저장하고, [파일] 탭–[끝내기]를 클릭하거나 또는 화면 오른쪽 상단에 [닫기] 단추를 클릭하여 작업을 종료합니다.

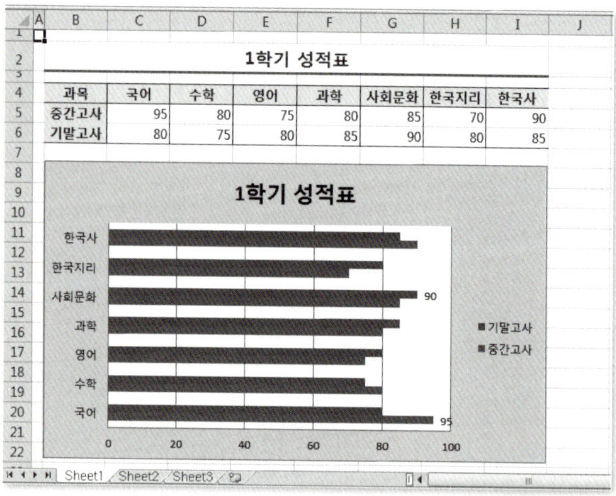

실습 6-2 차트 종류를 변경하여 혼합형 차트를 작성하고 보조 축 생성하기

준비 파일 '6장_코스비 일별시세'를 열고 준비된 표를 이용하여 전일비 계열은 막대그래프이고, 체결가 계열은 꺾은선 그래프로 보조축을 이용하여 표기하시오. 차트 제목을 표시하고, 전일비 계열과 체결가 계열에서 데이터가 가장 큰 숫자를 데이터 레이블에 표시하시오. 차트 영역은 '파피루스' 질감을 채우기 하시오.

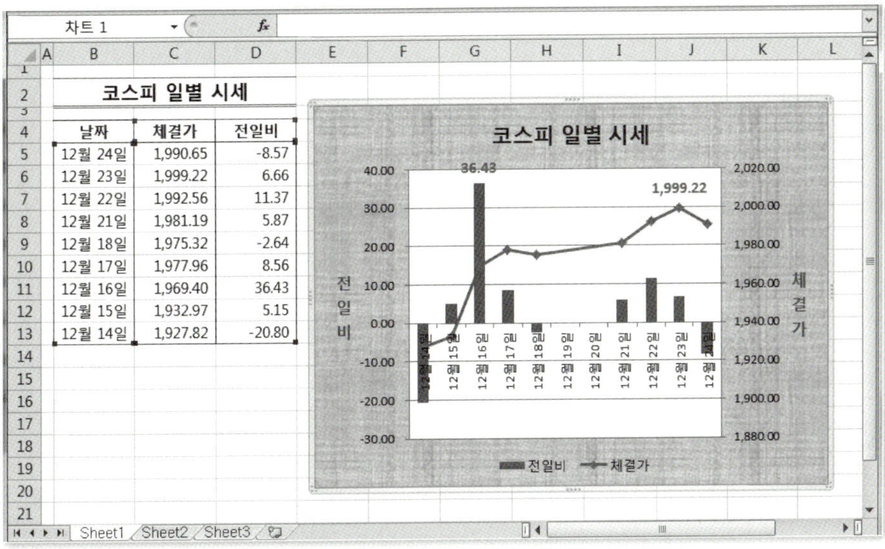

01. 차트를 삽입하기 위해 [B4:D13]셀의 범위를 지정한 후 [삽입] 탭-[차트] 그룹-[세로 막대형]-[2차원 세로 막대형]-[묶은 세로 막대형]을 클릭합니다.

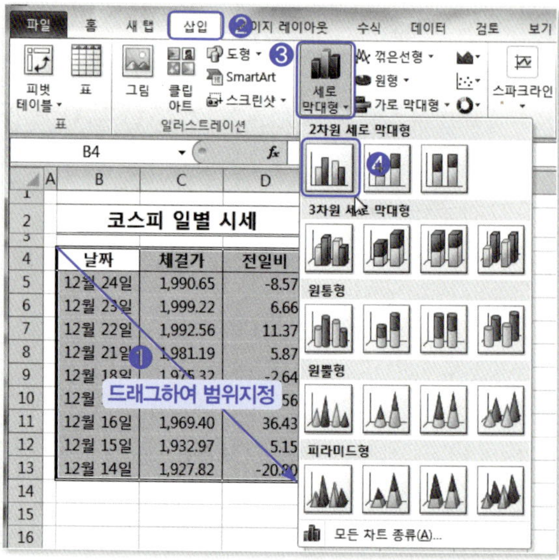

02. 체결가 계열의 차트 종류를 변경하기 위해 체결가 계열을 마우스로 클릭하여 선택하고 [차트 도구/디자인] 탭-[종류] 그룹-[차트 종류 변경]을 클릭합니다. [차트 종류 변경] 대화상자가 표시되면 [꺾은선형]-[표식이 있는 꺾은선형]을 선택 한 후 [확인]을 클릭합니다.

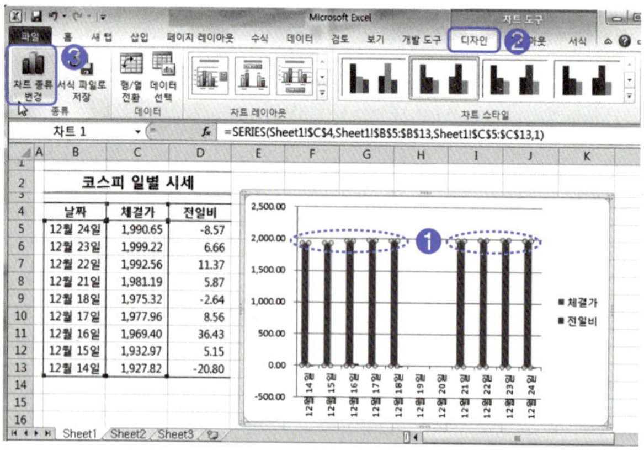

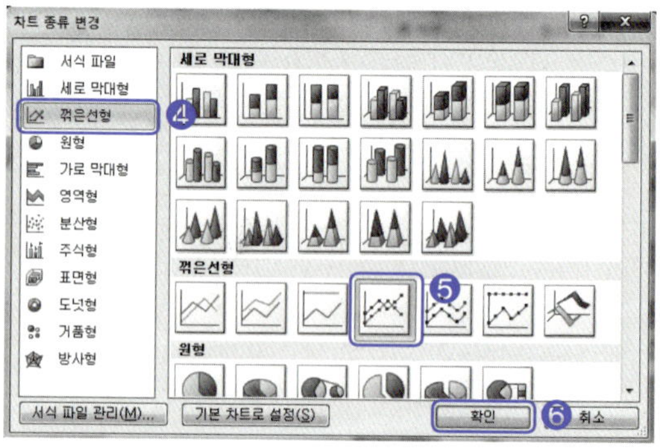

03. 체결가 계열 단위를 보조 축에 표시하기 위해 체결가 계열을 클릭하여 선택한 후 바로가기 메뉴에서 [데이터 계열 서식]을 클릭합니다. [데이터 계열 서식] 대화상자가 표시되면 [계열 옵션]-[데이터 계열 지정]-[보조 축]-[닫기]를 클릭합니다.

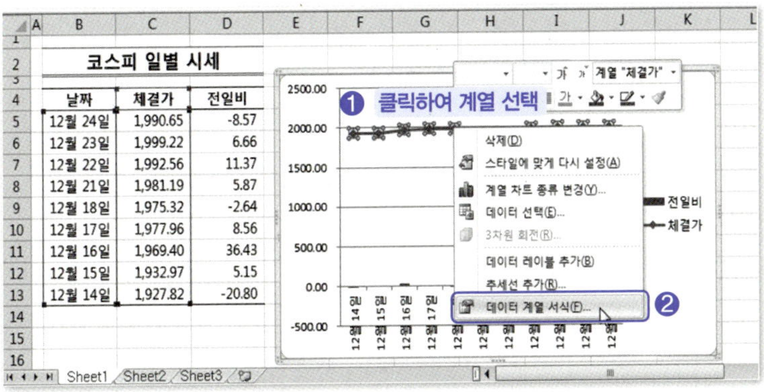

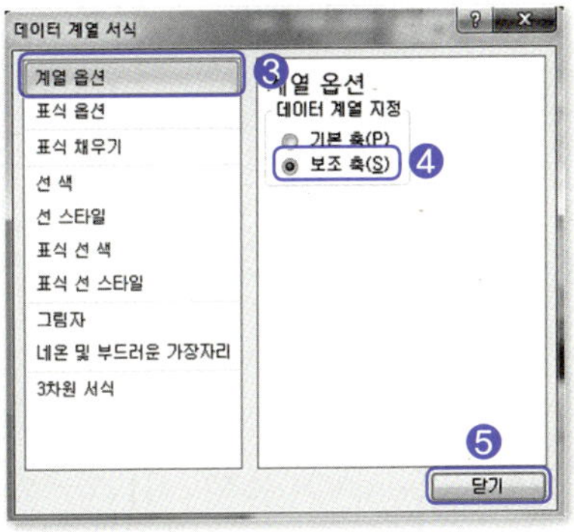

04. 차트에 제목을 표시하기 위해 차트를 선택하고 [차트 도구/레이아웃] 탭-[레이블] 그룹-[차트 제목]-[차트 위]를 클릭합니다.

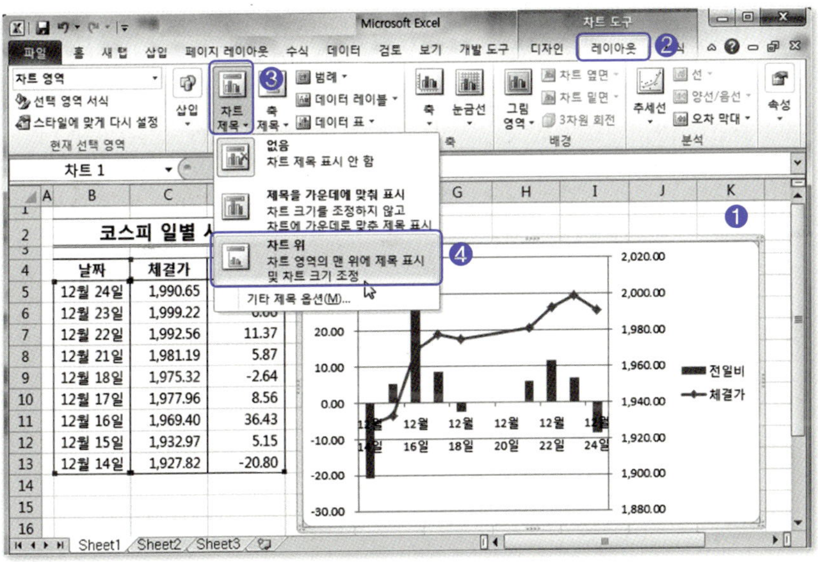

05. 차트 제목을 '코스피 일별 시세'라 입력하고 글꼴 크기(16), 글꼴 색(표준색-진한 파랑)의 서식을 지정합니다.

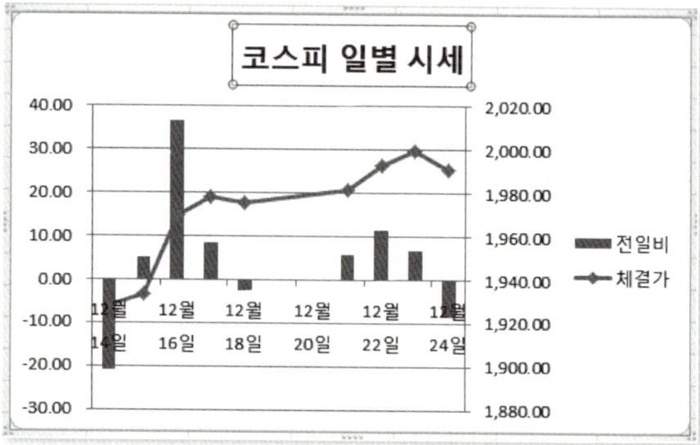

06. 범례의 위치를 차트 아래로 변경하기 위해 차트를 선택한 후 [차트 도구/레이아웃] 탭-[레이블] 그룹-[범례]-[아래쪽에 범례 표시]를 클릭합니다.

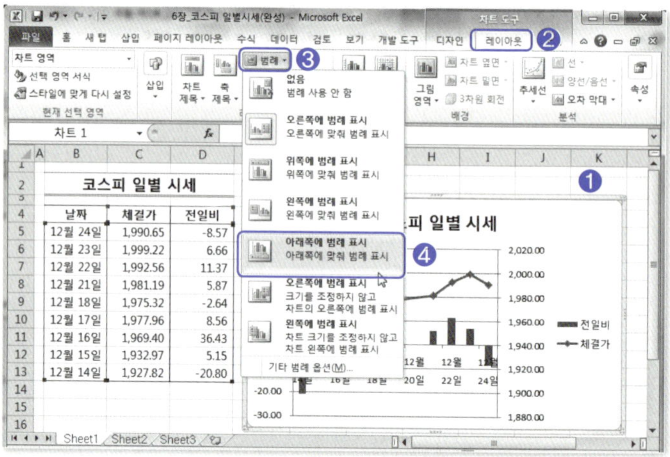

07. 세로 축 제목을 표시하기 위해 차트를 선택한 후 [차트 도구/레이아웃] 탭-[레이블 그룹]-[축 제목]-[기본 세로 축 제목]-[세로 제목]을 클릭합니다.

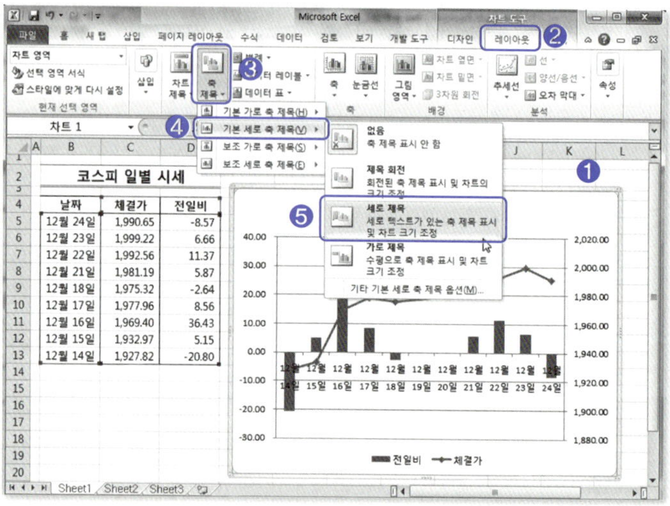

08. 세로 축 제목을 '전일비'라 입력하고 글꼴(굵게), 크기(12), 글꼴 색(표준색-파랑)의 서식을 지정합니다.

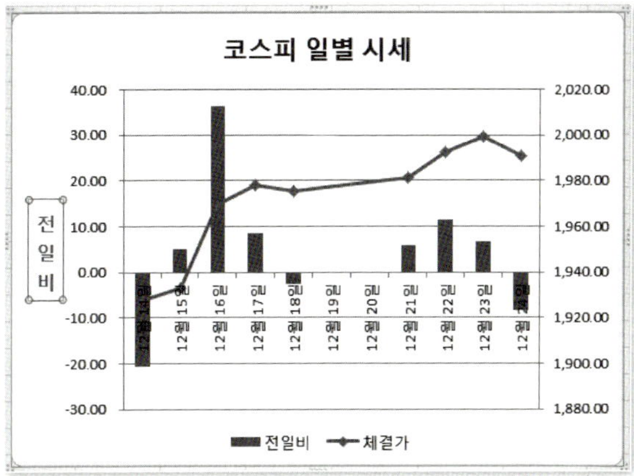

09. 보조 축 제목을 표시하기 위해 차트를 선택한 후 [차트 도구/레이아웃] 탭-[레이블 그룹]-[축 제목]-[보조 세로 축 제목]-[세로 제목]을 클릭합니다.

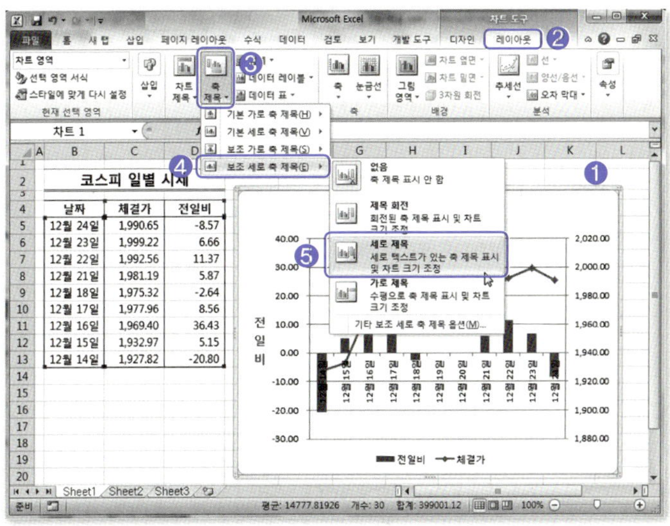

10. 보조 축 제목을 '체결가'라 입력하고 글꼴(굵게), 크기(12), 글꼴 색(표준색-파랑)의 서식을 지정합니다.

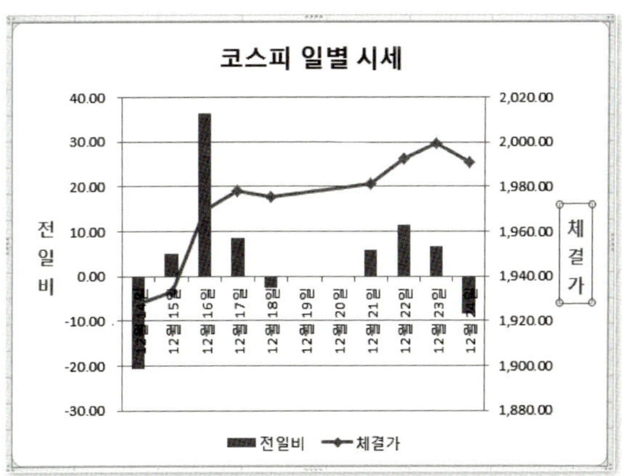

11. 전일비 계열에서 가장 큰 데이터의 레이블을 표시하기 위해 12월 16일 전일비 막대를 마우스를 두 번 클릭하여 선택한 후 바로가기 메뉴에서 [데이터 레이블 추가]를 선택합니다. 표시된 '36.43'의 글꼴(굵게), 크기(12), 글꼴 색(표준색–빨강)의 서식을 지정합니다.

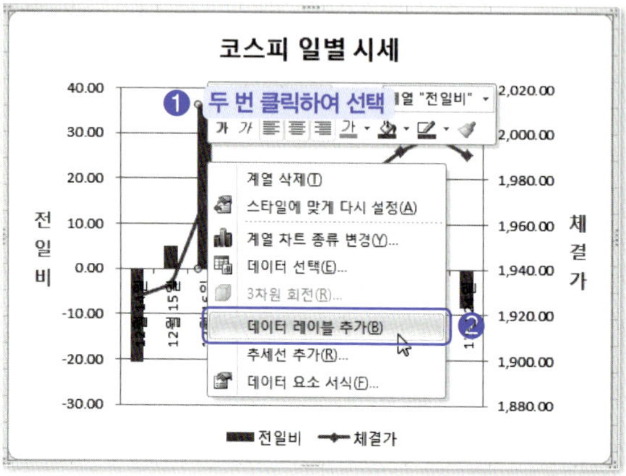

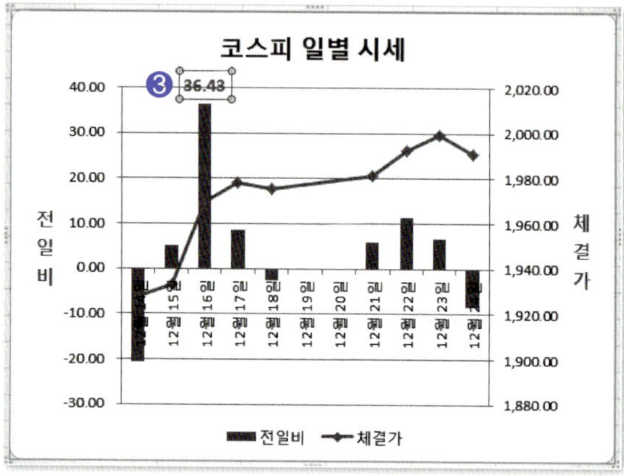

12. 체결가 계열에서 가장 큰 데이터의 레이블을 표시하기 위해 12월 23일 체결가 꺾은선 표식을 마우스를 두 번 클릭하여 선택한 후 바로가기 메뉴에서 [데이터 레이블 추가]를 선택합니다. 표시된 '1,999.22'의 위치가 위쪽에 표시하기 위해 [차트 도구/레이아웃] 탭–[레이블 그룹]–[데이터 레이블]–[위쪽]을 클릭합니다.

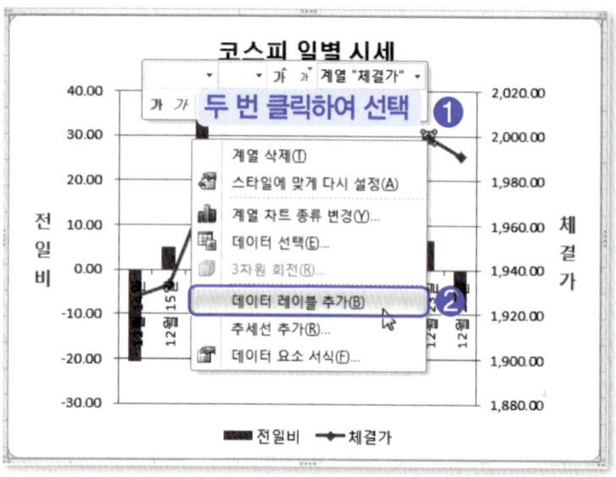

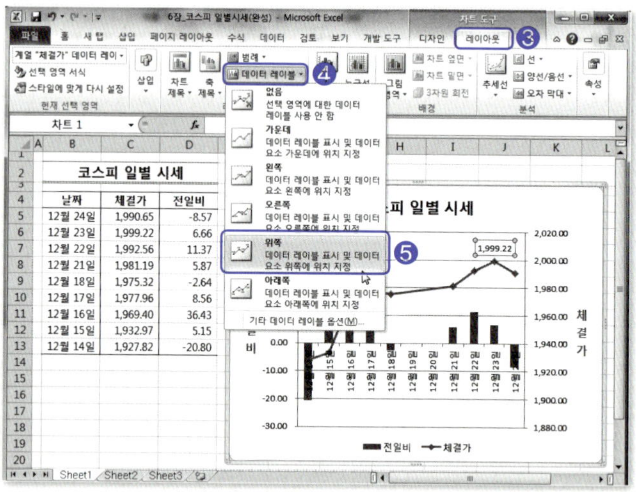

13. 표시된 데이터 레이블 '1,999.22'의 글꼴(굵게), 크기(12), 글꼴 색(표준색–빨강)의 서식을 지정합니다.

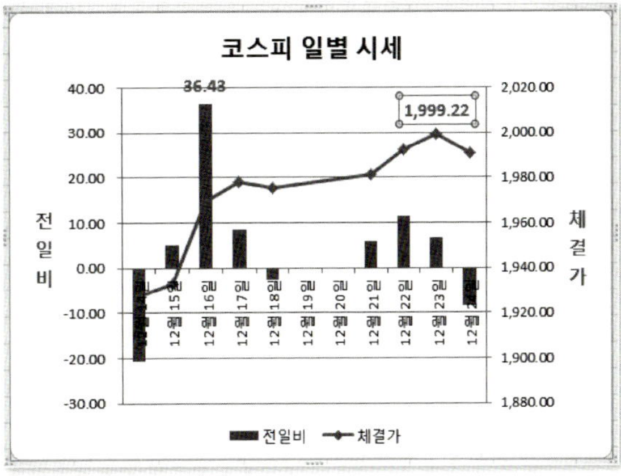

14. 차트 영역에 색을 채우기 위해 차트 영역을 선택한 후 바로가기 메뉴에서 [차트 영역 서식]을 선택합니다. [차트 영역 서식] 대화상자가 표시되면 [채우기]–[그림 또는 질감 채우기]–[질감] 목록에서 '파피루스'를 선택한 후 [닫기]를 클릭합니다.

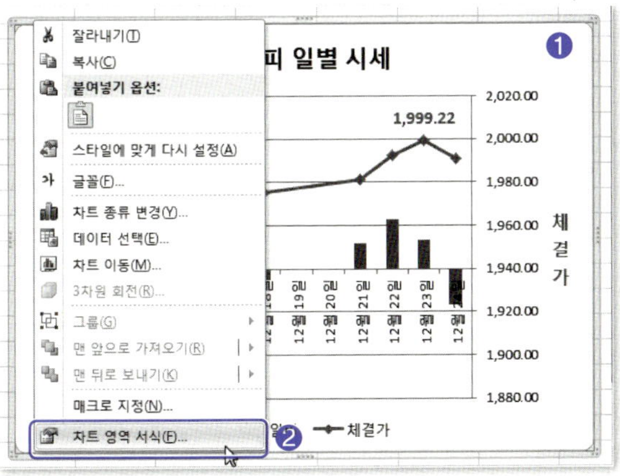

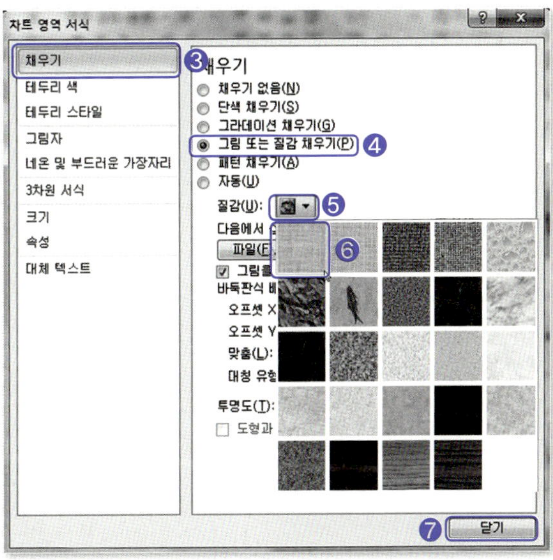

15. 오른쪽 그림과 같이 차트가 완성되면 [저장] 단추를 눌러 저장하고, [파일] 탭-[끝내기]를 클릭하거나 또는 화면 오른쪽 상단에 [닫기] 단추를 클릭하여 작업을 종료합니다.

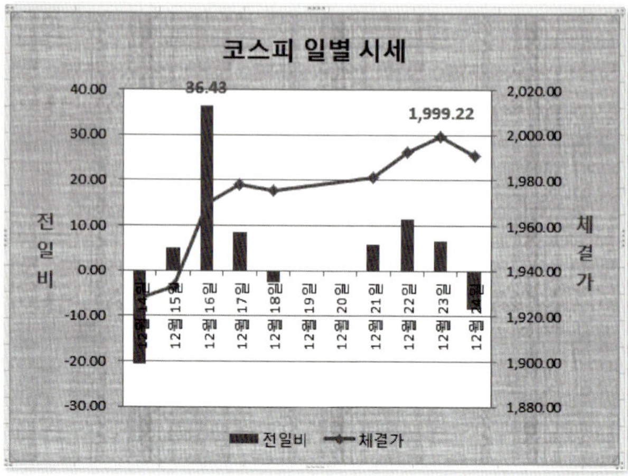

실력 점검 문제

[문제 6-1] 준비파일('실력점검_6-1-준비.xlsx')을 열기한 후 아래 조건에 따라 2개의 원형 차트 상반기 판매액과 하반기 판매액을 작성하시오.

	A	B	C	D	E	F
1						
2		1월 상/하반기 대리점별 판매현황				
3						
4						(단위: 원)
5		대리점	상반기 판매액	하반기 판매액	상/하반기 판매차이	월 판매합계
6		동부	1,409,000	3,120,000	1,711,000	4,529,000
7		서부	2,340,000	5,602,500	3,262,500	7,942,500
8		남부	4,084,000	2,940,000	- 1,144,000	7,024,000
9		북부	2,076,000	3,000,000	924,000	5,076,000
10		총합계	9,909,000	14,662,500	4,753,500	24,571,500
11						

〈준비 파일〉

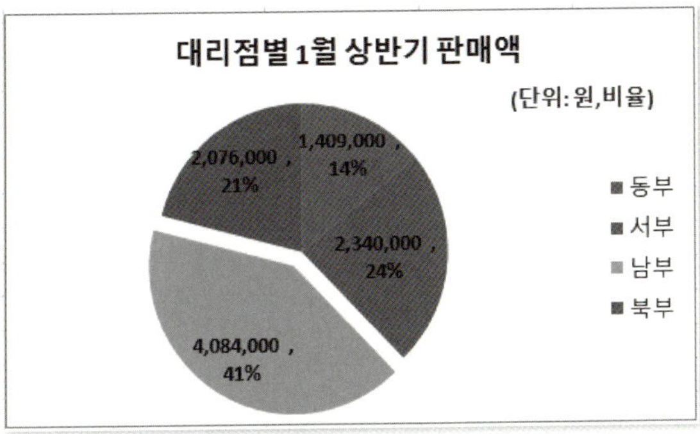

〈완성 차트1 : 상반기 판매액〉

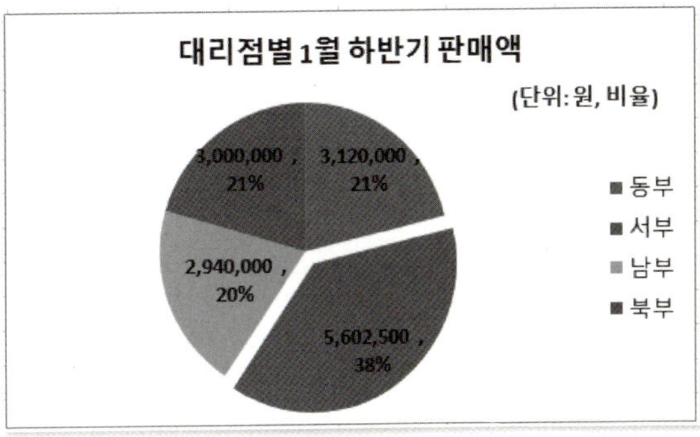

〈완성 차트2 : 하반기 판매액〉

[작성 조건]

- **차트1 셀 범위 : 대리점별 상반기 판매액만 표시 ([B5:C9])**
- **차트2 셀 범위 : 대리점별 하반기 판매액만 표시 ([B5:B9]와 [D5:D9])**
- **차트 종류 : 2차원 원형 - 원형, 원형에서 최대 판매액 부분의 파이를 분리하여 표시**
- **차트도구/레이아웃/레이블 그룹 :**
  - **차트 제목 : '대리점별 1월 상반기 판매액', '대리점별 1월 하반기 판매액', 글꼴 크기(14)**
  - **데이터 레이블 : 안쪽 끝에 위치, 글꼴 크기(11, 굵게), 레이블 옵션(백분율, 쉼표 구분기호)**
- **차트도구/서식/크기 그룹 : 차트 크기(높이-7cm, 너비-12cm)**
- **범례 : 글꼴 크기(11)**
- **차트 영역에 텍스트 삽입 : '(단위: 원, 비율)', 글꼴 크기(11, 굵게), 글꼴 색(표준색-진한 파랑)**

[문제 6-2] 준비파일('실력점검_6-2-준비.xlsx')을 열기한 후 아래 조건에 따라 추세선이 표시되는 분산형 차트를 작성하시오.

언어영역과 수리영역의 적성검사 추이

연도	언어영역	수리영역
1967	466	492
1968	466	492
1969	463	493
1970	460	488
1971	455	488
1972	453	484
1973	445	481
1974	444	479
1975	440	476
1976	434	473
1977	431	472
1978	429	470
1979	429	470
1980	427	468
1981	424	466

〈준비 파일〉

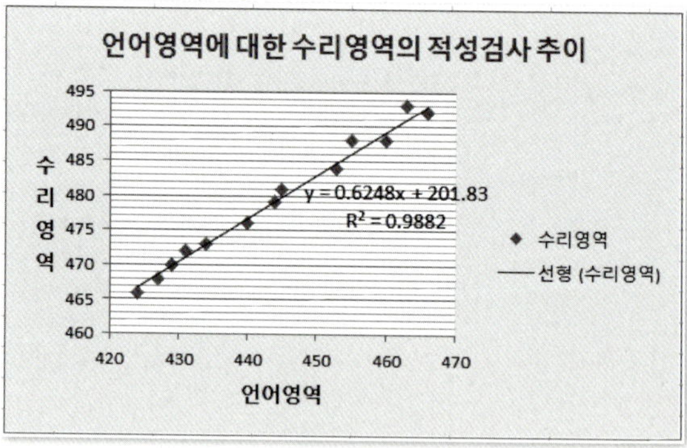

〈완성 문서〉

[작성 조건]

- **차트 범위 : [C4:D19]**
- **차트 종류 : 분산형 - 표식만 있는 분산형**
- **차트 도구/디자인/차트 레이아웃 그룹 : [레이아웃 9] 선택(추세선 표시)**
- **차트도구/레이아웃/레이블 그룹:**
  - **차트 제목 : '언어영역에 대한 수리영역의 적성검사 추이', 글꼴 크기(14), 글꼴 색(표준색-진한 빨강)**
  - **가로 축 제목 : 축 아래 제목, '언어영역', 글꼴 크기(11)**
  - **세로 축 제목 : 세로 제목, '수리영역', 글꼴 크기(11)**
- **차트도구/레이아웃/현재 서식 영역 그룹 :**
  - **계열 "수리영역" 추세선 1 수식 : 위치를 그림영역의 추세선 아래쪽으로 이동, 글꼴 크기(12)**
- **차트도구/서식/도형스타일 그룹 : 도형 채우기(테마색-주황, 강조 6, 80% 더 밝게)**
- **차트도구/서식/크기 그룹 : 차트 크기(높이-8cm, 너비-13cm)**

Memo

Introduction to EXCEL 2010

CHAPTER 07

데이터베이스 관리하기

데이터베이스란 무수히 많은 양의 데이터를 특성에 맞게 체계적으로 정리해 놓은 것을 말합니다. 엑셀에서의 데이터베이스는 연속적인 행, 열 단위로 모아 놓은 자료를 의미하며, 데이터베이스 중에 열 방향의 자료를 '필드'라 하고, 각각의 필드가 모여 만들어지는 행 방향의 개별 자료를 '레코드'라 합니다.

엑셀 작업을 하다보면 때로는 원하는 기준에 따라 데이터를 다시 배열하기도 하고, 조건에 맞는 데이터만 표시하기도 하고, 데이터를 요약 표시를 할 때가 있습니다. 이번 장에서는 정렬, 자동 필터, 고급 필터, 부분합, 피벗 테이블 등의 기능을 사용해서 원하는 데이터를 효율적으로 분석하고 관리하는 방법에 대하여 살펴보겠습니다.

학습 목표

- 정렬 기능에 기준을 적용하여 원하는 기준으로 데이터를 다시 정렬할 수 있습니다.
- 자동 필터와 고급 필터 기능을 이용하여 데이터 레코드를 선별할 수 있습니다.
- 부분합을 이용하여 해당되는 데이터 부분의 요약 계산을 할 수 있습니다.
- 피벗 테이블을 이용하여 좀 더 다양한 조건으로 데이터를 요약할 수 있습니다.

실습 구성

실습 7-1 정렬 대화상자에서 다중 기준을 적용한 데이터 정렬하기

실습 7-2 자동 필터 기능을 이용한 사용자 지정 레코드 선별하기

실습 7-3 고급 필터 기능을 이용한 레코드 선별하기

실습 7-4 부분합을 이용한 판매사원의 판매실적 계산하기

실습 7-5 피벗 테이블 작성 및 레이아웃 편집하기

실력 점검 문제

준비 학습

1. 데이터베이스 구성과 작성 규칙

(1) 데이터베이스 구성

엑셀에서의 데이터베이스는 연속적인 행, 열 단위로 체계적으로 모아 놓은 자료를 말하며, 이 중 열 방향의 자료를 필드(Field)라 하고, 각각의 필드가 모여서 만들어지는 행 방향의 자료를 레코드(Record)라 합니다.

	A	B	C	D	E	F	G	H	I	J
1	학과	학번	이름	중간고사	기말고사	레포트	출석	총점	← 필드 이름	
2	경제	201511019	김진수	27	33	9	15	84		
3	물리	201521026	양도현	28	23	10	20	81		
4	경영	201512008	박민수	33	32	10	20	95		
5	국문	201510016	정아연	10	31	9	15	65		
6	전기	201533025	허일욱	33	28	10	20	91	← 레코드	
7	경영	201512004	박서희	22	32	8	20	82		
8	영문	201502043	정미라	23	32	8	18	81		
9			↑							
10			필드							

〈워크시트 입력 데이터로 본 필드와 레코드〉

❶ 필드 : 위의 그림을 보면 A에서 H까지 각 열들은 '학과', '학번', '이름', '중간고사', '기말고사', '레포트', '출석', '총점'과 같이 같은 특성을 가진 데이터 집합을 한 열에 한 집합씩 표시하고 있습니다. 이처럼 정보의 항목을 '필드'라고 하며 열로 표시됩니다.

❷ 레코드 : 2행부터 8행까지 각 행들은 '경제, 201511019, 김진수, 27, 33, 9, 15, 84'처럼 서로 다른 특성을 가진 8가지(A~H)의 데이터를 지닌 각 개체를 한 행에 한 개씩 표시하고 있습니다. 이처럼 특정 사람, 사건, 사물 등 정보 모음을 '레코드'라 하며 행으로 표시됩니다.

❸ 필드 이름 : A1셀부터 H1셀에는 각 필드의 데이터를 구분하는 레이블이 입력되어 있는데, 이런 레이블을 필드 이름 또는 열 이름이라고 합니다.

❹ 데이터베이스 : 위의 그림에서 워크시트에 입력된 데이터들은 학생들의 성적을 평가하기 위해서 입력되고 계산된 것입니다. 이처럼 특정 주제나 목적과 관련된 데이터 모음을 '데이터베이스'라고 합니다.

(2) 데이터베이스 작성 규칙

❶ 필드 단위/레코드 단위 : 데이터베이스를 사용한 작업을 할 때 원하는 기준이나 조건은 필드 단위로 적용되고, 그 결과로 표시되는 데이터는 레코드 단위로 표시됩니다.

❷ 기준이나 조건 : 정렬이나 그룹 작업에서는 기준이나 조건을 열 단위로 할지 행 단위로 할지 선택할 수 있지만, 필터나 부분합 작업 등 대부분의 데이터베이스 관련 작업에서는 선택할 수가 없습니다. 따라서 데이터베이스를 사용한 작업을 하려면

필드를 열로 레코드를 행으로 입력합니다.

❸ 데이터베이스 작성

- 필드 이름은 첫 행에 입력합니다.
- 데이터베이스 범위 안에 있는 셀을 병합할 수 없습니다.
- 데이터베이스 내에 빈 행이나 빈 열이 있으면 안됩니다. 빈셀은 있을 수 있습니다.
- 빈 행이나 빈 열을 데이터베이스 범위의 끝으로 자동 인식하기 때문에 데이터베이스 범위와 인접한 셀에 다른 데이터베이스를 작성하면 안됩니다.
- 한 필드에는 한 항목만 입력되도록 합니다.

2. 정렬

정렬은 텍스트, 숫자, 날짜 및 시간 등을 기준으로 하여 일정한 순서로 재배열하는 기능으로, 오름차순 정렬과 내림차순 정렬이 있습니다. 데이터 정렬을 이용하여 원하는 데이터를 좀 더 빠르게 찾을 수 있고 효율적인 문서 관리가 가능합니다. 오름차순 정렬은 작은 값부터 큰값 순서로 나열하고 내림차순 정렬은 큰값부터 작은 값 순서로 나열합니다. 숫자, 텍스트가 섞여 있는 경우에 정렬의 규칙은 다음과 같습니다.

오름차순 정렬	숫자(0~9) → 기호문자(!,#,@,...) → 영문 대문자(A~Z) → 영문 소문자(a~z) → 한글(가~하) → 논리값(False, True) → 오류값(#DIV/0,...) → 빈셀
내림차순 정렬	오류값(#DIV/0,...) → 논리값(True, False) → 한글(하~가) → 영문 소문자(z~a) → 영문 대문자(Z~A) → 기호문자(@,#,!,...) → 숫자(9~0) → 빈셀

참고 데이터 영역

엑셀에서 정렬이나 필터 작업은 데이터가 입력된 셀이나 인접한 셀을 선택하고 나서 수행해야 합니다. 데이터가 입력된 범위 밖의 셀이 선택된 상태에서 작업을 시작하면 다음과 같은 오류가 표시됩니다.

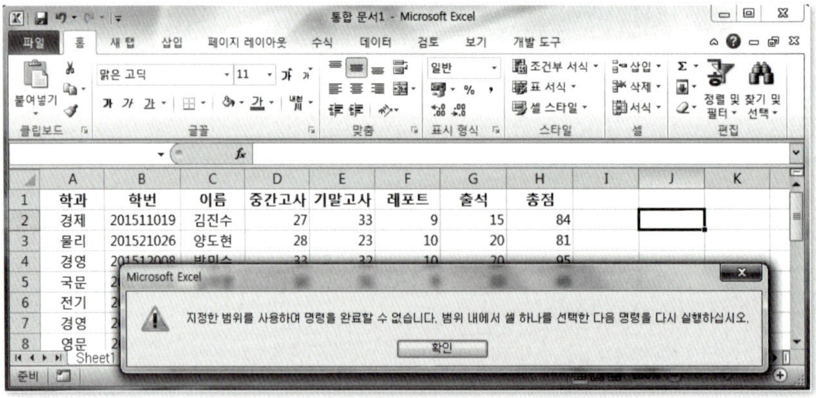

(1) 단일 기준에 의한 정렬

한 개의 필드를 기준으로 정렬하려면 다음과 같은 순서로 진행합니다.

❶ 정렬하려는 기준이 되는 필드의 데이터가 있는 셀을 클릭합니다.

❷ [홈] 탭-[편집] 그룹-[정렬 및 필터]를 클릭합니다.

❸ 오름차순 정렬을 하려면 [텍스트 오름차순 정렬]을, 내림차순 정렬을 하려면 [텍스트 내림차순 정렬]을 클릭합니다.

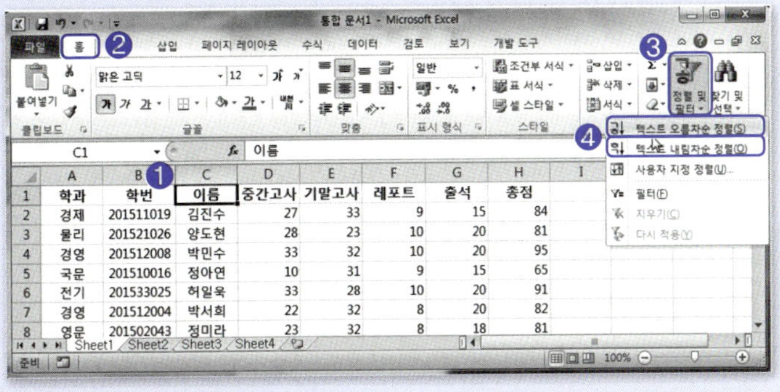

또는 오른쪽 그림과 같이 [데이터] 탭-[정렬 및 필터] 그룹-[텍스트 오름차순 정렬] 또는 [텍스트 내림차순 정렬]을 클릭해도 가능합니다.

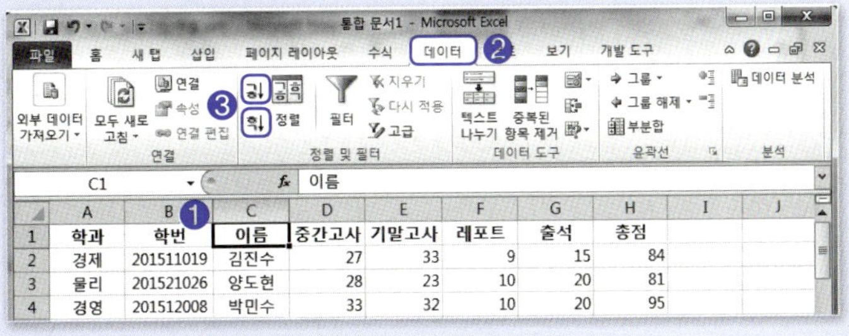

(2) 두 개 이상의 기준에 의한 정렬

여러 개의 필드를 기준으로 정렬하거나 정렬 조건을 다양하게 설정하려면 사용자 지정 정렬을 사용합니다.

❶ 정렬하려는 데이터 범위에서 임의의 셀을 클릭합니다.

❷ [홈] 탭-[편집] 그룹-[정렬 및 필터]-[사용자 지정 정렬]을 클릭하여 [정렬] 대화상자를 표시합니다.

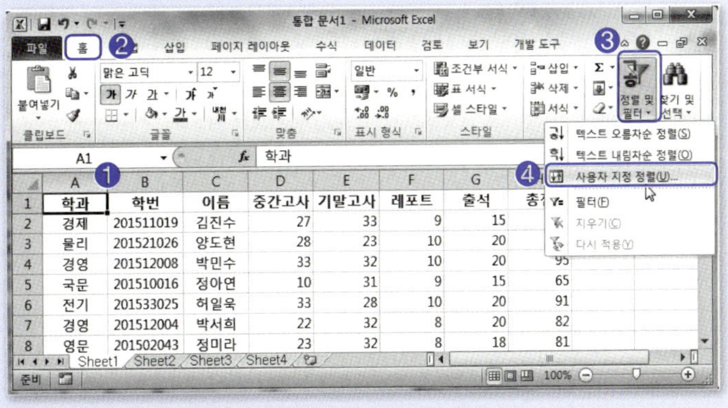

또는 오른쪽 그림과 같이 [데이터] 탭-[정렬 및 필터] 그룹-[정렬]을 클릭해도 가능합니다.

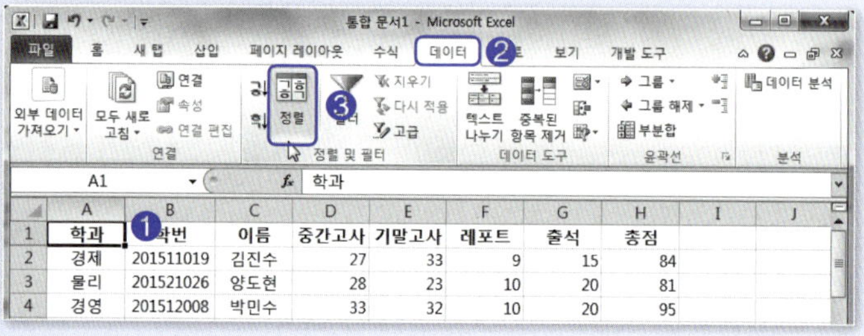

③ [정렬] 대화상자에서 [열]/[정렬기준]/[정렬] 항목의 목록 단추를 누르고 기준 항목을 선택한 후 [확인] 단추를 클릭합니다.

(3) 사용자 지정 목록에 의한 정렬

❶ 정렬하려는 데이터 범위에서 임의의 셀을 클릭합니다.

❷ [데이터] 탭-[정렬 및 필터] 그룹-[정렬]을 클릭하여 [정렬] 대화상자를 표시합니다.

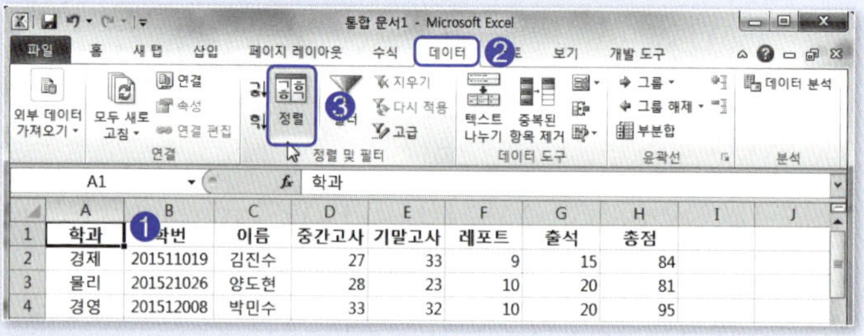

❸ [정렬] 대화상자에서 [열]/[정렬기준] 항목에서 기준을 지정한 후, [정렬] 항목에서 [사용자 지정 목록...]을 선택하여 [사용자 지정 목록] 대화상자를 표시합니다.

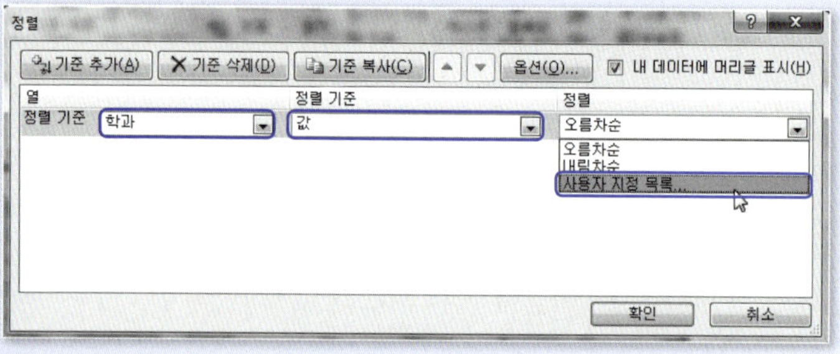

❹ [사용자 지정 목록] 대화상자에서 이미 정의된 목록을 선택하거나, 새로 목록을 추가하여 사용합니다.

오른쪽 그림은 정렬 기준이 될 사용자 지정 목록을 [사용자 지정 목록] 대화상자에서 입력하여 추가한 결과입니다

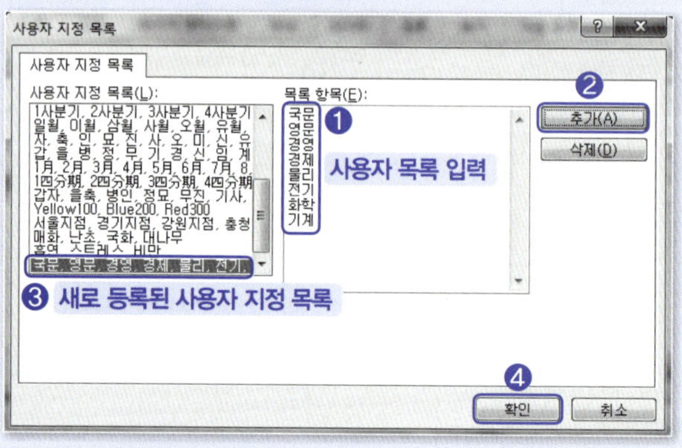

❺ 정렬 항목에서 원하는 사용자 지정 목록을 선택한 후 [확인]을 클릭합니다.

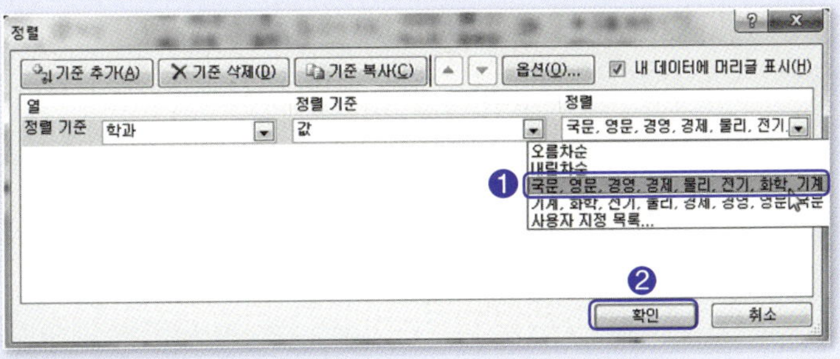

다음 그림은 '학과'는 사용자 지정 목록을 기준으로 1차 정렬하고, 1차 정렬 후 학과가 동일하다면 '학번'을 오름차순으로 2차 정렬한 예로 실행 전과 실행 후의 데이터 결과를 표시하고 있습니다.

	A	B	C	D	E	F	G	H
1	학과	학번	이름	중간고사	기말고사	레포트	출석	총점
2	경제	201511019	김진수	27	33	9	15	84
3	물리	201521026	양도현	28	23	10	20	81
4	경영	201512008	박민수	33	32	10	20	95
5	국문	201510016	정아연	10	31	9	15	65
6	전기	201533025	허일욱	33	28	10	20	91
7	경영	201512004	박서희	22	32	8	20	82
8	영문	201502043	정미라	23	32	8	18	81
9	화학	201522049	이정숙	25	32	9	20	86
10	국문	201510050	최진호	30	27	10	15	82
11	영문	201502002	차성일	34	33	10	20	97
12	기계	201531031	양선희	30	31	10	18	89
13	경제	201511052	김호열	26	29	8	20	83
14	물리	201321007	금태진	31	32	10	20	93

〈정렬 전 데이터〉

	A	B	C	D	E	F	G	H
1	학과	학번	이름	중간고사	기말고사	레포트	출석	총점
2	국문	201510016	정아연	10	31	9	15	65
3	국문	201510050	최진호	30	27	10	15	82
4	영문	201502002	차성일	34	33	10	20	97
5	영문	201502043	정미라	23	32	8	18	81
6	경영	201512004	박서희	22	32	8	20	82
7	경영	201512008	박민수	33	32	10	20	95
8	경제	201511019	김진수	27	33	9	15	84
9	경제	201511052	김호열	26	29	8	20	83
10	물리	201321007	금태진	31	32	10	20	93
11	물리	201521026	양도현	28	23	10	20	81
12	전기	201533025	허일욱	33	28	10	20	91
13	화학	201522049	이정숙	25	32	9	20	86
14	기계	201531031	양선희	30	31	10	18	89

〈사용자 지정 목록 정렬 후 데이터〉

참고 숨겨진 열이나 행의 정렬

숨겨진 열이나 행은 정렬되지 않기 때문에, 정렬을 하기 전에 숨겨진 열과 행을 모두 표시해야 합니다.

(4) [정렬] 대화상자의 구성요소

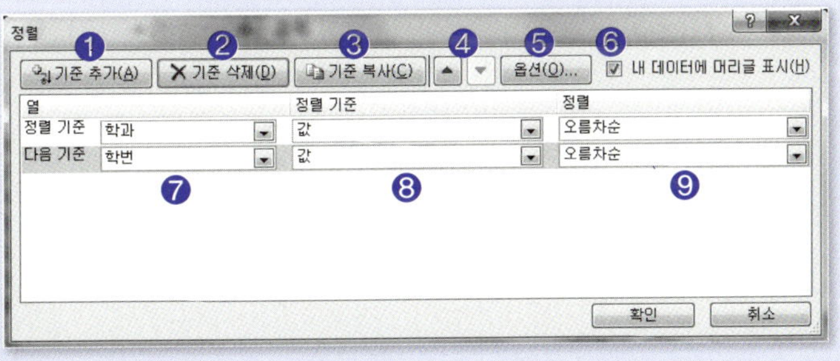

❶ [기준 추가] : 정렬 기준을 추가하여 여러 개의 정렬 기준을 사용할 수 있습니다.

❷ [기준 삭제] : 정렬 기준을 하나씩 삭제할 수 있습니다.

❸ [기준 복사] : 현재 선택된 정렬 기준과 동일한 정렬 기준을 한 개 추가할 수 있습니다.

❹ [화살표] : 화살표를 클릭해서 정렬 기준이 적용되는 순서를 조정할 수 있습니다.

❺ [옵션] : 영문 대/소문자의 구분을 지정하거나, 위쪽에서 아래쪽(열 기준)/왼쪽에서 오른쪽(행 기준) 등의 방향의 옵션을 지정합니다.

❻ [내 데이터에 머리글 표시] : 첫 번째 행을 필드 이름으로 사용할 것인지, 아니면 첫 번째 데이터가 있는 레코드로 사용할 것인지를 정합니다.

❼ [열] : 정렬 기준의 항목을 표시합니다. 첫 행이 필드 이름으로 구성된 데이터베이스이면 목록 단추를 누르면 필드 이름 목록이 표시되고, 첫 행부터 데이터 레코드로 구성되면 목록단추를 누르면 워크시트의 열 머리글(A, B, C, D, ...)이 표시됩니다.

❽ [정렬 기준] : 정렬 기준의 유형을 선택합니다. 값, 셀 색, 글꼴 색, 셀 아이콘 등이 있습니다.

❾ [정렬] : 정렬 방법을 선택합니다. 오름차순, 내림차순, 사용자 지정 목록 등이 있습니다.

3. 자동 필터

필터(Filter)는 조건에 맞는 데이터가 있는 행만 표시하고 그 밖의 행들은 숨기는 기능입니다. 데이터 필터를 적용해서 원하는 데이터를 쉽고 빠르게 찾을 수 있습니다.

자동 필터는 기본적인 필터 조건을 각 필드마다 적용해서 데이터를 필터링합니다. 자동 필터링 순서는 다음과 같습니다.

❶ 필터링 하려는 데이터 범위에서 임의의 셀을 클릭합니다.

❷ [홈] 탭-[편집] 그룹-[정렬 및 필터]-[필터]를 클릭합니다.

위의 과정을 [데이터] 탭-[정렬 및 필터] 그룹-[필터]를 클릭해도 가능합니다.

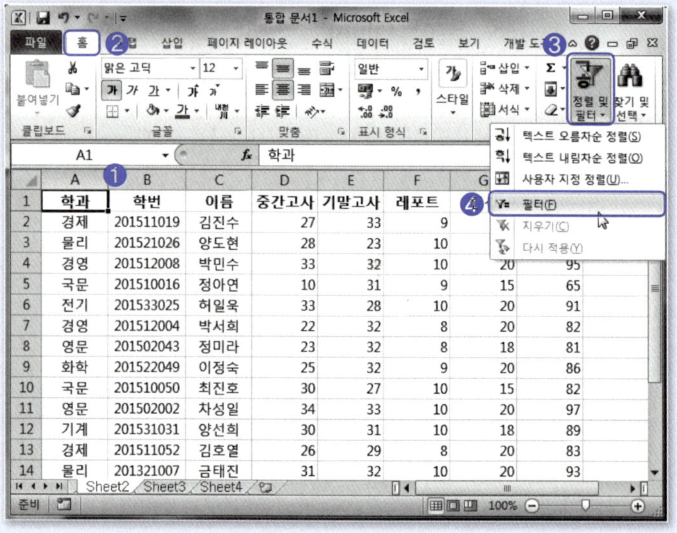

❸ 자동 필터가 실행되면서 첫 번째 행의 각 셀(필드 이름)에 화살표 모양의 필터링 단추가 표시됩니다. 필터링 단추를 클릭하여 필터 조건을 설정할 수 있습니다.

필터링 단추는 하나 이상 여러 개의 항목을 선택하여 필터 조건이 누적 적용될 수 있습니다.

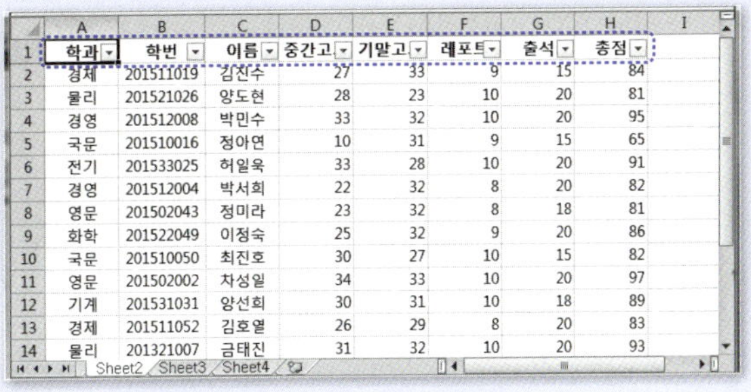

(1) **자동 필터 조건 설정**

❶ 오름차순 정렬, 내림차순 정렬, 색 기준 정렬 : 한 개의 필드를 기준으로 주어진 순서로 정렬합니다.

❷ ...에서 필터 해제 : 이미 필터를 적용했을 때 활성화되며 적용된 필터 조건을 해제합니다.

❸ 색 기준 필터 : 셀 색, 글꼴 색, 셀 아이콘 기준으로 필터 조건을 설정할 수 있습니다. 단, 색 기준 필터는 한 개의 필드에 여러 가지 색 기준을 적용할 수 없습니다.

❹ 목록에서 선택

- 테스트, 숫자 데이터 형식 : 해당 필드에 있는 값이 요약되어 목록으로 표시됩니다. 선택하거나 선택을 취소하여 필터를 적용할 수 있습니다.
- 날짜/시간 데이터 형식 : 해당 필드에 있는 값이 연, 월, 일로 계층적으로 정리되어 목록으로 표시됩니다. 마찬가지로 선택하거나 선택을 취소하여 필터를 적용할 수 있습니다.

❺ 텍스트 필터 메뉴 : 그림 〈텍스트 필터 메뉴〉에서와 같은 항목들이 있으며 메뉴를 선택하면 [사용자 지정 필터] 대화상자에서 설정할 수 있습니다.

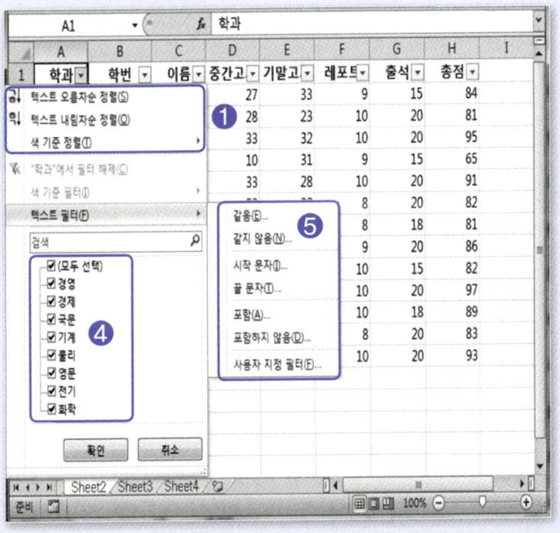

〈텍스트 필터 메뉴〉

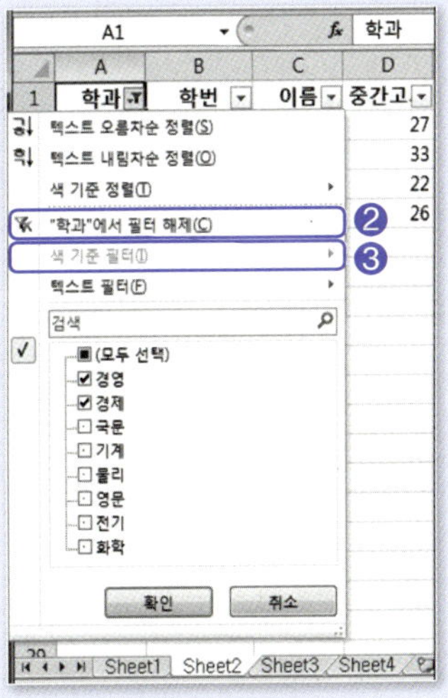

〈필터 해제 메뉴〉

❻ 숫자 필터 메뉴 : 그림 〈숫자 필터 메뉴〉에서와 같은 항목들이 있으며 [상위 10], [평균 초과], [평균 미만] 메뉴를 제외하고 나머지는 [사용자 지정 필터] 대화상자에서 설정할 수 있습니다.

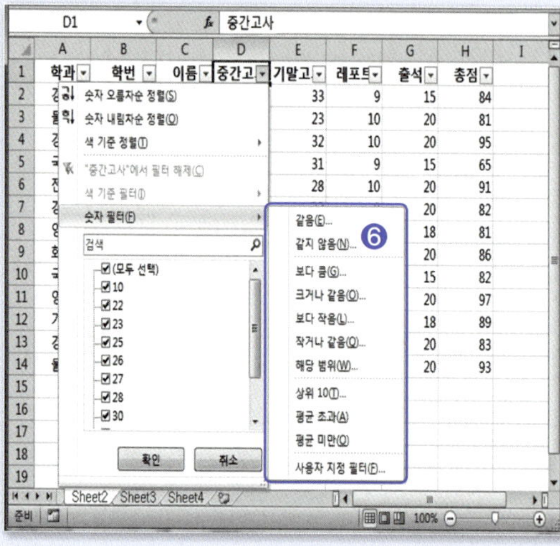

〈숫자 필터 메뉴〉

❼ 날짜 필터 메뉴 : 그림 〈날짜 필터 메뉴〉에서와 같은 항목들이 있으며 메뉴를 선택하면 [사용자 지정 필터] 대화상자에서 설정할 수 있습니다.

❽ 사용자 지정 필터 : 필터 메뉴에서 [사용자 지정 필터]를 선택하면 대화상자가 표시됩니다. 찾을 조건은 '그리고(AND)'나 '또는(OR)'으로 연결되는 두 가지 필터 조건을 설정할 수 있습니다.

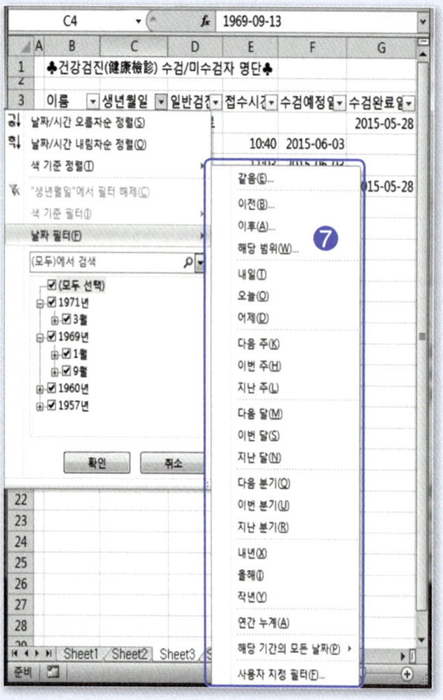

〈날짜 필터 메뉴〉

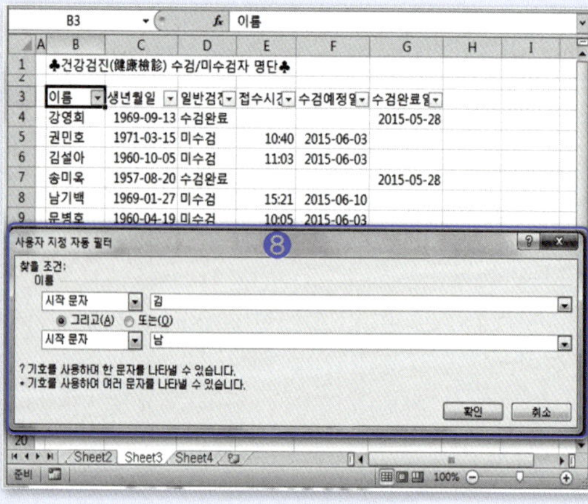

〈사용자 지정 자동 필터〉

참고 **사용자 지정 자동 필터의 조건 지정 유형**

데이터 형식	조건의 종류
텍스트, 숫자, 날짜	시작 문자, 제외할 시작 문자, 끝 문자, 제외할 끝 문자, 포함, 포함하지 않음
텍스트, 숫자	=, 〈〉, 〈, 〈=, 〉, 〉=
날짜	=, 〈〉, 이후, 이후 또는 같음, 이전, 이전 또는 같음

(2) 자동 필터 해제

필터가 누적되지 않도록 하려면 필터를 해제해야 합니다. 특정 필드의 필터만을 해제하려면 해당 필드 이름의 필터링 단추를 클릭한 후 [...에서 필터 해제]를 클릭합니다.

만약 여러 필드에 적용된 필터 모두를 해제하려면 [홈] 탭–[편집]그룹–[정렬 및 필터]–[지우기]를 클릭합니다. 또는 [데이터] 탭–[정렬 및 필터] 그룹–[지우기]를 클릭해도 가능합니다.

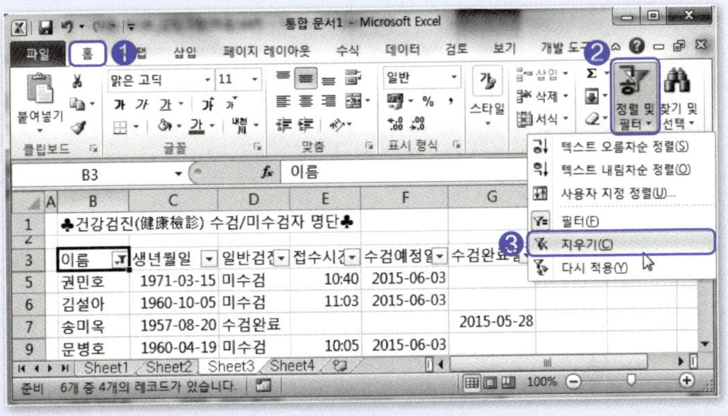

(3) 자동 필터 끝내기

자동 필터 작업을 중지하려면 [홈] 탭–[편집] 그룹–[정렬 및 필터]–[필터]를 클릭하거나, 또는 [데이터] 탭–[정렬 및 필터] 그룹–[필터]를 클릭하여 선택을 해제합니다.

그러면 첫 번째 행의 필드 이름에 표시되었던 필터링 단추들이 사라지고 자동 필터 실행이 중지됩니다.

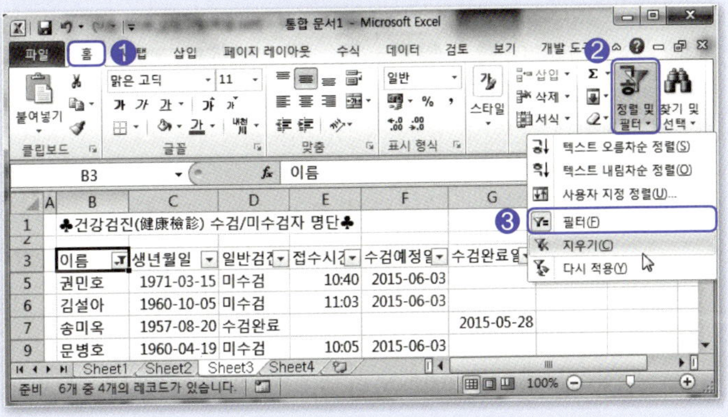

4. 고급 필터

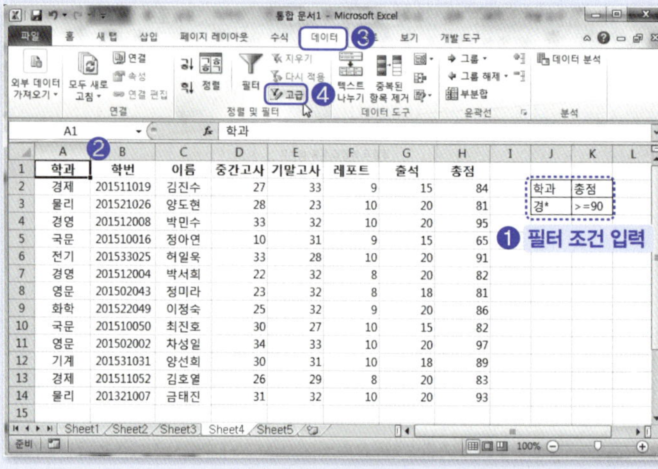

자동 필터는 개별 필드마다 필터 조건을 설정해야 하지만, 고급 필터는 필터에 사용되는 조건을 셀에 입력하여 설정하므로 여러 필드를 한꺼번에 사용하기도 하고 복잡한 필터 조건을 한 번에 지정할 수 있습니다. 고급 필터링의 실행 과정은 다음과 같습니다.

❶ 필터를 사용할 데이터 영역의 바깥에 고급 필터 조건으로 사용할 값을 입력합니다. 첫 행에는 필드 이름을 적고, 둘째 행부터 필터 조건을 입력합니다.

❷ 필터링 하려는 데이터 범위에서 임의의 셀을 클릭합니다.

❸ [데이터] 탭-[정렬 및 필터] 그룹-[고급]을 클릭합니다.

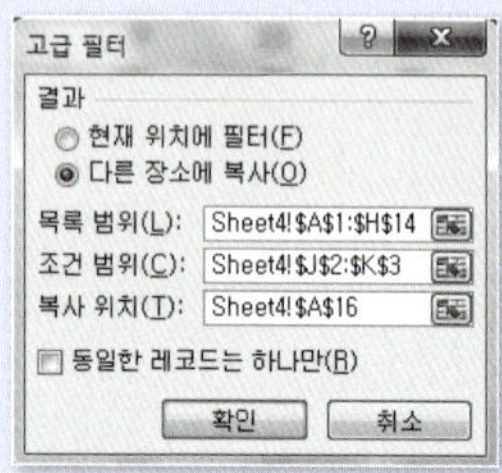

❹ [고급 필터] 대화상자에서 다음 조건을 설정합니다.

- 현재 위치에 필터 : 필터 결과를 현재 데이터 범위 영역에 표시합니다.
- 다른 장소에 복사 : 필터 결과를 [복사 위치]의 셀 범위에 자동 표시합니다.
- 목록 범위 : 필터를 적용할 데이터 범위를 선택합니다.
- 조건 범위 : 필터에 적용할 조건이 입력되어 있는 범위를 선택합니다.
- 복사 위치 : [다른 장소에 복사]를 선택한 경우 필터 결과를 표시할 별도의 위치를 선택합니다.
- 동일한 레코드는 하나만 : 선택하면 필터 결과에서 동일한 값을 가진 레코드는 한 개만 표시합니다.

❺ [고급 필터] 대화상자에 모든 조건이 설정된 후 [확인] 단추를 클릭하면 입력된 조건에 따라 필터링 된 레코드만 표시됩니다. 오른쪽 그림은 별도의 위치에 필터링 결과를 표시한 예 입니다.

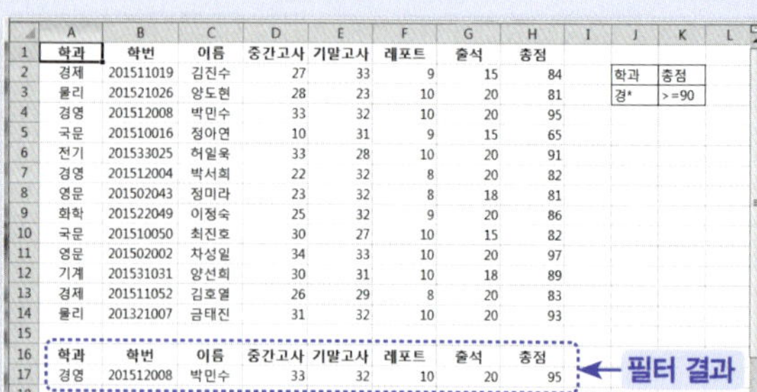

(1) 고급 필터 조건 작성

❶ 조건이 같을 경우 등호(=)를 생략하고 조건 값만 입력합니다.

❷ 그 밖의 조건에는 비교 연산자와 함께 조건 값을 입력합니다.

❸ AND(그리고) 조건으로 연결되는 경우 같은 행의 다른 열에 조건을 입력합니다.

- 학과가 '영문'자로 시작하고 총점이 90점 이상인 자료
- 제품공정일이 2015-07-01부터 2015-12-31까지 자료

	A	B
1	학과	총점
2	영문	>=90

	A	B
1	제품공정일	제품공정일
2	>=2015-07-01	<=2015-12-31

❹ OR(또는) 조건으로 연결되는 경우 같은 열의 다음 행에 조건을 입력합니다.

- 중간고사 성적이 70점 미만이거나 또는 기말고사 성적이 70점 미만인 자료
- 품목이 '셔츠' 이거나 또는 '팬츠'인 자료

	A	B
1	중간고사	기말고사
2	<70	
3		<70

	A
1	품목
2	셔츠
3	팬츠

❺ 와일드 카드를 이용할 수 있습니다.

- 물음표(?) : 임의의 한 문자를 나타냅니다. 예를 들면 '김?수'는 '김영수'나 '김정수' 등 첫 번째 문자는 '김'이고 세 번째 문자는 '수'인 데이터를 의미합니다.
- 별표(*) : 임의의 여러 문자를 나타냅니다. 예를 들면 '경*'는 '경영'이나 '경제'나 '경상계열' 등 '경'으로 시작하는 모든 데이터를 의미합니다.

(2) 고급 필터 해제

[데이터] 탭-[정렬 및 필터] 그룹-[지우기]를 클릭하면 필터가 해제되고 원래의 모든 데이터가 표시됩니다.

5. 부분합

부분합은 데이터를 특정 항목별로 그룹화한 후 그룹별로 합계, 평균, 최대값, 최소값 등을 요약 표시하는 기능입니다. 부분합을 계산하기 전에 부분합을 구하려는 기준 필드를 정렬해야 합니다.

(1) 부분합 실행 과정

❶ 부분합을 계산할 기준 필드를 오름차순/내림차순 등으로 정렬합니다.

❷ 부분합을 계산할 데이터 범위의 임의의 셀을 선택합니다.

❸ [데이터] 탭-[윤곽선] 그룹-[부분합]을 클릭합니다.

❹ [부분합] 대화상자가 표시되면 그룹화할 항목, 사용할 함수, 부분합 계산 항목 등을 지정하고 [확인] 단추를 클릭합니다.

(2) 부분합 대화상자

부분합 기능의 집계 방법은 [부분합] 대화상자에서 지정하는 [사용자 함수]에 의해 결정됩니다. 즉, 합계, 개수, 평균, 최대값, 최소값, 곱, 숫자 개수, 표본 표준 편차, 표준 편차, 표본 분산, 분산 등을 계산할 수 있습니다.

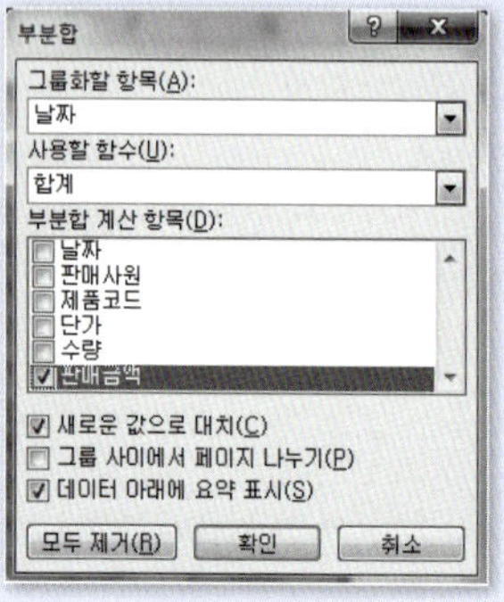

❶ 그룹화할 항목 : 부분합을 구할 기준 필드를 지정합니다. 기준 필드는 미리 정렬이 되어 있어야 합니다.

❷ 사용할 함수 : 목록 단추를 눌러 부분합을 계산할 때 사용할 함수를 선택합니다.

❸ 부분합 계산 항목 : 부분합을 계산할 필드를 선택합니다.

❹ 새로운 값으로 대치 : 기존값을 새로운 부분합 값으로 대치할지, 기존 값을 보존하고 새로운 부분합을 추가로 표시할지 선택합니다. 여러 열을 기준으로 부분합을 실행할 때는 부분합을 두 번 연속해서 설정해야 합니다. 이때 [새로운 값으로 대치] 항목의 체크표시를 해제해야 합니다.

❺ 그룹 사이에서 페이지 나누기 : 그룹과 그룹 사이에 페이지를 나누어 인쇄할지, 하나의 용지에 연속적으로 인쇄할지를 결정합니다.

❻ 데이터 아래에 요약 표시 : 요약 결과를 표시할지를 결정합니다.

❼ 모두 제거 : 부분합을 해제할 때 클릭합니다.

(3) 부분합 윤곽 기호

부분합을 실행하면 화면 왼쪽에 윤곽 기호가 나타납니다. 윤곽기호는 아이콘(+, -)을 클릭해 요약의 내용을 표시하거나 숨길 수 있습니다.

- 1 : 전체 결과만 표시
- 2 : 부분합의 결과 표시
- 3 : 부분합의 결과, 데이터를 표시
- + : 하위 그룹 데이터와 부분합의 결과 표시
- - : 하위 그룹 데이터를 숨기고 부분합의 결과만 표시

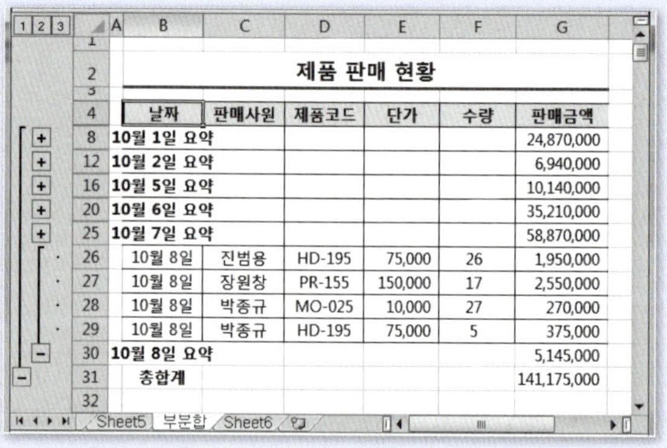

제품 판매 현황

	날짜	판매사원	제품코드	단가	수량	판매금액
8	10월 1일 요약					24,870,000
12	10월 2일 요약					6,940,000
16	10월 5일 요약					10,140,000
20	10월 6일 요약					35,210,000
25	10월 7일 요약					58,870,000
26	10월 8일	진범용	HD-195	75,000	26	1,950,000
27	10월 8일	장원창	PR-155	150,000	17	2,550,000
28	10월 8일	박종규	MO-025	10,000	27	270,000
29	10월 8일	박종규	HD-195	75,000	5	375,000
30	10월 8일 요약					5,145,000
31	총합계					141,175,000

(4) 부분합 제거

데이터 안쪽에 있는 셀을 선택하고 [데이터] 탭-[윤곽선] 그룹-[부분합]을 클릭하고 [부분합] 대화상자를 표시합니다. [부분합] 대화상자에서 왼쪽 하단에 [모두 제거] 단추를 클릭합니다. 그러면 부분합의 계산 결과가 제거된 후 원래의 데이터로 표시됩니다.

6. 피벗 테이블

피벗 테이블을 사용하면 대량의 데이터를 요약하여 표시할 수 있습니다. 단순히 부분합을 구하는 것보다 훨씬 다양한 조건을 사용하여 데이터를 요약합니다.

세로축의 각 행에 표시되었던 데이터를 가로축의 각 열에 요약해서 표시되도록 축을 이동시키는 것을 피벗(Pivot)이라 합니다.

(1) 피벗 테이블 작성

❶ 피벗 테이블로 요약할 데이터가 있는 범위의 임의의 셀을 선택합니다. 셀 범위에 열 머리글이 있어야 합니다.

❷ [삽입] 탭-[표] 그룹-[피벗 테이블] -[피벗 테이블]을 클릭합니다.

❸ [피벗 테이블 만들기] 대화상자가 표시되면 오른쪽 그림과 같이 분석할 데이터를 선택하고 피벗 테이블 보고서를 표시할 위치 등을 선택한 후 [확인] 단추를 클릭합니다.

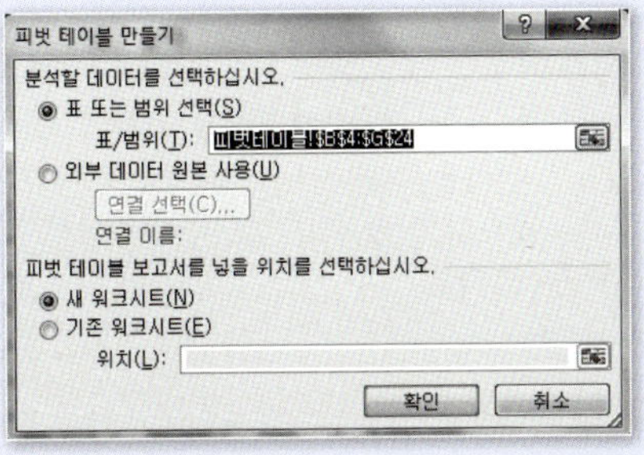

❹ 그러면 피벗 테이블이 표시될 워크시트의 왼쪽에 피벗 테이블 영역이 표시되고, 오른쪽에는 [피벗 테이블 필드 목록] 창이 표시되며, 리본 메뉴에는 [피벗 테이블 도구] 상황탭이 추가됩니다.

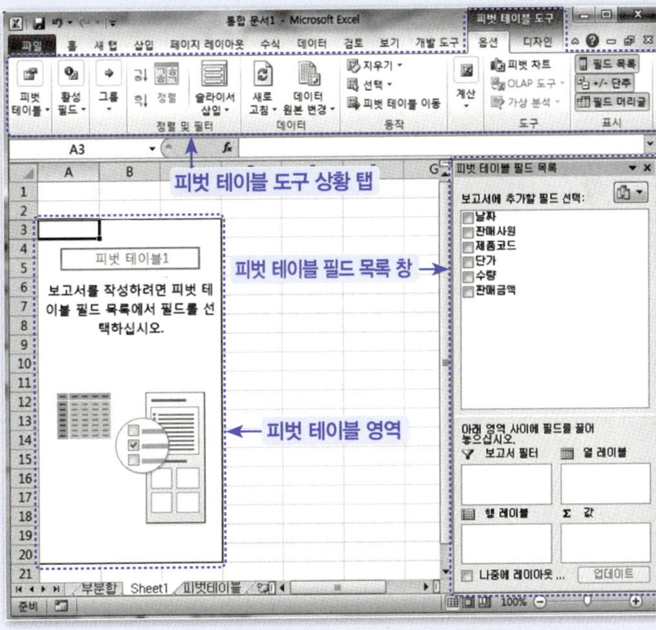

⑤ [피벗 테이블 도구]가 리본 메뉴에 추가되면 [옵션] 탭과 [디자인] 탭을 사용할 수 있고 시트 창 오른쪽에는 [피벗 테이블 필드 목록] 창이 표시되는데 이곳에서 피벗 테이블 구성을 위한 설정을 합니다.

(2) 피벗 테이블 구성 요소

피벗 기능을 이용해서 만들어진 새로운 표를 피벗 테이블 이라 합니다. 피벗 테이블은 다음과 같은 요소들로 구성됩니다.

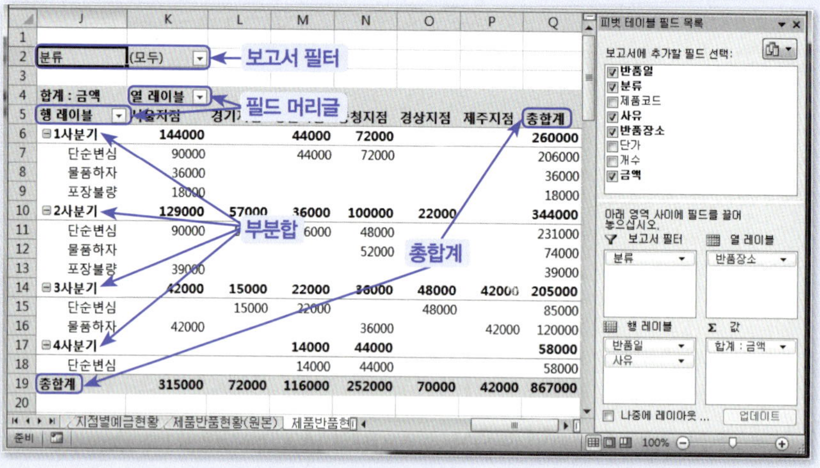

① 보고서 필터 : 전체 보고서 필터로 사용할 선택된 필드가 위치합니다.

② 필드 머리글(행, 열) : 옆의 목록 단추를 클릭하여 나타나는 메뉴에서 정렬 또는 필터 등을 할 수 있습니다.

③ 부분합 : 하위 수준을 추가하여 해당 수준의 합계를 표시합니다.

④ 총합계 : 행 전체의 합계, 열 전체의 합계를 표시합니다.

(3) [피벗 테이블 도구/옵션] 탭의 구성

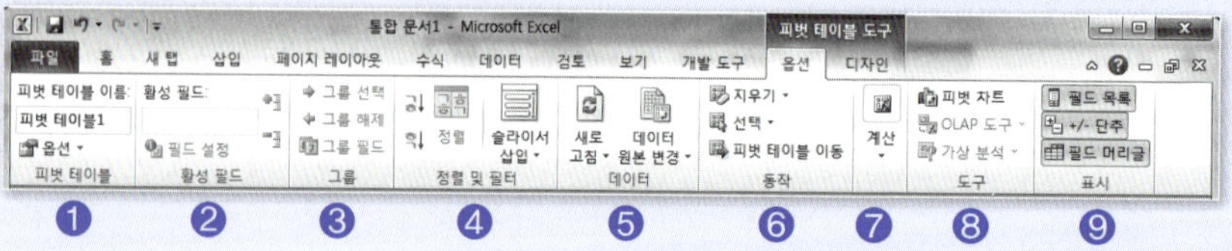

① [피벗 테이블] 그룹 : 피벗 테이블의 이름을 지정하고 [피벗 테이블 옵션] 대화상자를 표시합니다. [피벗 테이블 옵션] 대화상자에는 [레이아웃 및 서식], [요약 및 필터], [표시], [인쇄], [데이터], [대체 텍스트] 등의 탭으로 구분되어 각각에 해당하는 세부적인 항목에 대한 설정을 할 수 있습니다.

② [활성 필드] 그룹 : 선택된 필드의 이름이 표시되며 필드 설정에서 값 필드 요약에 사용할 계산 유형 및 표시 형식을 지정합니다.

③ [그룹] 그룹 : 행/열 레이블이 선택되었을 때 그룹하거나 해제할 수 있습니다.

❹ [정렬 및 필터] 그룹 : 정렬, 필터를 하거나 필터 대신 슬라이서를 삽입하여 적용할 수 있습니다.

❺ [데이터] 그룹 : 원본 데이터의 범위를 다시 설정하거나 원본 데이터가 수정되었을 때 피벗 테이블에 적용되도록 새로 고침을 합니다.

❻ [동작] 그룹 : 피벗 테이블을 지우거나 레이블이나 값을 선택하고 피벗 테이블을 이동할 수 있습니다.

❼ [계산] 그룹 : 계산 필드를 삽입하여 다른 열과 행의 관련된 값의 비율을 표시합니다.

❽ [도구] 그룹 : 피벗 차트를 삽입할 수 있고 외부 데이터로 작성된 피벗 테이블은 OLAP 도구, 가상 분석 도구를 사용할 수 있습니다.

❾ [표시] 그룹 : 필드 목록 창, +/− 단추, 피벗 테이블의 필드 머리글을 화면에 표시하거나 해제합니다.

(4) [피벗 테이블 도구/디자인] 탭의 구성

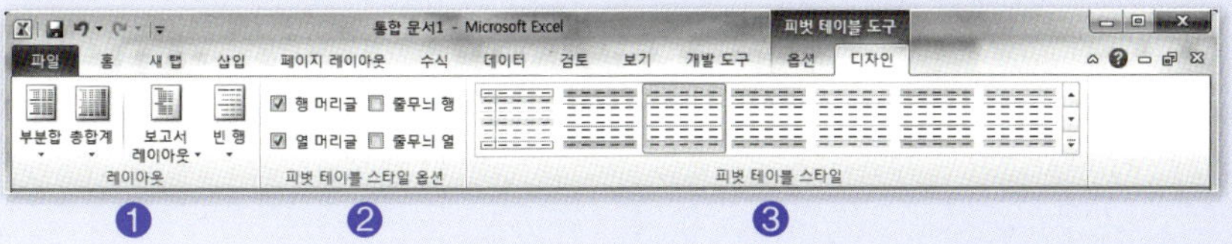

❶ [레이아웃] 그룹 : 피벗 테이블의 형태로 부분합, 총합계, 보고서 레이아웃, 빈 줄의 삽입 등의 구성 요소를 표시하거나 해제합니다.

❷ [피벗 테이블 스타일 옵션] 그룹 : 행/열 머리글, 줄무늬 행/열 등을 표시하거나 해제합니다.

❸ [피벗 테이블 스타일] 그룹 : 피벗 테이블의 서식 스타일을 선택합니다.

(5) [피벗 테이블 필드 목록] 창의 구성

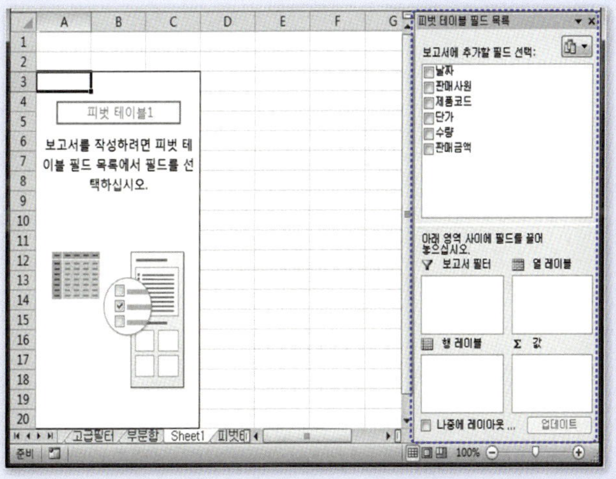

❶ 보고서에 추가할 필드 선택 : 필드 목록에 체크 표시하여 피벗 테이블에 사용할 필드를 추가합니다. 선택한 필드는 아래 부분에 보고서 필터, 열 레이블, 행 레이블, Σ값 영역 등으로 드래그 인하여 끌어다 놓습니다.

❷ 보기 형식 : 피벗 테이블 필드 목록의 보기 형식을 설정하는 것으로 오른쪽 그림과 같이 목록 단추를 누르고 원하는 표시형식을 선택합니다.

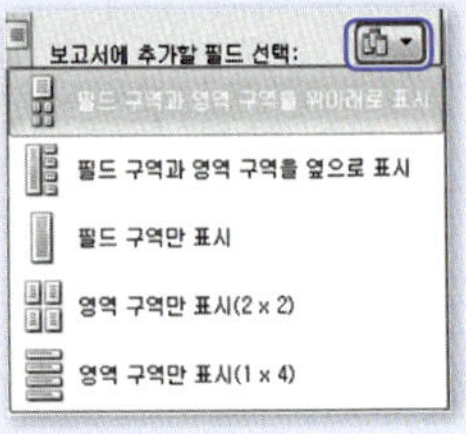

❸ 보고서 필터 : 전체 보고서를 필터링하는데 사용할 필드를 둡니다.

❹ 열 레이블 : 열로 사용할 필드를 둡니다.

❺ 행 레이블 : 행으로 사용할 필드를 둡니다. 숫자 데이터가 아닌 모든 필드는 일단 행 레이블로 추가되므로 열 레이블로 변경하고자 할 때는 열 레이블로 드래그 인하여 변경합니다.

❻ Σ값 : 값을 표시할 필드를 둡니다. 기본적으로 숫자 데이터를 가진 필드는 값으로 추가 됩니다.

❼ 나중에 레이아웃... : 필드가 선택되는 즉시 레이아웃을 변경하지 않고 [업데이트]를 클릭할 때까지 기다립니다.

❽ 업데이트 : 필드 설정에 따라 피벗 테이블 보고서를 갱신합니다.

❾ 필드 설정 : 추가된 필터 이름 옆의 목록 단추를 눌러 [필드 설정] 메뉴를 선택하면 필드 설정을 자세히 조정할 수 있습니다.

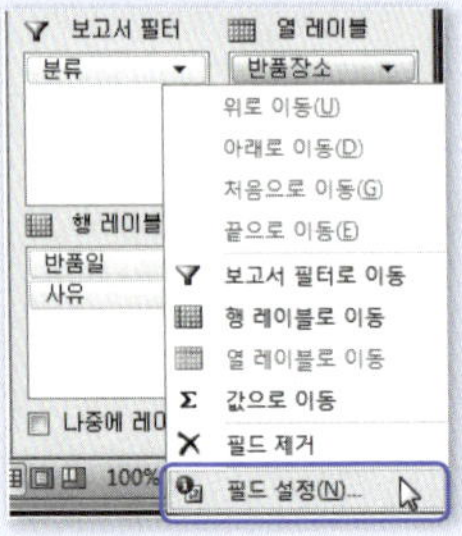

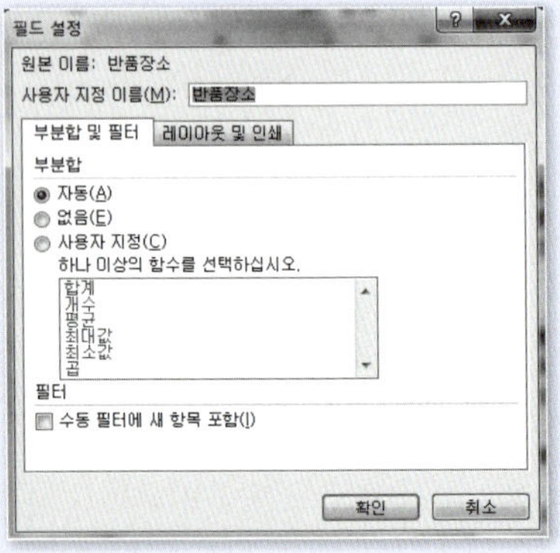

❿ 값 필드 설정 : 계산 필드 옆의 목록 단추를 눌러 [값 필드 설정] 메뉴를 선택하면 사용할 계산 유형을 선택할수 있습니다.

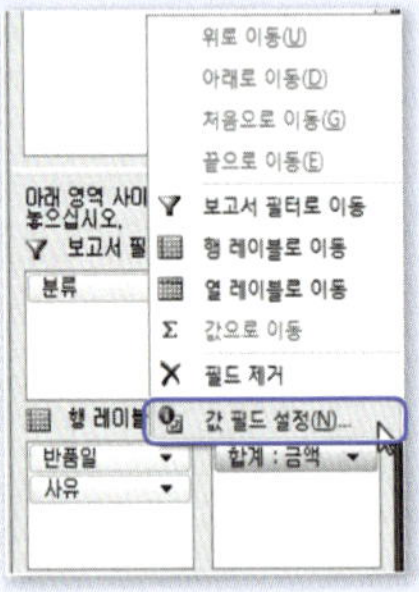

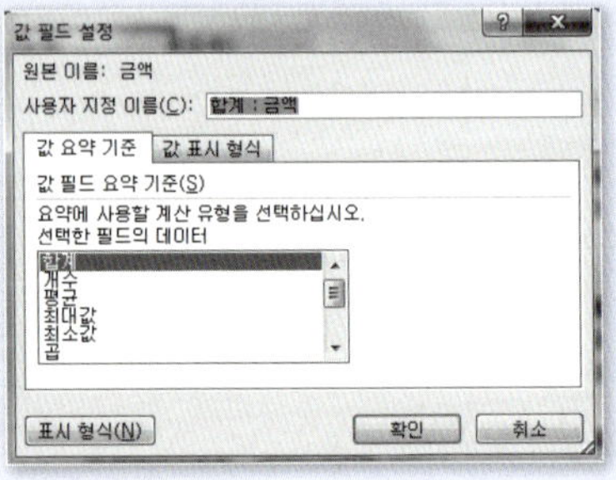

Introduction to EXCEL 2010

7-1 정렬 대화상자에서 다중 기준을 적용한 데이터 정렬하기

준비 파일 '7장_2016-1학기 성적표'를 열고 오른쪽 그림과 같이 문서를 정렬하시오.

단, '총점'을 기준으로 내림차순으로(1차 정렬), '총점'이 같으면 '학과'를 오름차순으로(2차 정렬), '학과'가 같으면 '학번'을 오름차순으로(3차 정렬) 정렬하시오.

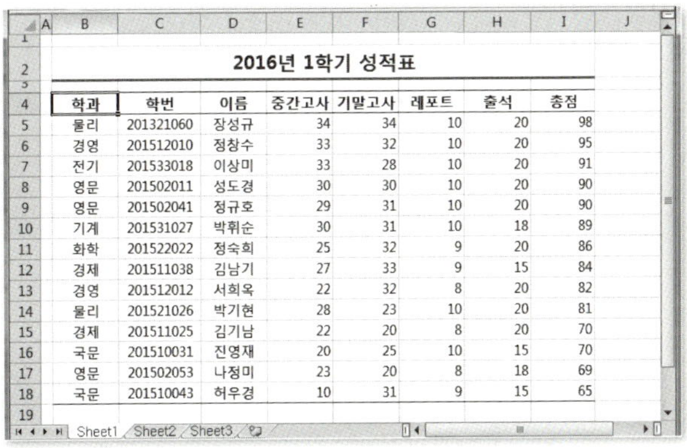

01. 정렬하려는 데이터 범위에서 임의의 셀을 클릭하고 [데이터] 탭-[정렬 및 필터] 그룹-[정렬]을 클릭합니다.

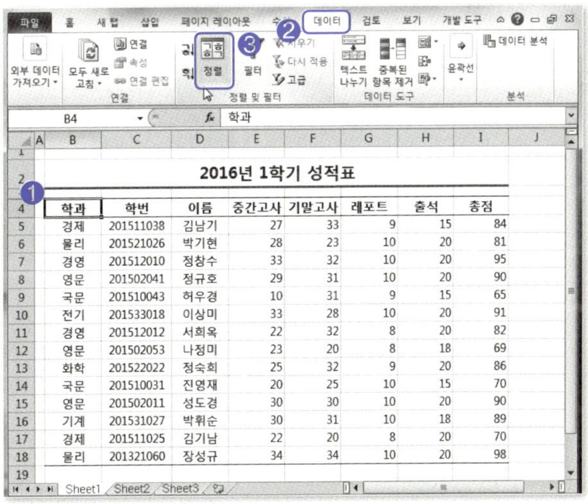

02. [정렬] 대화상자에서 1차 정렬을 위해 [정렬 기준]을 (열: 총점, 정렬 기준: 값, 정렬: 내림차순)으로 지정합니다. 2차 정렬 기준 항목을 추가하기 위해 [기준 추가] 단추를 클릭하여 다음 기준을 추가합니다.

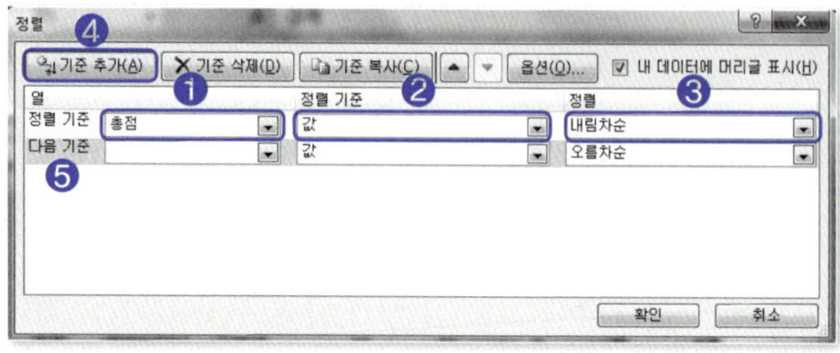

03. 2차 정렬을 위해 [다음 기준]을 (열: 학과, 정렬 기준: 값, 정렬: 오름차순)으로 지정합니다. 3차 정렬 기준 항목을 추가하기 위해 [기준 추가] 단추를 클릭하여 다시 한번 다음 기준을 추가합니다.

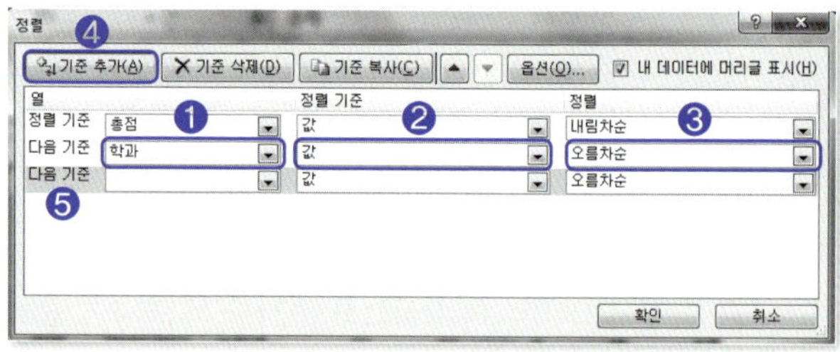

04. 3차 정렬을 위해 방금 전의 [다음 기준]을 (열: 학번, 정렬 기준: 값, 정렬: 오름차순)으로 지정한 후 [확인]을 클릭합니다.

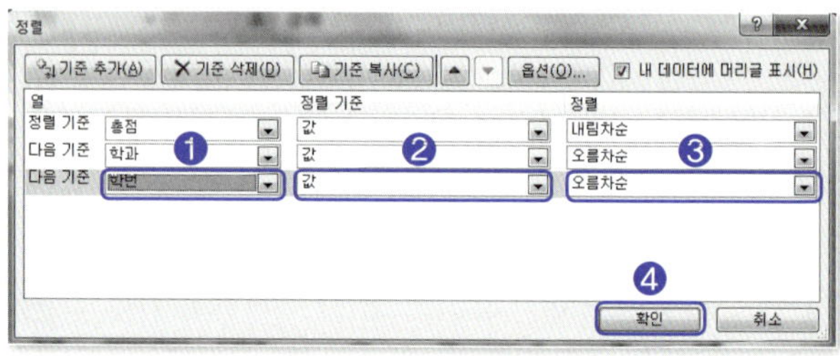

05. 정렬의 결과는 오른쪽 문서와 같습니다. 총점이 같고, 학과가 같은 행 번호 8번과 9번 레코드는 학번이 먼저인 레코드가 우선순위로 정렬된 것을 확인할 수 있습니다.

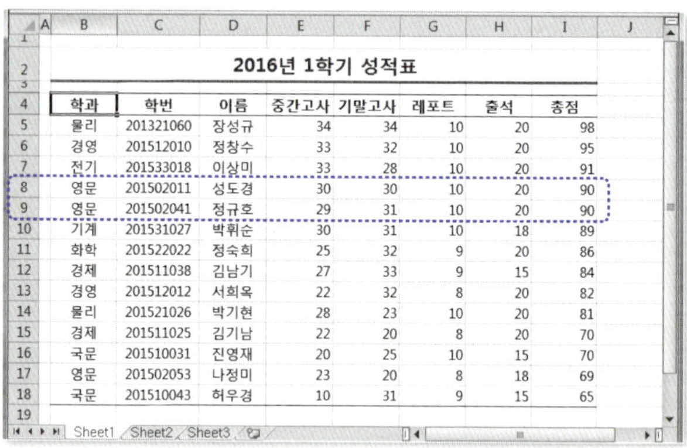

06. 완성된 문서를 [저장] 단추를 눌러 저장하고, [파일] 탭-[끝내기]를 클릭하거나 또는 화면 오른쪽 상단에 [닫기] 단추를 클릭하여 작업을 종료합니다.

실습

7-2 자동 필터 기능을 이용한 사용자 지정 레코드 선별하기

준비 파일 '7장_2016-1학기 성적표2'를 열고 자동필터를 이용하여 오른쪽 그림과 같이 레코드를 선별하시오.

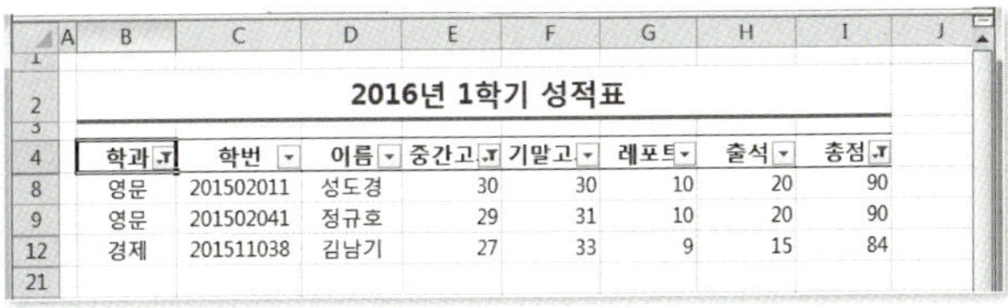

단, 학과가 '국문', '영문', '경영', '경제'이고, 중간고사가 25점 이상, 총점이 80점 이상 ~ 90점 이하인 데이터만 표시 하시오.

01. 자동 필터하려는 데이터 범위에서 임의의 셀을 클릭하고 [데이터] 탭-[정렬 및 필터] 그룹-[필터]를 클릭합니다.

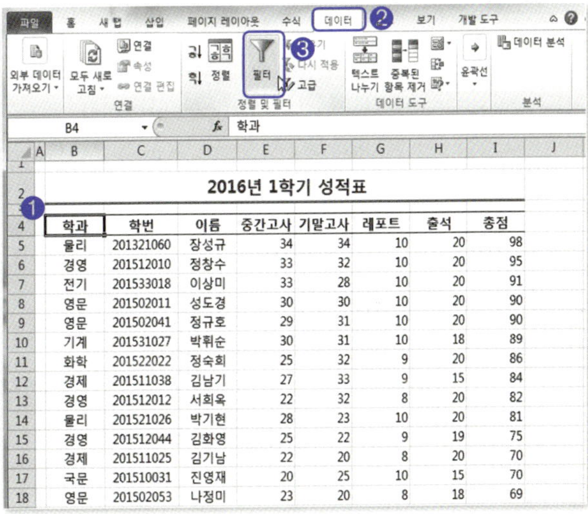

02. 학과 필드의 필터 단추 목록을 표시합니다. (모두 선택)을 클릭하여 체크 표시를 해제한 후 '경영', '경제', '국문', '영문'을 선택하고 [확인]을 클릭합니다.

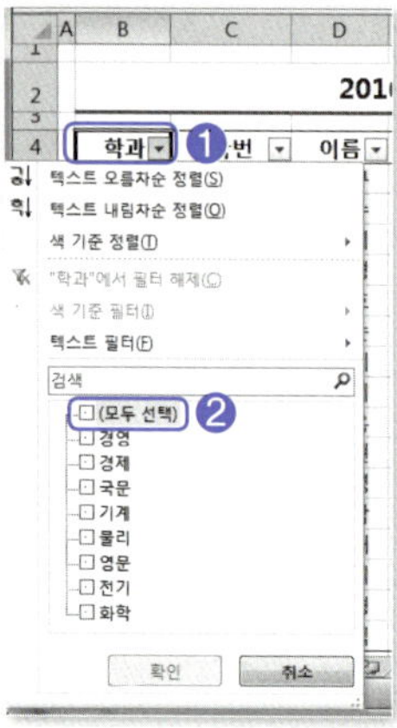

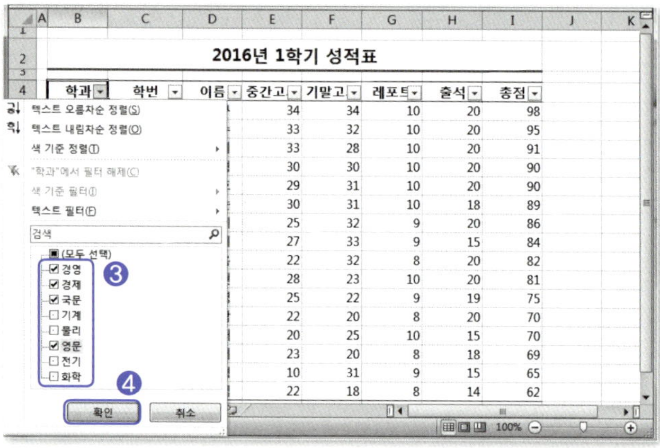

03. 중간고사 필드의 필터 단추를 클릭하고 [숫자 필터]-[크거나 같음]을 클릭합니다.

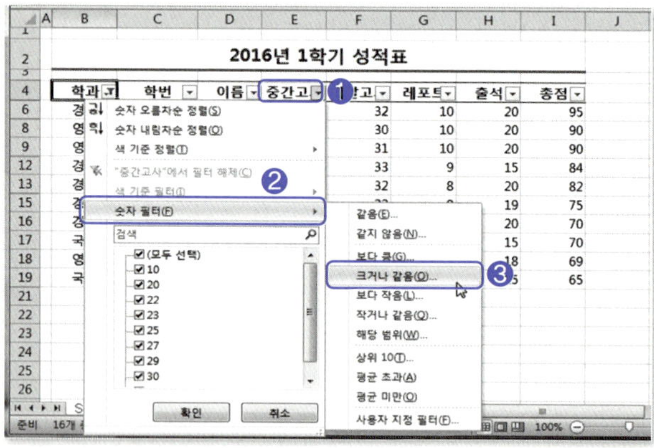

04. [사용자 지정 자동 필터] 대화상자가 표시되면 [찾을 조건]에서 '중간고사'의 '>='를 확인하고 오른쪽 입력상자에 '25'을 입력한 후 [확인]을 클릭합니다.

05. 같은 방법으로 총점 필드의 필터 단추를 클릭하고 [숫자 필터]-[해당 범위]를 클릭합니다.

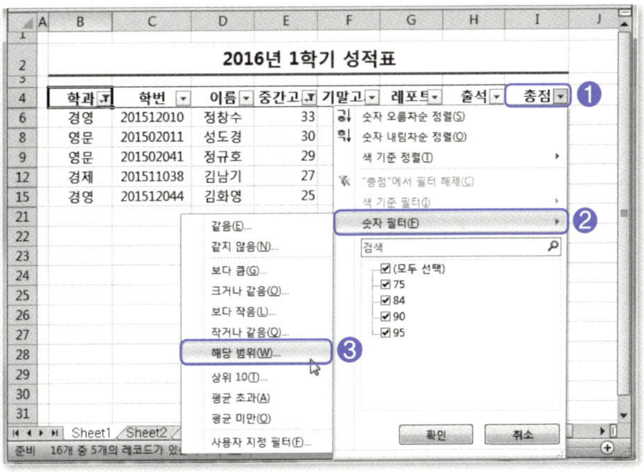

06. [사용자 지정 자동 필터] 대화상자가 표시되면 [찾을 조건]에서 '총점'의 '>='에 '80'을 입력하고, '그리고' 단추를 선택하며 '<='에는 '90'을 입력한 후 [확인]을 클릭합니다.

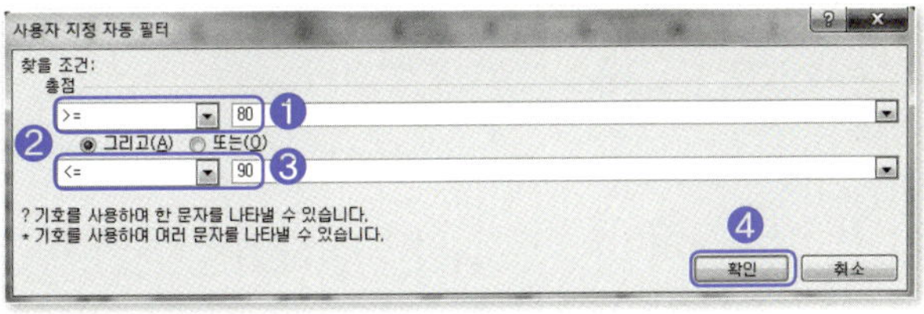

07. 그러면 오른쪽 그림과 같이 선별된 학과에서 중간고사가 25점 이상이고, 총점이 80에서부터 90점 사이의 데이터 레코드들이 표시됩니다.

08. 자동 필터를 해제하기 위해 필터링 된 데이터 범위의 임의의 셀이 선택된 상태에서 [데이터] 탭-[정렬 및 필터] 그룹-[필터]를 클릭합니다.

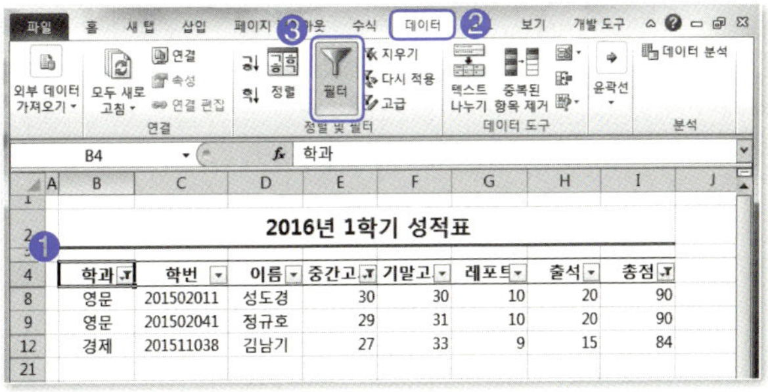

09. 그러면 필터 단추들은 사라지고 필터링 전의 데이터 레코드 형태로 환원됩니다.

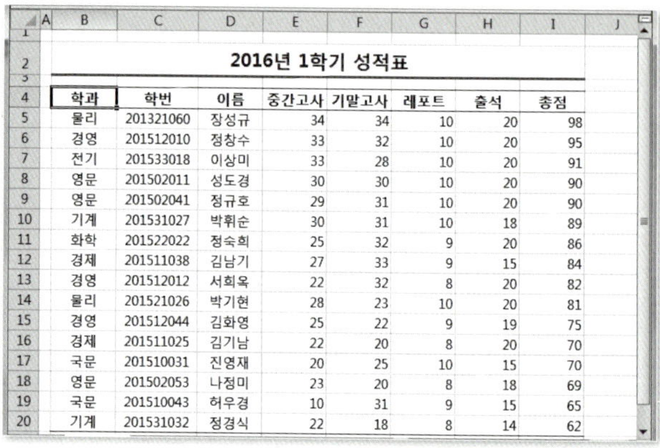

2016년 1학기 성적표

학과	학번	이름	중간고사	기말고사	레포트	출석	총점
물리	201321060	장성규	34	34	10	20	98
경영	201512010	정창수	33	32	10	20	95
전기	201533018	이상미	33	28	10	20	91
영문	201502011	성도경	30	30	10	20	90
영문	201502041	정규호	29	31	10	20	90
기계	201531027	박휘순	30	31	10	18	89
화학	201522022	정숙희	25	32	9	20	86
경제	201511038	김남기	27	33	9	15	84
경영	201512012	서희옥	22	32	8	20	82
물리	201521026	박기현	28	23	10	20	81
경영	201512044	김화영	25	22	9	19	75
경제	201511025	김기남	22	20	8	20	70
국문	201510031	진영재	20	25	10	15	70
영문	201502053	나정미	23	20	8	18	69
국문	201510043	허우경	10	31	9	15	65
기계	201531032	정경식	22	18	8	14	62

실습

7-3 고급 필터 기능을 이용한 레코드 선별하기

준비 파일 '7장_2016-1학기 성적표3'을 열고 오른쪽 그림과 같이 주어진 데이터 중에서 고급필터를 이용하여 [B22] 위치부터 선별된 레코드를 표시하시오.

단, 학과가 '문'자로 끝나고, 총점이 70점 이하인 레코드를 선별하시오.

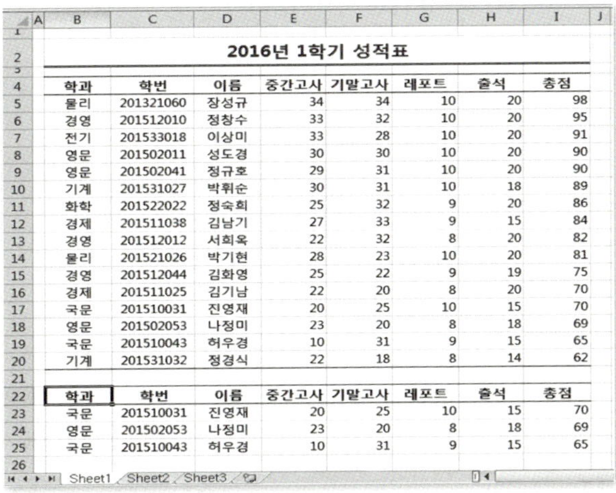

2016년 1학기 성적표

학과	학번	이름	중간고사	기말고사	레포트	출석	총점
물리	201321060	장성규	34	34	10	20	98
경영	201512010	정창수	33	32	10	20	95
전기	201533018	이상미	33	28	10	20	91
영문	201502011	성도경	30	30	10	20	90
영문	201502041	정규호	29	31	10	20	90
기계	201531027	박휘순	30	31	10	18	89
화학	201522022	정숙희	25	32	9	20	86
경제	201511038	김남기	27	33	9	15	84
경영	201512012	서희옥	22	32	8	20	82
물리	201521026	박기현	28	23	10	20	81
경영	201512044	김화영	25	22	9	19	75
경제	201511025	김기남	22	20	8	20	70
국문	201510031	진영재	20	25	10	15	70
영문	201502053	나정미	23	20	8	18	69
국문	201510043	허우경	10	31	9	15	65
기계	201531032	정경식	22	18	8	14	62

학과	학번	이름	중간고사	기말고사	레포트	출석	총점
국문	201510031	진영재	20	25	10	15	70
영문	201502053	나정미	23	20	8	18	69
국문	201510043	허우경	10	31	9	15	65

01. 우선 필터링을 위한 기준 필드이름을 별도의 위치에 표시하기 위해 [K4]셀에 '학과'를 입력하고, [L4]셀에 '총점'을 입력합니다. 기준 필드이름 표기는 [B4]셀과 [I4]셀을 복사하여 [K4]셀과 [L4]셀에 붙여넣기를 해도 가능합니다.

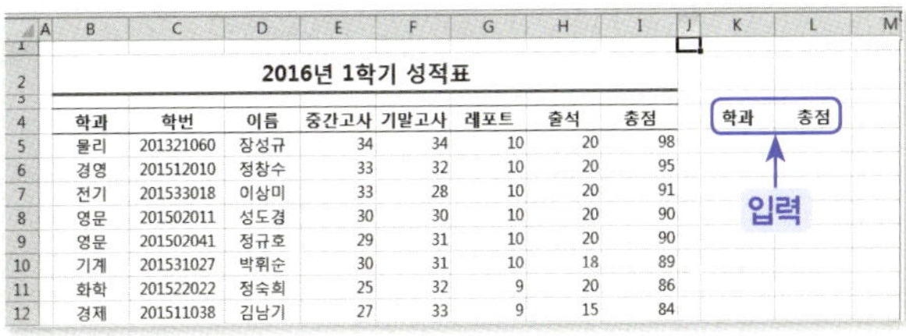

2016년 1학기 성적표

학과	학번	이름	중간고사	기말고사	레포트	출석	총점
물리	201321060	장성규	34	34	10	20	98
경영	201512010	정창수	33	32	10	20	95
전기	201533018	이상미	33	28	10	20	91
영문	201502011	성도경	30	30	10	20	90
영문	201502041	정규호	29	31	10	20	90
기계	201531027	박휘순	30	31	10	18	89
화학	201522022	정숙희	25	32	9	20	86
경제	201511038	김남기	27	33	9	15	84

02. 필드이름이 입력되면 [K5] 셀에 '*문'을, [L5]셀에 '<=70'를 입력합니다.

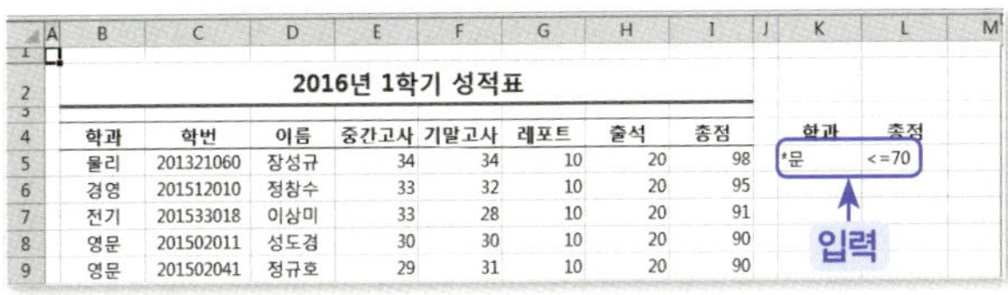

2016년 1학기 성적표

학과	학번	이름	중간고사	기말고사	레포트	출석	총점
물리	201321060	장성규	34	34	10	20	98
경영	201512010	정창수	33	32	10	20	95
전기	201533018	이상미	33	28	10	20	91
영문	201502011	성도경	30	30	10	20	90
영문	201502041	정규호	29	31	10	20	90

03. 고급필터를 사용하기 위해 고급필터링 대상 데이터 범위에서 임의의 셀 [B4]를 선택한 후 [데이터] 탭–[정렬 및 필터] 그룹–[고급]을 클릭합니다.

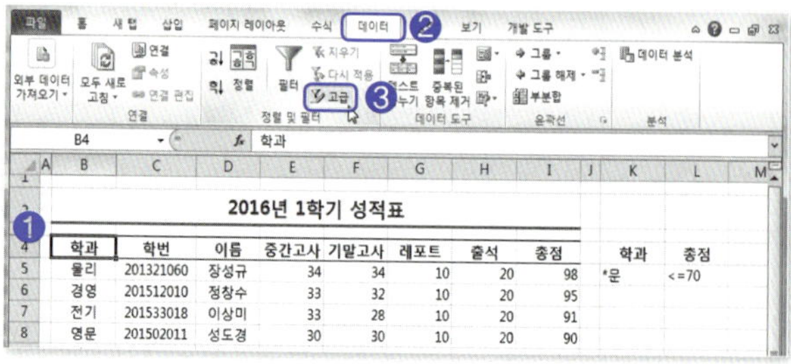

04. [고급 필터] 대화상자가 나타나면 [다른 장소에 복사]를 선택하고 [목록 범위]($B$4:$I$20)와 [조건 범위]($K$4:$L$5), [복사 위치]($B$22)를 입력한 다음 [확인] 단추를 클릭합니다.

목록 범위는 필드이름인 머리글까지 포함한 범위를 지정합니다. 목록 범위는 데이터가 있는 셀 범위이고, 조건 범위는 조건이 있는 셀 범위입니다.

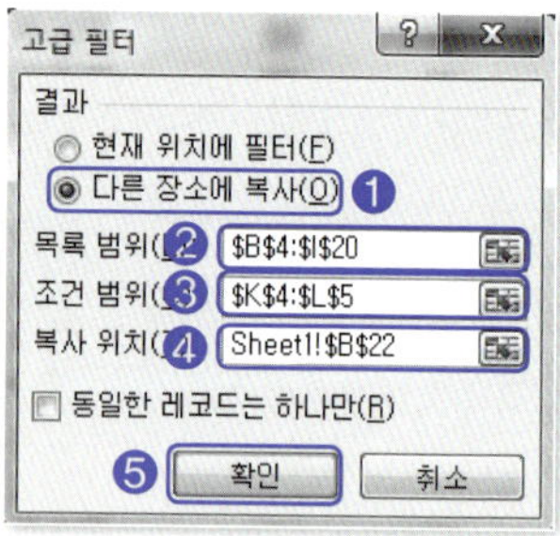

05. 그러면 오른쪽 그림과 같이 별도의 셀 [B22] 위치부터 학과가 '문'자로 끝나면서 총점이 70점 이하인 데이터만 표시됩니다.

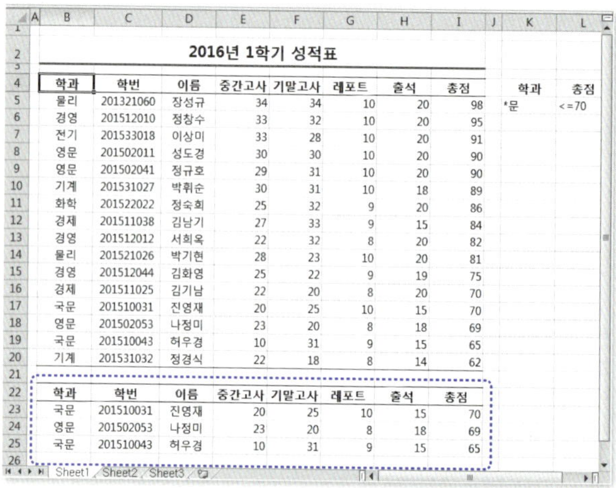

06. 완성된 문서를 [저장] 단추를 눌러 저장하고, [파일] 탭–[끝내기]를 클릭하거나 또는 화면 오른쪽 상단에 [닫기] 단추를 클릭하여 작업을 종료합니다.

실습

7-4 부분합을 이용한 판매사원의 판매실적 계산하기

준비 파일 '7장_제품 판매 현황'을 열고 부분합 기능을 이용하여 오른쪽 그림과 같이 판매사원별 제품 판매금액 합계와 평균을 계산하고 시트에서 맨 하위 그룹은 숨기고 부분합 계산 결과만 표시하시오.

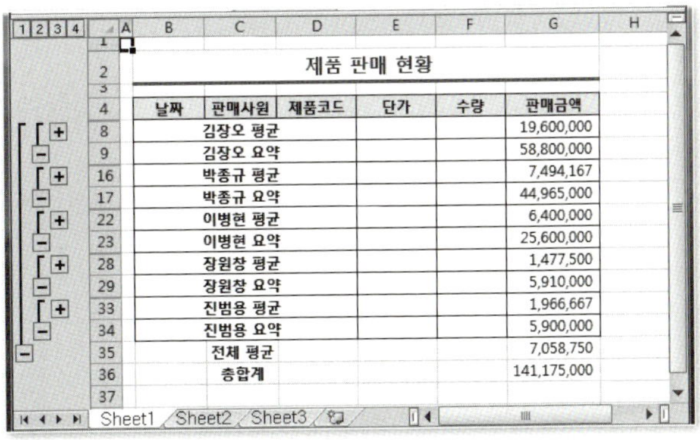

01. 먼저 데이터를 그룹화할 항목인 '판매사원'을 기준으로 정렬해야 하기 때문에 이를 위해 [C4]셀을 선택한 후 [데이터] 탭-[정렬 및 필터] 그룹- [텍스트 오름차순 정렬]을 클릭합니다.

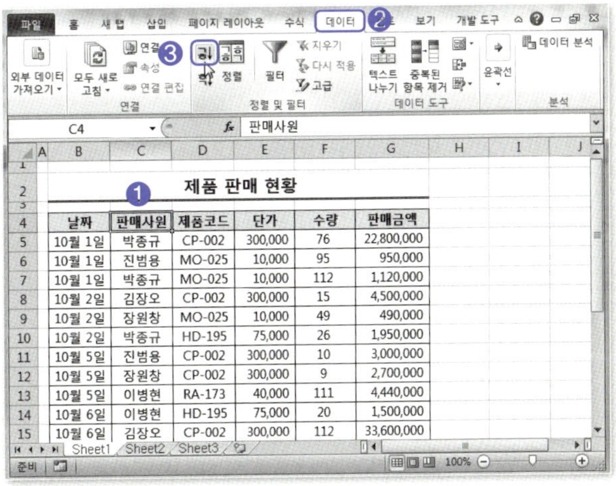

02. 판매사원을 기준으로 오름차순 정렬된 상태에서 판매사원별로 판매금액의 합계를 구하기 위해 [C4]셀이 선택된 상태에서 [데이터] 탭–[윤곽선] 그룹–[부분합]을 클릭합니다.

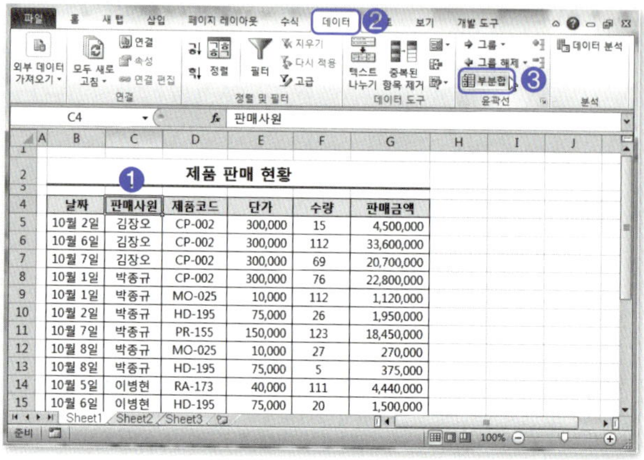

03. [부분합] 대화상자가 나타나면 [그룹화할 항목](판매사원)과 [사용할 함수](합계)를 목록 단추를 클릭하여 선택하고, [부분합 계산 항목](판매금액)을 선택합니다.

[새로운 값으로 대치]와 [데이터 아래에 요약 표시]에 체크 표시된 상태로 [확인]을 클릭합니다.

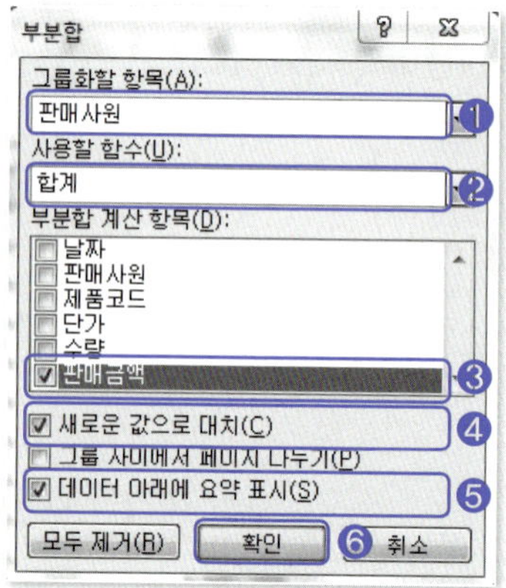

04. 판매사원별로 판매금액의 합계가 구해지면 다시 판매사원별 평균을 구하기 위해 데이터 범위의 임의의 셀 [C4]를 선택한 상태에서 [데이터] 탭–[윤곽선] 그룹–[부분합]을 클릭합니다.

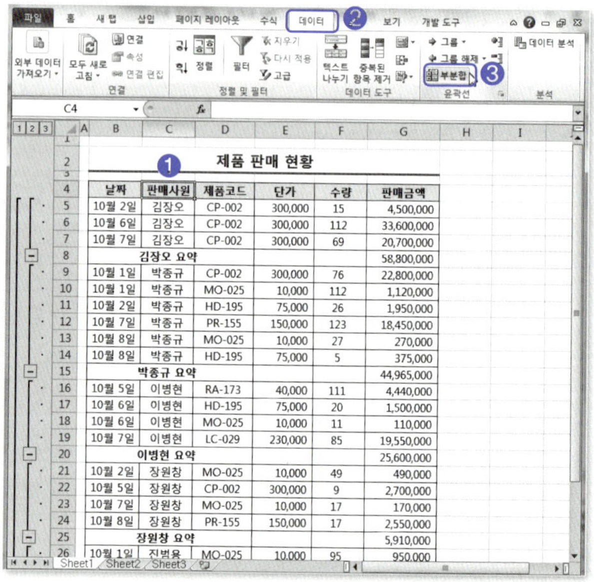

05. [부분합] 대화상자가 나타나면 [그룹화할 항목](판매사원)과 [사용할 함수](평균)를 목록 단추를 클릭하여 선택하고, [부분합 계산 항목](판매금액)을 선택합니다.

[새로운 값으로 대치]에 체크 표시를 해제시키고 [확인] 단추를 클릭합니다.

만약 [새로운 값으로 대치]를 선택하면 기존에 구한 부분합을 제거한 후 새로 구한 부분합이 표시될 수 있으므로 주의해야 합니다.

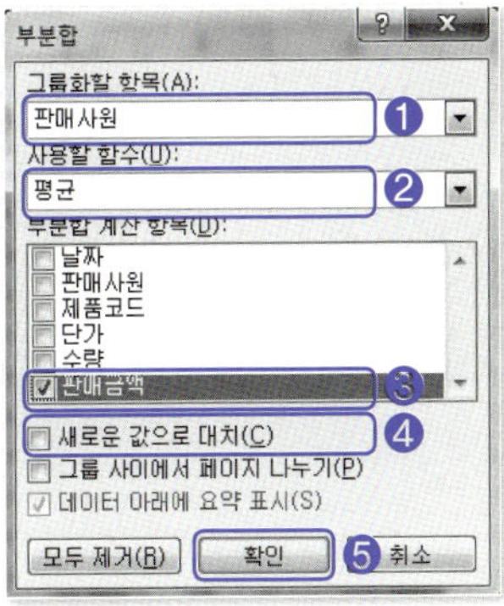

06. 그러면 오른쪽 그림과 같이 판매사원별 판매금액 합계가 표시된 상태에서 판매사원별 평균이 추가로 계산되어 표시됩니다.

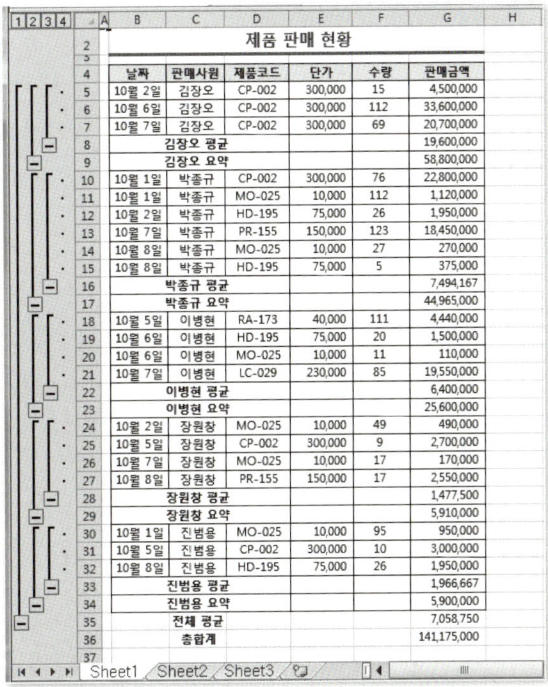

07. 판매사원의 평균과 요약, 전체 평균, 총합계만 표시하기 위해 시트의 윤곽 기호에서 [3]을 클릭합니다.

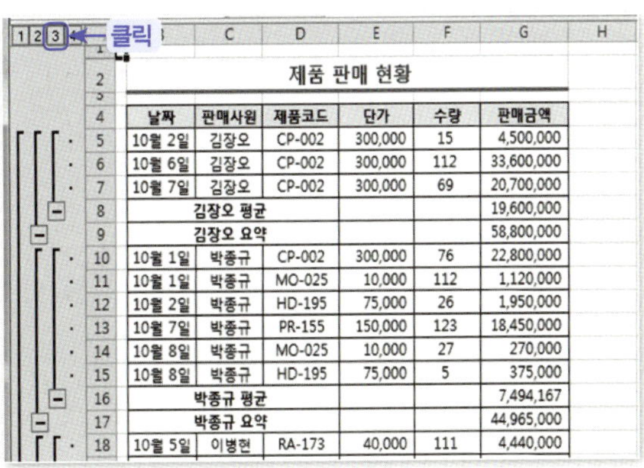

08. 그러면 오른쪽 그림과 같이 부분합 계산 결과만 표시됩니다.

완성된 문서를 [저장] 단추를 눌러 저장하고, [파일] 탭-[끝내기]를 클릭하거나 또는 화면 오른쪽 상단에 [닫기] 단추를 클릭하여 작업을 종료합니다.

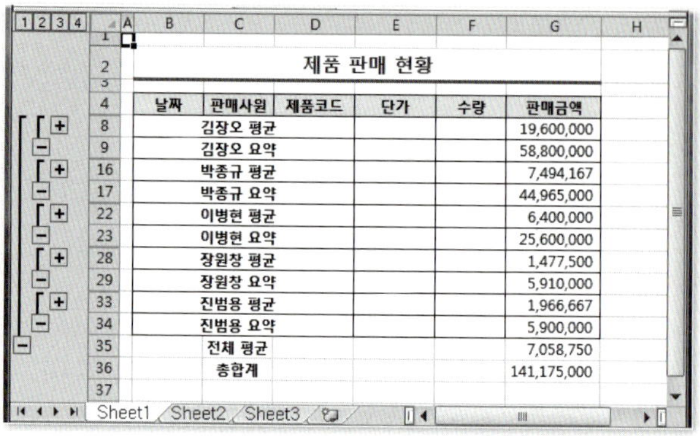

실습 7-5 피벗 테이블 작성 및 레이아웃 편집하기

준비 파일 '7장_제품 판매 현황2.xlsx'을 열고 오른쪽 그림과 같이 행 레이블에 제품코드, 열 레이블에 판매사원이 표시 되도록 피벗 테이블을 작성하시오.

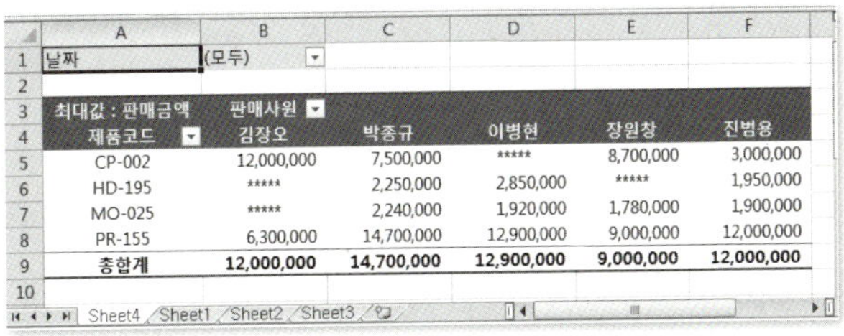

단, 셀 안에 표시되는 계산 결과는 판매금액의 최대값을 표시하고 빈칸은 별표로 표시합니다. 그리고 피벗 테이블 스타일 보통 9를 적용합니다.

01. 피벗 테이블을 작성하기 위해 워크 시트의 데이터 범위 내의 임의의 셀[B4]을 선택한 후 [삽입] 탭-[표] 그룹-[피벗 테이블]-[피벗 테이블]을 선택합니다.

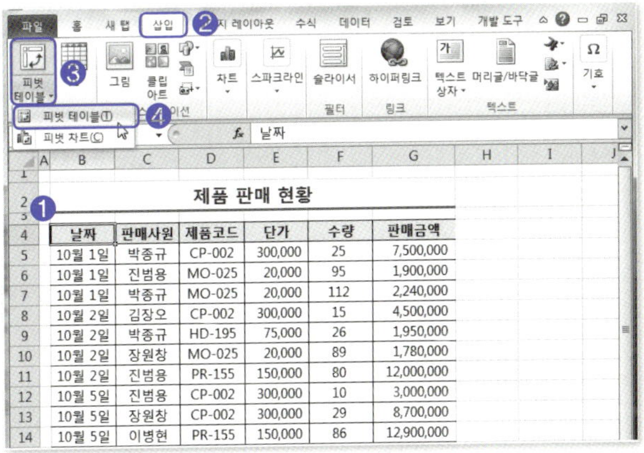

02. [피벗 테이블 만들기] 대화상자가 나타나면 [표 또는 범위 선택]을 선택하고, 테이블 작성을 위한 대상 데이터의 범위인 [표/범위]를 지정하고, 피벗 테이블이 표시될 위치로 [새 워크시트]를 선택한 후 [확인]을 클릭합니다. 그러면 피벗 테이블 영역과 [피벗 테이블 필드 목록] 작업창이 표시되는 새로운 시트가 현재 워크시트의 앞에 삽입됩니다.

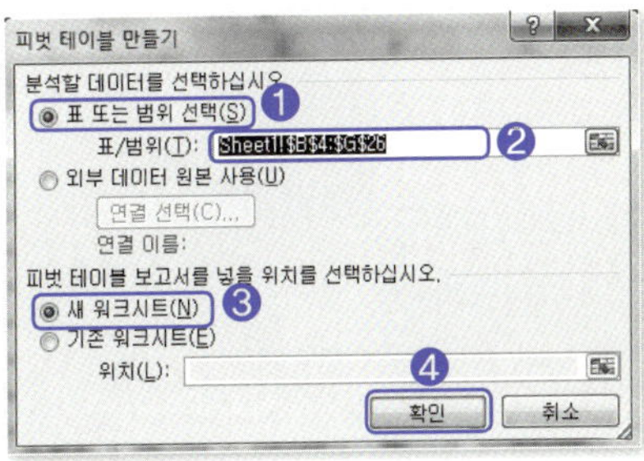

03. 필드 레이아웃을 지정하기 위해 [피벗 테이블 필드 목록] 창에서 [날짜]를 선택하여 [보고서 필터]로 드래그 합니다.

[판매사원]을 [열 레이블]로, [제품코드]를 [행 레이블]로, [판매금액]을 [Σ값]으로 드래그 합니다.

그러면 피벗 테이블 영역에 구성된 내용이 표시됩니다.

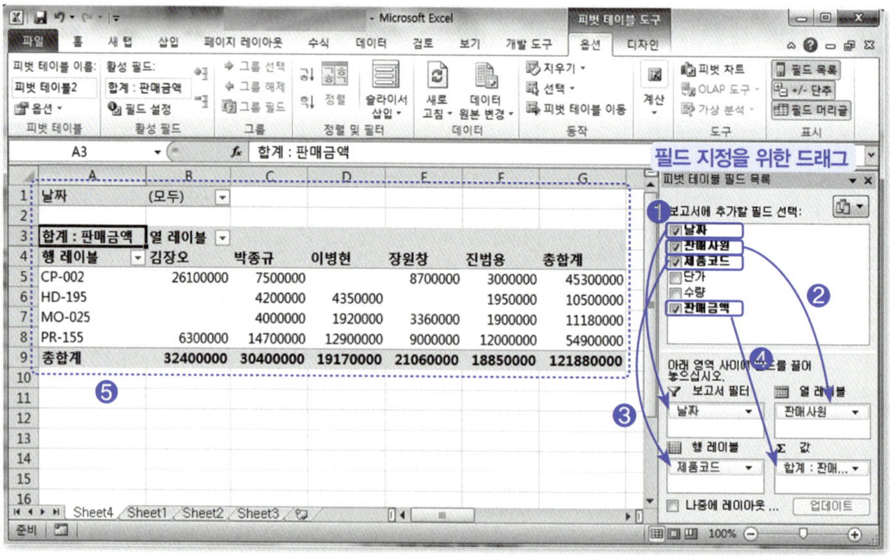

04. 피벗 테이블 영역에 나타난 필터 단추를 클릭하면 원하는 데이터만 표시할 수 있습니다.

행 레이블 필터 단추를 클릭하여 [모두 선택]을 선택 해제하고 [CP-002]와 [PR-155]만 선택한 후 [확인]을 클릭합니다.

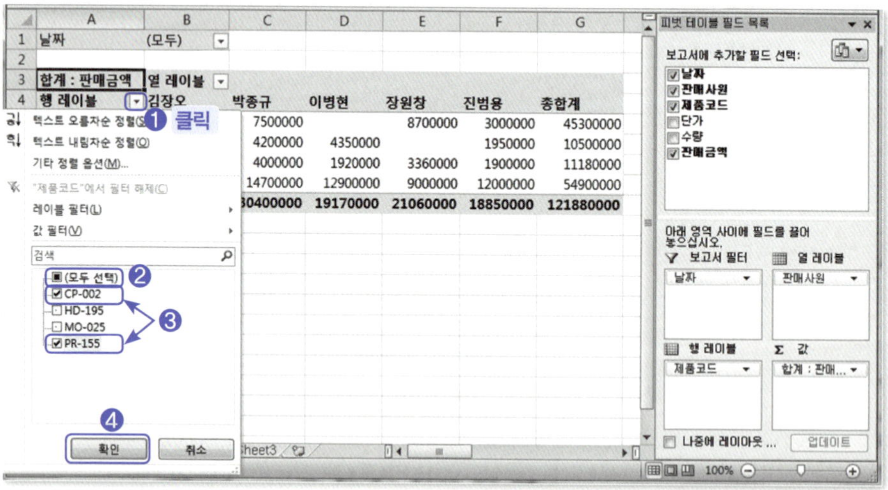

05. 결과는 아래 그림과 같습니다.

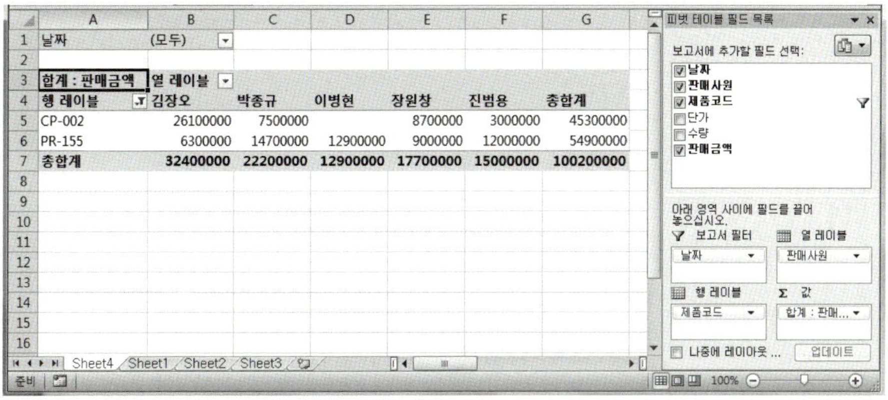

06. 다시 모든 항목이 표시되도록 하려면 행 레이블 필터 단추를 클릭하여 [모두 선택]을 선택한 후 [확인]을 클릭합니다.

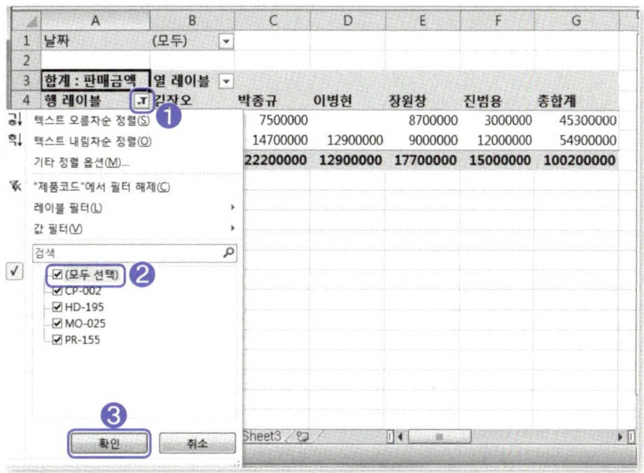

07. 요약에 사용할 계산 유형을 최대값으로 변경하기 위해 [피벗 테이블 필드 목록] 작업창의 **Σ**값 영역에서 [합계 : 판매금액] 필드를 클릭한 후 [값 필드 설정]을 클릭합니다.

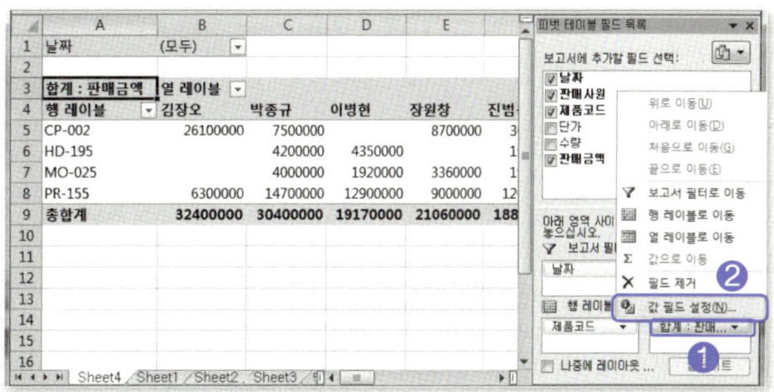

08. [값 필드 설정] 대화상자가 표시되면 [값 요약 기준] 탭에서 요약에 사용할 계산 유형(최대값)을 선택한 후 [확인]을 클릭합니다.

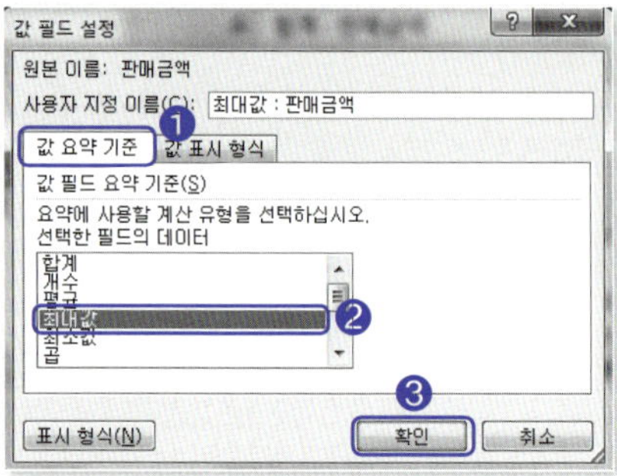

09. 피벗 테이블의 행 레이블과 열 레이블을 필드 이름으로 변경하기 위해 [A4]셀을 선택하고 '제품코드'를 입력하고, 같은 방법으로 [B3]셀을 선택하고 '판매사원'을 입력합니다.

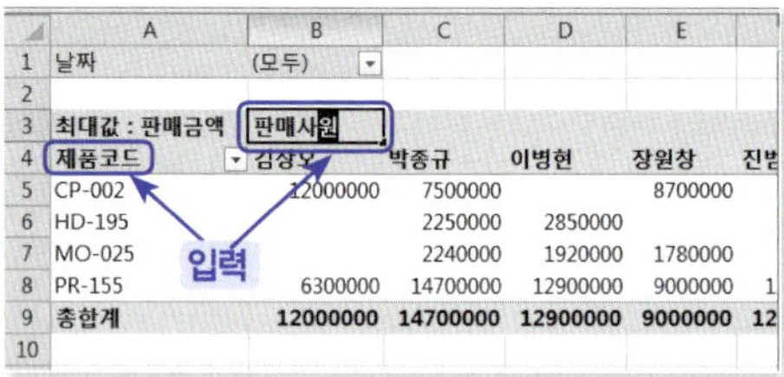

10. [피벗 테이블 필드 목록] 작업창을 숨기기 위해 [피벗 테이블 도구/옵션] 탭–[표시] 그룹–[필드 목록]을 클릭하여 선택 해제합니다.

또는 [피벗 테이블 필드 목록] 창의 오른쪽 끝에 닫기(✖) 단추를 클릭해도 작업창이 숨겨집니다.

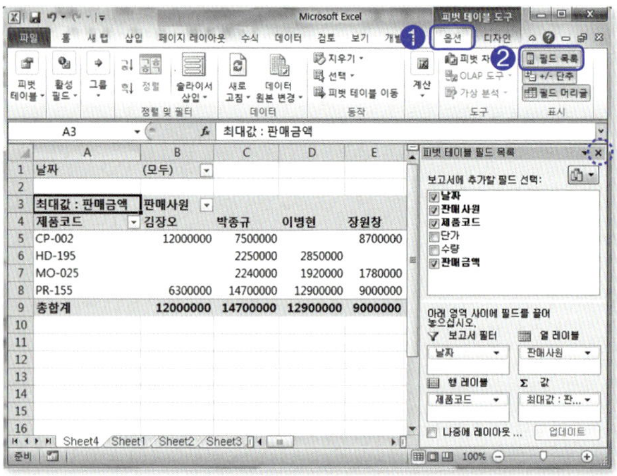

11. 피벗 테이블의 스타일을 적용하기 위해 [A3]셀을 선택한 후 [피벗 테이블 도구/디자인] 탭–[피벗 테이블 스타일] 그룹에서 자세히 단추를 클릭합니다.

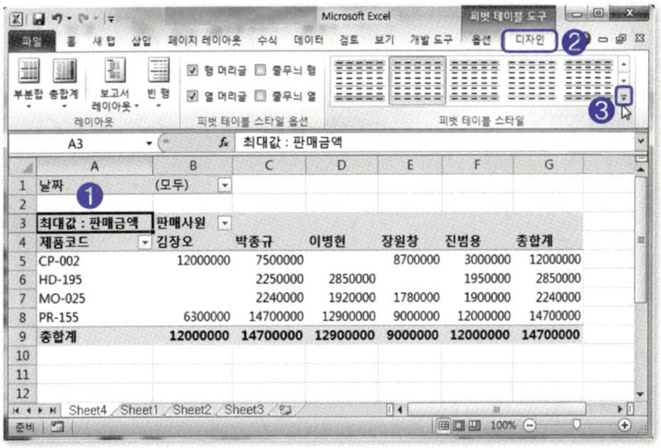

12. 피벗 테이블 스타일 목록이 나타나면 [피벗 스타일 보통 9]를 클릭합니다.

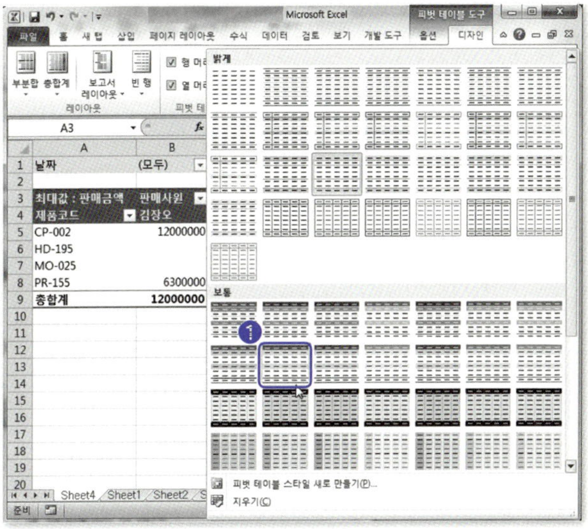

13. 피벗 테이블 옵션을 지정하기 위해 피벗 테이블의 임의의 셀이 선택된 상태에서 [피벗 테이블 도구/옵션] 탭–[피벗 테이블] 그룹–[옵션]–[옵션]을 클릭합니다.

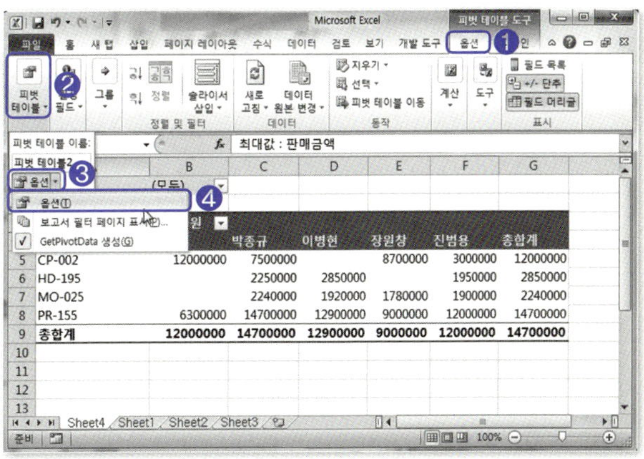

14. [피벗 테이블 옵션] 대화상자가 나타나면 [레이아웃 및 서식] 탭에서 [레이블이 있는 셀 병합 및 가운데 맞춤]을 선택한 후 [빈 셀 표시]에 체크표시를 한 상태에서 '*****'를 입력한 후 [요약 및 필터] 탭을 클릭합니다.

[피벗 테이블 옵션] 대화상자의 [요약 및 필터] 탭이 나타나면 [총 합계 표시]를 선택 해제한 후 [확인]을 클릭합니다.

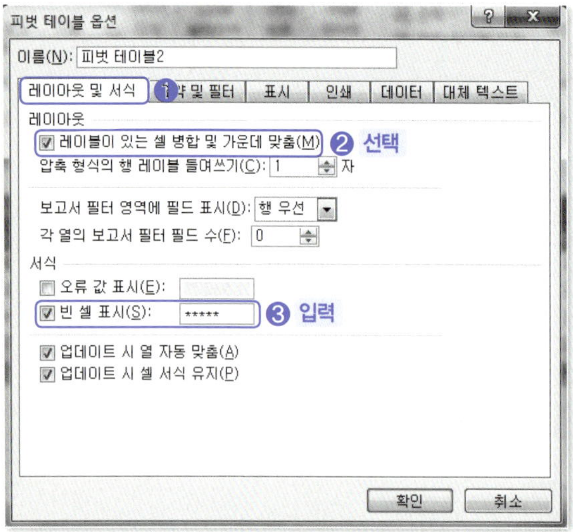

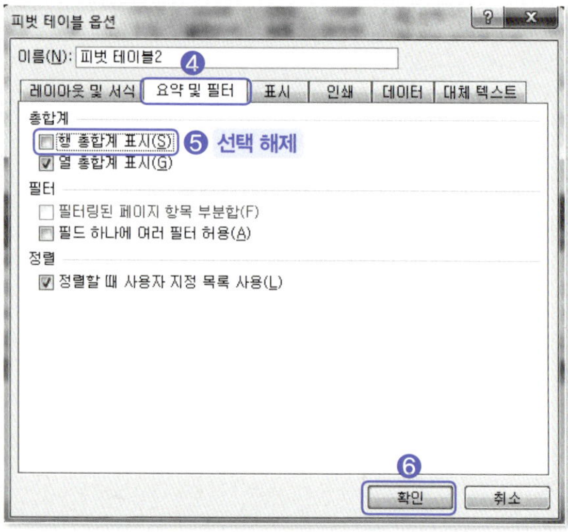

15. 피벗 테이블에 텍스트 맞춤 서식을 지정하기 위해 [A5:F9] 셀 범위를 선택한 후 [홈] 탭-[맞춤] 그룹-[가운데 맞춤]을 클릭합니다.

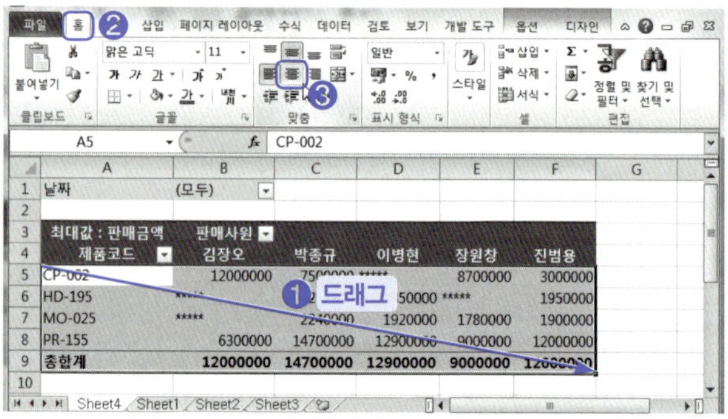

16. 숫자의 세 자리마다 쉼표 스타일(,)을 삽입하기 위해 [B5:F9] 셀 범위를 선택한 후 [홈] 탭-[표시 형식] 그룹-[쉼표 스타일]을 클릭합니다.

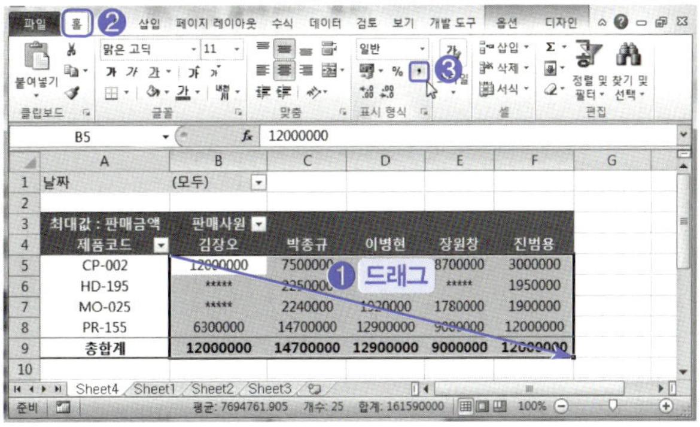

17. 완성된 문서를 [저장] 단추를 눌러 저장하고, [파일] 탭-[끝내기]를 클릭하거나 또는 화면 오른쪽 상단에 [닫기] 단추를 클릭하여 작업을 종료합니다.

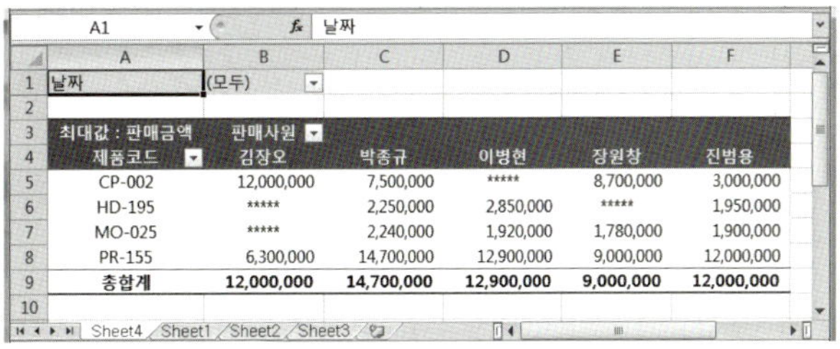

실력 점검 문제

[문제 7-1] 준비파일('실력점검_7-1-준비.xlsx')을 열기한 후 아래 조건에 따라 부분합을 이용한 평점별 요약 문서를 작성하시오.

2015년 1학기 성적표

행	학과	학번	이름	중간고사	기말고사	레포트	출석	총점	평점	
5	물리	201521007	금태진	31	32	10	20	93	A	
6	영문	201502002	차성일	34	33	10	20	97	A	
7	경영	201512008	박민수	33	32	10	20	95	A	
8	전기	201533025	허일욱	33	28	10	20	91	A	
9	물리	201521009	진유옥	29	32	10	20	91	A	
10	영문	201502001	성일곤	34	30	9	20	93	A	
11									6명	A 인원수
29									17명	B 인원수
30	영문	201502044	나정미	20	30	10	18	78	C	
31									1명	C 인원수
32	국문	201510016	정아연	10	31	9	15	65	D	
33	국문	201510015	여지선	15	23	9	15	62	D	
34									2명	D 인원수
35									26명	전체 인원수

[작성 조건]

- 미리 정렬할 항목 : 평점(오름차순)
- 부분합 대화상자 설정 : 그룹화할 항목(평점), 사용 함수(개수), 부분합 계산 항목(평점), 새로운 값으로 대치 선택
- 요약 표시 머리글 수정('A 개수' → 'A 인원수') 및 셀 위치 이동 : '개수'를 '인원수'로 변경하고, 요약 표시 머리글이 K열에 표시되도록 셀 위치 이동
- 각 개수 결과 값 끝에 "명" 단위 표시('6' → '6명') : (개수 값이 표시된 셀을 선택한 후 수식 입력줄 끝에 '&"명"'을 입력, 예를 들면 'SUBTOTAL(R,J5:J10) → SUBTOTAL(R,J5:J10)&"명")
- 요약 표시 셀 영역 테두리 : 모든 테두리 지정 : 예를 들면 | 1명 | C 인원수 |

[문제 7-2] 준비파일('실력점검_7-1-준비.xlsx')을 열기한 후 아래 조건에 따라 피벗 테이블을 별도의 시트에 작성하시오.

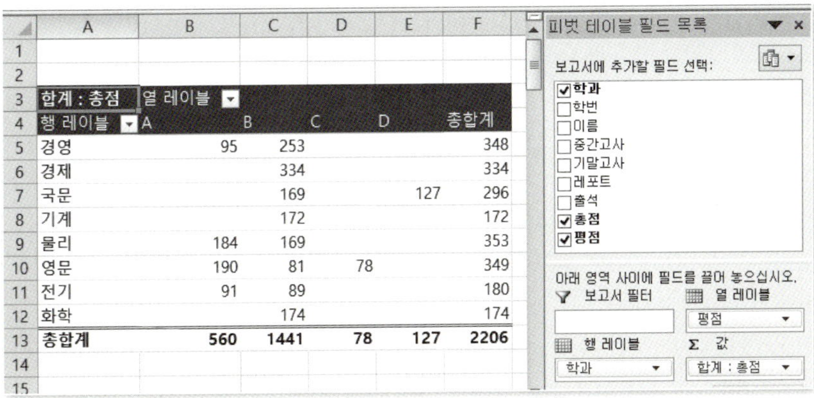

	A	B	C	D	E	F
1						
2						
3	합계 : 총점	열 레이블				
4	행 레이블	A	B	C	D	총합계
5	경영	95	253			348
6	경제		334			334
7	국문		169		127	296
8	기계		172			172
9	물리	184	169			353
10	영문	190	81	78		349
11	전기	91	89			180
12	화학		174			174
13	총합계	560	1441	78	127	2206
14						
15						

[작성 조건]

- 피벗 테이블 보고서 작성 위치 : 새 워크시트
- 보고서 테이블에 필드 지정 : 행 레이블(학과), 열 레이블(평점), Σ값(합계:총점)
- 피벗 테이블 도구/디자인/피벗 스타일 그룹 : 피벗스타일 보통 5 선택

[문제 7-3] 준비파일('실력점검_7-1-준비.xlsx')을 열기한 후 아래 조건에 따라 피벗 테이블을 별도의 시트에 작성하시오.

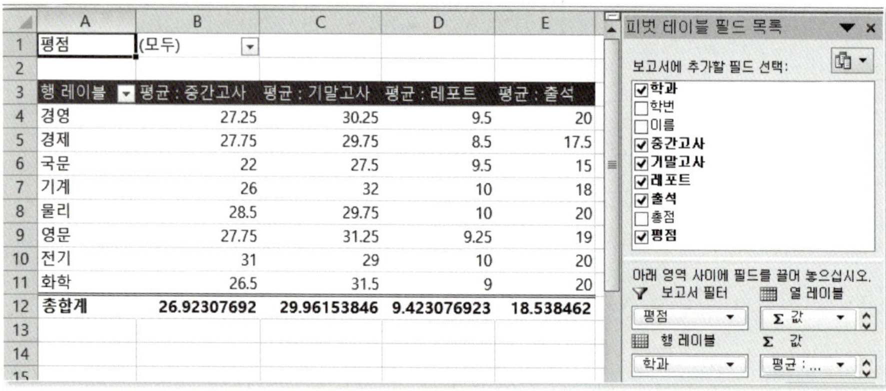

	A	B	C	D	E
1	평점	(모두)			
2					
3	행 레이블	평균 : 중간고사	평균 : 기말고사	평균 : 레포트	평균 : 출석
4	경영	27.25	30.25	9.5	20
5	경제	27.75	29.75	8.5	17.5
6	국문	22	27.5	9.5	15
7	기계	26	32	10	18
8	물리	28.5	29.75	10	20
9	영문	27.75	31.25	9.25	19
10	전기	31	29	10	20
11	화학	26.5	31.5	9	20
12	총합계	26.92307692	29.96153846	9.423076923	18.538462

[작성 조건]

- **피벗 테이블 보고서 작성 위치 : 새 워크시트**
- **보고서 테이블에 필드 지정 : 보고서 필터(평점), 행 레이블(학과), Σ값(평균:중간고사, 평균:기말고사, 평균:레포트, 평균:출석)**
- **피벗 테이블 도구/디자인/피벗 스타일 그룹 : 피벗스타일 보통 2 선택**

Memo

Introduction to EXCEL 2010

CHAPTER

08

그래픽 효과를 추가한 문서 작성

엑셀의 주요 사용 목적이 수치를 다루는 데 있지만, 작성된 데이터를 그래픽 효과를 더하여 시각적으로 더욱 부각되고 때로는 입체적인 효과를 줄 수도 있는 기능들이 있습니다. 스파크라인과 조건부 서식을 이용하면 데이터 셀 안에 숫자와 그래프가 함께 표시될 수 있고, 그림, 클립아트, 도형, SmartArt, WordArt 등을 삽입하여 더욱 화려한 자료로 바꿀 수 있습니다.

학습 목표

- 그림, 클립아트, 도형, SmartArt, 텍스트 상자, WordArt 등 그래픽 개체를 삽입할 수 있습니다.
- 다양한 그래픽 개체에 디자인과 레이아웃을 설정하고 스타일을 변경할 수 있습니다.
- 스파크라인을 지정하여 데이터 셀에 적합한 그래프를 숫자와 병행 표시할 수 있습니다.
- 조건부 서식을 지정하여 데이터 셀에 규칙 그래프, 데이터 막대, 색조, 아이콘 등을 병행 표시할 수 있습니다.

실습 구성

실습 8-1 WordArt, 클립아트, 텍스트상자를 활용한 안내문 작성하기
실습 8-2 SmartArt를 활용한 문서 작성하기
실습 8-3 스파크라인을 활용한 성적 추이 분석
실습 8-4 조건부 서식을 활용한 그래프 표시 성적표 작성

실력 점검 문제

준비 학습

셀에 입력된 기본 데이터 자료만으로 작성된 엑셀 문서에 그림, 클립아트, 도형, SmartArt, WordArt 등을 삽입하여 시각적인 문서로 꾸밀 수 있습니다. 특히 [삽입] 탭의 [일러스트레이션] 그룹의 기능을 이용하면 도형과 색에 다양한 입체적인 효과를 더할 수 있습니다.

1. 그래픽 개체의 삽입 방법

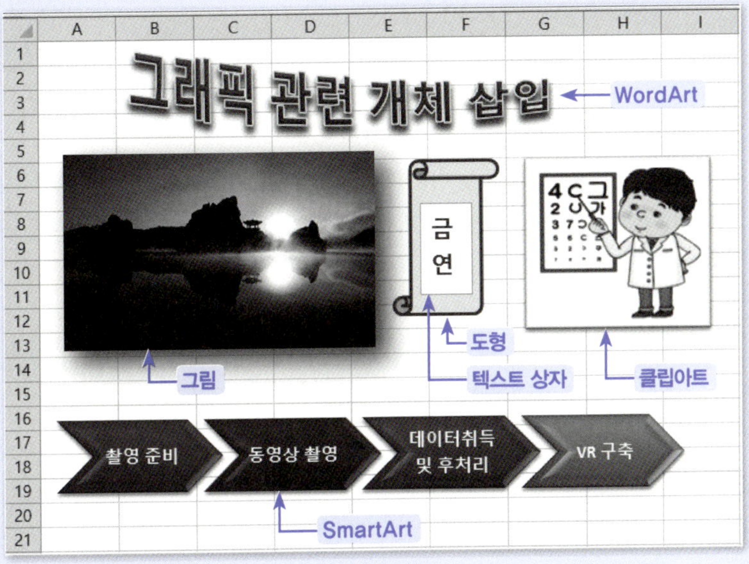

(1) 그림 삽입 :

- [삽입] 탭–[일러스트레이션] 그룹–[그림]을 클릭하여 [그림 삽입] 대화상자에서 별도로 준비된 그림 파일을 가져옵니다.

(2) 클립아트 삽입 :

- 클립아트란 컴퓨터에서 작성되는 문서나 도표 등에서 간단한 표식과 정보를 표현하기 위해 사용되는 작고 비교적 단순한 형태의 문양과 그림들의 꾸러미를 말합니다.
- [삽입] 탭–[일러스트레이션] 그룹–[클립아트]를 클릭하여 [클립아트] 창이 나타나면 원하는 클립아트를 검색하여 잠시 후 클립아트 저장 꾸러미에서 선택하면 됩니다.

(3) 도형 삽입 :

- [삽입] 탭–[일러스트레이션] 그룹–[도형] 목록을 클릭하여 원하는 도형을 선택한 후 워크시트 위에 마우스로 드래그 합니다.

- 엑셀에서 제공되는 도형의 종류에는 선, 사각형, 기본 도형, 블록 화살표, 수식 도형, 순서도, 별 및 현수막, 순서도 등이 있습니다.

(4) SmartArt 삽입

- SmartArt는 다양한 형태의 레이아웃이 준비되어 있어서 원하는 옵션을 선택하여 빠르고 쉽게 만들 수 있고, 데이터의 시각적 표현으로 메시지나 내용을 효과적으로 전달할 수 있습니다.
- 엑셀에서 제공되는 SmartArt의 유형에는 목록형, 프로세스형, 주기형, 계층 구조형, 관계형, 행렬형, 피라미드형 등이 있습니다.
- [삽입] 탭-[일러스트레이션] 그룹-[SmartArt]을 클릭하여 [SmartArt 그래픽 선택] 대화상자에서 원하는 스타일을 선택합니다.
- 선택된 SmartArt 그래픽에 텍스트나 이미지 등을 입력할 수 있으며, [SmartArt 도구/디자인], [SmartArt 도구/서식] 상황 탭에서 색, 스타일, 서식 등을 변경해서 완성해갑니다.

(5) 스크린 캡처 삽입

- 캡처하려는 창을 미리 스크린에 띄워 놓습니다.
- [삽입] 탭-[일러스트레이션] 그룹-[스크린 샷] 목록을 클릭합니다.
- 스크린 샷 목록에서 [사용할 수 있는 창]을 선택하면 컴퓨터 바탕화면에 띄워진 캡처화면 전체를 삽입합니다. 그리고 [화면 캡처]를 클릭하면 잠시 후 화면 전체가 흐릿하게 변화되고 그 상태에서 캡처하려는 부분에 마우스를 드래그하여 일부분을 캡처하여 삽입합니다.

(6) 텍스트 상자 삽입

- [삽입] 탭-[텍스트] 그룹-[가로/세로 텍스트 상자]를 클릭한 후 워크시트에 글씨를 입력하려는 범위만큼 텍스트 상자 크기를 드래그 합니다.
- 그 다음 텍스트 상자 내부에 글씨를 입력하고 [홈] 탭의 글꼴 서식을 지정하여 완성합니다.

(7) WordArt 삽입 :

- [삽입] 탭-[텍스트] 그룹-[WordArt]를 클릭한 후 목록에서 원하는 스타일을 선택합니다.
- 워크시트에 WordArt 입력 틀이 표시되면 틀 안에 글씨를 입력한 후 [홈] 탭의 글꼴 크기를 지정하여 조정합니다.
- [그리기 도구/서식] 탭-[WordArt 스타일] 그룹에서 텍스트 채우기, 텍스트 윤곽선, 텍스트 효과를 지정하여 선택된 스타일을 변경할 수 있습니다.

2. 그래픽 개체 관련 리본 메뉴

(1) [그리기 도구/서식] 탭의 구성

워크시트에 도형을 그리거나 텍스트 상자를 입력하면 다음과 같은 [그리기 도구] 상황 탭이 표시됩니다.

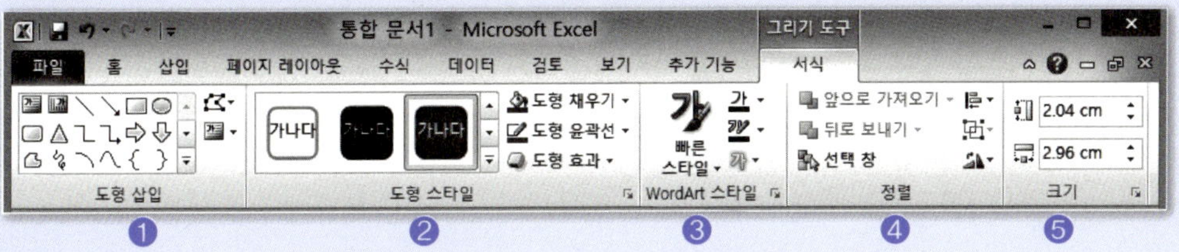

❶ [도형 삽입] 그룹 : 기본으로 제공되는 도형이나 선 등을 선택하여 삽입합니다. 도형 모양 변경, 점 편집, 연결선 바꾸기 등을 지정합니다. 그리고 가로 또는 세로 텍스트 상자를 그립니다.

❷ [도형 스타일] 그룹 : 도형이나 선 등에 빠른 스타일을 지정합니다. 도형에 단색, 그라데이션, 그림 또는 질감 등을 채웁니다. 도형 윤곽선의 색, 두께 및 선 스타일을 변경합니다. 도형에 그림자, 네온, 반사, 입체 효과 또는 3차원 회전 효과를 지정합니다.

❸ [WordArt 스타일] 그룹 : 텍스트에 빠른 WordArt 스타일을 지정합니다. 텍스트에 단색, 그라데이션, 그림 또는 질감을 채웁니다. 텍스트의 윤곽선 색, 두께 및 선 스타일을 변경합니다. 텍스트에 그림자, 네온, 반사, 입체 효과, 3차원 회전 효과를 지정합니다.

❹ [정렬] 그룹 : 선택한 개체를 맨 앞으로, 앞으로 가져오거나 맨 뒤로, 뒤로 등으로 보내어 개체가 겹치는 순서를 조정합니다. 개체의 순서와 표시방법을 변경하기 위해 선택 창을 표시합니다. 선택한 개체를 왼쪽, 가운데, 오른쪽, 위쪽, 중간, 아래쪽 등에 일괄적으로 맞추기도 하고 가로/세로 간격을 동일하게 지정하기도 합니다. 여러 개의 개체를 하나의 그룹으로 지정하거나 해제합니다. 선택한 개체를 회전하거나 대칭시킵니다.

❺ [크기] 그룹 : 도형이나 그림의 높이, 너비 등을 지정합니다.

(2) [그림 도구/서식] 탭의 구성

워크시트에 그림이나 사진 파일을 삽입하면 다음과 같은 [그림 도구] 상황 탭이 표시됩니다.

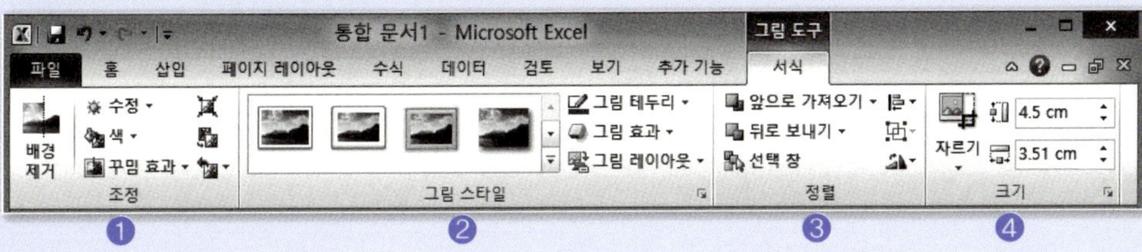

❶ [조정] 그룹 : 그림 중에서 원하지 않는 부분을 자동으로 제거합니다. 그림의 밝기, 대비 및 선명도를 조정합니다. 품질을 향상시키거나 문서 내용에 맞추기 위해 그림 색을 변경합니다. 그림에 꾸밈효과를 추가하여 스케치한 효과를 줍니다. 그 밖에 그림 압축, 그림 바꾸기, 그림 원래대로 기능이 있습니다.

② [그림 스타일] 그룹 : 그림의 전체 표시 스타일을 선택합니다. 윤곽선의 색, 두께 및 선 스타일을 변경합니다. 그림자, 네온, 반사, 입체 효과 또는 3차원 회전 효과를 지정합니다. 그림을 쉽게 배열하고 캡션을 만들고 크기를 조정하기 위해 선택한 그림을 SmartArt 그래픽으로 변환합니다.

③ [정렬] 그룹 : 선택한 개체를 앞으로 가져오거나 또는 뒤로 보내기하여 겹치는 개체의 순서를 조정합니다. 개체의 순서와 표시 방법을 변경하기 위해 선택 창을 표시합니다. 선택한 개체를 왼쪽, 가운데, 오른쪽, 위쪽, 중간, 아래쪽 등에 일괄적으로 맞추기도 하고 가로/세로 간격을 동일하게 지정하기도 합니다. 여러 개의 개체를 하나의 그룹으로 지정하거나 해제합니다. 선택한 개체를 회전하거나 대칭시킵니다.

④ [크기] 그룹 : 그림을 잘라내어 불필요한 부분을 제거합니다. 선택한 개체의 높이와 너비를 지정합니다.

(3) [SmartArt/디자인] 탭의 구성

워크시트에 SmartArt 그래픽을 삽입하면 다음과 같은 [SmartArt 도구] 상황 탭이 표시됩니다.

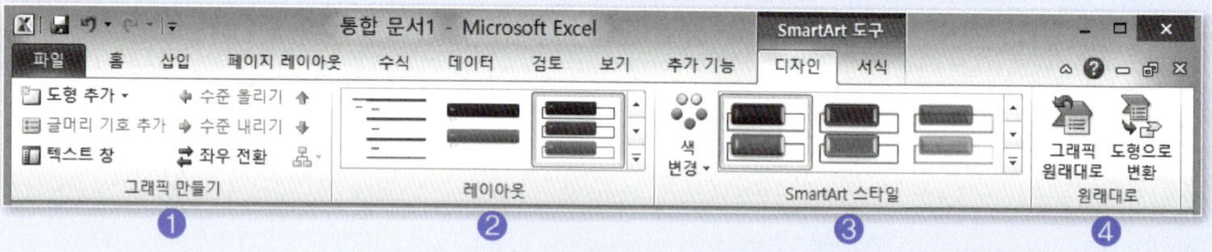

① [그래픽 만들기] 그룹 : SmartArt 그래픽에 도형을 추가하거나, 글머리 기호를 추가하거나 텍스트 창을 표시거나 숨깁니다. 선택한 글머리 기호 또는 도형의 수준을 올리거나 내립니다. SmarArt 그래픽의 레이아웃의 좌/우를 서로 전환합니다. 선택영역을 위로 올리거나 아래로 내립니다.

② [레이아웃] 그룹 : SmartArt 그래픽을 다른 레이아웃으로 변경합니다.

③ [SmarArt 스타일] 그룹 : SmartArt 그래픽에 적용한 색을 변경하거나 SmartArt 스타일을 변경합니다.

④ [원래대로] 그룹 : SmartArt 그래픽에 변경한 서식을 모두 취소하거나 SmartArt 그래픽을 나머지 도형과는 별도로 이동, 크기 조정, 삭제가 가능한 도형으로 변환합니다.

3. 스파크라인

스파크라인은 별도의 차트를 만들지 않아도 한 셀 안에서 데이터의 흐름과 패턴을 한 눈에 파악할 수 있습니다. 특히 데이터의 추세를 시각화하기 때문에 간단하고 빠른 추세 분석에 도움이 됩니다.

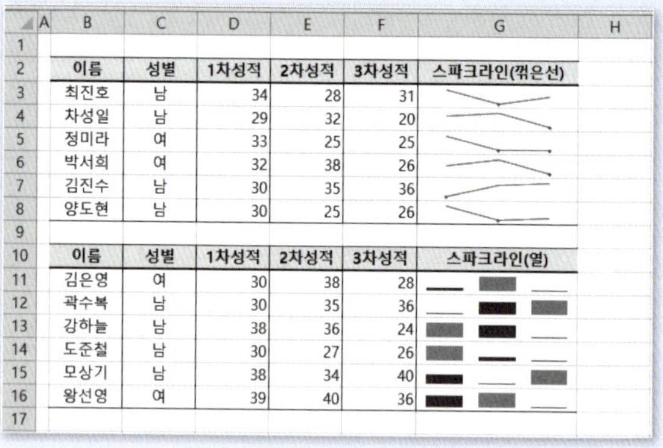

이름	성별	1차성적	2차성적	3차성적	스파크라인(꺾은선)
최진호	남	34	28	31	
차성일	남	29	32	20	
정미라	여	33	25	25	
박서희	여	32	38	26	
김진수	남	30	35	36	
양도현	남	30	25	26	

이름	성별	1차성적	2차성적	3차성적	스파크라인(열)
김은영	여	30	38	28	
곽수복	남	30	35	36	
강하늘	남	38	36	24	
도준철	남	30	27	26	
모상기	남	38	34	40	
왕선영	여	39	40	36	

(1) **스파크라인 설정 방법**

- 스파크라인을 표시하려는 셀을 클릭하고 [삽입] 탭-[스파크라인] 그룹에서 원하는 스파크라인 종류를 선택합니다. 종류에는 꺾은선, 열, 승패가 있습니다.
- [스파크라인 만들기] 대화상자가 나타나면 [데이터 범위]와 [위치 범위]를 입력합니다.
- 위치 범위에 하나의 스파크라인이 표시되면 표시된 셀부터 스파크라인 그룹의 마지막 셀까지 채우기 핸들을 드래그합니다. 그러면 그룹의 모든 데이터가 스파크라인으로 표시됩니다.

(2) **[스파크라인 만들기] 대화상자**

- 데이터 범위 : 스파크라인으로 표시될 데이터의 범위를 입력합니다.
- 위치 범위 : 스파크라인이 표시될 위치를 지정합니다.(절대참조로 표시됩니다.)

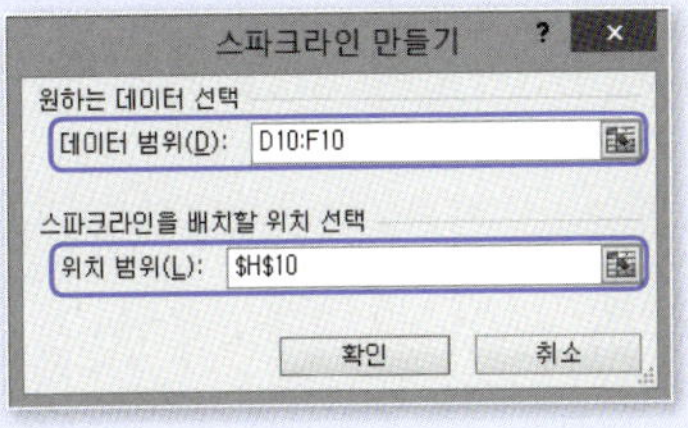

(3) **[스파크라인 도구/디자인] 탭의 구성**

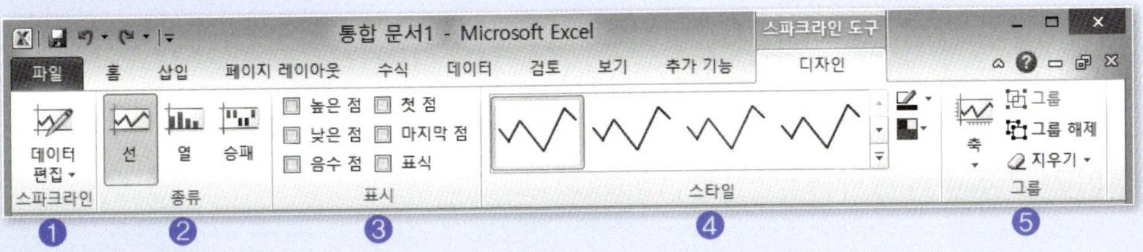

❶ [스파크라인] 그룹 : 스파크라인이 적용된 그룹의 위치 및 데이터 편집을 다시 설정합니다. 그룹 위치 및 데이터 편집, 단일 스파크라인의 데이터 편집, 숨겨진 셀/빈 셀, 행/열 전환 등의 메뉴가 있습니다.

❷ [종류] 그룹 : 선택한 그룹을 선 스파크라인, 열 스파크라인, 승패 스파크라인으로 변환합니다.

❸ [표시] 그룹 : 스파크라인에서 강조하고자 하는 데이터를 선택하여 표시합니다. 높은 점, 낮은 점, 음수 점, 첫 점, 마지막 점, 표식 등에서 선택합니다.

❹ [스타일] 그룹 : 선택한 스파크라인 그룹의 표시 스타일을 선택합니다. 스파크라인의 색을 지정합니다. 스파크라인 그룹에 있는 음수 점, 표식 및 기타 모든 점의 색을 변경합니다.

❺ [그룹] 그룹 : 스파크라인 그룹에서 각 스파크라인의 축의 배율 및 표시 유형을 변경합니다. 스파크라인을 그룹화하여 서식 및 배율 옵션을 공유할 수도 있고, 그룹화된 스파크라인을 개별화 시킬 수도 있습니다. 선택한 스파크라인을 제거할 수 있습니다.

4. 조건부 서식

조건에 따라 데이터의 서식을 바꾸어 표시하면 데이터를 이해하는데 시각적으로 도움이 됩니다. 즉, 조건에 맞는 셀만 다른 색, 색조, 데이터 막대, 아이콘을 사용하여 강조 표시할 수 있어서 특정 데이터를 구분하기에 편리합니다.

(1) 조건부 서식 지정 방법

- 조건부 서식을 적용할 셀 범위를 선택합니다.
- [홈] 탭–[스타일] 그룹–[조건부 서식]을 클릭합니다.
- 조건부 서식의 규칙 유형 중 하나를 선택합니다.
- 선택된 규칙에서 셀 범위에 적용할 서식을 선택합니다.

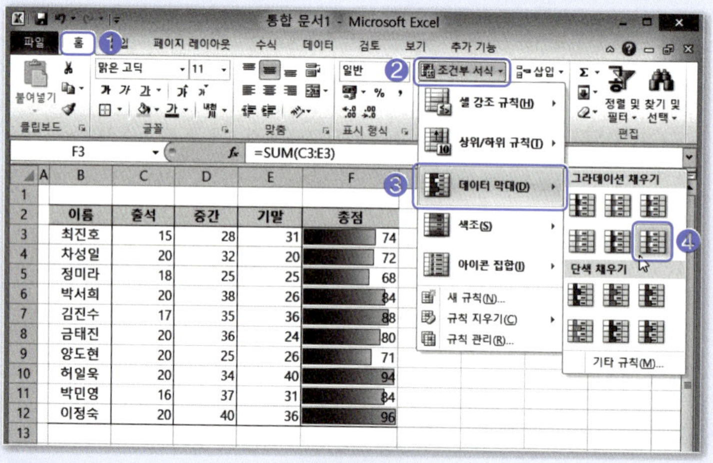

(2) 조건부 서식의 규칙 유형

① 셀 강조 규칙 : 셀에 입력된 데이터가 특정 값과 크거나, 작거나, 같거나, 범위 사이에 있거나, 특정 텍스트를 포함하거나, 중복 값이 있을 경우 셀에 표시를 합니다.

② 상위/하위 규칙 : 상위 10개 항목, 상위 10%, 하위 10개 항목, 하위 10%, 평균 초과, 평균 미만인 데이터 셀에 표시합니다.

③ 데이터 막대 : 입력된 데이터의 크기에 따라 막대의 길이로 셀을 채워줍니다. 그라데이션이나 단색으로 채울 수 있습니다.

④ 색조 : 셀 값을 다른 셀 값과 비교하여 2색이나 3색의 그라데이션으로 표시할 수 있습니다.

- 2색조는 최소값과 최대값에 다른 색이 사용되고 그 중간의 값들은 두 색이 섞인 정도를 다르게 표시합니다.
- 3색조는 최소값, 중간값, 최대값에 다른 색이 사용되고 각각의 중간의 값들은 두 색이 섞인 정도를 다르게 표시합니다.

⑤ 아이콘 집합 : 셀 값에 조건 범위를 정하고 해당 조건에 따라 3~5개의 범위를 나타내는 아이콘을 셀에 표시합니다.

① 셀 강조 규칙 ② 상위/하위 규칙 ③ 데이터 막대 ④ 색조 ⑤ 아이콘집합

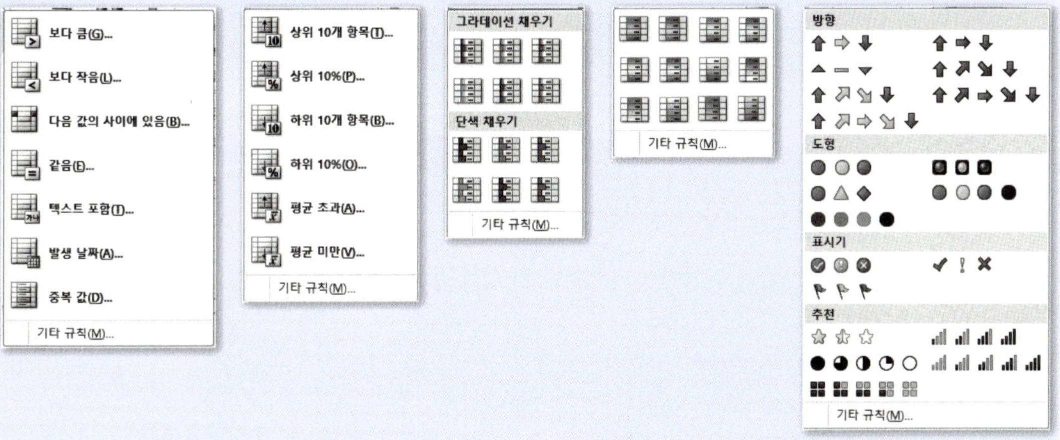

(3) 조건부 서식 지우기

- 지정된 셀 범위의 서식 지우기 : 조건부 서식이 지정된 셀 범위를 선택한 후 [홈] 탭-[스타일] 그룹-[조건부 서식]-[규칙 지우기]-[선택한 셀의 규칙 지우기]를 클릭합니다.
- 시트 전체 모든 조건부 서식 지우기 : 셀 범위나 표를 선택한 후 [홈] 탭-[스타일] 그룹-[조건부 서식]-[규칙 지우기]-[시트 전체에서 규칙 지우기]를 클릭합니다.

(4) 새 규칙 만들기

- 새 규칙을 적용할 셀 범위를 선택합니다.
- [홈] 탭-[스타일] 그룹-[조건부 서식]-[새 규칙]을 선택합니다.
- [새 서식 규칙] 대화상자에서 규칙유형을 선택합니다.
- 원하는 규칙을 설정하고 [확인]을 클릭합니다.

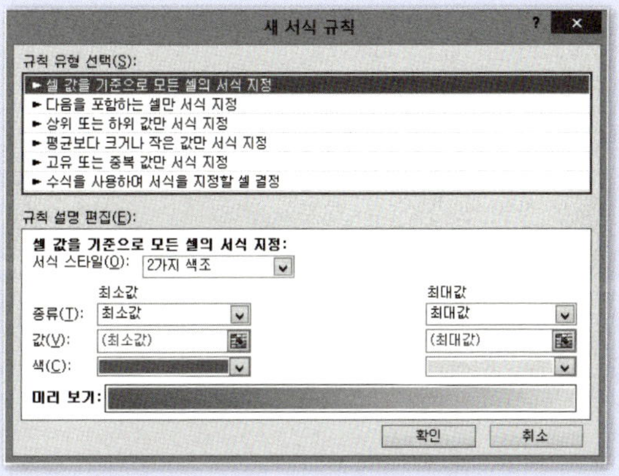

(5) 규칙 관리 편집

조건부 서식이 지정된 셀은 임의로 지정된 조건으로 편집하여 수정하고 확인할 수 있습니다.

- 규칙 관리를 편집하려면 셀 범위를 선택한 후 [홈] 탭-[스타일] 그룹-[조건부 서식]-[규칙 관리]를 클릭합니다.
- [조건부 서식 규칙 관리자] 대화상자에서 [규칙 편집]을 클릭합니다.
- [서식 규칙 편집] 대화상자에서 규칙 유형을 선택한 후 [규칙 설명 편집]에 값을 입력한 다음 [확인]을 클릭합니다.

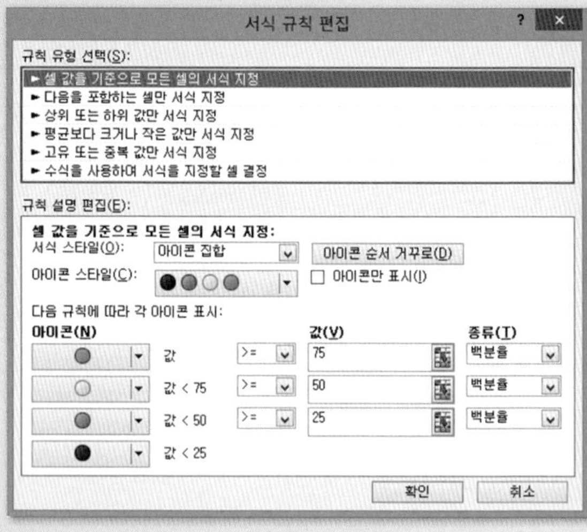

(6) [조건부 서식 규칙 관리자] 대화상자의 구성

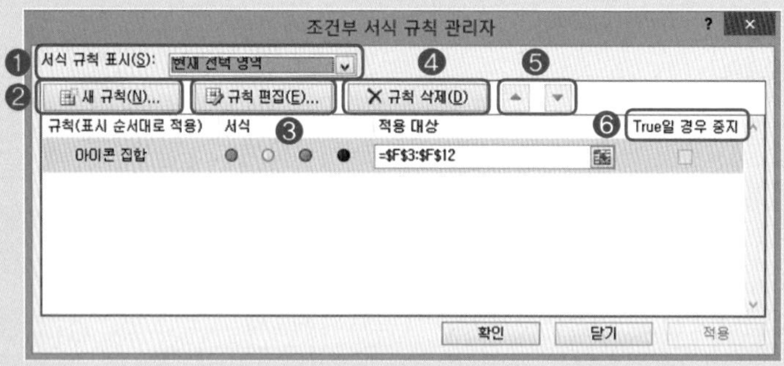

❶ 서식 규칙 표시 : 현재 선택 영역, 현재 워크시트, 현재 표, 또는 다른 워크시트 중에서 선택합니다. 해당 영역에 있는 조건부 서식 규칙만 표시합니다.

❷ 새 규칙 : 새 규칙을 작성해 추가합니다.

❸ 규칙 편집 : 기존 규칙을 편집합니다.

❹ 규칙 삭제 : 기존 규칙을 삭제합니다.

❺ 우선순위 화살표 : 화살표를 클릭하여 규칙 사이에 우선순위를 지정합니다. 셀 범위에 하나 이상의 조건부 서식이 적용되는 경우 어느 규칙을 우선적으로 적용할지를 지정합니다.

❻ True일 경우 중지 : 여러 개의 규칙이 같은 셀 범위에 적용될 경우, [True일 경우 중지] 확인란이 선택된 규칙보다 우선순위가 낮은 규칙은 적용되지 않습니다.

Introduction to EXCEL 2010

실습 **8-1**

WordArt, 클립아트, 텍스트상자를 활용한 안내문 작성하기

준비 파일 '8장_독감 예방접종 안내문.xlsx'을 열고 그래픽 효과가 추가된 문서를 오른쪽 그림과 같이 완성하시오.

단, 안내문 제목은 워드아트로 작성하고, 2개의 클립아트를 삽입하여 효과를 주며, 문서 아래쪽의 추가접종 안내문은 텍스트상자를 삽입하고 효과를 지정하시오. 서식 지정은 다음과 같습니다.

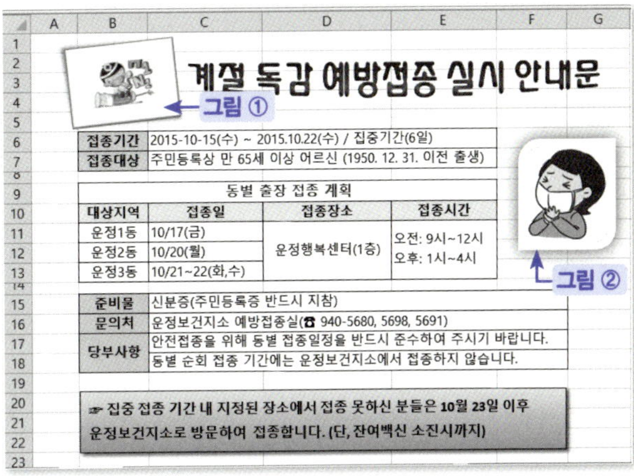

[조건]

- 제목 : '계절 독감 예방접종 실시 안내문'
  - 글꼴(HY동녘M), 글꼴 크기(24)
  - 워드아트 스타일 : (그라데이션 채우기-주황, 강조 6, 안쪽 그림자)
  - 텍스트 효과 : [변환]-[휘기]-[아래쪽]
- 클립아트 그림스타일 : 그림① (회전, 흰색), 그림② (둥근 대각선 모서리, 흰색)
  - 이미지 크기 : 그림① 높이(1.8cm), 너비(2.7cm), 그림② 높이(2.8cm), 너비(2.5cm)
- 추가 접종 안내문 : '☞ 집중 접종 기간 내 지정된 장소에서 접종 못하신 분들은 10월 23일 이후 운정보건지소로 방문하여 접종합니다. (단, 잔여백신 소진시까지)'
  - 가로 텍스트 상자 [B20]에 삽입 : 높이(1.8cm), 너비(14.8cm)
  - 글꼴 크기(12), 글꼴(굵게)
  - 도형스타일 : (미세효과-빨강, 강조 2)
  - 도형 효과 : [그림자]-[바깥쪽]-[오프셋 대각선 오른쪽 아래]

01. WordArt를 삽입하기 위해 [삽입] 탭-[텍스트] 그룹-[WordArt]를 클릭한 후 목록에서 [그라데이션 채우기-주황, 강조 6, 안쪽 그림자]를 선택합니다.

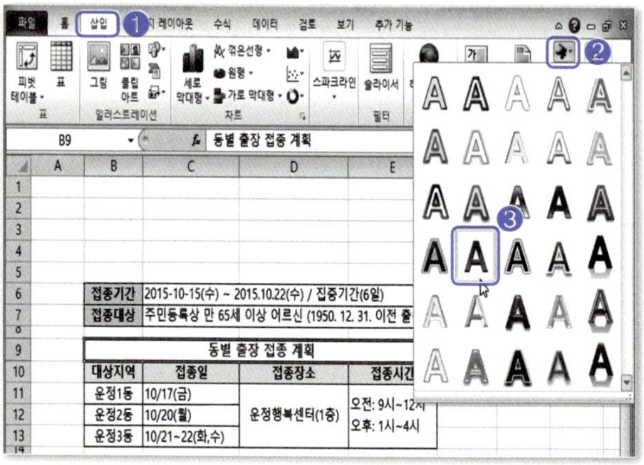

02. WordArt가 삽입되면 WordArt 텍스트 '계절 독감 예방접종 실시 안내문'을 입력합니다. 입력된 WordArt를 선택한 후 글꼴 서식을 지정하기 위해 [홈] 탭-[글꼴] 그룹에서 글꼴(HY동녘M)과 글꼴 크기(24)를 선택합니다.

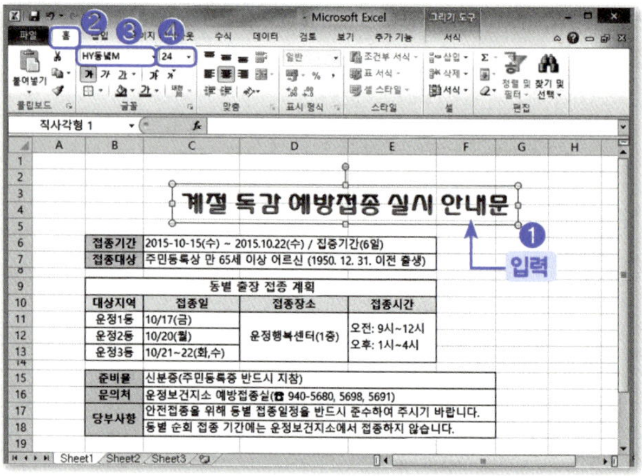

03. WordArt에 텍스트 효과를 지정하기 위해 [그리기 도구/서식] 탭-[WordArt 스타일] 그룹-[텍스트 효과]를 클릭합니다. 효과 목록에서 [변환]-[휘기]-[아래쪽 팽창]을 선택합니다.

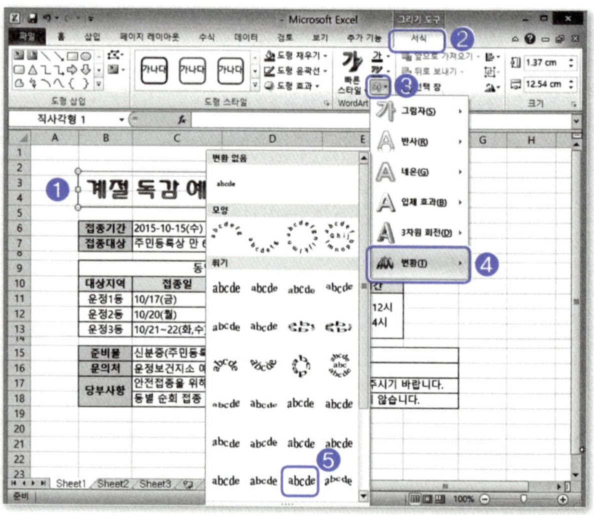

04. 클립아트를 삽입하기 위해 [B2]셀을 선택한 후 [삽입] 탭-[일러스트레이션] 그룹-[클립아트]를 클릭합니다. [클립아트] 작업 창이 나타나면 검색 대상(예방접종)을 입력한 후 [Bing 콘텐츠 포함]을 선택한 상태에서 [이동] 단추를 클릭합니다.

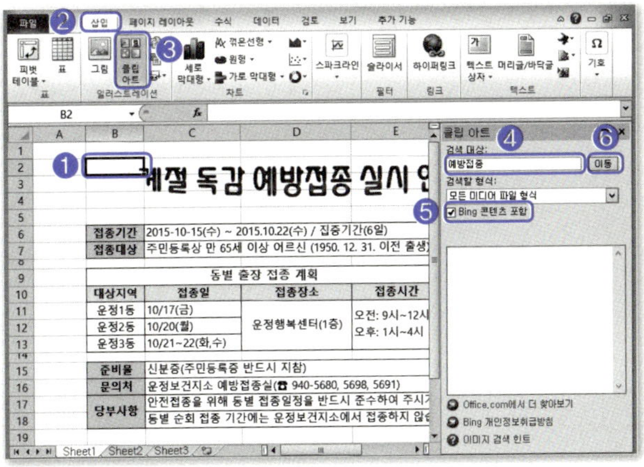

05. 잠시후에 클립아트가 검색되어 나타나면 삽입할 클립아트를 선택합니다.

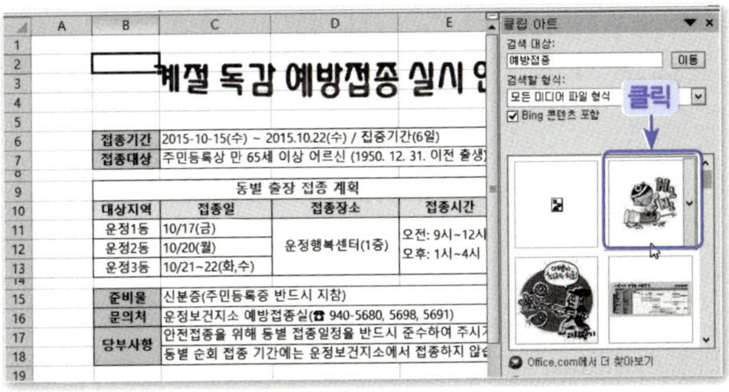

06. 클립아트가 삽입되면 클립아트의 크기를 조정하기 위해 클립아트가 선택된 상태에서 [그림 도구/서식] 탭-[크기] 그룹에서 추가옵션 단추(◲)를 클릭합니다.

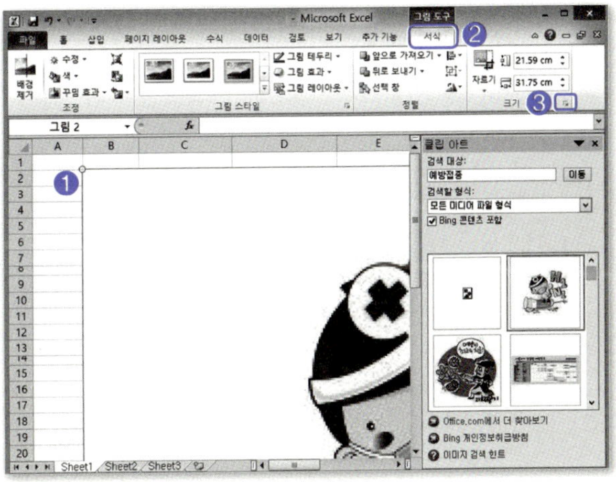

07. [그림 서식] 대화상자가 나타나면 [크기]-[배율]에서 [가로 세로 비율 고정]을 선택 해제한 후 높이(1.8cm)와 너비(2.7cm)를 입력한 다음 [닫기] 단추를 클릭합니다.

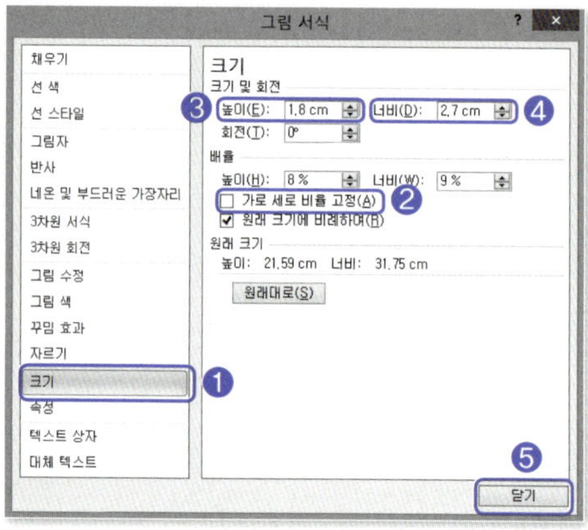

08. 클립아트에 그림 스타일을 지정하기 위해 [그림 도구/서식] 탭-[그림 스타일] 그룹에서 [자세히] 단추(▾)를 클릭한 후 스타일 목록에서 (회전, 흰색)을 선택합니다.

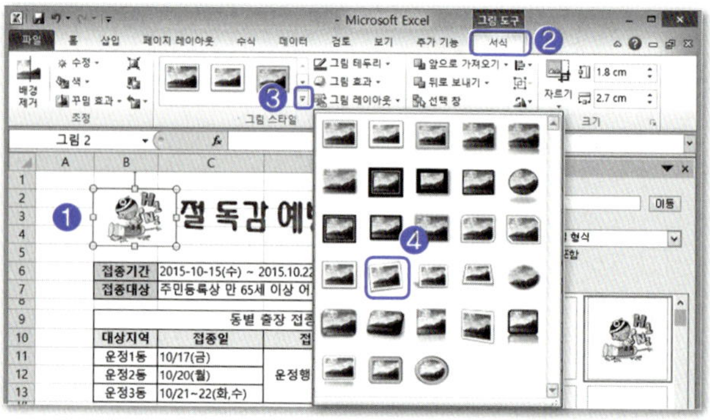

09. 같은 방법으로 두 번째의 클립아트도 예방접종을 검색하여 삽입하고 오른쪽 그림과 같이 표시합니다. 서식 지정은 다음과 같습니다.

- 크기 : 높이(1.8cm), 너비(2.7cm)
- 그림 스타일 : (둥근 대각선 모서리, 흰색)

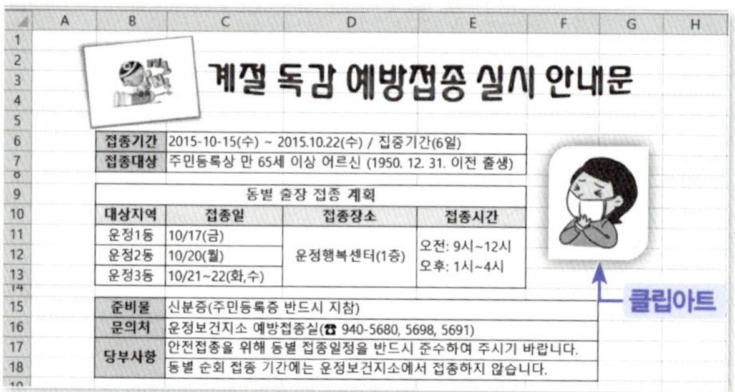

10. 추가접종 안내문이 표시된 텍스트상자를 삽입하기 위해 [삽입] 탭-[텍스트] 그룹-[텍스트 상자]-[가로 텍스트 상자]를 클릭합니다.

[B20]셀부터 드래그해서 텍스트 상자를 그리고 사각형 내부를 클릭한 후 텍스트를 입력합니다.

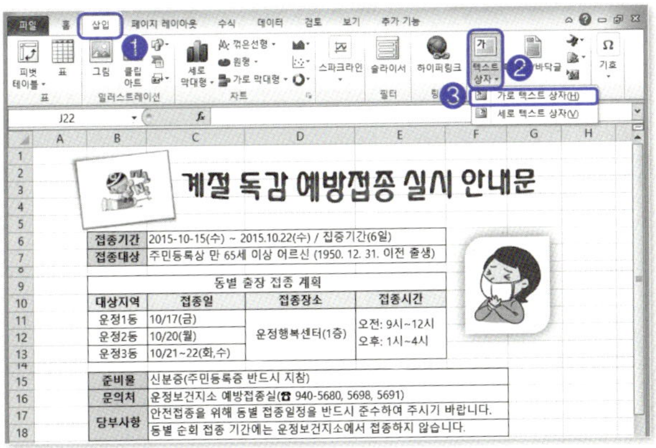

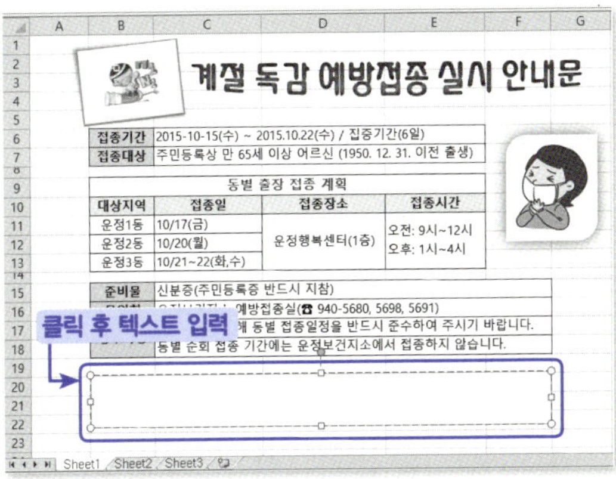

11. 텍스트 상자 안에 맨 처음 표시되는 '손가락 모양'(☞)의 특수 기호를 삽입하기 위해 [삽입] 탭-[기호] 그룹-[기호]를 클릭한 후 [기호] 대화상자가 나타나면(글꼴: 바탕, 하위 집합: 기타기호) 손가락 모양을 선택하고 [삽입]-[닫기] 단추를 클릭합니다.

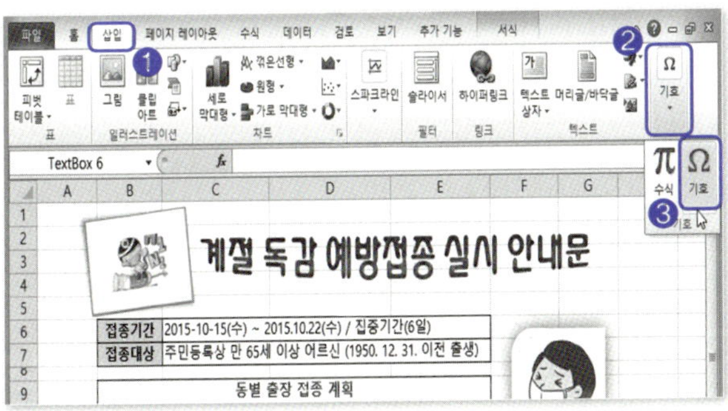

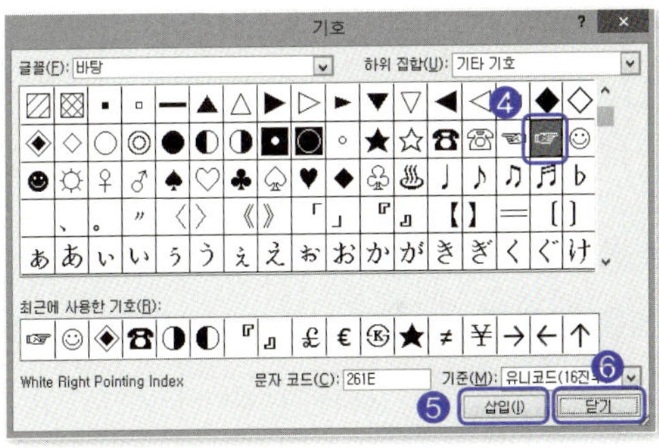

12. 계속해서 텍스트 상자에 추가접종 안내문을 위한 텍스트를 입력하고 완성합니다.

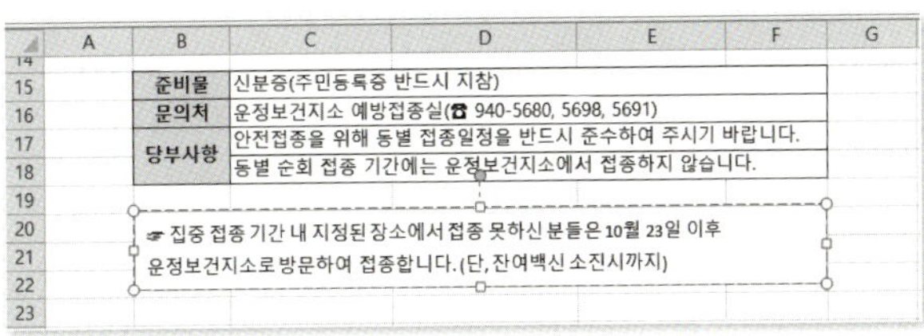

13. 텍스트 상자의 크기를 조정하기 위해 텍스트 상자를 선택한 후 [그리기 도구/서식] 탭-[크기] 그룹에서 높이(1.8cm)와 너비(14.8cm)를 입력합니다.

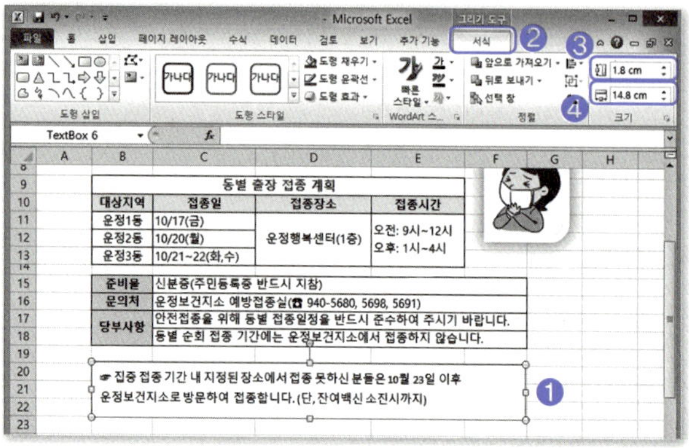

14. 텍스트 상자에 도형 스타일을 지정하기 위해 텍스트 상자를 선택한 후 [그리기 도구/서식] 탭-[도형 스타일] 그룹에서 [자세히] 단추(▾)를 클릭한 후 목록에서 (미세효과-빨강, 강조 2)를 선택합니다.

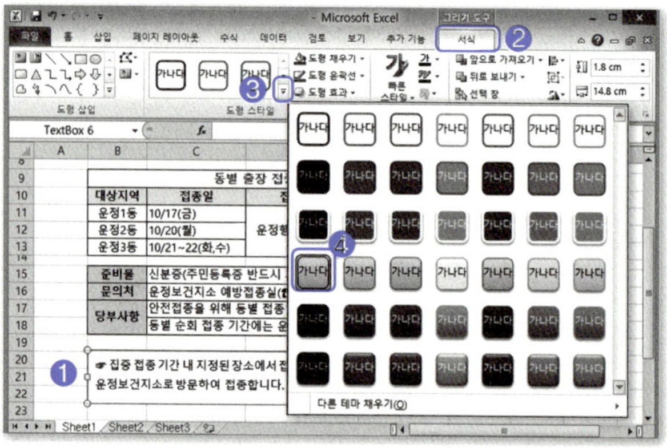

15. 텍스트 상자에 도형 효과를 주기 위해 텍스트 상자를 선택한 후 [그리기 도구/서식] 탭-[도형 스타일] 그룹-[도형 효과]를 클릭한 후 목록에서 [그림자]-[바깥쪽]-[오프셋 대각선 오른쪽 아래]를 선택합니다.

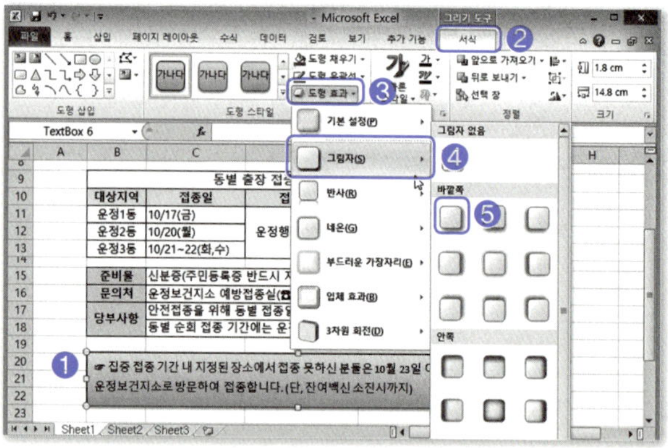

16. 텍스트 상자의 글꼴 서식 지정을 위해 텍스트 상자를 선택하고 [홈] 탭-[글꼴] 그룹에서 글꼴 크기(12)와 굵기(굵게)를 지정합니다.

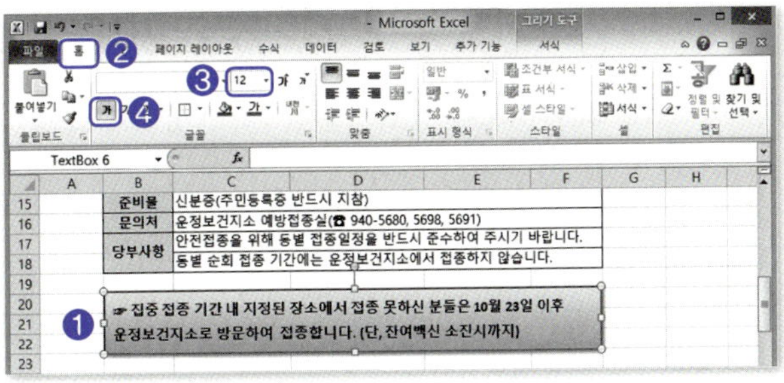

17. 오른쪽 그림과 같이 완성된 문서를 [저장] 단추를 눌러 저장하고, [파일] 탭-[끝내기]를 클릭하거나 또는 화면 오른쪽 상단에 [닫기] 단추를 클릭하여 작업을 종료합니다.

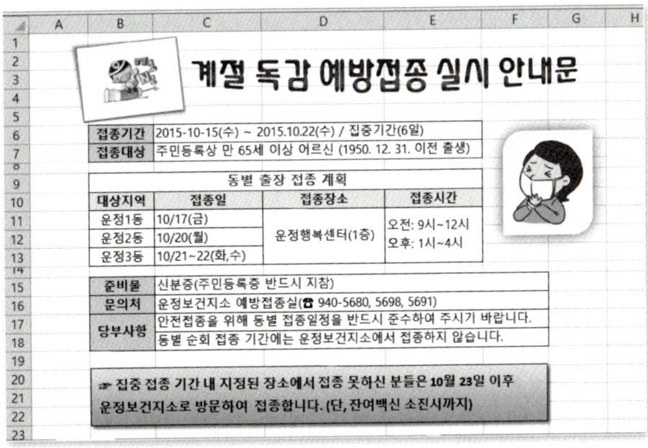

실습

8-2 SmartArt를 활용한 문서 작성하기

오른쪽 그림(위)과 같은 준비 파일 '8장_지식 재산권의 종류.xlsx'을 열기 한 후 SmartArt와 WordArt를 활용하여 오른쪽(아래) 문서를 작성하시오.

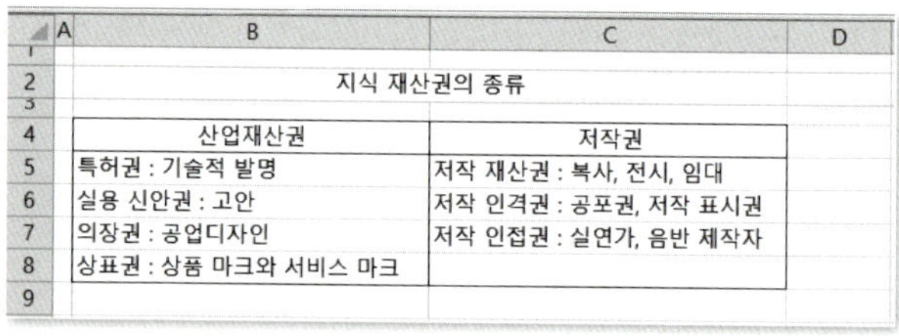

산업재산권	저작권
특허권 : 기술적 발명	저작 재산권 : 복사, 전시, 임대
실용 신안권 : 고안	저작 인격권 : 공포권, 저작 표시권
의장권 : 공업디자인	저작 인접권 : 실연가, 음반 제작자
상표권 : 상품 마크와 서비스 마크	

[조건]

- 제목 : WordArt 삽입
  - 글꼴(크기) : MD개성체(36)
  - WordArt 스타일 : (채우기-흰색, 그라데이션 윤곽선, 강조1)
  - 도형 스타일 : (미세효과-바다색, 강조5)
  - 도형 효과 : [그림자]-[바깥쪽]-(오프셋 대각선 오른쪽 아래)
- 내용 : SmartArt 삽입
  - SmartArt 그래픽 유형 : [목록형]-(세로 상자 목록형)
  - 색 변경 : 색상형 범위-강조색 4 또는 5
  - SmartArt 스타일 : 3차원(경사)
  - 머리글 서식 : 크기(16), 굵기(굵게)
  - 목록글 서식 : 크기(12), 굵기(굵게), 글꼴 색(표준색-진한 파랑)

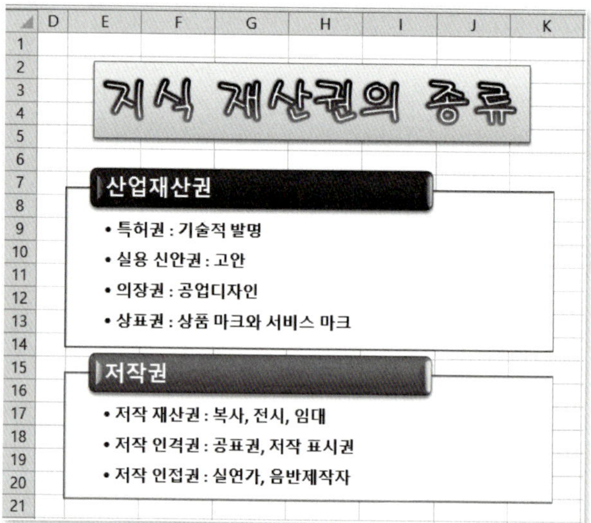

01. 워크시트에 SmartArt를 삽입하기 위해 [삽입] 탭-[일러스트레이션] 그룹-[SmartArt 그래픽 삽입]을 클릭합니다.

[SmartArt 그래픽 선택] 대화상자가 나타나면 [목록형]-[세로 상자 목록형]을 선택한 후 [확인] 단추를 클릭합니다.

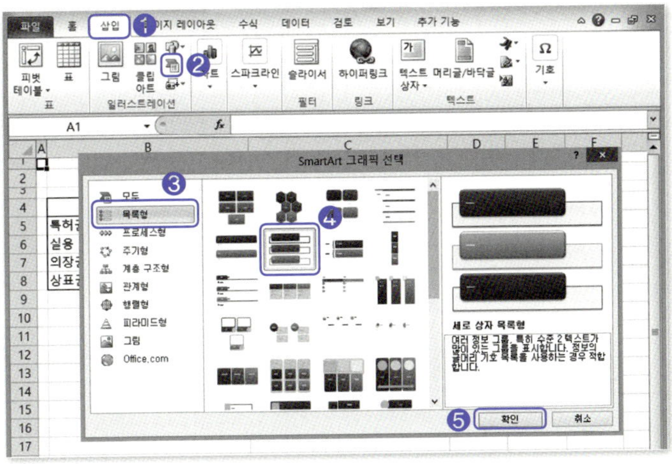

02. 그러면 워크시트에 세로 상자 목록형이 나타나는데, 왼쪽에 보이기/숨기기가 가능한 텍스트 입력창과 오른쪽 에 그래픽 모양 틀이 보이며 그 안에 텍스트를 입력할 수도 있습니다.

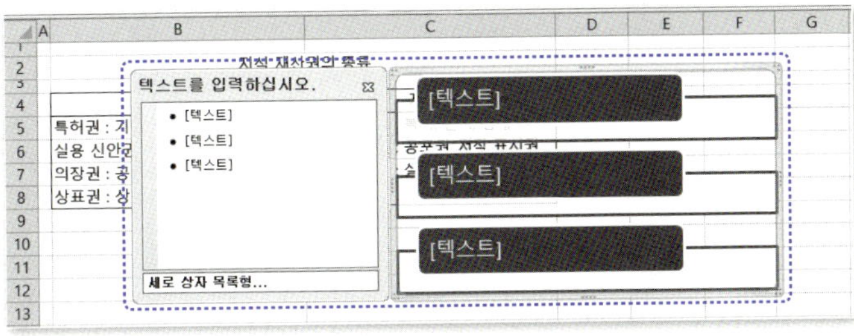

03. 오른쪽 그림과 같이 왼쪽의 텍스트 입력창에 모든 내용을 일렬로 입력합니다. 그러면 입력된 내용이 오른쪽 그래픽 창에 삽입되어 표시됩니다.

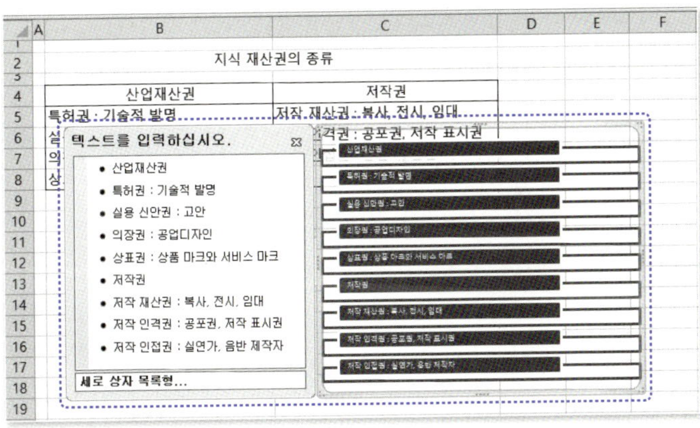

04. 내용 중에서 머리글과 목록의 구분에 따른 목록 부분을 한 수준 내리기 위해 오른쪽 그래픽 창에서 머리글을 제외한 목록 도형을 [Ctrl]키를 이용하여 모두 선택한 후 [SmartArt 도구/디자인] 탭-[그래픽 만들기] 그룹-[수준 내리기]를 클릭합니다.

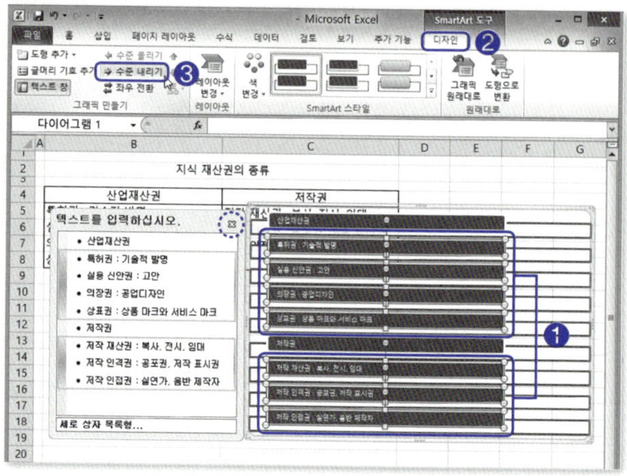

05. 목록들의 한 수준이 내려져 머리글과 목록이 확실하게 구분이 되어 표시되면 텍스트 입력상자의 닫기(☒) 단추를 클릭하여 텍스트 입력상자를 숨깁니다.

SmartArt 그래픽의 크기를 지정하기 위해 SmartArt 그래픽을 선택한 상태에서 [SmartArt 도구/서식] 탭-[크기] 그룹에서 높이(8.6cm)와 너비(12.6cm)를 지정합니다.

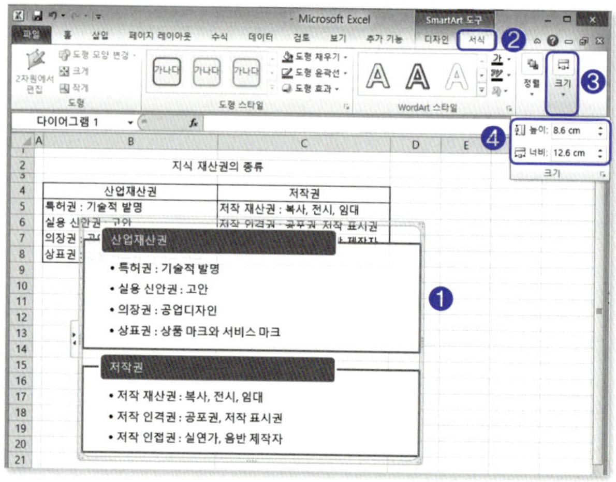

06. SmartArt 그래픽에 적용한 색을 변경하기 위해 [SmartArt 도구/디자인] 탭-[SmartArt 스타일] 그룹-[색 변경]을 클릭하고 목록에서 [색상형]-[색상형 범위-강조색 4 또는 5]를 선택합니다.

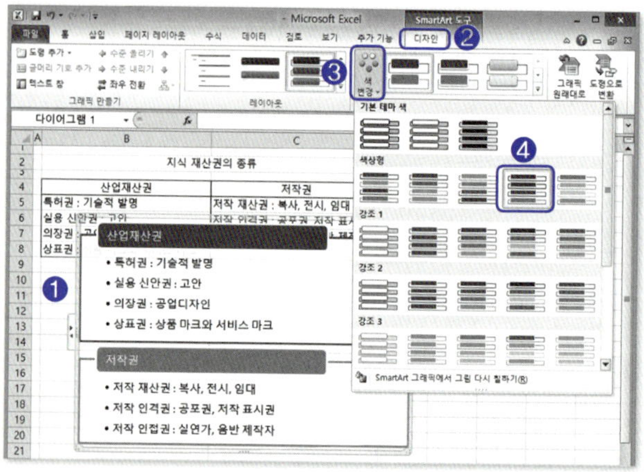

07. SmartArt 스타일을 지정하기 위해 [SmartArt 도구/디자인] 탭-[SmartArt 스타일] 그룹에서 자세히 단추를 클릭하고 목록에서 [3차원]-[경사]를 선택합니다.

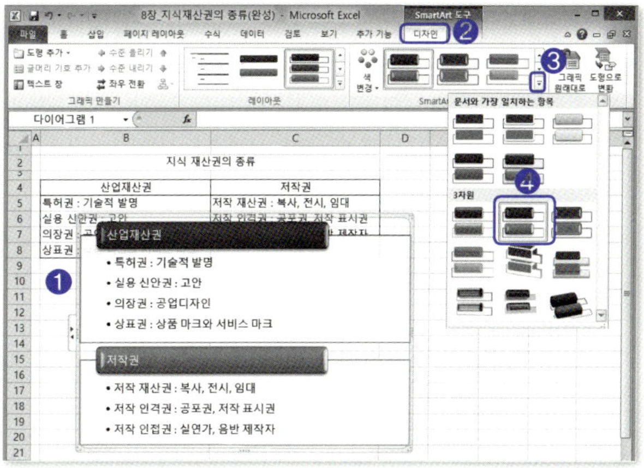

08. 머리글에 글꼴 서식을 지정하기 위해 머리글이 입력된 입력된 도형을 [Ctrl]키를 이용하여 선택하고 [홈] 탭-[글꼴] 그룹에서 글꼴 크기(16)와 글꼴 굵기(굵게)를 지정합니다.

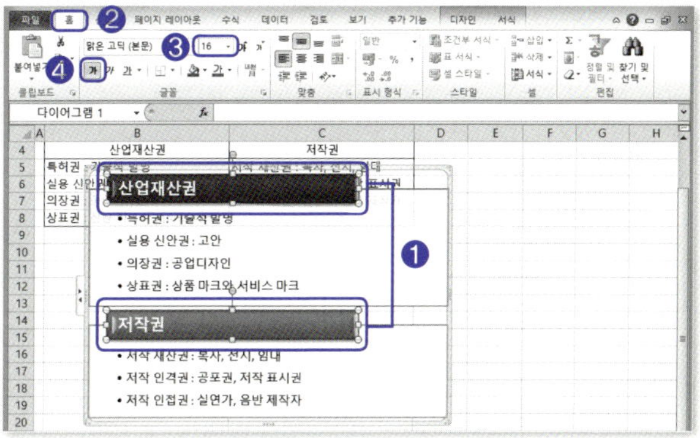

09. 목록들의 글꼴 서식을 지정하기 위해 목록이 입력된 도형을 [Ctrl]키를 이용하여 모두 선택하고 [홈] 탭-[글꼴] 그룹에서 글꼴 크기(12), 글꼴 굵기(굵게), 글꼴 색(표준색-진한 파랑)을 지정합니다.

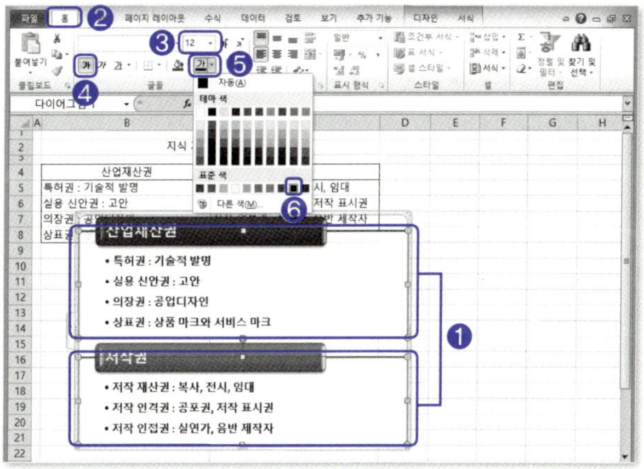

10. 이번에는 WordArt를 삽입하기 위해 [삽입] 탭–[텍스트] 그룹–[WordArt]를 클릭합니다. WordArt 스타일 목록에서 (채우기–흰색, 그라데이션 윤곽선–강조1)을 선택합니다.

그러면 워크시트에 '필요한 내용을 적으십시오' 텍스트 입력 틀이 나타나는데, 틀 안의 글자를 지우고 '지식 재산권의 종류'를 입력합니다.

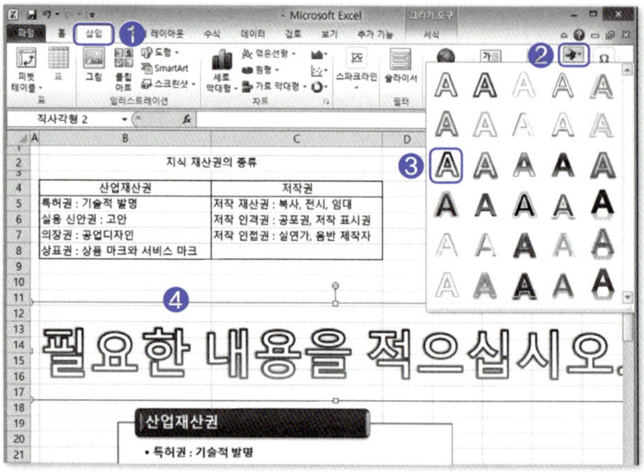

11. WordArt(지식 재산권의 종류)에 글꼴 서식을 지정하기 위해 WordArt가 선택한 상태에서 [홈] 탭–[글꼴] 그룹에서 글꼴(MD개성체), 글꼴 크기(36)을 지정합니다.

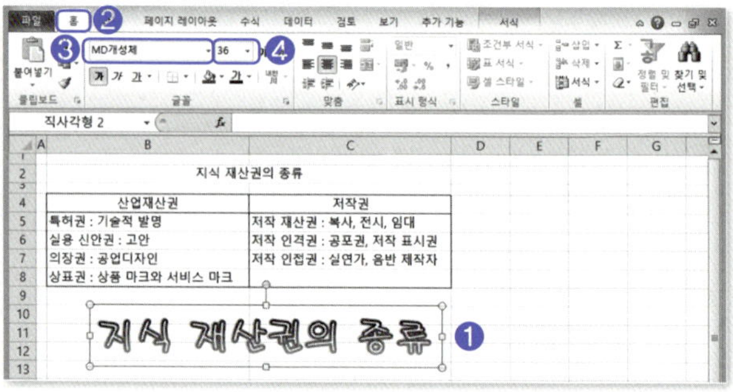

12. WordArt(지식 재산권의 종류)에 도형 스타일을 지정하기 위해 [그리기 도구/서식] 탭–[도형 스타일] 그룹의 자세히 단추를 클릭한 후 도형 스타일 목록에서 (미세효과–바다색, 강조5)를 선택합니다.

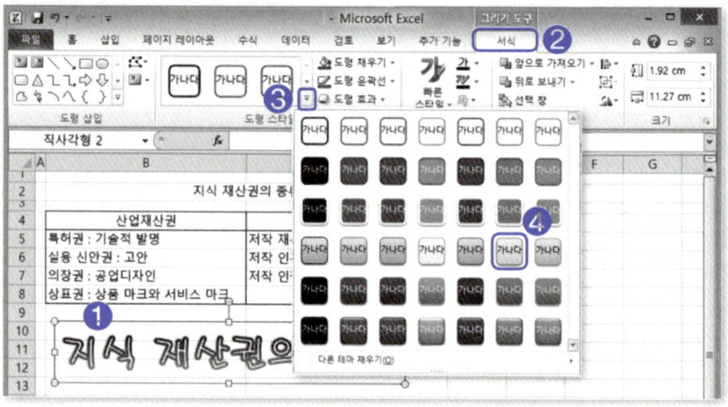

13. WordArt(지식 재산권의 종류)에 도형 효과를 주기 위해 [그리기 도구/서식] 탭–[도형 스타일] 그룹–[도형 효과]를 클릭한 후 목록에서 [그림자]–[바깥쪽]–[오프셋 대각선 오른쪽 아래]를 선택합니다.

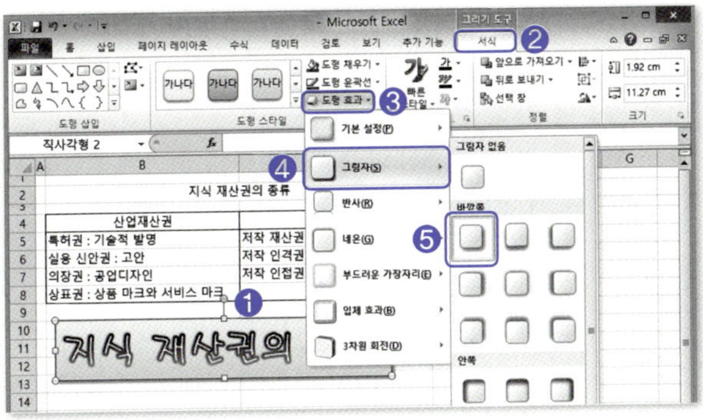

14. SmartArt 그래픽과 WordArt 효과가 완성되면 같은 시트의 다른 위치나 또는 다른 시트에 이동하여 적당하게 배치시킵니다.

오른쪽 그림과 같이 완성된 문서를 [저장] 단추를 눌러 저장하고, [파일] 탭–[끝내기]를 클릭하거나 또는 화면 오른쪽 상단에 [닫기] 단추를 클릭하여 작업을 종료합니다.

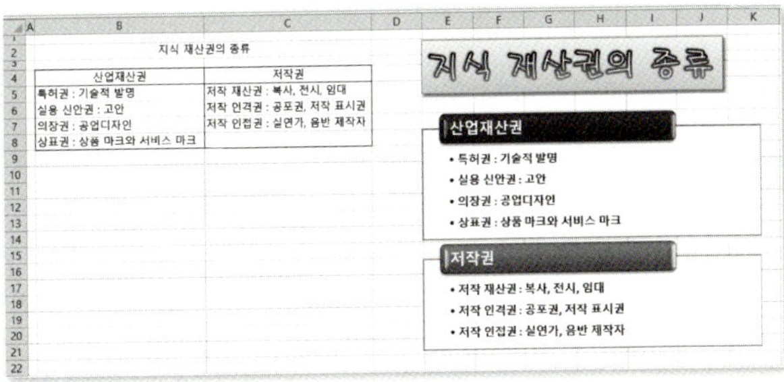

실습

8-3 스파크라인을 활용한 성적 추이 분석

준비 파일 '8장_모의고사 성적 추이분석.xlsx'을 열고 꺾은선 스파크라인과 열 스파크라인을 삽입하여 오른쪽 그림과 같이 문서를 완성하시오.

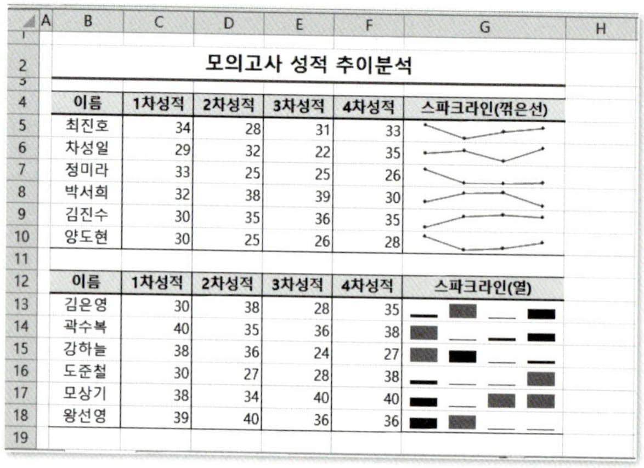

01. 스파크라인 [꺾은선형]을 삽입하기 위해 [G5]셀을 클릭하고 [삽입] 탭-[스파크라인] 그룹-[꺾은선형]을 클릭합니다.

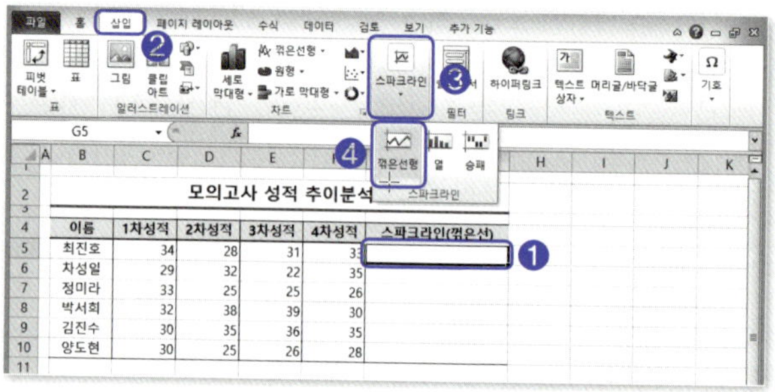

02. [스파크라인 만들기] 대화상자의 [데이터 범위]에 커서를 두고 [C5:F5]셀 범위를 드래그하여 지정합니다. [위치 범위]에는 '$G$5'셀로 자동 지정되어 있는데 스파크라인 시작할 때 [G5]셀을 클릭하고 시작하였기 때문입니다. 데이터 범위와 위치 범위 값이 입력이 되면 [확인]을 클릭합니다.

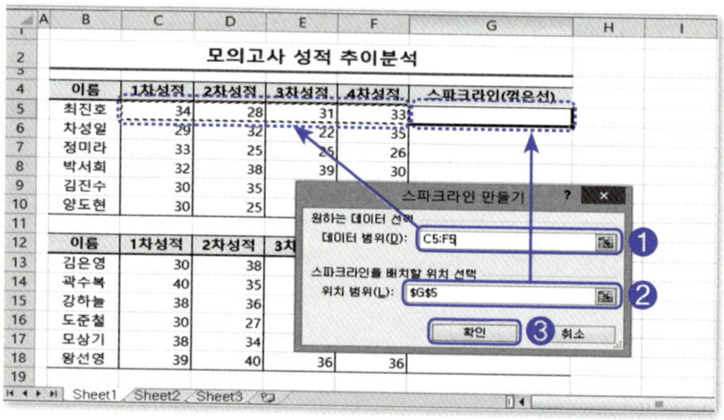

03. [G5]셀에 스파크라인이 그려지면 채우기 핸들을 [G10]셀까지 드래그하여 모든 스파크라인을 표시합니다.

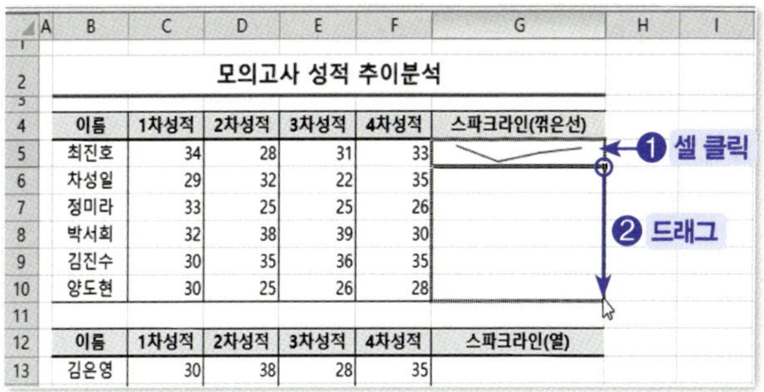

04. 지정한 범주에 스파크라인이 채워지면 [스파크라인 도구/디자인] 탭-[표시] 그룹-[표식]을 선택하여 각 데이터 값마다 표식이 보이도록 합니다.

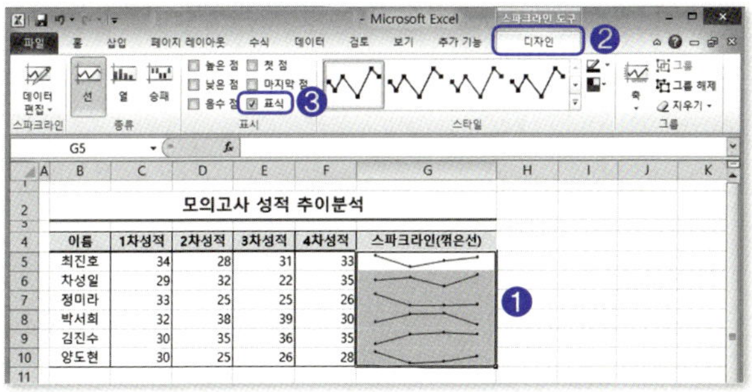

05. 스파크라인 색을 변경하기 위해 [G5]셀을 선택한 후 [스파크라인 도구/디자인] 탭-[스타일] 그룹-[스파크라인 색]-[표준 색-빨강]을 선택합니다.

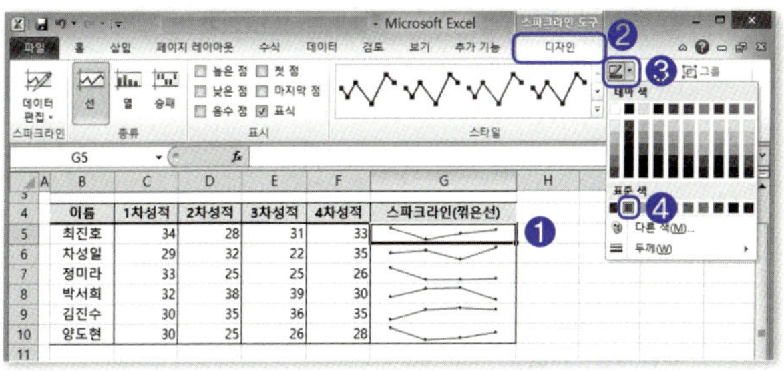

06. 이번에는 스파크라인 [열]을 삽입하기 위해 [G13]셀을 클릭하고 [삽입] 탭-[스파크라인] 그룹-[열]을 클릭합니다.

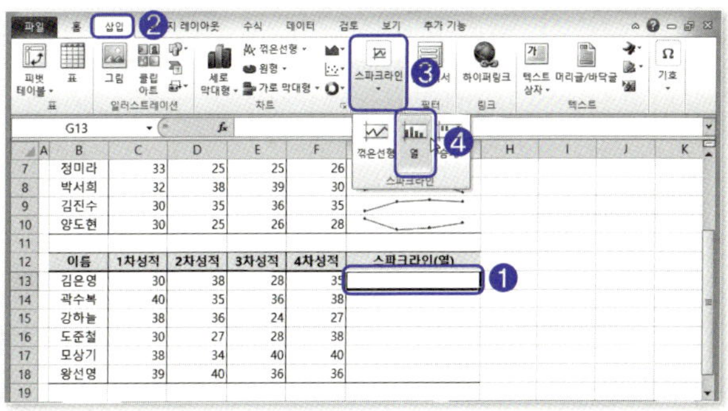

07. [스파크라인 만들기] 대화상자의 [데이터 범위]에 스파크라인으로 표시될 데이터의 범위 [C13:F13]셀을 입력합니다. [위치 범위]에는 처음 시작할 때 셀을 클릭하였기 때문에 '$G$13'셀로 자동 지정되어 있음을 확인한 후 [확인] 단추를 클릭합니다.

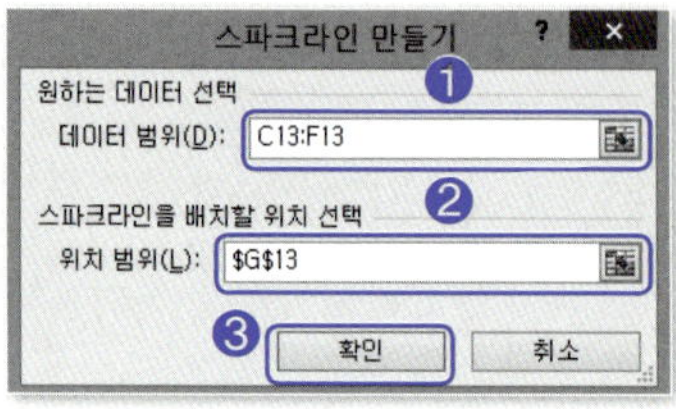

08. [G13]셀에 스파크라인이 그려지면 채우기 핸들을 [G10]셀까지 드래그하여 모든 스파크라인을 표시합니다.

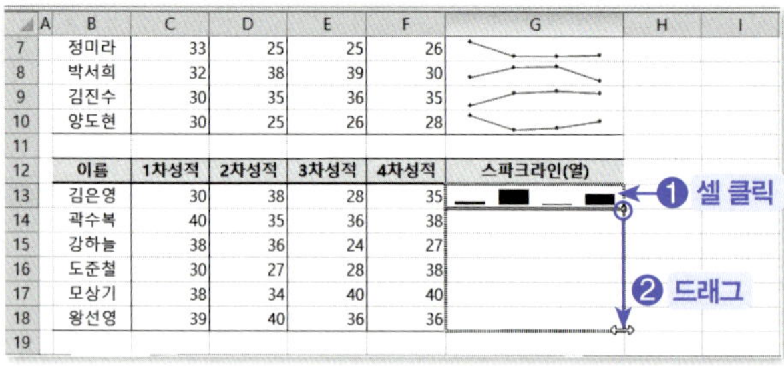

09. 스파크라인이 채워지면 [스파크라인 도구/디자인] 탭-[표시] 그룹-[높은 점]을 선택하여 비교 값 중 높은 값을 다른 색으로 구분합니다.

높은 점의 색을 다시 변경하기 위해 [G13]셀을 선택한 후 [스파크라인 도구/디자인] 탭-[스타일] 그룹-[표식 색]을 클릭하고 [높은 점]- [표준색-녹색]을 선택합니다.

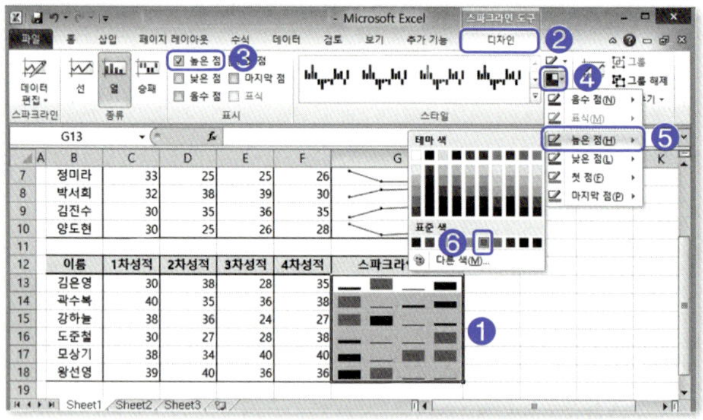

10. 완성된 문서를 [저장] 단추를 눌러 저장하고, [파일] 탭-[끝내기]를 클릭하거나 또는 화면 오른쪽 상단에 [닫기] 단추를 클릭하여 작업을 종료합니다.

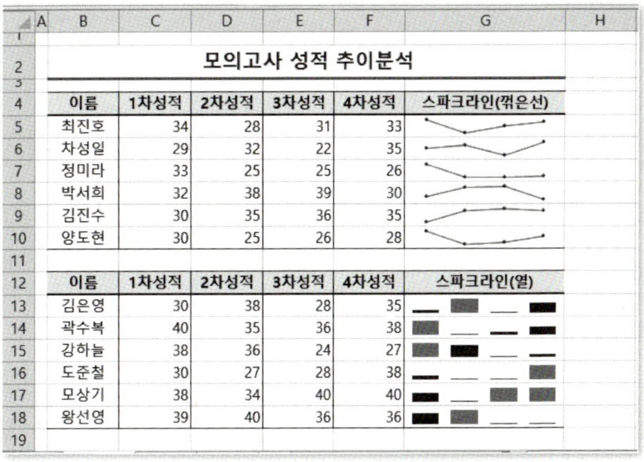

모의고사 성적 추이분석

이름	1차성적	2차성적	3차성적	4차성적	스파크라인(꺾은선)
최진호	34	28	31	33	
차성일	29	32	22	35	
정미라	33	25	25	26	
박서희	32	38	39	30	
김진수	30	35	36	35	
양도현	30	25	26	28	

이름	1차성적	2차성적	3차성적	4차성적	스파크라인(열)
김은영	30	38	28	35	
곽수복	40	35	36	38	
강하늘	38	36	24	27	
도준철	30	27	28	38	
모상기	38	34	40	40	
왕선영	39	40	36	36	

참고

표시된 스파크라인을 모두 지우려면 스파크라인 그룹을 선택한 후 [스파크라인 도구/디자인] 탭-[그룹] 그룹-[지우기]-[선택한 스파크라인 그룹 지우기]를 클릭합니다.

조건부 서식을 활용한 그래프 표시 성적표 작성

준비 파일 '8장_2015-2학기 컴활 성적표.xlsx'을 열고 중간, 기말, 총점에 조건부 서식을 지정하여 오른쪽 그림과 같이 각각의 셀에 그래프가 표시된 문서를 완성하시오.

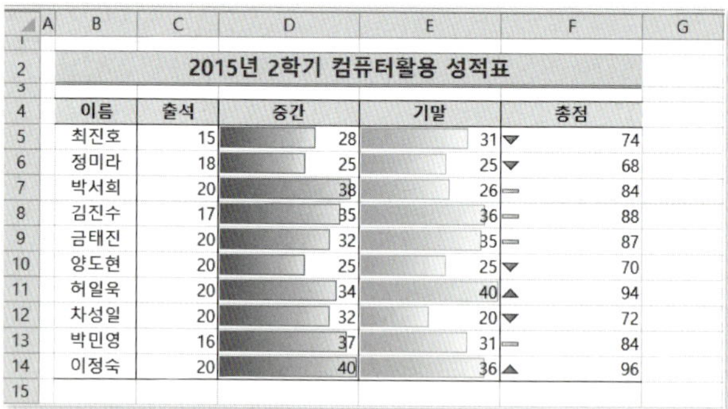

2015년 2학기 컴퓨터활용 성적표

이름	출석	중간	기말	총점
최진호	15	28	31	74
정미라	18	25	25	68
박서희	20	38	26	84
김진수	17	35	36	88
금태진	20	32	35	87
양도현	20	25	25	70
허일욱	20	34	40	94
차성일	20	32	20	72
박민영	16	37	31	84
이정숙	20	40	36	96

01. 중간 성적 셀에 데이터 막대를 사용하기 위해 [D5:D14]셀 범위를 선택한 후 [홈] 탭-[스타일] 그룹-[조건부 서식]을 클릭한 다음 목록에서 [데이터 막대]-[그라데이션 채우기]-[파랑 데이터 막대]를 클릭합니다.

데이터 막대는 데이터 값의 크기에 비례하여 셀을 채워서 막대로 표시합니다.

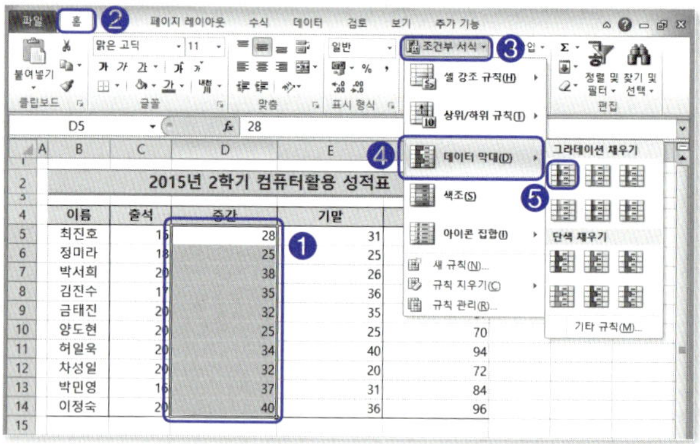

02. 기말 성적 셀에 데이터 막대를 사용하기 위해 [E5:E14]셀 범위를 선택한 후 [홈] 탭-[스타일] 그룹-[조건부 서식]을 클릭한 다음 목록에서 [데이터 막대]-[그라데이션 채우기]-[주황 데이터 막대]를 클릭합니다.

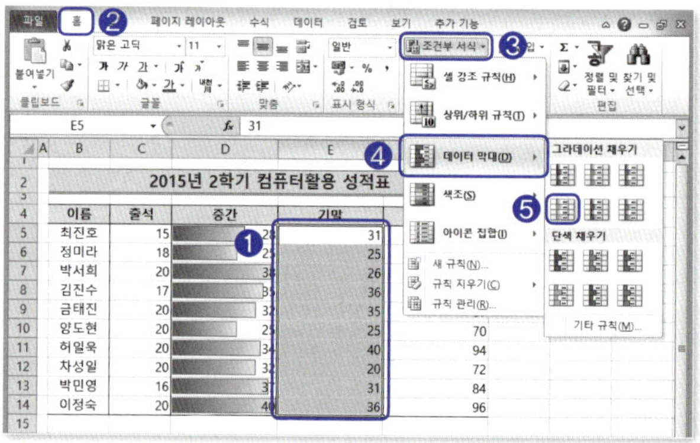

> **참고 조건부 서식의 조건 변경**
>
> 조건부 서식에서 데이터 막대, 색조, 아이콘 집합에는 기본적인 조건이 미리 지정되어 있습니다. 조건부 서식을 지정된 조건에서 선택하여 사용할 수 있지만, 때로는 임의대로 지정된 조건을 편집하여 원하는 사항을 손쉽게 변경할 수 있습니다.
>
> 다음은 총점에 정해진 조건부 서식을 지정하고 그것의 조건을 변경하기 위하여 편집하는 과정이 이어집니다.

03. 총점 셀에 아이콘 집합을 사용하기 위해 [F5:F14]셀 범위를 선택한 후 [홈] 탭-[스타일] 그룹-[조건부 서식]을 클릭한 다음 [아이콘 집합]-[방향]-[삼각형 3개]를 클릭합니다.

삼각형 3개 아이콘은 데이터 값이 상위 범위에 해당하면 녹색 삼각형, 중간 범위에 해당하면 노랑 아이콘, 하위 범위에 해당하면 빨강 역삼각형으로 표시됩니다.

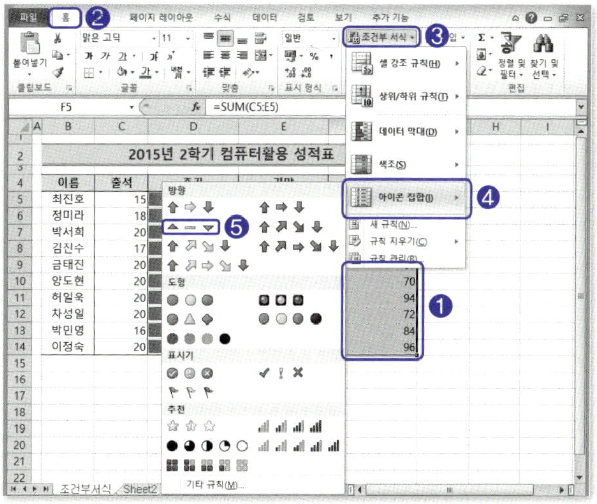

04. 오른쪽 그림에서 총점의 아이콘 모양은 1차적 조건부 서식을 지정한 결과입니다.

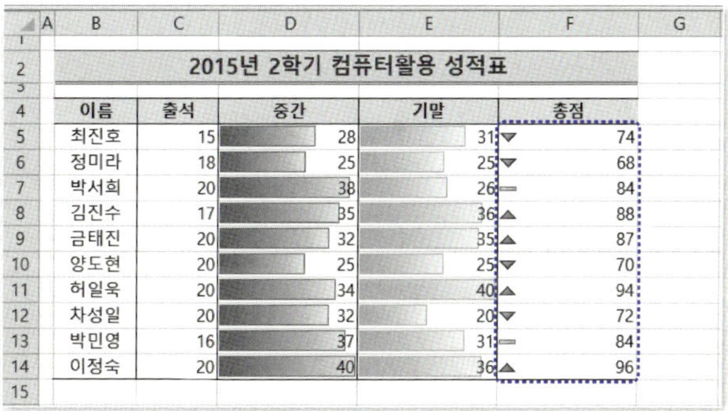

05. 총점의 조건부 서식을 편집하기 위해 [F5:F14]셀 범위를 선택한 후 [홈] 탭–[스타일] 그룹–[조건부 서식]–[규칙관리]를 클릭합니다.

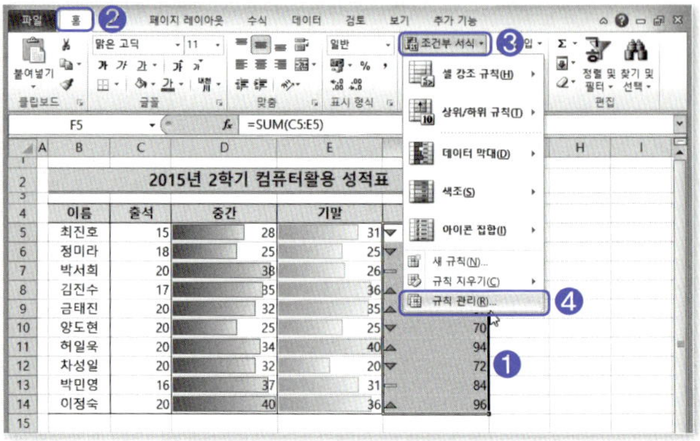

06. [조건부 서식 규칙 관리자] 대화상자가 나타나면 [규칙 편집] 단추를 클릭합니다.

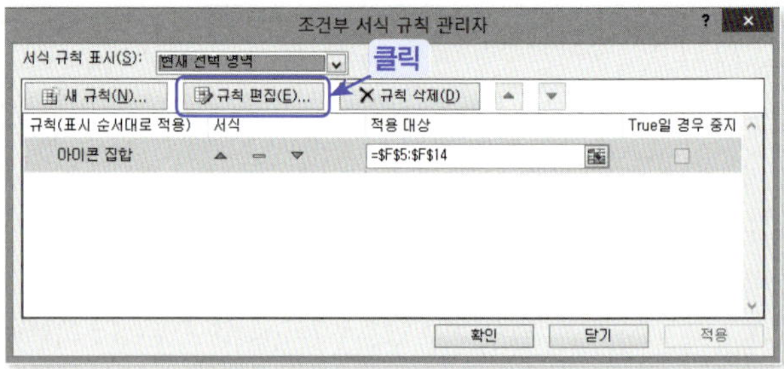

07. [서식 규칙 편집] 대화상자가 나타나면 오른쪽 그림과 같이 종류 '숫자'를 선택한 후 변경할 값을 각각 '90'과 '80'으로 수정 입력한 다음 [확인] 단추를 클릭합니다.

조건부 서식의 수정된 내용은 상위 범위(90 이상), 중간 범위(80이상 ~ 90미만), 하위 범위(80 미만)입니다.

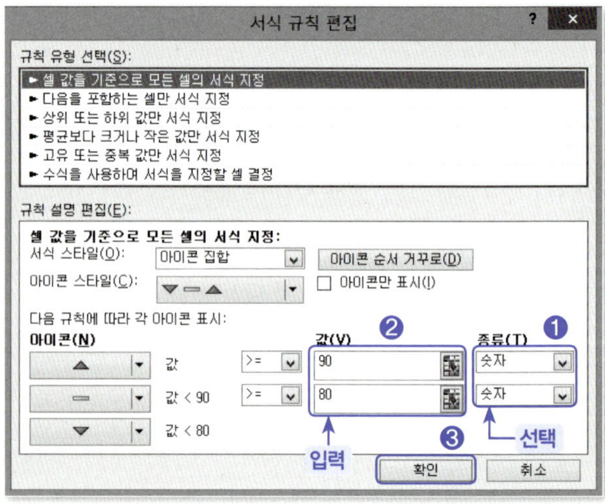

08. [조건부 서식 규칙 관리자] 대화상자가 다시 나타나면 [확인] 단추를 눌러 [조건부 서식 규칙 관리자] 대화상자를 닫습니다.

09. 총점의 조건부 서식이 수정 변경된 2차 결과는 오른쪽 그림과 같습니다.

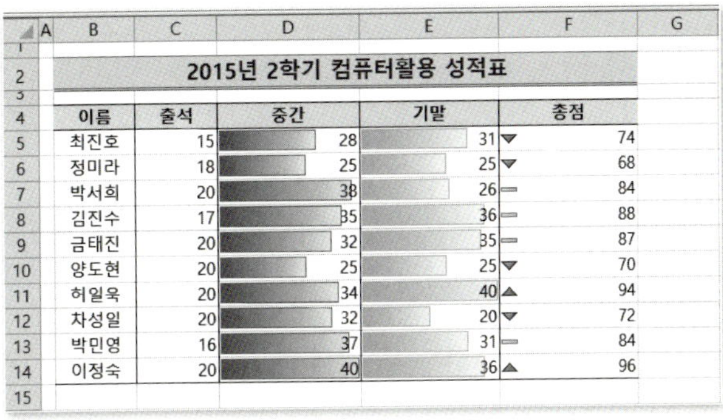

2015년 2학기 컴퓨터활용 성적표

이름	출석	중간	기말	총점
최진호	15	28	31	74
정미라	18	25	25	68
박서희	20	38	26	84
김진수	17	35	36	88
금태진	20	32	35	87
양도현	20	25	25	70
허일욱	20	34	40	94
차성일	20	32	20	72
박민영	16	37	31	84
이정숙	20	40	36	96

실력 점검 문제

[문제 8-1] 준비파일('실력점검_8-1-준비.xlsx')을 열기한 후 아래 조건에 따라 SmartArt 그래픽을 이용한 조직도를 작성하시오.

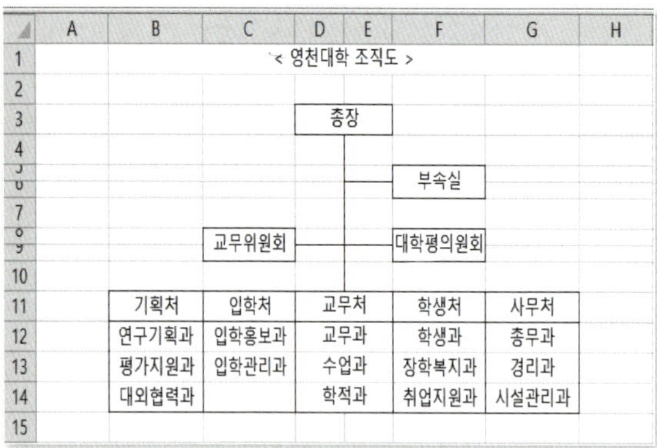

〈준비 파일〉

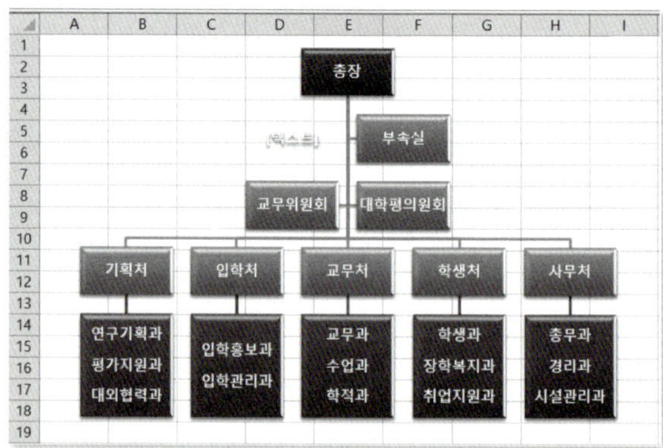

〈완성 문서〉

[작성 조건]

- SmartArt 그래픽 유형 : 계층구조형(조직도형)
- [SmartArt 도구/디자인] 탭-[그래픽 만들기]를 이용한 도형 삽입 :

① 행 작성 : [총장] 입력

② 행 작성 :

- 첫 번째 도형에 텍스트 입력하지 않고 선택-(뒤에 도형 추가)-[부속실] 입력-[부속실] 도형 선택-(뒤에 도형 추가)

③ 행 작성 :

- [교무위원회] 입력-[교무위원회] 도형 선택-(뒤에 도형 추가)-[대학평의원회] 입력

④ 행 작성 :

- 첫 번째 도형에 [기획처] 입력
- 두 번째 도형에 [입학처] 입력
- 세 번째 도형에 [교무처] 입력-[교무처] 도형 선택-(뒤에 도형 추가)
- 네 번째 도형에 [학생처] 입력-[학생처] 도형 선택-(뒤에 도형 추가)

- 다섯 번째 도형에 [사무처] 입력

⑤ 행 작성 :

- 5행의 첫 번째 도형 삽입 : [기획처] 도형 선택-(아래에 도형 추가)-[기획처] 도형과 추가된 도형을 함께 선택-(조직도 레이아웃-표준) 지정
- 5행 첫 번째 도형에 텍스트 입력 : (연구기획과, 평가지원과, 대외협력과)
- 같은 방법으로 다음과 같이 5행의 두 번째 도형부터 ~ 다섯 번째 도형까지 작성
- 5행 두 번째 도형 텍스트 : (입학홍보과, 입학관리과)
- 5행 세 번째 도형 텍스트 : (교무과, 수업과, 학적과)
- 5행 네 번째 도형 텍스트 : (학생과, 장학복지과, 취업지원과)
- 5행 다섯 번째 도형 텍스트 : (총무과, 경리과, 시설관리과)
- 5행의 5개의 도형의 높이를 같게 조정

- [SmartArt 도구/디자인] 탭-[SmartArt 스타일] 지정
  - 색 변경 : (색상형 범위-강조색 5 또는 6)
  - SmartArt 스타일 : 3차원(광택처리)
- 2행의 첫 번째 빈칸 도형 숨기기 :
  - 첫 번째 빈칸 도형을 선택-[SmartArt 도구/서식]-도형 스타일]-[도형 채우기]-[채우기 없음]
  - 첫 번째 빈칸 도형과 연결된 가지 선 클릭-[SmartArt 도구/서식]-[도형 스타일]-[도형 윤곽선]-[윤곽선 없음]
- 모든 텍스트 글꼴 굵기 : 굵게
- SmartArt 그래픽 크기 : [SmartArt 도구/서식]-[크기] 그룹에서 높이(10cm), 너비(16cm) 지정

[문제 8-2] 준비파일('실력점검_8-2-준비.xlsx')을 열기한 후 아래 조건에 따라 스파크라인이 표시된 문서를 작성하시오.

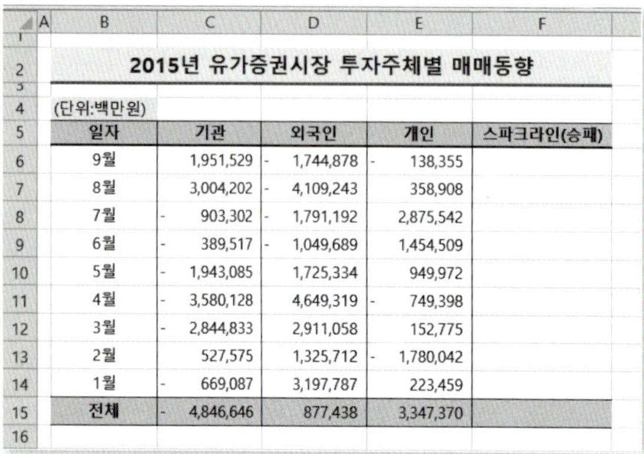

2015년 유가증권시장 투자주체별 매매동향

(단위:백만원)

일자	기관	외국인	개인	스파크라인(승패)
9월	1,951,529	- 1,744,878	- 138,355	
8월	3,004,202	- 4,109,243	358,908	
7월	- 903,302	- 1,791,192	2,875,542	
6월	- 389,517	- 1,049,689	1,454,509	
5월	- 1,943,085	1,725,334	949,972	
4월	- 3,580,128	4,649,319	- 749,398	
3월	- 2,844,833	2,911,058	152,775	
2월	527,575	1,325,712	- 1,780,042	
1월	- 669,087	3,197,787	223,459	
전체	- 4,846,646	877,438	3,347,370	

〈준비 파일〉

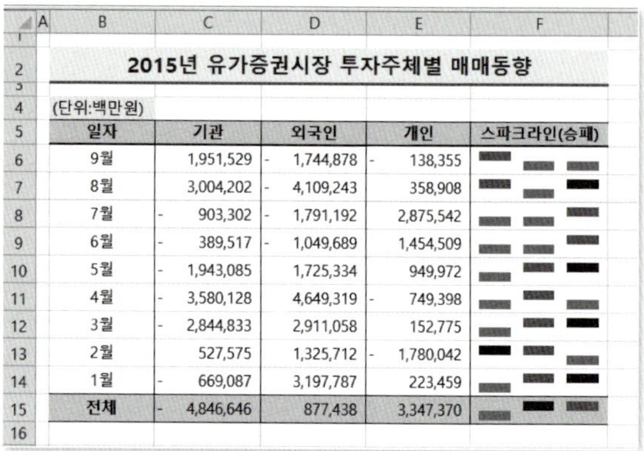

2015년 유가증권시장 투자주체별 매매동향

(단위:백만원)

일자	기관	외국인	개인	스파크라인(승패)
9월	1,951,529	- 1,744,878	- 138,355	
8월	3,004,202	- 4,109,243	358,908	
7월	- 903,302	- 1,791,192	2,875,542	
6월	- 389,517	- 1,049,689	1,454,509	
5월	- 1,943,085	1,725,334	949,972	
4월	- 3,580,128	4,649,319	- 749,398	
3월	- 2,844,833	2,911,058	152,775	
2월	527,575	1,325,712	- 1,780,042	
1월	- 669,087	3,197,787	223,459	
전체	- 4,846,646	877,438	3,347,370	

〈완성 문서〉

[작성 조건]

- **스파크라인 종류 : 승패 (월별 기관, 외국인, 개인의 증/감 상태 표시)**
- **스파크라인 위치 범위 : [F6:F15]**
- **스파크라인 표시 옵션 : 음수점(표준색-녹색), 높은점(표준색-빨강)**

Memo

Introduction to **EXCEL 2010**

CHAPTER

09

기타 기능과 문서 인쇄하기

데이터 유효성 검사는 입력할 수 있는 데이터를 지정하여 데이터를 잘못 입력하면 입력할 수 없도록 제한하는 기능입니다. 하이퍼링크는 개체를 클릭했을 때 주로 웹사이트를 연결하는 기능이지만 엑셀에서는 다른 문서로 연결하는 기능입니다. 테마 지정은 색상 구성, 글꼴 서식 등을 하나의 테마로 묶어서 문서의 전반적인 디자인을 변경할 수 있는 기능입니다.

학습 목표

- 데이터 유효성 검사를 위한 유효성 조건, 설명 메시지, 오류 메시지를 지정하고 입력 오류 데이터를 확인할 수 있습니다.
- 하이퍼링크 기능을 삽입하고 관련 문서로 연결하거나 하이퍼링크 기능을 제거할 수 있습니다.
- 테마를 지정하고 색, 글꼴, 효과 등의 서식을 변경할 수 있습니다.
- 인쇄의 목적에 따라 인쇄에 필요한 문서 범위 지정, 용지 방향, 여백, 머리글/바닥글, 인쇄 매수 등을 설정하고 인쇄할 수 있습니다.

실습 구성

실습 9-1 데이터 유효성 검사를 이용하여 데이터 입력하기

실습 9-2 테마 지정하고 문서 인쇄하기

실력 점검 문제

준비 학습

1. 데이터 유효성 검사

(1) 데이터 유효성 검사 사용

데이터 유효성 검사 기능을 사용하면 특정한 셀이나 셀 범위에 정해진 규칙에 맞는 데이터만 입력되도록 설정할 수 있습니다. 데이터 유효성 검사를 사용하려면 다음과 같이 진행합니다.

❶ 데이터 유효성 검사를 적용할 셀이나 셀 범위를 선택합니다.

❷ [데이터] 탭-[데이터 도구] 그룹-[데이터 유효성 검사] 목록 단추-[데이터 유효성 검사]를 클릭합니다.

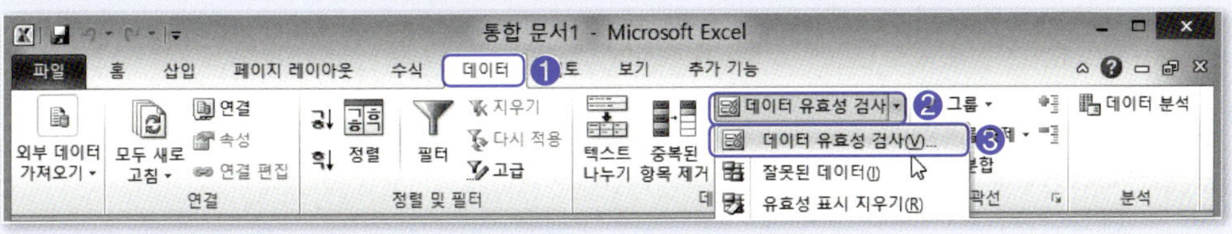

❸ [데이터 유효성] 대화상자가 나타나면 유효성 조건, 설명 메시지, 오류 메시지 등을 설정하고 [확인]을 클릭합니다.

다음 그림은 데이터 유효성 조건을 제한할 수 있는 대상 목록과 제한 방법에 사용되는 해당 범위, 제외 범위, 비교연산자 등의 목록을 표시하고 있습니다.

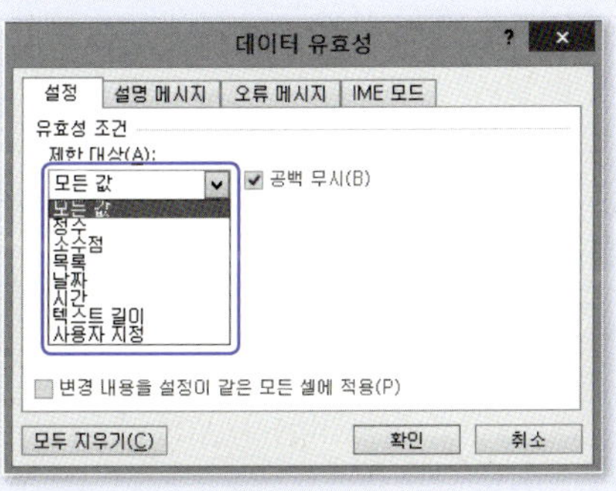

〈유효성 조건: 제한 대상〉

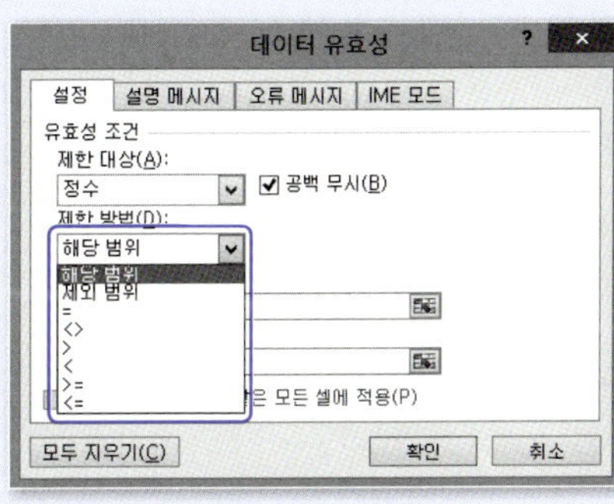

〈유효성 조건: 제한 방법〉

(2) [데이터 유효성] 대화상자의 구성

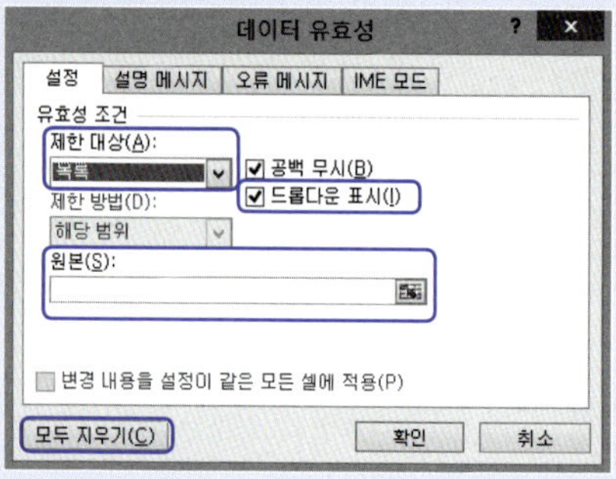

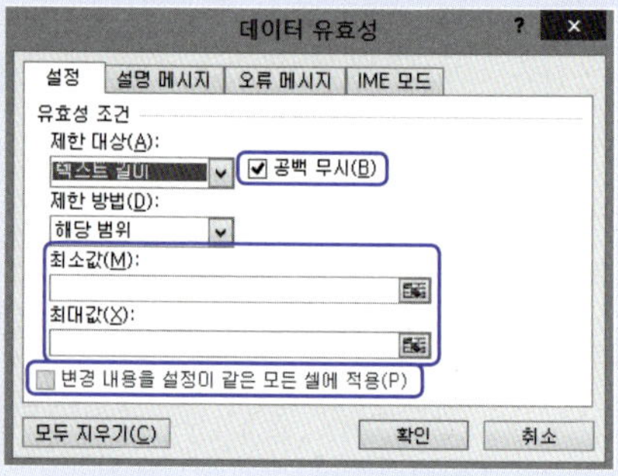

❶ [설정] 탭

- 제한 대상 목록 :
  - –정수 : 입력 값을 정수로 제한하고 제한 방법이나 최소값, 최대값을 설정합니다.
  - –소수점 : 입력 값을 실수로 제한하고 제한 방법이나 최소값, 최대값을 설정합니다.
  - –목록 : 입력 값을 목록을 만들어 제한하고, 그 목록에서 선택합니다.
  - –날짜/시간 : 입력 값을 날짜/시간으로 제한하고 제한 방법이나 시작 값, 끝 값을 설정합니다.
  - –텍스트 길이 : 입력 텍스트의 길이를 특정 값 또는 최소값, 최대값으로 설정합니다.
  - –사용자 지정 : 입력 값을 수식 결과 값으로 제한합니다.
- 공백 무시 : 빈값을 입력하는 것을 허용하여 공백은 무시됩니다.
- 변경 내용을 설정이 같은 모든 셀에 적용 : 같은 데이터 유효성 규칙이 적용된 모든 셀에 변경 내용을 적용합니다.
- 드롭다운 표시 : 제한 대상이 [목록]인 경우 목록 단추를 눌러 드롭다운을 표시하도록 설정합니다.
  - –원본 : 제한 대상이 [목록]인 경우 쉼표로 구분해서 목록 값을 직접 입력하든지 (예를 들어 기획처, 총무부, 관리부, 영업부) 또는 목록 값이 입력되어 있는 셀 범위를 지정합니다.
- 모두 지우기 : 유효성 검사 설정을 삭제하려면 [모두 지우기]를 선택한 후 [확인]을 클릭합니다.

❷ [설명 메시지] 탭

- 데이터 유효성 검사 규칙이 설정된 셀에 사용자를 위한 설명을 표시할 수 있습니다.
- 셀을 선택하면 설명 메시지 표시 : 설명 메시지 표시 여부를 지정합니다.
- 제목 : 메시지 상자의 제목을 입력합니다.
- 설명 메시지 : 메시지 상자의 내용을 입력합니다.

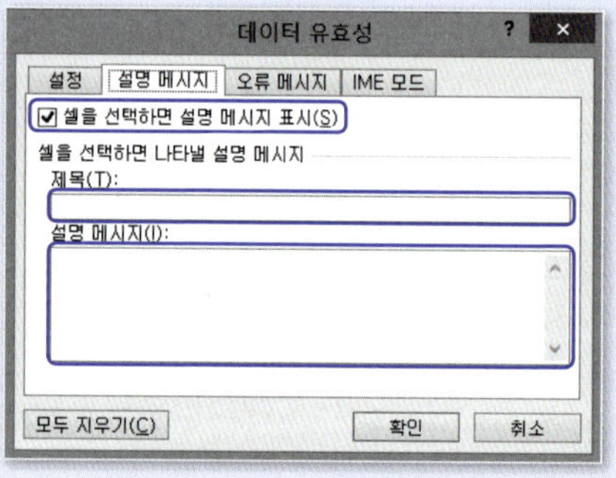

❸ [오류 메시지] 탭

- 데이터 유효성 검사 규칙이 설정된 셀에 잘못된 값을 입력하면 오류 메시지를 표시할 수 있습니다.
- 유효하지 않은 데이터를 입력하면 오류 메시지 표시 : 오류 메시지 표시 여부를 지정합니다.
- 스타일
  - 중지 : 규칙에 맞지 않는 데이터가 입력되면 중지 메시지가 표시되고 입력할 수 없게 되며, [다시 시도]와 [취소]를 선택할 수 있습니다.
  - 경고 : 규칙에 맞지 않는 데이터가 입력되면 경고 메시지가 표시되지만 [예]를 클릭하여 입력할 수 있습니다. [예], [아니오], [취소]를 선택할 수 있습니다.

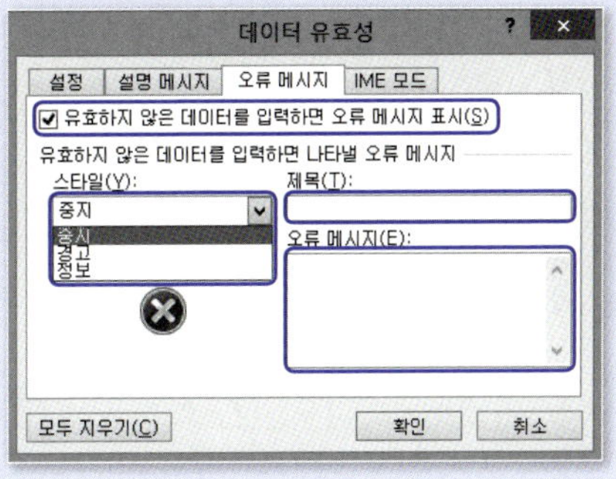

  - 정보 : 규칙에 맞지 않는 데이터가 입력되면 정보 메시지가 표시되지만 [확인]을 클릭하여 입력할 수 있습니다. [확인]과 [취소]를 선택할 수 있습니다.
- 제목 : 메시지 상자의 제목을 입력합니다.
- 오류 메시지 : 메시지 상자의 내용을 입력합니다.

❹ [IME 모드] 탭

- 해당 셀에서 항상 한글 혹은 영문만 입력해야 되는 경우, 한영 입력 모드(IME 모드)가 자동으로 변경되도록 지정할 수 있습니다. 다음 중 하나의 옵션을 선택합니다.
  - 현재 상태 유지 : 현재 한영 입력 상태를 그대로 유지합니다.
  - 영문 : 영문 입력 상태로 전환합니다.
  - 한글 : 한글 입력 상태로 전환합니다.
  - 영문 전자/한글 전자 : 사용할 필요가 없습니다.

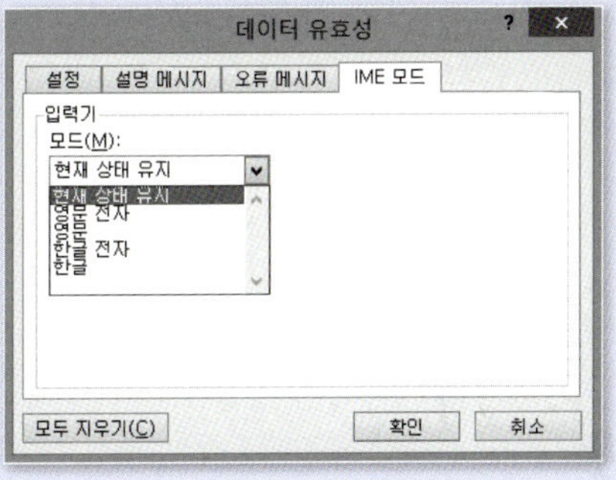

(3) 데이터 유효성 검사 규칙을 위반한 셀 확인하기

❶ [데이터] 탭-[데이터 도구] 그룹-[데이터 유효성 검사]-[잘못된 데이터]를 클릭합니다.

❷ 검사 규칙을 위반하는 워크시트의 모든 셀이 강조 표시되어 확인이 됩니다.

❸ 강조 표시를 보이지 않게 하려면 해당 셀의 값을 검사 규칙에 맞게 수정하든지 아니면 [데이터] 탭-[데이터 도구] 그룹-[데이터 유효성 검사]-[유효성 표시 지우기]를 클릭합니다.

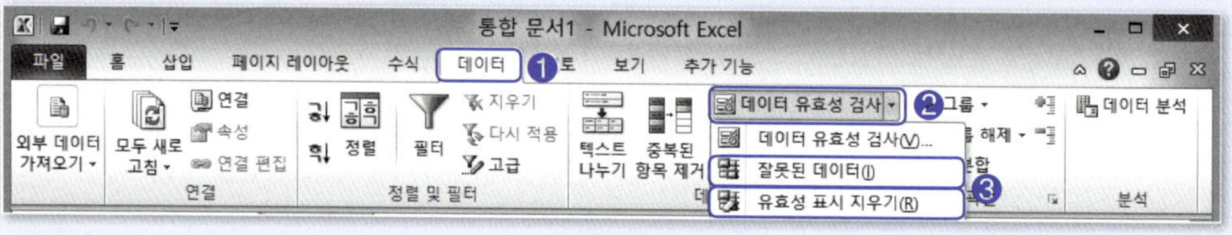

2. 하이퍼링크

웹 브라우저에서 특정한 링크를 클릭하면 새 웹 페이지로 이동하는 것처럼 워크시트에서 작성한 텍스트 내용이나 개체를 클릭하였을 때 인터넷 사이트나 워크시트 등으로 이동하는 것을 말합니다.

(1) 하이퍼링크의 삽입

❶ 하이퍼링크를 삽입할 셀을 선택하고 [삽입] 탭-[링크] 그룹-[하이퍼링크]를 클릭합니다.

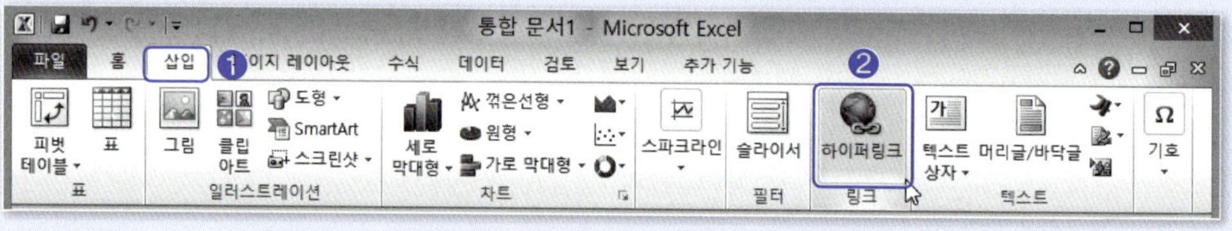

❷ [하이퍼링크] 대화상자가 나타나면 [연결 대상]에서 원하는 하이퍼링크 대상을 클릭하여 연결될 주소나 문서 등을 입력합니다.

❸ [하이퍼링크] 대화상자의 [확인]을 클릭하면 해당 셀에 하이퍼링크가 삽입됩니다.

(2) [하이퍼링크 삽입] 대화상자의 구성

❶ 표시할 텍스트 : 하이퍼링크가 삽입된 셀에 표시할 텍스트를 입력합니다. 특별히 입력하지 않으면 연결 대상의 주소가 그대로 표시됩니다.

❷ 화면 설명 : 하이퍼링크가 삽입된 셀에 마우스 포인터를 놓으면 표시되는 설명을 입력합니다.

❸ 연결 대상: 기존 파일/웹 페이지

- 파일이나 웹 사이트 주소로 연결합니다.
- 연결을 원하는 문서 파일이나 그림 파일을 찾아서 선택할 수 있습니다.
- 연결을 원하는 웹 사이트 주소를 [주소]에 직접 써 넣을 수 있습니다.

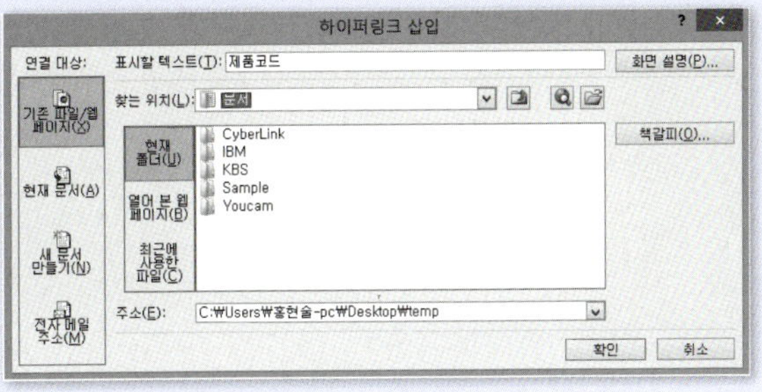

❹ 연결 대상: 현재 문서

- 현재 통합 문서에서 특정한 셀 범위나 정의된 이름으로 이동합니다.
- 셀 범위의 경우 먼저 해당 워크시트를 찾아서 선택한 후 [참조할 셀 입력]에 셀 범위를 입력합니다.
- 정의된 이름은 해당 정의된 이름을 마우스로 클릭하여 선택합니다.

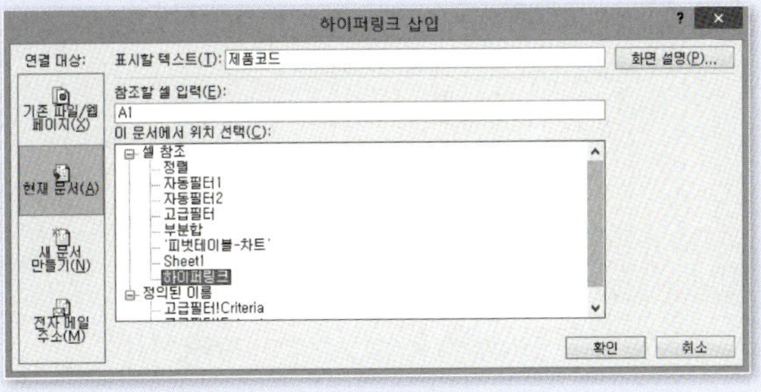

❺ 연결 대상: 새 문서 만들기

- 새 통합 문서를 만들고 그 문서로 연결합니다.
- [새 문서 이름]에 문서 이름을 입력합니다.

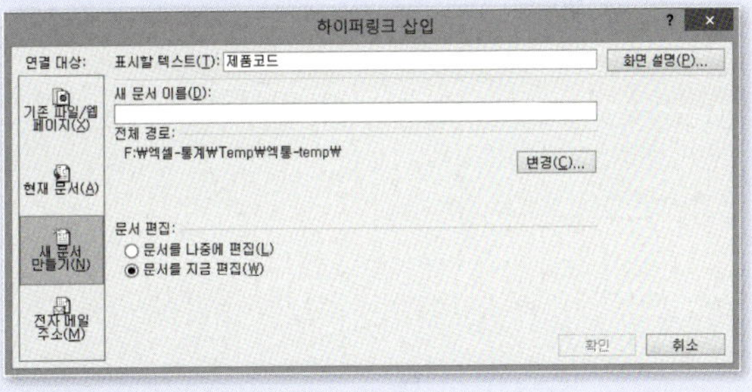

❶ 연결 대상: 전자 메일 주소

- 윈도우에 설치된 이메일 프로그램을 실행해서 해당 전자 메일 주소로 이메일을 보냅니다.
- [전자 메일 주소]에 전자 메일 주소를 입력합니다.

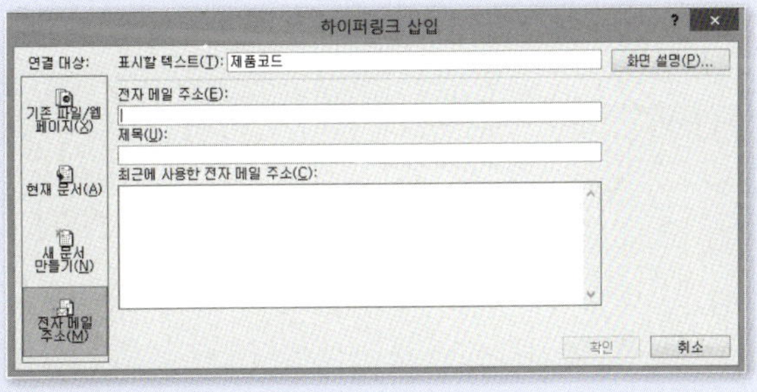

(3) 하이퍼링크 사용과 편집

❶ 하이퍼링크 사용 : 하이퍼링크가 삽입된 셀을 클릭하면 해당 하이퍼링크의 연결 대상으로 이동합니다.

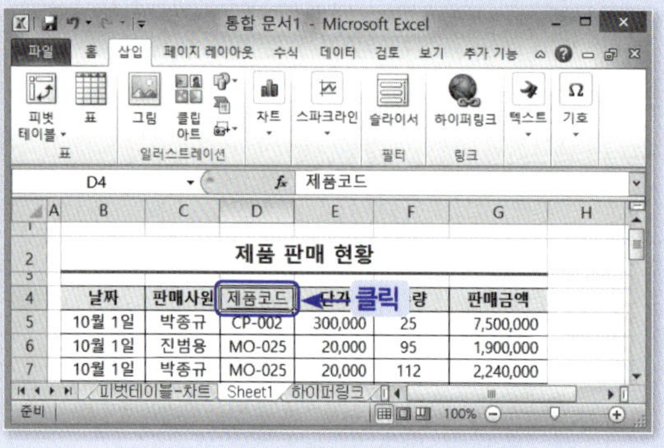

〈하이퍼링크 셀 클릭〉

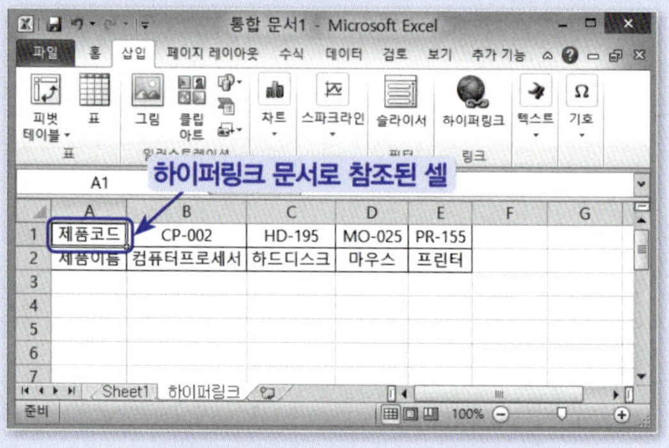

〈하이퍼링크 연결 문서로 이동〉

❷ 하이퍼링크 편집 : 하이퍼링크가 삽입된 셀에서 마우스 오른쪽 버튼을 클릭한 후 [바로 가기] 메뉴에서 [하이퍼링크 편집]을 클릭합니다.

❸ 하이퍼링크 제거 : 하이퍼링크가 삽입된 셀에서 마우스 오른쪽 버튼을 클릭한 후 [바로 가기] 메뉴에서 [하이퍼링크 제거]를 클릭합니다. 하이퍼링크가 제거되면 클릭해도 연결이 되지는 않지만 [표시할 텍스트]로 입력한 값은 그대로 남아 있습니다.

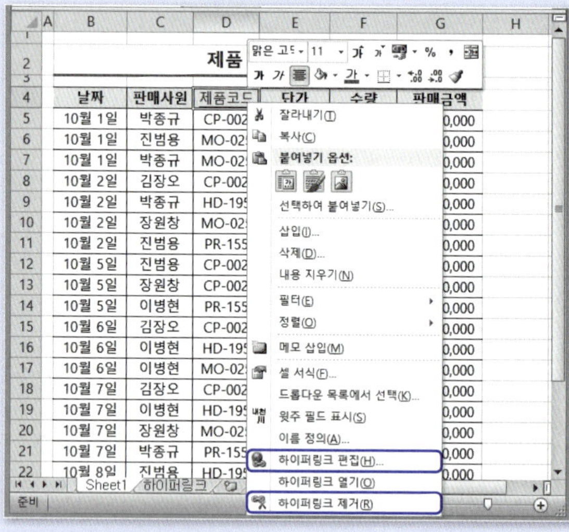

3. 테마

엑셀에서 테마를 사용하면 문서 전체에 미리 정의된 서식을 일관성 있게 적용할 수 있고, 적용된 서식 모두를 쉽게 변경할 수 있습니다.

테마 서식은 [페이지 레이아웃] 탭의 [테마]그룹에서 지정합니다.

(1) 테마 서식의 구성

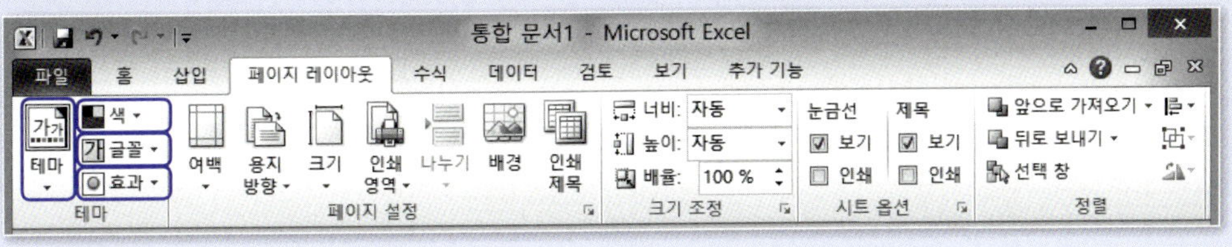

❶ 테마 : 선택하여 전체 문서의 색, 글꼴 및 효과를 포함하는 전반적인 디자인을 변경합니다.

❷ 테마 색 : 배경색, 강조색, 하이퍼링크 색 등으로 구성되며, 선택하여 테마 색을 변경합니다.

❸ 테마 글꼴 : 제목 글꼴과 본문 글꼴로 구성되며, 선택하여 테마 글꼴을 변경합니다.

❹ 테마 효과 : 선 및 채우기 효과가 설정되며, 선택하여 테마 효과를 변경합니다.

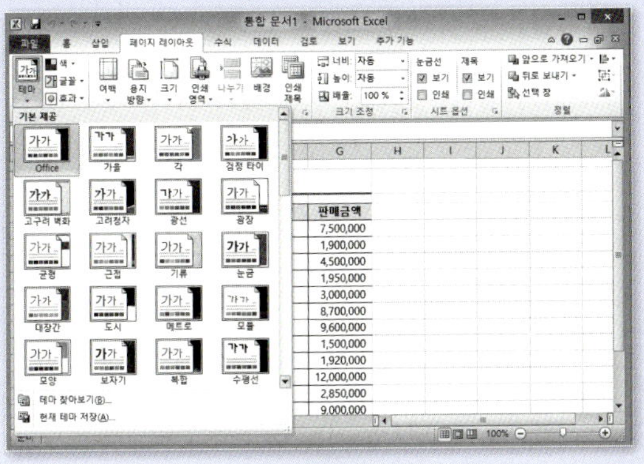

〈테마 목록〉

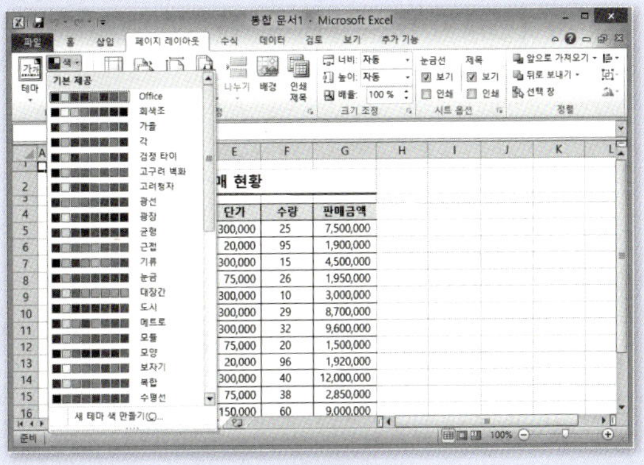

〈테마 색 목록〉

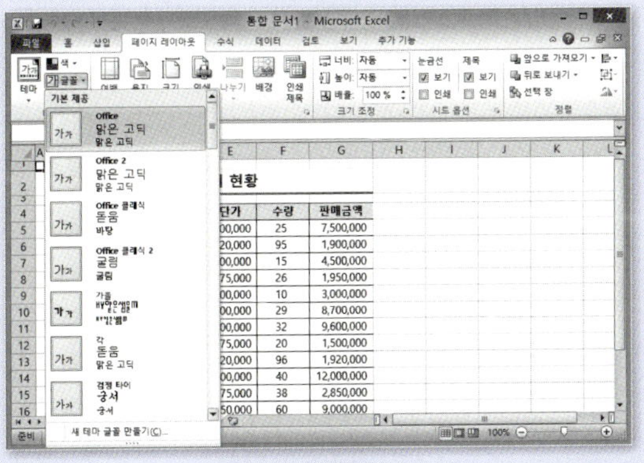

〈테마 글꼴 목록〉

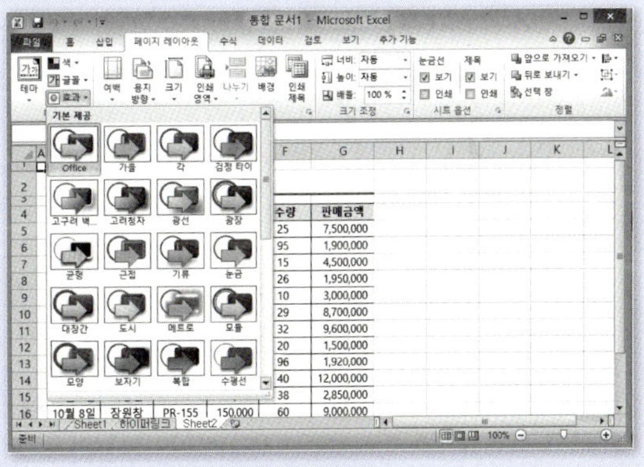

〈테마 효과 목록〉

(2) 테마 서식의 사용

❶ [페이지 레이아웃] 탭-[테마] 그룹-[테마]를 클릭합니다.

❷ 테마 서식이 적용된 모든 내용이 새 테마의 설정에 맞게 변경됩니다.

❸ 기본 서식으로 돌아가려면 'Office' 테마를 선택합니다.

❹ 테마 전체가 아니라 서식 중 한 가지만을 적용하려면, [페이지 레이아웃] 탭-[테마] 그룹에서 [색], [글꼴], [효과] 등을 클릭 해서 원하는 테마 서식만을 적용할 수 있습니다.

(3) 새 테마의 추가

테마 효과는 사용자가 추가할 수 없지만 테마 색과 테마 글꼴, 테마는 사용자가 추가할 수 있습니다.

❶ 테마 색 추가

- [페이지 레이아웃] 탭-[테마] 그룹-[색]-[새 테마 색 만들기]를 클릭합니다.
- [새 테마 색 만들기] 대화상자가 표시되면 [테마 색]을 원하는 색으로 클릭하여 선택합니다.
- [이름]을 입력하고 [저장]을 클릭합니다.

❷ 테마 글꼴 추가

- [페이지 레이아웃] 탭-[테마] 그룹-[글꼴]-[새 테마 글꼴 만들기]를 클릭합니다.
- [새 테마 글꼴 만들기] 대화상자에서 원하는 글꼴을 선택합니다.
- [이름]을 입력하고 [저장]을 클릭합니다.

❸ 테마 추가

- 원하는 테마 색이나 테마 글꼴이나 테마 효과를 선택합니다.
- [페이지 레이아웃] 탭-[테마] 그룹-[테마]-[현재 테마 저장]을 클릭합니다.
- 테마 이름을 [파일 이름]으로 정한 후 [저장]을 클릭합니다,

4. 문서 인쇄

엑셀의 시트는 페이지 단위로 구분된 것이 아니기 때문에 문서가 조각으로 나뉘어 인쇄될 수 있습니다. 따라서 문서를 인쇄하기 전에 [페이지 레이아웃] 탭-[페이지 설정] 그룹이나 또는 [파일] 탭의 인쇄 백스테이지 보기에서 인쇄되는 모양을 확인한 후 필요에 따라 페이지를 설정해야 합니다.

(1) 인쇄 실행하기

❶ 인쇄되는 모양을 확인하기 위해 [파일] 탭-[인쇄]를 클릭합니다.

❷ 인쇄 백스테이지 보기 화면에서 페이지를 설정하기 위해 [페이지 설정]을 클릭합니다.

❸ [페이지 설정] 대화상자가 나타나면 페이지 용지 방향, 여백, 머리글/바닥글 등을 설정하고 [확인]을 클릭합니다.

❹ 다시 인쇄 백스테이지 보기 화면에서 인쇄할 영역이나 인쇄 매수 등을 설정한 후 [인쇄] 단추를 클릭합니다

(2) 인쇄 백스테이지의 구성

❶ 인쇄 : 문서를 인쇄합니다.

❷ 복사본 : 인쇄 매수를 지정합니다.

❸ 프린터 : 프린터를 선택합니다.

❹ 프린터 속성 : 프린터 속성을 지정할 수 있는 [프린터 속성] 대화상자가 나타납니다. [프린터 속성] 대화상자는 선택한 프린터에 따라 다르게 나타납니다.

❺ 인쇄 대상 : 인쇄 대상으로 활성 시트 인쇄, 전체 통합 문서 인쇄, 선택 영역 인쇄 중에서 하나를 선택합니다. [활성 시트 인쇄]를 선택하면 선택한 시트만 인쇄하고, [전체 통합 문서 인쇄]를 선택하면 모든 시트가 인쇄되며, [선택 영역 인쇄]를 선택하면 선택한 셀 범위만 인쇄합니다.

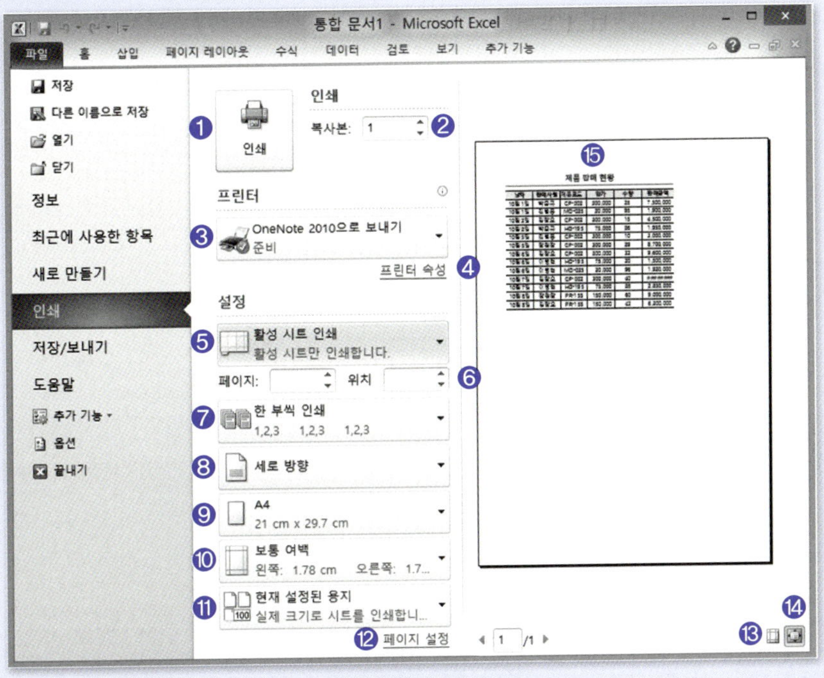

❻ 페이지, 위치 : 일부 페이지만 인쇄하는 경우, 페이지에는 시작 페이지 번호, 위치에는 끝 페이지 번호를 입력합니다.

❼ 인쇄 순서 : 여러 페이지로 이루어진 문서를 여러 부 인쇄하는 경우, 한부씩 인쇄할지 여부를 선택합니다. 예를 들어 3페이지로 이루어진 문서를 2부 인쇄하는 경우, '한 부씩 인쇄'를 선택하면 1, 2, 3, 1, 2, 3 페이지 순으로 인쇄되고, '한 부씩 인쇄 안함'을 선택하면 1, 1, 2, 2, 3, 3 페이지 순으로 인쇄됩니다.

❽ 용지 방향 : 용지 방향을 가로와 세로 중에서 선택합니다.

❾ 용지 크기 : 용지 크기로 A3, A4, B4, B5 등에서 하나를 선택합니다.

❿ 용지 여백 : 용지에서 인쇄 영역 밖의 빈 공간을 말하는 용지 여백으로 기본, 넓게, 좁게 등에서 하나를 선택합니다.

⓫ 인쇄 배율 : 한 페이지에 시트 맞추기, 한 페이지에 모든 열 맞추기, 한 페이지에 모든 행 맞추기 등에서 하나를 선택합니다.

⓬ 페이지 설정 : 페이지 설정을 할 수 있는 [페이지 설정] 대화상자가 나타나고 페이지, 여백, 머리글/바닥글, 시트 등의 내용을 구체적으로 설정할 수 있습니다.

⑬ 여백 표시 : [여백 표시]를 클릭하면 용지 여백을 표시하고, 다시 클릭하면 용지 여백을 표시하지 않습니다.

⑭ 페이지 확대/축소 : [페이지 확대/축소]를 클릭하면 인쇄 내용을 확대해 보여주고, 다시 클릭하면 인쇄 내용을 축소해 보여줍니다.

⑮ 미리 보기 창 : 인쇄할 문서를 미리보기 할 수 있습니다.

(3) [페이지 설정] 대화상자의 구성

❶ 페이지 탭

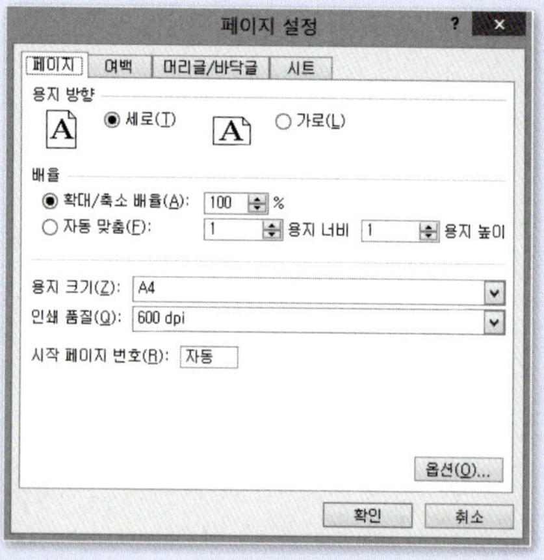

- 용지 방향 : 세로, 가로를 선택합니다.
- 배율 : 확대/축소 배율을 지정하거나 자동 맞춤을 선택하여 용지 너비와 높이를 설정합니다.
- 용지 크기 : A3, A4, B4, B5 등에서 하나를 선택합니다.
- 인쇄 품질 : 600dpi, 1200dpi 등에서 하나를 선택합니다.
- 시작 페이지 번호 : 처음 인쇄되는 페이지 번호를 지정합니다.

❷ 여백 탭

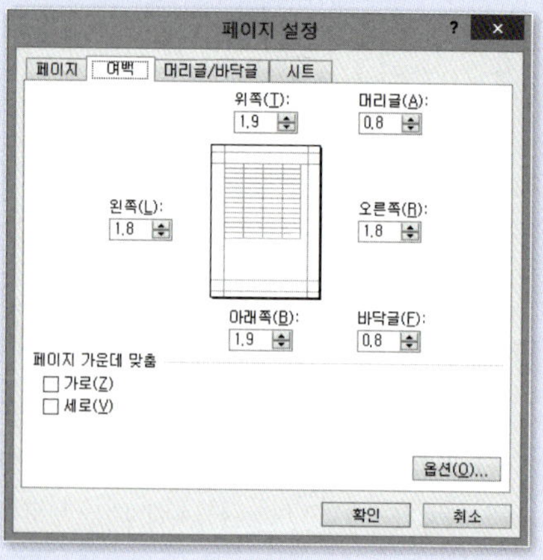

- 사방 여백 : 위쪽/아래쪽/왼쪽/오른쪽 여백의 값을 지정합니다.
- 머리글/바닥글 여백 : 위쪽/아래쪽 여백에서 인쇄 영역과 머리글/바닥글의 간격의 값을 지정합니다.
- 페이지 가운데 맞춤 : 인쇄 영역이 페이지 가운데(가로, 세로)에 위치하도록 지정합니다.

❸ 머리글/바닥글 탭

- 머리글/바닥글 편집 : 머리글/바닥글을 입력하고 편집합니다.
- 머리글/바닥글 표시를 짝수와 홀수 페이지를 다르게 지정할 수 있습니다.
- 첫 페이지의 머리글/바닥글 표시를 다른 페이지와 다르게 지정할 수 있습니다.
- 머리글/바닥글 표시를 문서에 맞게 배율 조정할 수 있습니다.
- 머리글/바닥글 표시를 페이지 여백에 맞출수 있습니다.

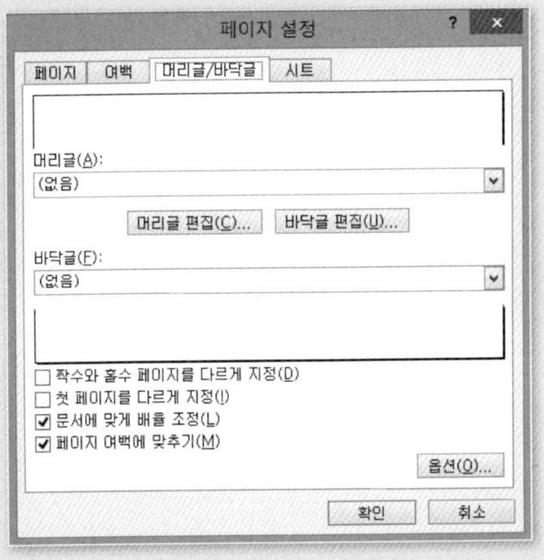

❹ 시트 탭

- 인쇄 영역 : 인쇄 영역의 일부분을 지정할 수 있습니다.
- 인쇄 제목 : 인쇄 제목을 반복적으로 행이나 열에 표시합니다.
- 인쇄 : 눈금선, 메모, 셀 오류 표시, 행/열 머리글 등을 선택하여 인쇄할 수 있습니다.
- 페이지 순서 : 페이지 순서를 행 우선, 또는 열 우선에서 선택합니다.

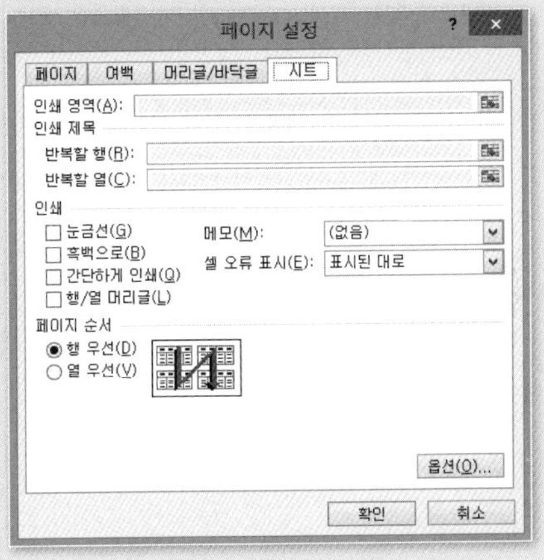

(4) 머리글/바닥글 편집 및 삽입 요소

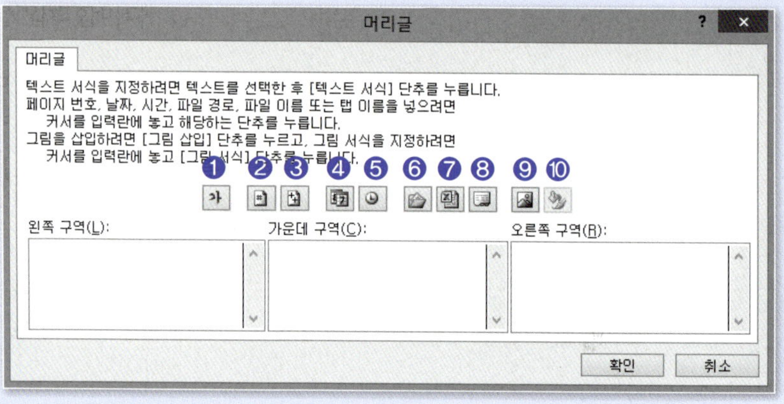

❶ 텍스트 서식 : 글꼴 서식을 지정합니다.

❷ 페이지 번호 삽입 : 페이지 번호를 삽입합니다.

❸ 전체 페이지 수 삽입 : 전체 페이지 수를 삽입합니다.

❹ 날짜 삽입 : 현재 시스템 날짜를 삽입합니다.

❺ 시간 삽입 : 현재 시스템 시간을 삽입합니다.

❻ 파일 경로 삽입 : 문서의 경로와 파일 이름을 삽입합니다.

❼ 파일 이름 삽입 : 문서의 파일 이름을 삽입합니다.

❽ 시트 이름 삽입 : 시트 이름을 삽입합니다.

❾ 그림 삼입 : 그림을 삽입합니다.

❿ 그림 서식 : 그림 서식을 지정합니다.

실습

9-1 데이터 유효성 검사를 이용하여 데이터 입력하기

준비 파일 '9장_15-2학기 성적표.xlsx'를 열고 데이터 유효성 검사 기능을 이용하여 다음의 왼쪽 준비 파일을 오른쪽 완성 파일로 입력하시오. 단, 유효성 조건으로 성별은 [목록](남, 여) 단추를 사용하고 출석은 [정수] (15〈=숫자〈=20)로 제한하고, 중간/기말고사는 [정수] (0〈=숫자〈=40)로 제한을 두는 유효성 기준을 설정하고 입력하시오.

2015년 2학기 성적표

학과	이름	성별	출석 (20점)	중간고사 (40점)	기말고사 (40점)	총점 (100점)
물리	정아연					
물리	최진호					
물리	차성일					
물리	정미라					
물리	박서희					
물리	김진수					
물리	금태진					
물리	양도현					
물리	허일욱					
물리	박민영					
물리	이정숙					
물리	양선희					

2015년 2학기 성적표

학과	이름	성별	출석 (20점)	중간고사 (40점)	기말고사 (40점)	총점 (100점)
물리	정아연	여	19	26	33	78
물리	최진호	남	15	28	31	74
물리	차성일	남	20	32	20	72
물리	정미라	여	18	25	25	68
물리	박서희	여	20	38	26	84
물리	김진수	남	17	35	36	88
물리	금태진	남	20	36	24	80
물리	양도현	남	20	25	26	71
물리	허일욱	남	20	34	40	94
물리	박민영	여	16	37	31	84
물리	이정숙	여	20	40	36	96
물리	양선희	여	19	33	35	87

01. 성별을 입력하기 위해 처리 조건에 따라 데이터 유효성 검사를 설정해야 합니다. [D5:D16]셀의 범위를 선택하고 [데이터] 탭-[데이터 도구] 그룹-[데이터 유효성 검사] 목록 단추-[데이터 유효성 검사]를 클릭합니다.

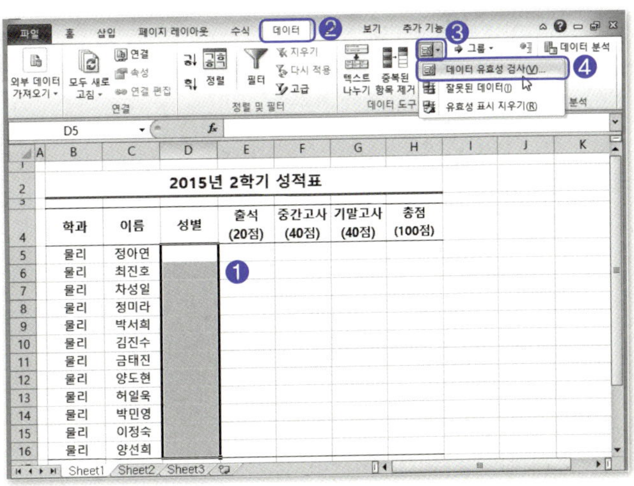

02. 성별에 남자, 여자만을 목록으로 선택하여 입력하기 위해 [데이터 유효성] 대화상자의 [설정] 탭에서 다음과 같이 선택 및 입력하고 [확인]을 클릭합니다.

- [제한 대상] : '목록' 선택
- [드롭다운 표시] : 확인란에 체크 표시
- [원본] : '남자, 여자'를 쉼표로 구분하여 입력

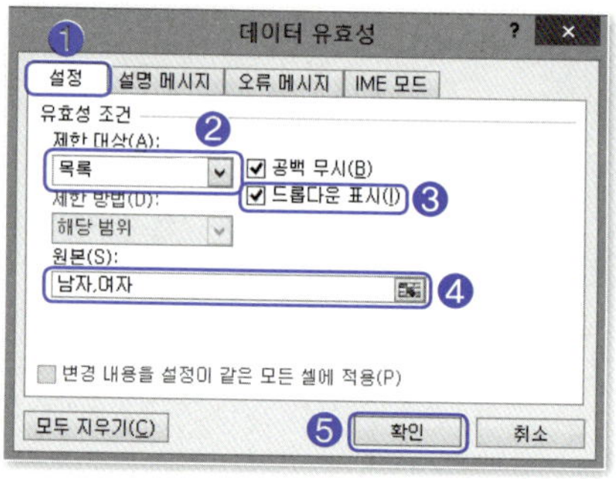

03. [D5] 셀부터 [D16] 셀까지 [셀] 클릭-[목록] 단추 클릭-[남자/여자] 선택하여 성별을 입력합니다.

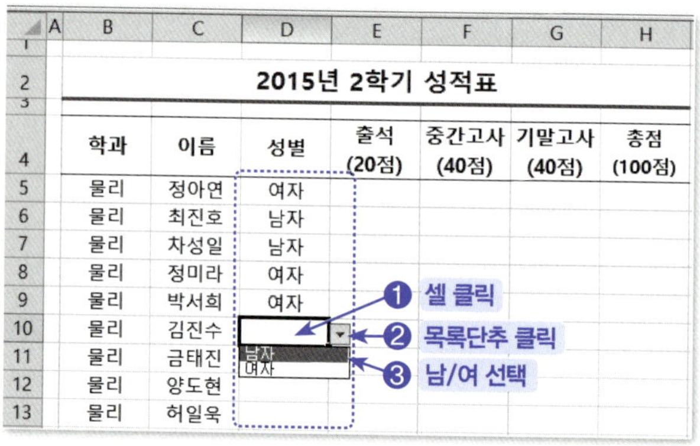

04. 출석 점수의 입력을 위한 데이터 유효성 조건을 설정하기 위해 [E5:E16]셀의 범위를 선택하고 [데이터] 탭-[데이터 도구] 그룹-[데이터 유효성 검사] 목록 단추-[데이터 유효성 검사]를 클릭합니다.

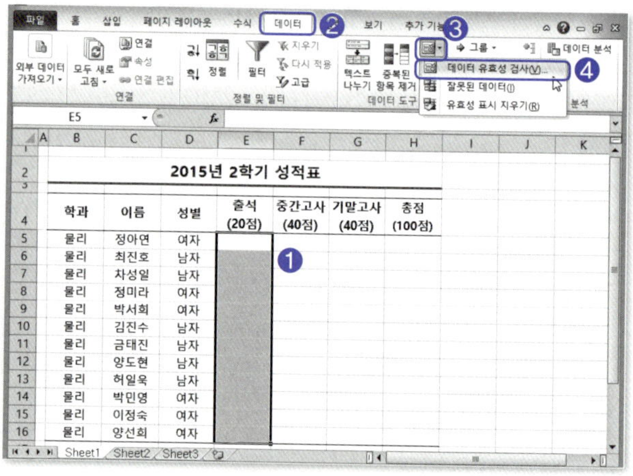

05. [데이터 유효성] 대화상자의 [설정] 탭에서 다음과 같이 선택 및 입력합니다.

- [제한 대상] : '정수' 선택
- [제한 방법] : '해당 범위' 선택
- [최소값] : 15 입력
- [최대값] : 20 입력

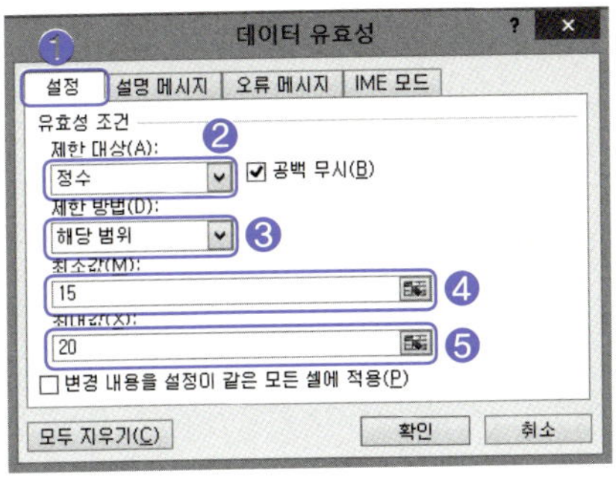

06. 계속하여 [데이터 유효성] 대화상자의 [오류 메시지] 탭에서 다음과 같이 선택 및 입력하고 [확인]을 클릭합니다.

- [스타일] : '중지'(⊗) 선택
- [제목] : '출석 입력 오류' 입력
- [오류 메시지] : '15점 이상 20점 이하 정수만 입력 가능' 입력

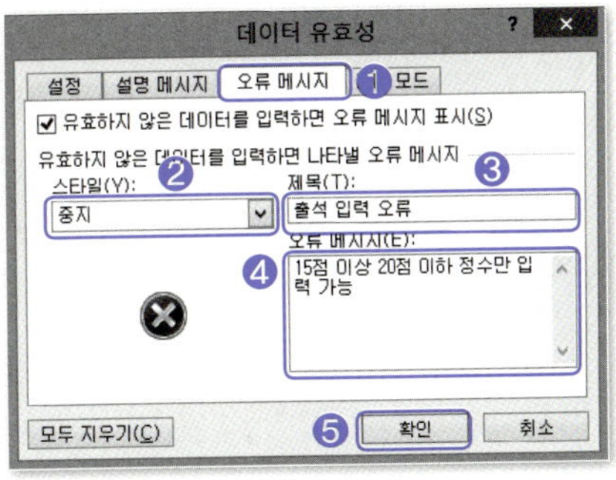

07. 중간고사 점수의 입력을 위한 데이터 유효성 조건을 설정하기 위해 [F5:F16]셀의 범위를 선택하고 [데이터] 탭-[데이터 도구] 그룹-[데이터 유효성 검사] 목록 단추-[데이터 유효성 검사]를 클릭합니다.

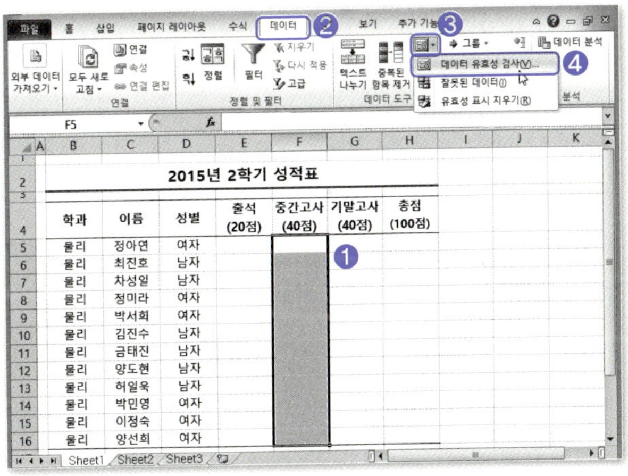

08. [데이터 유효성] 대화상자의 [설정] 탭에서 다음과 같이 선택 및 입력합니다.

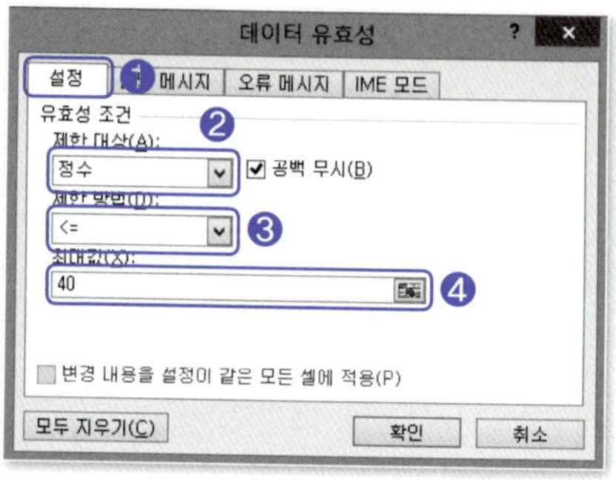

- [제한 대상] : ‘정수’ 선택
- [제한 방법] : ‘<=’ 선택
- [최대값] : 40 입력

09. [데이터 유효성] 대화상자의 [오류 메시지] 탭에서 다음과 같이 선택 및 입력한 후 [확인]을 클릭합니다.

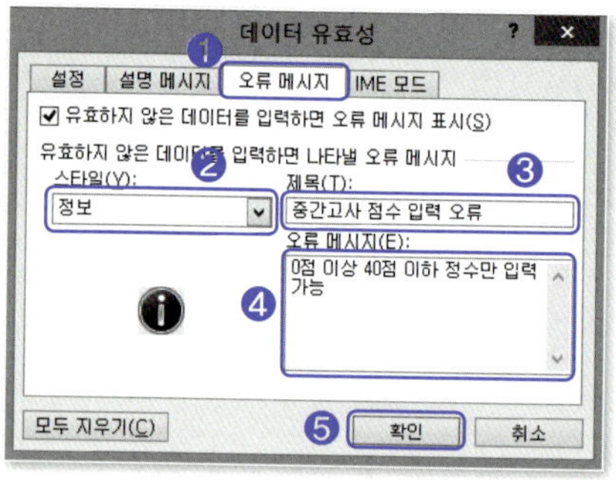

- [스타일] : ‘정보’(ⓘ) 선택
- [제목] : ‘중간고사 점수 입력 오류’ 입력
- [오류 메시지] : ‘0점 이상 40점 이하 정수만 입력 가능’ 입력

10. 중간고사 점수 입력의 데이터 유효성 조건을 설정하는 방법과 같은 방법으로 기말고사 점수 입력의 유효성 조건도 다음과 같이 설정합니다.

- 데이터 범위 : [G5:G16]
- [제한 대상] : ‘정수’ 선택
- [제한 방법] : ‘<=’ 선택
- [최대값] : 40 입력
- [스타일] : ‘정보’(ⓘ)선택
- [제목] : ‘기말고사 점수 입력 오류’ 입력
- [오류 메시지] : ‘0점 이상 40점 이하 정수만 입력 가능’ 입력

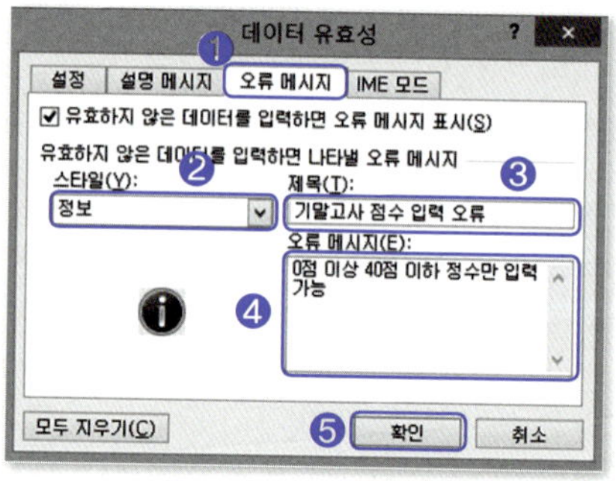

11. 출석 점수를 입력하다가 데이터 유효성 검사가 제대로 작동되는지 확인해 보기 위해 [E7]셀에 잘못된 데이터 '21'을 입력하면 [출석 입력 오류] 대화상자가 나타납니다.

[출석 입력 오류] 대화상자에서 [다시 시도]를 눌러 올바른 값을 입력합니다. 계속해서 [E16]셀까지 출석 점수를 입력합니다.

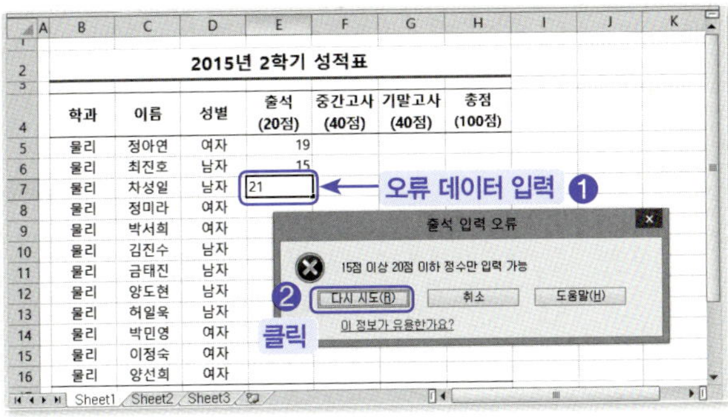

12. 중간고사 점수를 입력하다가 데이터 유효성 검사가 제대로 작동되는지 확인해 보기 위해 [F8]셀에 잘못된 데이터 '125'를 입력하면 [중간고사 점수 입력 오류] 대화상자가 나타납니다.

[중간고사 점수 입력 오류] 대화상자에서 [확인]을 눌러 [F8]의 잘못된 숫자를 삭제하고 올바른 값을 입력합니다. 계속해서 [F16]셀까지 중간고사 점수를 입력합니다.

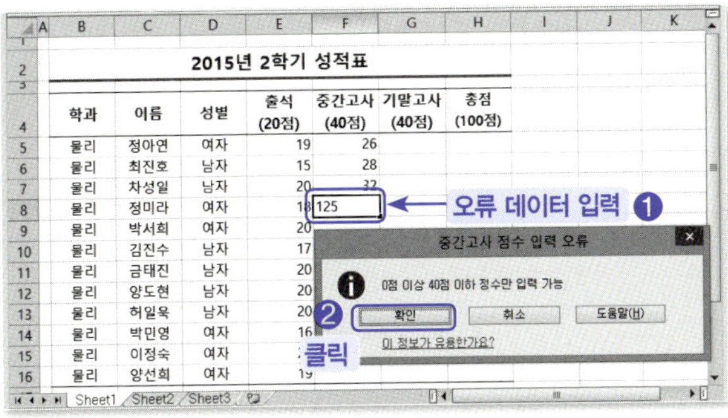

13. 중간고사 점수를 입력하는 방법과 마찬가지 방법으로 기말고사 점수도 [G5:G16] 셀 범위에 입력합니다.

14. 총점을 계산하기 위해 [H5]셀을 선택하고 [홈] 탭-[편집] 그룹-[합계] 목록단추-[합계]를 클릭한 후 [H5] 셀의 수식을 확인하고 [Enter]키를 누릅니다.

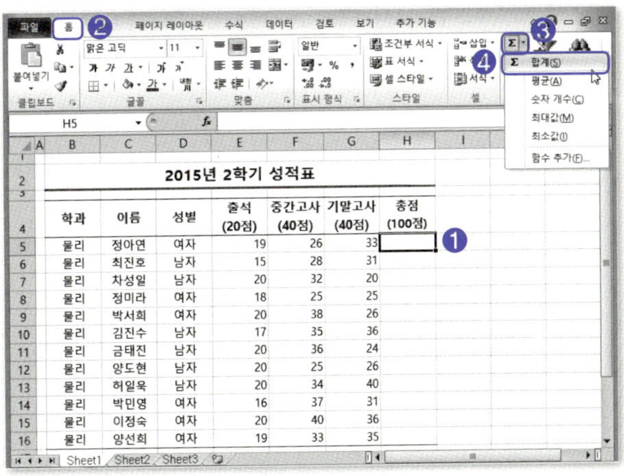

15. 채우기 핸들을 이용한 자동합계 계산을 위해 [H5]셀을 클릭하고 [H16]셀까지 드래그하여 총점을 계산합니다.

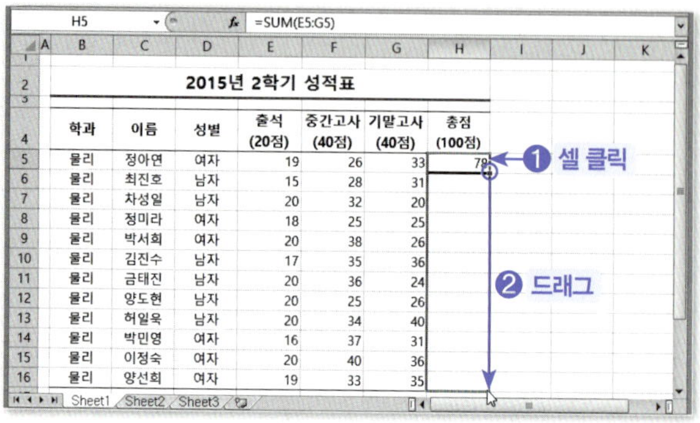

16. 완성된 문서를 [저장] 단추를 눌러 저장하고, [파일] 탭-[끝내기]를 클릭하거나 또는 화면 오른쪽 상단에 [닫기] 단추를 클릭하여 작업을 종료합니다.

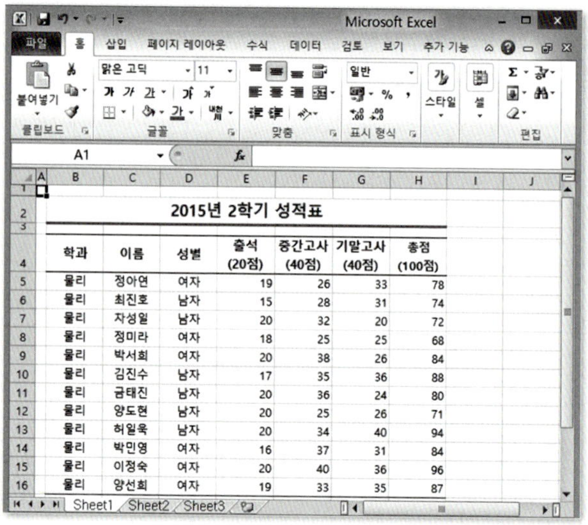

실습 9-2 테마 지정하고 문서 인쇄하기

준비 파일 '9장_건강검진 미수검자 명단.xlsx'을 열고 오른쪽(위) 그림과 같이 테마를 지정하고 오른쪽(아래) 그림과 같이 인쇄 미리보기가 표시되도록 하시오.

단, 테마(태양), 테마 색(보자기), 테마 글꼴(HY엽서L)을 순서대로 지정하고, 인쇄는 머리글(총무처 총무팀)을 오른쪽 구역에 지정하고 바닥글(페이지 번호/전체 페이지 수)은 가운데 구역에 지정하시오.

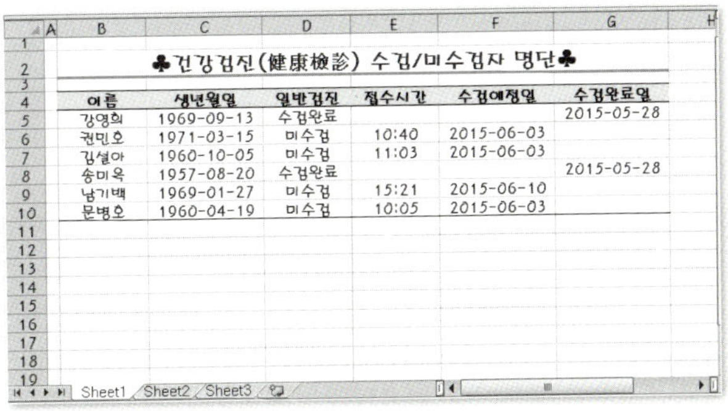

♣건강검진(健康檢診) 수검/미수검자 명단♣

이름	생년월일	일반검진	접수시간	수검예정일	수검완료일
강영희	1969-09-13	수검완료			2015-05-28
권민호	1971-03-15	미수검	10:40	2015-06-03	
김설아	1960-10-05	미수검	11:03	2015-06-03	
송미옥	1957-08-20	수검완료			2015-05-28
남기백	1969-01-27	미수검	15:21	2015-06-10	
문병호	1960-04-19	미수검	10:05	2015-06-03	

〈테마 지정 문서〉

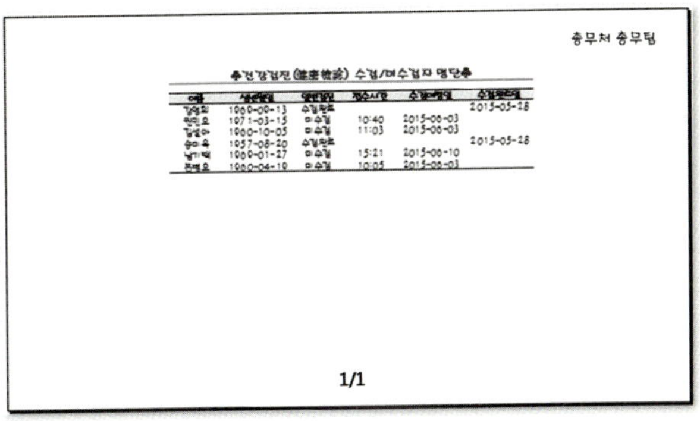

〈인쇄 미리보기〉

01. 테마를 지정하기 위해 [페이지 레이아웃] 탭-[테마] 그룹-[테마]를 클릭한 후 테마 목록에서 [태양]을 선택합니다.

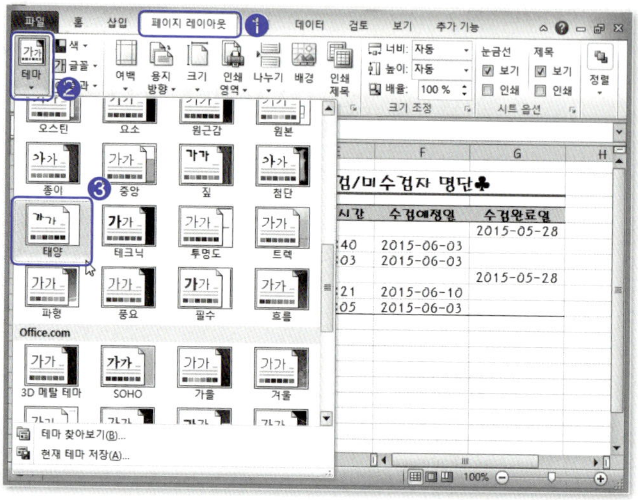

02. 테마 색을 지정하기 위해 [페이지 레이아웃] 탭-[테마] 그룹-[색]을 클릭한 후 색 목록에서 [보자기]를 선택합니다.

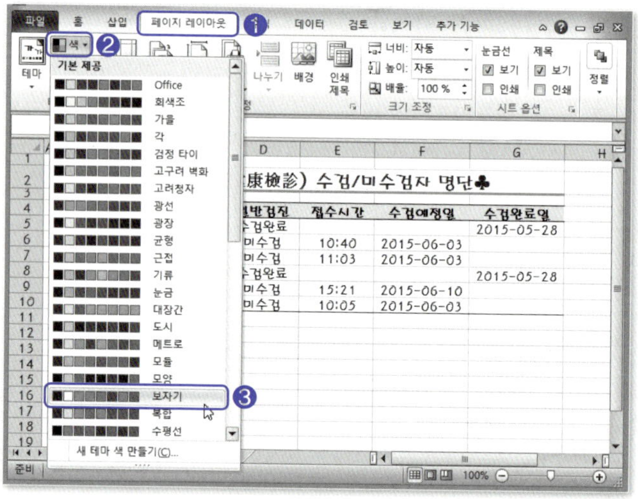

03. 테마 글꼴을 지정하기 위해 [페이지 레이아웃] 탭-[테마] 그룹-[글꼴]을 클릭한 후 글꼴 목록에서 [HY엽서L]을 선택합니다.

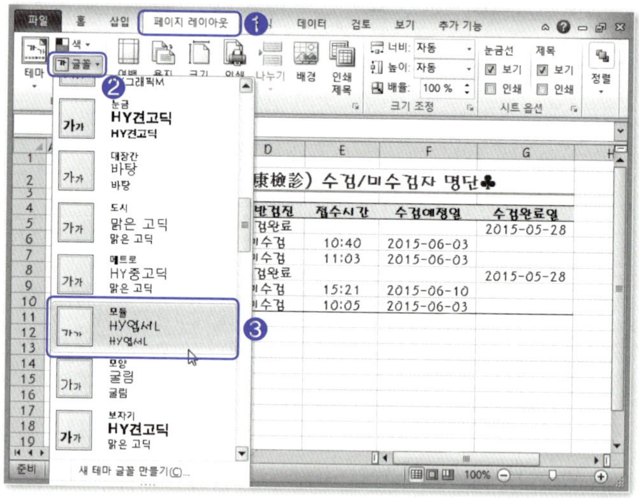

04. 인쇄되는 모양을 확인하기 위해 [파일] 탭-[인쇄]를 클릭합니다. 인쇄 백스테이지 보기로 전환되면 페이지를 설정하기 위해 [페이지 설정]을 클릭합니다.

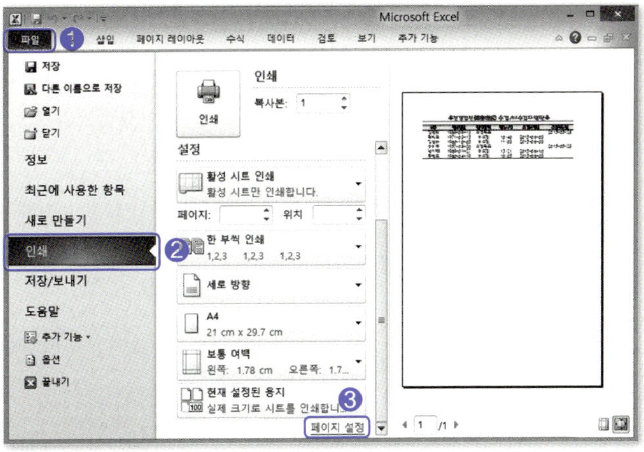

05. [페이지 설정] 대화상자가 나타나면 [페이지] 탭의 [용지 방향]을 '가로'로 지정하고, [여백] 탭을 클릭한 후 [페이지 가운데 맞춤]에서 '가로'로 지정합니다.

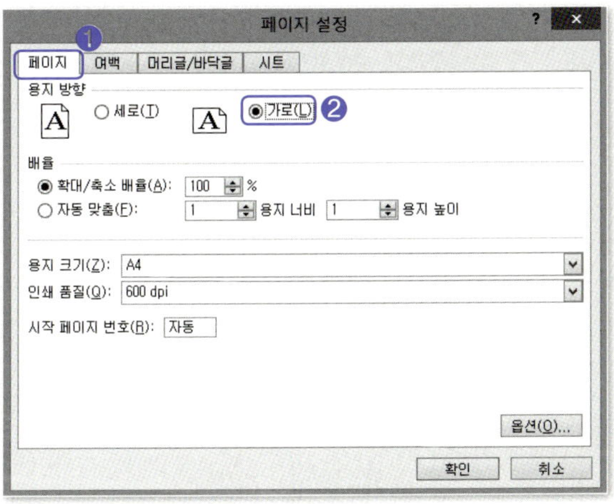

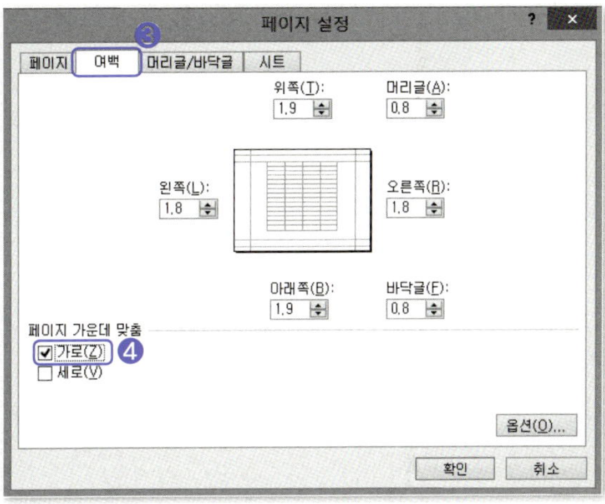

06. [페이지 설정] 대화상자의 [머리글/바닥글] 탭의 [머리글 편집]을 클릭합니다. [머리글] 편집상자가 나타나면 [오른쪽 구역]에 '총무처 총무팀'을 입력한 후 [머리글] 편집상자의 [확인]을 클릭합니다.

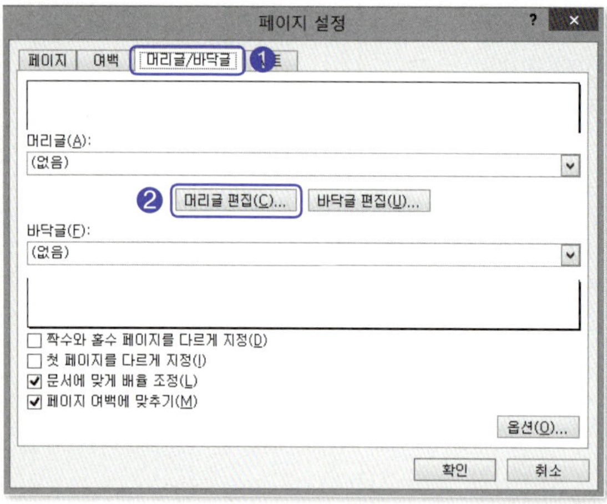

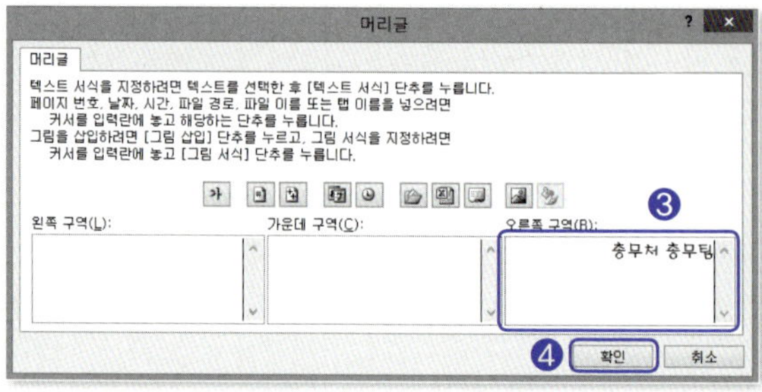

07. 다시 [페이지 설정] 대화상자의 [머리글/바닥글] 탭에서 [바닥글 편집]을 클릭합니다.

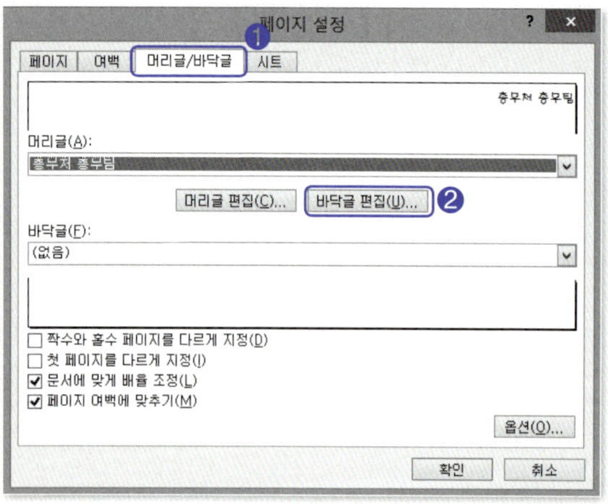

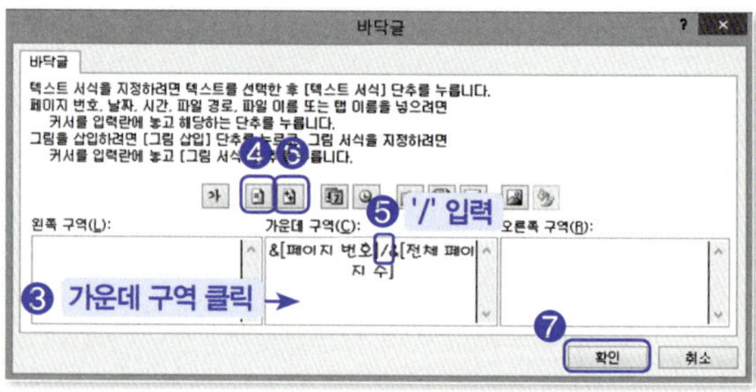

[바닥글] 편집상자가 나타나면 [가운데 구역]의 편집 영역을 클릭하고 머리글/바닥글 요소의 [페이지 번호] 단추를 클릭합니다.

가운데 구역에 (&[페이지 번호])가 입력되면 '/'를 붙여서 입력하고 머리글/바닥글 요소의 [전체 페이지 수] 단추를 클릭합니다. 그러면 (&[전체 페이지 수])가 가운데 구역에 표시됩니다.

모든 바닥글 서식을 지정하였으면 [바닥글] 편집상자의 [확인]을 클릭합니다.

08. 그러면 다음과 같이 [머리글/바닥글] 탭의 미리보기 창에서 머리글과 바닥글의 편집된 결과를 확인할 수 있습니다.

페이지 레이아웃 서식이 모두 지정이 되었으면 [페이지 설정] 대화상자의 [확인] 단추를 클릭합니다. 그러면 인쇄 백스테이지 보기로 전환됩니다.

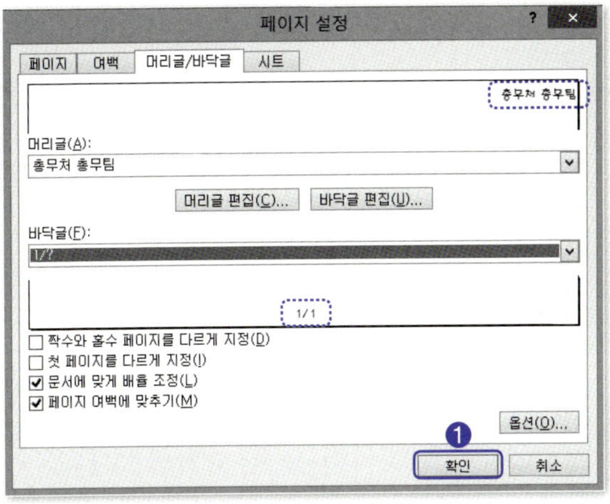

09. 인쇄 백스테이지 보기로 다시 전환되면 인쇄하기 위해 인쇄 대상(활성 시트 인쇄)를 선택한 후 [인쇄] 단추를 클릭하면 엑셀 문서가 인쇄됩니다.

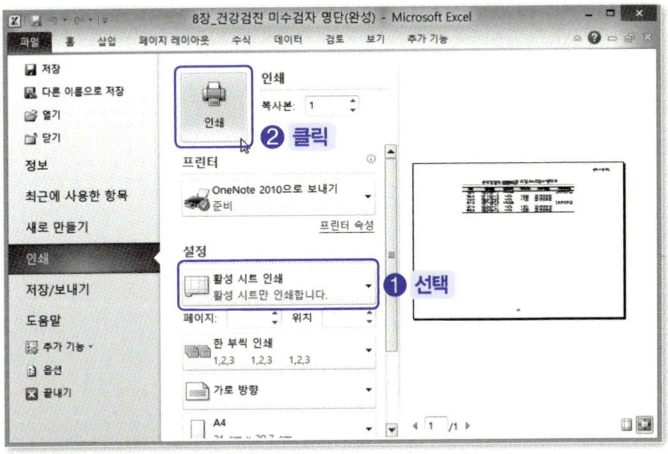

실력 점검 문제

[문제 9-1] 준비파일('실력점검_9-1-준비.xlsx')을 열기한 후 아래 조건에 따라 데이터 유효성 검사가 적용된 데이터를 입력하시오.

직급별 특별수당 지급 내력

순번	월일	사원이름	직급	특별수당
1	12월 21일	현진영		
2	12월 21일	김석훈		
3	12월 21일	박애경		
4	12월 21일	권기갑		
5	12월 21일	김미령		
6	12월 21일	최종수		
7	12월 21일	이흥만		
8	12월 21일	박애리		

〈준비 파일〉

직급별 특별수당 지급 내력

순번	월일	사원이름	직급	특별수당
1	12월 21일	현진영	과장	₩1,000,000
2	12월 21일	김석훈	대리	₩800,000
3	12월 21일	박애경	평사원	₩500,000
4	12월 21일	권기갑	대리	₩800,000
5	12월 21일	김미령	평사원	₩500,000
6	12월 21일	최종수	과장	₩1,000,000
7	12월 21일	이흥만	평사원	₩500,000
8	12월 21일	박애리	대리	₩800,000

〈완성 문서〉

[작성 조건]

- 직급 입력의 [데이터 유효성] 대화상자에서 [설정] 탭 :
  - 제한 대상 : 목록
  - 원본 : '과장, 대리, 평사원'
- 직급 입력의 [데이터 유효성] 대화상자에서 [설명 메시지] 탭 :
  - 제목 : '사원의 직급 입력'
  - 설명 메시지 : '목록에서 직급을 선택합니다.'
- 직급 입력의 [데이터 유효성] 대화상자에서 [오류 메시지] 탭 :
  - 스타일 : 중지
  - 제목 : '직급 입력 오류'
  - 오류 메시지 : '직급의 범위를 벗어났습니다.'
- 특별수당 입력의 [데이터 유효성] 대화상자에서 [설정] 탭 :
  - 제한 대상 : 목록
  - 원본 : '1000000, 800000, 500000'

- 특별수당 입력의 [데이터 유효성] 대화상자에서 [설명 메시지] 탭 :
  - 제목 : '특별수당 금액 입력'
  - 설명 메시지 : '목록에서 선택합니다. (과장:100만원, 대리:80만원, 평사원:50만원)'
- 특별수당 입력의 [데이터 유효성] 대화상자에서 [오류 메시지] 탭 :
  - 스타일 : 중지
  - 제목 : '특별수당 데이터 입력 오류'
  - 오류 메시지 : '특별수당 금액이 잘못 입력되었습니다.'
- 특별수당[F5:F12]의 통화표시 : [홈] 탭-[표시 형식] 그룹-[통화]

[문제 9-2] 준비파일('실력점검_9-2-준비.xlsx')을 열기하고 아래 조건에 따라 1차 문서를 작성한 후 테마(도시)를 지정하고 인쇄를 위한 페이지 설정을 하시오.

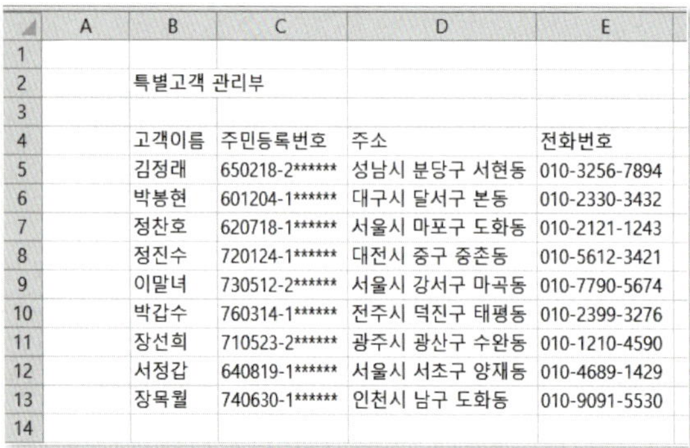

	A	B	C	D	E
1					
2		특별고객 관리부			
3					
4		고객이름	주민등록번호	주소	전화번호
5		김정래	650218-2******	성남시 분당구 서현동	010-3256-7894
6		박봉현	601204-1******	대구시 달서구 본동	010-2330-3432
7		정찬호	620718-1******	서울시 마포구 도화동	010-2121-1243
8		정진수	720124-1******	대전시 중구 중촌동	010-5612-3421
9		이말녀	730512-2******	서울시 강서구 마곡동	010-7790-5674
10		박갑수	760314-1******	전주시 덕진구 태평동	010-2399-3276
11		장선희	710523-2******	광주시 광산구 수완동	010-1210-4590
12		서정갑	640819-1******	서울시 서초구 양재동	010-4689-1429
13		장목월	740630-1******	인천시 남구 도화동	010-9091-5530
14					

〈준비 파일〉

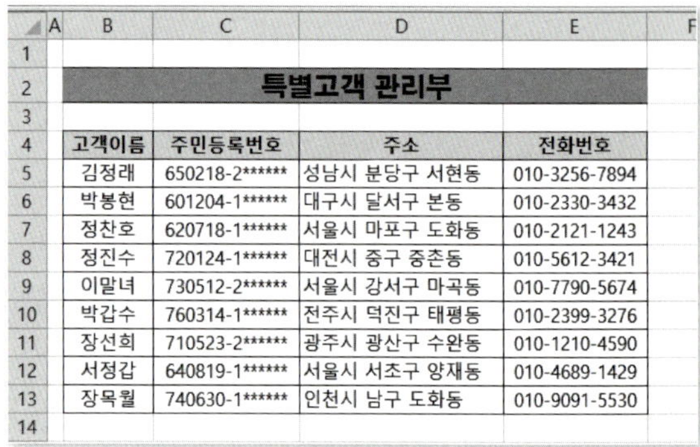

	A	B	C	D	E
1					
2		특별고객 관리부			
3					
4		고객이름	주민등록번호	주소	전화번호
5		김정래	650218-2******	성남시 분당구 서현동	010-3256-7894
6		박봉현	601204-1******	대구시 달서구 본동	010-2330-3432
7		정찬호	620718-1******	서울시 마포구 도화동	010-2121-1243
8		정진수	720124-1******	대전시 중구 중촌동	010-5612-3421
9		이말녀	730512-2******	서울시 강서구 마곡동	010-7790-5674
10		박갑수	760314-1******	전주시 덕진구 태평동	010-2399-3276
11		장선희	710523-2******	광주시 광산구 수완동	010-1210-4590
12		서정갑	640819-1******	서울시 서초구 양재동	010-4689-1429
13		장목월	740630-1******	인천시 남구 도화동	010-9091-5530
14					

〈1차 완성 문서〉

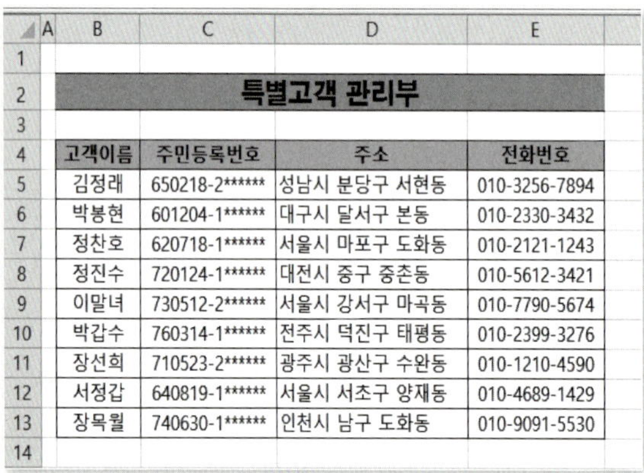

	A	B	C	D	E
1					
2		특별고객 관리부			
3					
4		고객이름	주민등록번호	주소	전화번호
5		김정래	650218-2******	성남시 분당구 서현동	010-3256-7894
6		박봉현	601204-1******	대구시 달서구 본동	010-2330-3432
7		정찬호	620718-1******	서울시 마포구 도화동	010-2121-1243
8		정진수	720124-1******	대전시 중구 중촌동	010-5612-3421
9		이말녀	730512-2******	서울시 강서구 마곡동	010-7790-5674
10		박갑수	760314-1******	전주시 덕진구 태평동	010-2399-3276
11		장선희	710523-2******	광주시 광산구 수완동	010-1210-4590
12		서정갑	640819-1******	서울시 서초구 양재동	010-4689-1429
13		장목월	740630-1******	인천시 남구 도화동	010-9091-5530
14					

〈테마 지정 문서〉

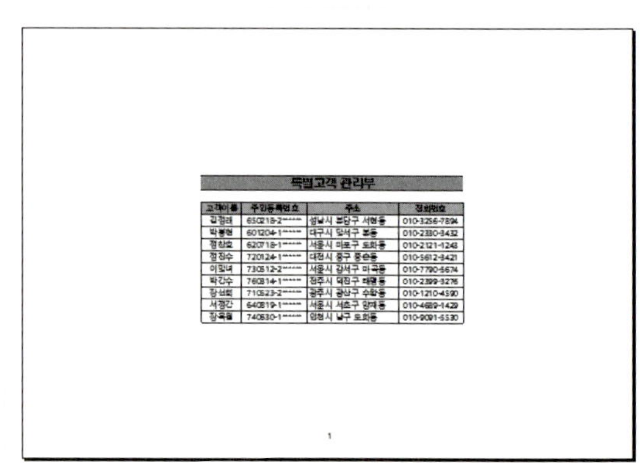

〈페이지 설정 화면〉

[작성 조건]

- **열 너비 : A열(1), C열(14), D열(20), E열(14)**
- **[B2:E2]셀 범위 : 글꼴(HY견고딕), 글꼴 크기(16), 병합하고 가운데 맞춤, 채우기 색(테마색-진한 파랑, 텍스트 2, 60% 더 밝게), 테두리(위쪽/아래쪽 테두리)**
- **[B4:E4]셀 범위 : 글꼴(굵게), 가운데 맞춤, 채우기 색(테마색-황록색, 강조 3, 60% 더 밝게)**
- **[B5:C13]셀/[E5:E13]셀 범위 : 가운데 맞춤**
- **[B4:E13]셀 범위 : 테두리(모든 테두리)**
- **테마 지정 : 도시**

- 페이지 설정 :
  - 용지 방향 : 가로
  - 페이지 가운데 맞춤 : [가로] 선택, [세로] 선택
  - 바닥글 : 페이지 번호

Memo

INDEX

ㅍ

ㅎ

저자: **홍현술**

- 경영학사, 경영학석사, 컴퓨터공학석사, 컴퓨터공학박사
- 전라북도 지역정보화 추진 실무위원 역임
- 오스트레일리아 퀸즈랜드대학 객원교수
- 현재 원광보건대학교 컴퓨터활용 담당교수

손에 잡히는 **엑셀 활용** 정가 15,000원

발 행 2016년 3월 10일 초판 1쇄
저 자 홍현술
발행인 정우용
발행처 도서출판 **동화기술**
경기도 파주시 광인사길 201(문발동, 파주출판도시)
Tel (031)955-4211~6 donghwae@kornet.net
Fax (031)955-4217 www.donghwapub.co.kr
(등록) 1977년 12월 19일/9-16호

ISBN 978-89-425-9075-9